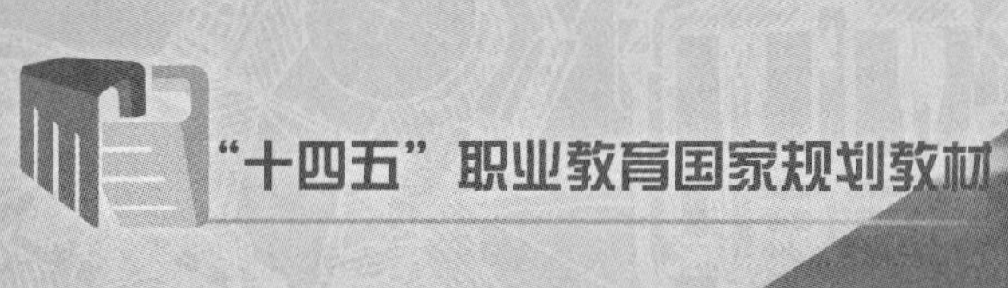

汽车类专业
人才培养系列教材

李亚杰 王立超 / 主编
王洪伟 / 副主编

汽车机械基础

第3版 | 附微课视频

人民邮电出版社
北京

图书在版编目（CIP）数据

汽车机械基础 : 附微课视频 / 李亚杰，王立超主编
. -- 3版. -- 北京 : 人民邮电出版社，2021.3
汽车类专业人才培养系列教材
ISBN 978-7-115-54447-6

Ⅰ. ①汽… Ⅱ. ①李… ②王… Ⅲ. ①汽车－机械学
－高等职业教育－教材 Ⅳ. ①U463

中国版本图书馆CIP数据核字(2020)第129322号

内 容 提 要

本书采取“项目引领、任务驱动”的方式组织内容，每个教学任务均来源于汽车工程实例。全书共有 8 个项目，主要内容包括汽车常用机构、汽车机械传动装置、汽车常用机械零部件、汽车液压传动、汽车工程材料、汽车制造技术——金属成形热加工、汽车制造技术——金属成形冷加工、汽车构件力学分析。

本书可作为职业院校汽车制造与装配技术、新能源汽车技术、汽车检测与维修技术、汽车造型技术、汽车智能技术、汽车改装技术、汽车试验技术等汽车类专业的教学用书，也可以作为相关技术人员、管理人员和技术工人的培训教材和参考书。

◆ 主　　编　李亚杰　王立超
　副 主 编　王洪伟
　责任编辑　王丽美
　责任印制　彭志环
◆ 人民邮电出版社出版发行　　北京市丰台区成寿寺路 11 号
　邮编　100164　　电子邮件　315@ptpress.com.cn
　网址　https://www.ptpress.com.cn
　北京市艺辉印刷有限公司印刷
◆ 开本：787×1092　1/16
　印张：19.5　　　　2021 年 3 月第 3 版
　字数：497 千字　　2025 年 8 月北京第 16 次印刷

定价：59.80 元

读者服务热线：(010)81055256　印装质量热线：(010)81055316
反盗版热线：(010)81055315

第3版 前 言

“汽车机械基础”是汽车类各专业必修的一门专业技术基础课。通过该课程的学习，学生能够在短期内获得所必需的汽车机械基础知识，为后续汽车专业课程的学习奠定坚实的基础。

党的二十大报告提出“全面贯彻党的教育方针，落实立德树人根本任务，培养德智体美劳全面发展的社会主义建设者和接班人。”本书修订以“汽车机械基础”课程教学标准和企业相关岗位实际能力需求为依据，修订的主要内容有以下几点。

• 落实立德树人根本任务，通过在各任务中增加“知识拓展”内容，介绍知识点相关重要事件、人物和经典故事，弘扬社会主义核心价值观、科学精神、大国工匠精神、劳模精神、创新思维，提升责任意识、节约意识、环保意识、安全意识，激发学生自信自强、守正创新，踔厉奋发、勇毅前行。

• 根据“汽车组成及动力传动路线”的思路重新调整书中教学项目顺序，以更好地满足学生能级递进的机械基础课程知识体系需求。

• 邀请企业技术人员参与教材的修订工作，将汽车产业发展的部分新技术、新工艺纳入教材。

• 根据汽车专业知识结构特点，在项目六“锻压”部分增加了精密冲裁技术在汽车生产中的应用，在项目七“常用切削加工方法及设备”部分增加了切削加工新工艺。

• 书中涉及国家标准的内容，如拉伸试验、硬度试验、机构运动简图符号、轴承、液压传动图形符号等，都更新成了最新国家标准。

• 书中以二维码的形式嵌入了动画、视频的链接，通过手机等移动终端扫描二维码可以观看立体的工作原理、工作情景和真实环境，使教师更容易教，学生更容易学，实现教材与教学资源的配套和融合。

• 结合汽车技术技能人才要求，将部分项目的教学内容、实例和插图更换成了与汽车技术联系更为紧密的内容，以强化学生对汽车机械基础知识的应用及对汽车专业技能的掌握。

在本书的修订过程中，作者始终贯彻以汽车工程实例为任务载体，采取“项目引领、任务驱动”的方式组织内容。修订后的教材，针对性和实用性更强，内容叙述更加准确。

为方便教学，本书配套有《汽车机械基础习题册（第 3 版）》及答案、PPT 教学课件、电子教案、课程标准等资源。

本书的参考学时为 94 学时，建议采用理实一体化教学模式授课，各项目的参考学时数见学时分配表。

学时分配表

项　目	课 程 内 容	学 时 数
绪论		2
项目一	汽车常用机构	8
项目二	汽车机械传动装置	14

续表

项 目	课程内容	学时数
项目三	汽车常用机械零部件	10
项目四	汽车液压传动	14
项目五	汽车工程材料	10
项目六	汽车制造技术——金属成形热加工	8
项目七	汽车制造技术——金属成形冷加工	6
项目八	汽车构件力学分析	22
学时总计		94

本书由长春汽车工业高等专科学校李亚杰、王立超任主编，一汽-大众汽车有限公司王洪伟任副主编。其中，绪论、项目一至项目五、项目八由李亚杰编写，项目七由王立超编写，项目六由王洪伟编写。此外，参加本书编写工作的还有长春汽车工业高等专科学校的房芳、侯建、陈思、李文娜、王小毓、刘学。全书由李亚杰统稿和定稿。

本书在编写过程中参阅了大量的文献资料（包括国家标准、教材、论著、手册和网页资料等），未能一一列出，在此向这些文献资料的原编著者表示诚挚的谢意。

由于编者水平有限，书中难免有疏漏和不妥之处，敬请广大读者批评指正。

编　者

2023年5月

目录

绪　论

任务引入

什么是汽车？什么是机械？“汽车机械基础”是一门什么性质的课程？

任务分析

汽车是由动力驱动，具有四个或四个以上车轮的非轨道承载的车辆。汽车是一个机械系统，是一个复杂的机电产品，是人类重要的交通工具。机械是将已有的机械能或非机械能转换成便于利用的机械能，以及将机械能转变为某种非机械能或用机械能来做一定工作的装备或器具。汽车机械是机械工业的重要组成部分。

学习目标

素质目标

1. 树立科学思想，弘扬科学精神。
2. 激发爱国热情，凝聚奋进力量。

知识目标

1. 描述机器的组成与特征。
2. 说明机器、机构、机械的区别与联系。

能力目标

1. 能够正确区分零件、构件和部件。
2. 能够解释机械和汽车机械的真正含义。

相关知识

一、机械的概念

机械是机器和机构的总称。

（一）机器

1. 机器的组成

本课程的研究对象是汽车机械。汽车属于机械范畴，汽车工业是机械工业的一个重要分支。机械也常称为机器，是人类在长期生产实践中为满足自身生活需要而创造出来的。

机器是执行机械运动的装置，用来转换或传递能量、物料、信息。凡将其他形式能量转换为机械能的机器称为原动机，如内燃机（将热能转换为机械能）、电动机（将电能转换为机械能）等都属于原动机。利用机械能来转换或传递能量、物料、信息的机器称为工作机，如发电机（将机械能转换为电能）、起重机（传递物料）、录音机（转换和传递信息）等都属于工作机。

根据能量来源不同，现代汽车主要分为燃油汽车和新能源汽车两大类。图 0-1 所示为燃油汽车总体构造，通常燃油汽车由发动机、底盘、车身和电气设备四部分组成。

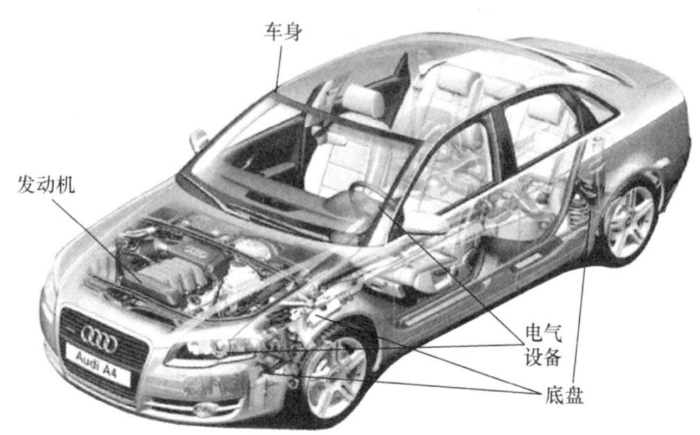

图 0-1　燃油汽车总体构造

（1）发动机

发动机（见图 0-2）是燃油汽车的动力装置，它的作用是使燃料燃烧产生动力，然后通过底盘的传动系驱动车轮，使汽车行驶。

燃油汽车发动机主要有汽油机和柴油机两种。汽油机由曲柄连杆机构、配气机构和燃料供给系统、冷却系统、润滑系统、点火系统、起动系统组成。柴油机的点火方式为压燃式，所以无点火系统。

图 0-2　发动机

① 曲柄连杆机构是发动机实现工作循环、完成能量转换的主要运动部件。

② 配气机构的功用是根据发动机的工作顺序和工作过程，定时开启和关闭进气门和排气门，使可燃混合气或空气进入气缸，并使废气从气缸内排出，实现换气过程。

③ 燃料供给系统主要有汽油机燃料供给系统和柴油机燃料供给系统两种。汽油机燃料供给系统的功用是根据发动机的要求，配制出一定数量和浓度的混合气，供入气缸，并将燃烧后的废气从气缸内排到大气中去。柴油机燃料供给系统的功用是把柴油和空气分别供入气缸，在燃烧室内形成混合气并燃烧，最后将燃烧后的废气排出。

④ 冷却系统的功用是带走发动机内的热量，让发动机在适宜的温度下工作。

⑤ 润滑系统的功用是润滑发动机内有相对运动的零件，减少摩擦和磨损。

⑥ 点火系统的功用是按照气缸的工作顺序，定时地在火花塞两电极间产生足够能量的电火花，确保点燃混合气，使发动机做功。

⑦ 起动系统的功用是通过起动机将蓄电池的电能转换成机械能，使发动机运转。

（2）底盘

底盘的作用是支承、安装汽车发动机及其各部件、总成，形成汽车的整体造型，并接受发动机的动力，使汽车产生运动，保证正常行驶。

底盘由传动系、行驶系、转向系和制动系四部分组成，如图 0-3 所示。

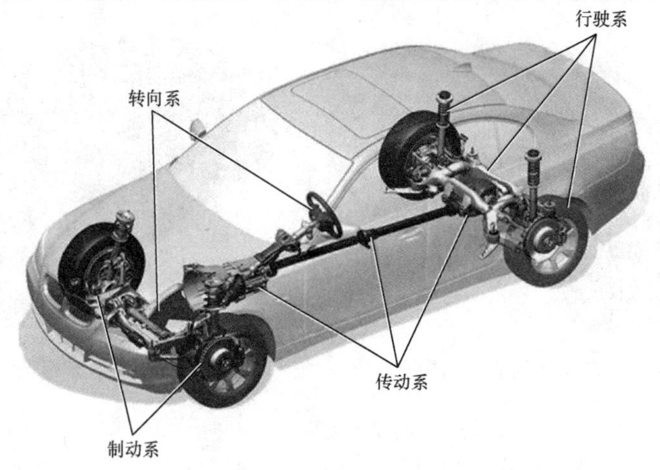

图 0-3　底盘的组成

① 传动系一般由离合器、变速器、万向传动装置、主减速器、差速器和半轴等组成。汽车发动机所发出的动力靠传动系传递到驱动车轮。

离合器是传动系中直接与发动机相连接的总成；变速器用来改变发动机传到驱动车轮上的扭矩和转速；万向传动装置能传递在工作过程中相对位置不断改变的两根轴的运动；主减速器能增大由传动轴或变速器传来的扭矩；差速器将动力合理地分配给左、右驱动车轮，使汽车顺利转弯。

② 行驶系由车架、车桥、悬架和车轮等部分组成。行驶系的基本功用是支承全车质量，并保证汽车正常行驶。

车架的作用是承受载荷，包括汽车自身零部件的质量和行驶时所受的冲击、扭曲、惯性力等；车桥的作用是传递车架与车轮之间各方向的作用力；悬架是车架与车桥之间的一切传力连接装置的总称，它包括弹性元件、减振器和传力装置三部分，这三部分分别起缓冲、减振和力的传递作用；车轮的作用是与地面接触，使汽车得到所需的牵引力。

③ 转向系由转向盘、转向器、转向节、转向节臂、横拉杆、直拉杆等组成。转向系是用来保持或者改变汽车行驶方向的机构，能够在汽车转向行驶时，保证各转向车轮之间有协调的转角关系。

④ 制动系一般由制动主缸、制动轮缸、比例分配阀、车轮制动器等组成。制动系的功用是使汽车以适当的减速度降速行驶直至停车，在下坡行驶时使汽车保持适当的稳定车速，使汽车可靠地停在原地或坡道上。

（3）车身

车身不仅是驾驶员的工作场所，也是容纳乘客和货物的场所。车身既有封闭作用，也有保证行车安全和减轻事故后果的作用。车身按承载方式分类，可分成非承载式车身、半承载式车身和承载式车身三大类。轿车车身多数是承载式车身，其基本结构如图 0-4 所示。

（4）电气设备

汽车电气设备是汽车的重要组成部分，它控制着发动机、车灯，甚至汽车全身，是汽车的中枢神经系统，如图0-5所示。

图0-4　轿车车身的基本结构

图0-5　汽车电气设备

汽车是一个机械系统，通过以上四部分实现汽车安全行驶功能，使人类以车代步。

图0-6所示为单缸内燃机，它由活塞1、进气门推杆2、凸轮轴3、大齿轮4、小齿轮5、曲轴6、连杆7、排气门推杆8、气缸体9和凸轮10等组成。内燃机工作时，气缸内的燃气推动活塞1在气缸内做往复移动，经连杆7转变为曲轴6的连续转动。凸轮轴3上的大齿轮4与曲轴6上的小齿轮5啮合，将曲轴6的连续转动转变为凸轮轴3的连续转动。凸轮轴3上的凸轮10和进气门推杆2、排气门推杆8用来有规律地启闭进、排气门，把燃气的热能转换为曲轴转动的机械能。

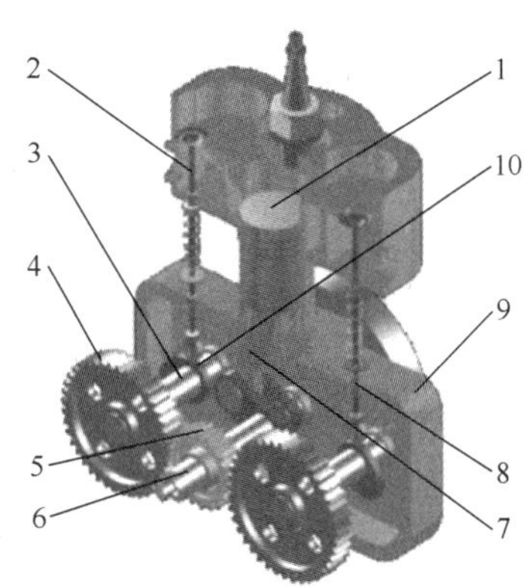

图0-6　单缸内燃机

1—活塞　2—进气门推杆　3—凸轮轴
4—大齿轮　5—小齿轮　6—曲轴
7—连杆　8—排气门推杆
9—气缸体　10—凸轮

从燃油汽车总体构造和单缸内燃机组成这两个实例分析可知，就功能而言，一般机器包含四个基本组成部分。

一是动力部分。动力部分是驱动整台机器完成预定功能的动力源，其作用是把其他形式的能量转换为机械能，以驱动机器各部件。如汽车的发动机，给汽车行驶提供动力。广泛使用的动力源有电力、热力、液力、压缩气体等。

0-1 内燃机工作原理

二是执行部分。执行部分是机器中直接完成工作任务的组成部分，其运动形式依据用途的要求，可能是直线运动，也可能是回转运动或间歇运动等。如汽车的行驶系（车轮）、内燃机的活塞等。

三是传动部分。传动部分是机器中介于动力部分和执行部分之间，用来完成运动形式转换、运动和动力参数转换的组成部分。利用传动部分可以减速、增速、改变扭矩以及改变运动形式等，从而满足执行部分的各种要求。如汽车的传动系，内燃机的连杆、齿轮等。常用的传动形式有机械传动、液压传动、气压传动、电力传动等。其中，机械传动应用最广。

四是控制部分。控制部分是使上述三个基本职能部分彼此协调运作，并准确、安全、可靠地完成整机功能的组成部分。如汽车的转向系、制动系，内燃机的凸轮机构等。

以上四部分中，执行部分和传动部分是机器的主体。

2. 机器的特征

由上述分析可知，任何机器都由许多实体组合而成。机器不仅能传递运动和动力，还能转换或传递能量、物料和信息。例如，图 0-6 所示的单缸内燃机，除传递运动外，还能把热能转换成机械能。可见，机器具有以下三个共同特征。

① 各类机器都是人为的实体组合。

② 机器的各部分之间具有确定的相对运动。

③ 机器能完成有用的机械功或实现能量转换。

知识拓展

据央视报道，在 2022 世界智能制造大会上，工业和信息化部相关负责人表示，十年来，我国智能制造应用规模和水平进入全球领先行列，制造业机器人密度增长约 13 倍（机器人是一种能够半自主或全自主工作的智能机器），达到每万名工人 322 台，5G、人工智能等智能制造关键技术的应用规模稳居全球前列。

（二）机构

具有机器前两个特征的多构件组合体，称为机构。机构能实现一定规律的运动。如图 0-6 所示，由活塞、连杆、曲轴和气缸体组成的曲柄滑块机构，可把活塞的往复直线运动转变成曲轴的连续转动；由小齿轮、大齿轮和气缸体组成的齿轮机构，可以改变转速的大小和方向；由凸轮、进气门推杆（或排气门推杆）和气缸体组成的凸轮机构，可以将凸轮轴的连续转动转换为进气门推杆（或排气门推杆）的往复直线运动。

组成机构的具有确定相对运动的实体，称为构件。图 0-6 所示的活塞、连杆、曲轴等都是构件。构件在机构中具有独立运动的特性，是机构中不可分割的相对运动单元体，即运动单元。构件可以是一个单独的零件，如内燃机中的曲轴；构件也可以由多个零件刚性连接而成，如内燃机中的连杆。

从制造加工的角度看，机器由若干零件组装而成。零件是机器的最小制造单元，是机器的基本组成要素。对于机器中的零件，按其功能和结构特点可分为通用零件和专用零件。各种机器中普遍使用的零件，称为通用零件，如螺栓、齿轮、轴等；仅在某些特定机器中才用到的零件，称为专用零件，如内燃机中的活塞、曲轴等。

一组协同工作的零件组成的独立制造或装配的组合体称为部件。部件是机器的装配单元。部件中的各零件之间不一定具有刚性连接。部件也分为通用部件和专用部件，如滚动轴承、电动机、减速器、联轴器、制动器属于通用部件，而汽车转向器则属于专用部件。

显然，零件、构件和部件的区别就在于：零件是制造单元，构件是运动单元，部件是装配单元。

综上所述，机构与机器的区别在于：机构只是一个构件系统，只用于传递运动和动力；

而机器除构件系统之外，还包括电气、液压等其他装置。除传递运动和动力外，还具有转换或传递能量、物料和信息的功能。

但是，在研究构件的运动和受力情况时，机器与机构之间并无区别，因此，习惯上用“机械”作为机器和机构的总称。

二、本课程的学习内容和学习目标

1. 本课程的学习内容

“汽车机械基础”是高职高专汽车类各专业必修的一门专业技术基础课，内容包括汽车常用机构、汽车机械传动装置、汽车常用机械零部件、汽车液压传动、汽车工程材料、汽车制造技术——金属成形热加工、汽车制造技术——金属成形冷加工、汽车构件力学分析等知识。

2. 本课程的学习目标

“汽车机械基础”在汽车类各专业课程的学习中占有重要的地位，通过本课程的学习，学生应具备必需的机械基础知识和技能，课程目标包括以下几点。

① 掌握汽车常用机构工作原理、结构特点及其在汽车中的应用。

② 掌握汽车机械传动装置的类型、特点及其在汽车中的应用。

③ 掌握汽车常用机械零部件的类型、特点及其在汽车中的应用。

④ 掌握液压传动相关知识及其在汽车中的应用。

⑤ 掌握汽车常用材料的主要性能、铁碳合金、热处理方法和汽车典型零件选材知识。

⑥ 掌握金属成形热加工方法及其在汽车中的应用。

⑦ 掌握金属成形冷加工方法及其在汽车中的应用。

⑧ 掌握汽车构件静力分析方法与强度分析方法。

任务实施

1. 汽车是由动力驱动，具有四个或四个以上车轮的非轨道承载的车辆。汽车是一个机械系统，是一个复杂的机电产品。

2. 机械是机器与机构的总称。

3. “汽车机械基础”是高职高专汽车类各专业必修的一门专业技术基础课。

项目一 汽车常用机构

机器不仅能传递运动和动力，还能转换或传递能量、物料和信息。机器中传递运动和动力或转换运动形式的装置是机构。汽车中常用的机构有铰链四杆机构、凸轮机构和棘轮机构等。

任务一 平面机构的结构分析

任务引入

汽车常用的机构有刮水器机构、前轮转向机构、内燃机配气机构等，这些机构的各组成部分之间是通过运动副连接的。那么，内燃机配气机构（见图 1-1）采用了哪些运动副？内燃机配气机构的各构件之间具有确定的相对运动。那么，机构具有确定相对运动的条件是什么？

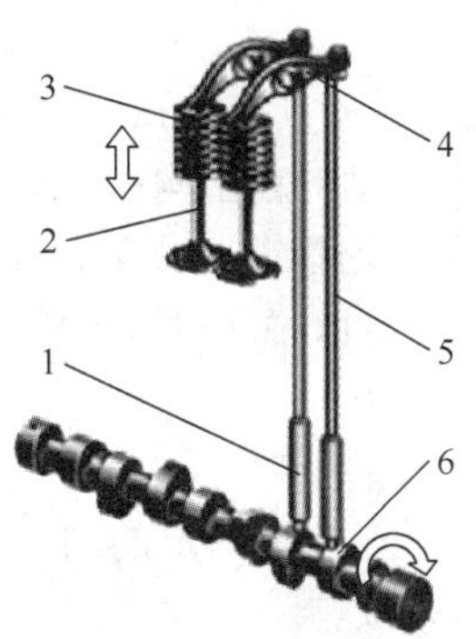

图 1-1　内燃机配气机构

1—挺柱　2—气门　3—弹簧　4—摇臂　5—推杆　6—凸轮

任务分析

机构是多个构件的实体组合，且各构件之间具有确定的相对运动。使两构件直接接触并能产生一定相对运动的连接为运动副。然而，任意拼凑的构件组合不一定能够运动，即使能够运动，也不一定具有确定的运动。因此，掌握运动副知识和机构具有确定相对运动的条件非常必要。

学习目标

素质目标

1. 培养创新意识，树立创新思维。
2. 树立青年强，则国家强意识。

知识目标

1. 复述平面机构的组成和运动副的定义。
2. 说出机构具有确定相对运动的条件。

能力目标

1. 能够正确区分不同类型的运动副。
2. 能够正确绘制平面机构的运动简图。

相关知识

机构运动时，若所有构件都在同一平面或在相互平行的平面内运动，则称该机构为平面机构。目前，常见的机构大多属于平面机构，故本任务仅限于讨论平面机构。

一、平面机构的组成

1-1 认识构件的自由度

平面机构是由多个构件，通过一定的约束关系有机地组合而成的。为了正确地分析或设计平面机构，必须了解构件的自由度、运动副和构件类型等知识。

1. 构件的自由度

做平面运动的构件相对于指定参考系具有的独立运动的数目，称为构件的自由度。如图 1-2 所示，一个在 xOy 平面内做平面运动的自由构件，具有三个独立的运动，即沿 x 轴和 y 轴的移动，以及绕任一垂直于 xOy 平面的轴线的转动。因此，做平面运动的自由构件具有三个自由度。

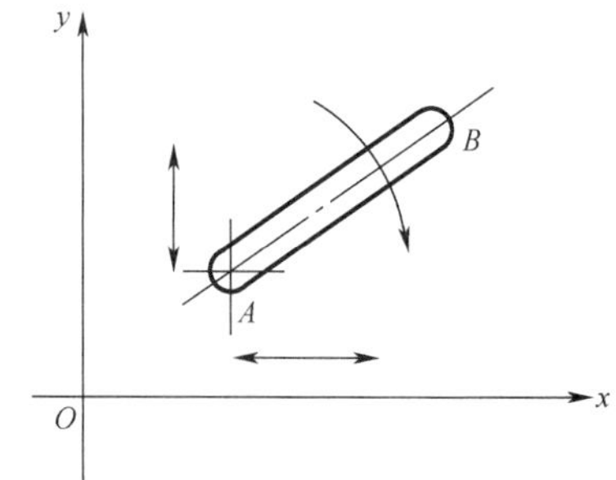

图 1-2　构件的自由度

2. 运动副

在机构中，组成机构的各构件都应具有确定的相对运动，为传递运动，各构件间必须以某种方式进行相互连接。这种连接不是固定连接，而是能产生一定相对运动的连接。这种使两构件直接接触，并能产生一定相对运动的连接，称为运动副。如轴与轴承的连接、内燃机中活塞与气缸的连接、活塞与连杆的连接、传动齿轮两个齿轮轮齿间的连接等，都构成了运动副。

两构件组成运动副后，就限制了两构件间的某些相对运动，这种限制称为约束。构件受到约束后自由度便随之减少，运动副引入的约束数等于构件失去的自由度数。

运动副中的两构件接触形式不同，其限制的运动也不同，其接触形式主要有点、线、面三种。按照两构件间的接触形式，通常把平面运动副分为低副和高副。

（1）低副

两构件间通过面的形式接触而组成的运动副，称为低副。低副根据两构件间允许的相对运动形式不同，又可分为回转副和移动副。

① 回转副。组成运动副的两构件只能绕某一轴线在一个平面内做相对转动，这种运动副称为回转副，又称为铰链。如图 1-3（a）所示，构件 1 与构件 2 之间通过圆柱面接触而组成回转副。内燃机的曲轴与连杆、曲轴与机架、连杆与活塞之间都组成回转副。

② 移动副。组成运动副的两个构件只能沿某一方向做相对直线运动，这种运动副称为移动副。如图 1-3（b）所示，构件 1 与构件 2 之间通过四个平面接触组成移动副，这两个构件只能产生沿轴线的相对移动。内燃机中的活塞与气缸之间组成移动副。

由于低副中两构件之间的接触为面接触，因此，容易制造和维修，承载能力大。承受相同载荷时，压强较低，不易磨损，使用寿命较长，故传力性能较好。但其效率低，不能传递较复杂的运动。

当两构件组成平面回转副时，两构件间便只具有一个独立的相对转动；当两构件组成平面移动副时，两构件间便只具有沿一个方向的独立的相对移动。因此，平面低副引入两个约束，使构件失去了两个自由度。

（2）高副

两构件间通过点或线的形式相接触而组成的运动副，称为高副。如图 1-4（a）所示的凸轮副和图 1-4（b）所示的齿轮副都是高副。显然，构件 2 可以相对于构件 1 绕接触点 A 转动。同时，又可以沿接触点的公切线 t–t 方向移动，只有沿公法线 n–n 方向的运动受到限制。

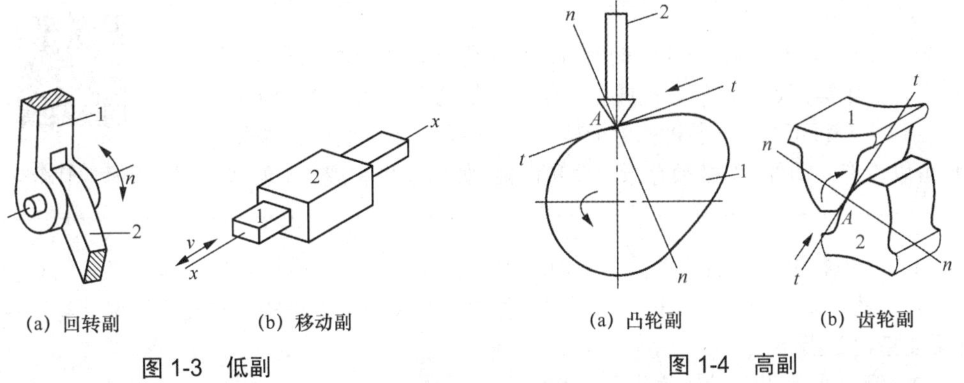

(a) 回转副　(b) 移动副

图 1-3　低副

(a) 凸轮副　(b) 齿轮副

图 1-4　高副

由于高副中两个构件之间的接触为点接触或线接触，因此，制造和维修较困难，承载能力小。在承受载荷时，压强较高，接触处易磨损、使用寿命短。但高副比较灵活，能传递较复杂的运动，易于实现设计的运动规律。

两构件组成高副时，在接触处公法线 n–n 方向的移动受到约束，但保留了沿公切线 t–t 方向的移动和绕接触点 A 的转动。因此，平面高副引入一个约束，使构件失去了一个自由度。

1-2 运动副的种类及特点

此外，常用的运动副还有图 1-5（a）所示的球面副（球面铰链）及图 1-5（b）所示的螺旋副。它们都是空间运动副，本任务不讨论。

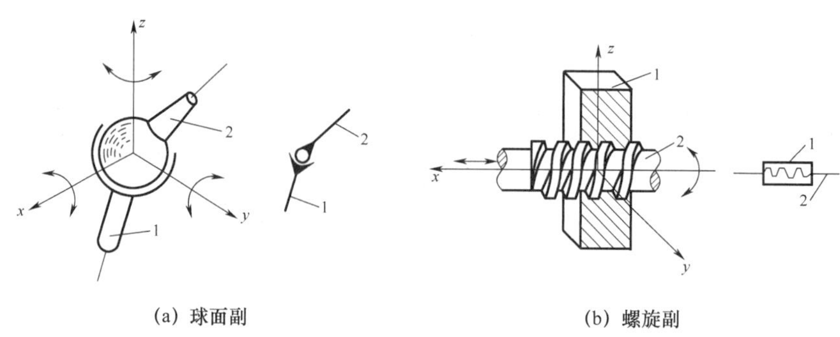

(a) 球面副　　(b) 螺旋副

图 1-5　空间运动副

3. 组成机构的构件类型

由上述分析可知，机构由构件和运动副组成。构件按其运动性质不同，可分为以下三类。

（1）机架

机架是固定构件，用来支承活动构件。组成机构的构件中必有也只有一个构件为机架，其余构件为活动构件。图 0-6 所示的单缸内燃机中，气缸体就是固定构件，它用来支承活塞、曲轴等。研究机构中活动构件的运动时，常以机架作为参考系。

（2）原动件

原动件也称为主动件，是机构中有驱动力作用或已知运动规律的构件。原动件一般与机架相连，一个机构中必有一个或几个原动件。图 0-6 中的活塞就是原动件，其运动是由燃料燃烧形成的高压气体驱动的。

（3）从动件

1-3 构件的种类及特点

机构中随原动件运动而运动的所有活动构件称为从动件。图 0-6 中的连杆、曲轴等都是从动件。完成工作动作的从动件又称为执行构件。

由以上分析可知，一般机构由机架、原动件和从动件组成。特殊的机构可以没有从动件，但必须有原动件和机架，如电动机和液压油缸等。

1. 活塞往复式内燃机两大机构的多种传动方式中，有面接触的，如活塞与气缸壁；有线接触的，如两个传动齿轮。这两种类型中哪种类型对零件的要求更高？哪种类型能传递更复杂的运动？

2. 运动副的引入对构件的自由度有什么影响？

3. 组成机构的构件类型有哪几种？

二、机构运动简图的绘制

在研究机构运动特性时，为使问题简化，可不考虑构件和运动副的实际结构，只考虑与运动有关的构件数目、运动副类型及相对位置。按国家标准（GB/T 4460—2013）以简图图形符号来表示机构构件和运动副，并按一定的比例确定运动副的相对位置及与运动有关的尺寸，这种表明机构的组成和各构件间真实运动关系的简明图形，称为机构运动简图。利用机构运动简图可以表达一部复杂机器的传动原理，可以进行机构的运动和动力分析。

1. 机构运动简图图形符号

（1）运动副的表示方法

回转副即为铰链，用圆圈表示，其圆心代表相对转动的轴线。两构件组成回转副的表示方法，如图 1-6 所示。组成移动副的两个构件中，将长度较短的块状构件称为滑块，将长度较长的槽状或杆状构件称为导槽或导杆，滑块、导槽、导杆的导路必须与相对移动方向一致。两构件组成移动副的表示方法，如图 1-7 所示。两构件组成高副时，需画出两构件接触处的曲线轮廓，如图 1-8 所示。

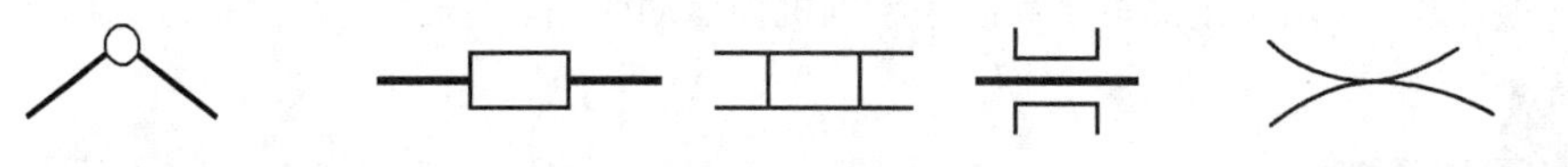

图 1-6　回转副的表示方法　　图 1-7　移动副的表示方法　　图 1-8　高副的表示方法

（2）构件的表示方法

轴、杆等构件图形符号的图线用两倍粗实线表示，块类构件图形符号用小方块表示。若构件固连在一起，则涂以焊接记号；画有斜线的构件代表机架。

机构运动简图的常用图形符号见表 1-1。

表 1-1　机构运动简图的常用图形符号

名称		简图符号	名称		简图符号
构件	轴、杆		机架	基本符号	
	两副构件	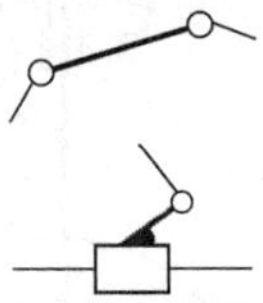		机架是回转副的一部分	
				机架是移动副的一部分	
	三副构件	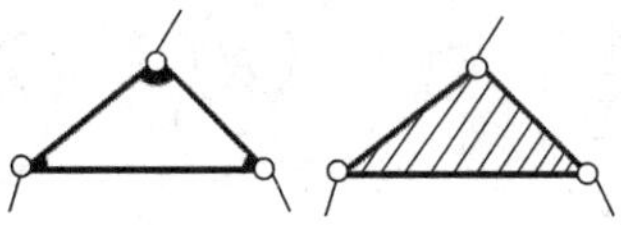	平面高副	齿轮副外啮合	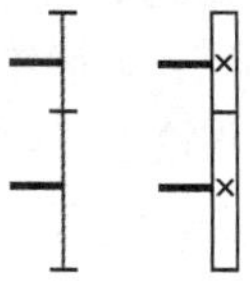
平面低副	回转副			齿轮副内啮合	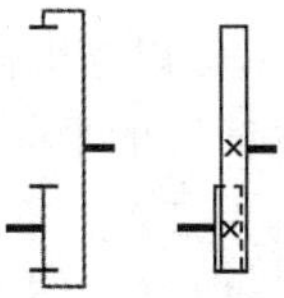
	移动副	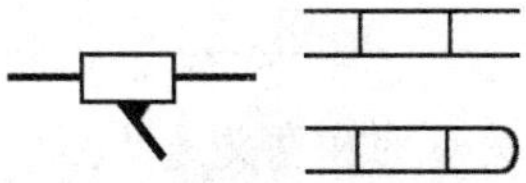		凸轮副	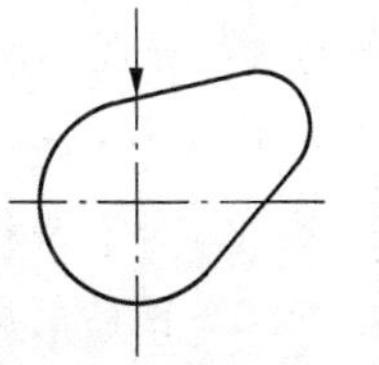

2. 机构运动简图的绘制方法和步骤

绘制机构运动简图时，首先，要分析清楚机构的组成和运动情况，明确三类构件，即机架、原动件和从动件，弄清组成该机构的构件数目；其次，仔细分析各构件间的相对运动关系，确定运动副的类型和数目，以及运动副间的相对位置；最后，选择适当的视图平面，按一定的比例尺，用规定的符号和线条绘制机构运动简图。

机构运动简图的绘制方法和步骤如下所述。

① 分析机构的运动情况，找出机构的机架、原动件和从动件。

② 分析构件间相对运动的性质，确定运动副的类型。

③ 以与机构运动平面相平行的平面作为绘制运动简图的平面。

④ 按比例尺用规定的符号和线条绘制机构运动简图。

绘制机构运动简图时，原动件上应标有箭头。

例 1-1 绘制图 0-6 所示单缸内燃机的运动简图。

解：绘制单缸内燃机运动简图的步骤如下所述。

① 分析机构的运动情况，找出机构的机架、原动件和从动件。由图 0-6 可知，内燃机壳体和气缸体 9 是一个整体，在内燃机中起机架的作用，气缸体 9 内的活塞 1 是原动件，连杆 7、曲轴 6 和与之相固连的大齿轮 4、小齿轮 5、凸轮 10 和进气门推杆 2 都是从动件。

② 分析构件间相对运动的性质，确定运动副的类型。该机构的运动由活塞 1 输入，活塞 1 与气缸体 9 组成移动副；活塞 1 与连杆 7，连杆 7 与曲轴 6，曲轴 6 与内燃机壳体之间组成回转副。运动经小齿轮 5 传到大齿轮 4，它们之间是线接触，组成高副；小齿轮 5 与气缸体 9 组成回转副；大齿轮 4 与凸轮 10 连在一起为同一构件，凸轮 10 与进气门推杆 2 之间是线接触，组成高副；进气门推杆 2 与气缸体 9 组成移动副。

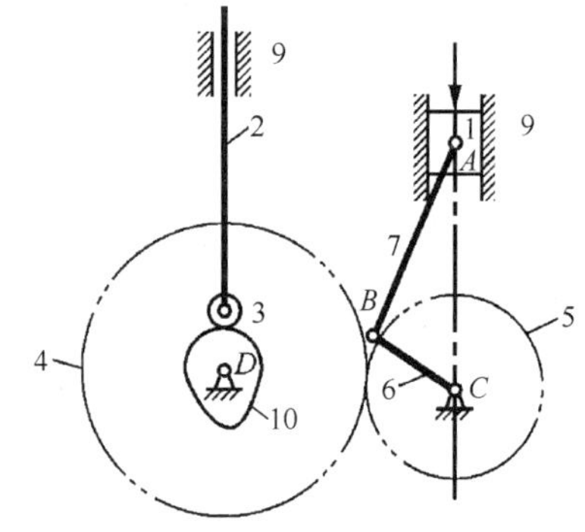

图1-9 单缸内燃机的运动简图

③ 以与机构运动平面相平行的平面作为绘制运动简图的平面。选择内燃机的主运动平面作为绘制单缸内燃机运动简图的平面。

④ 按比例尺用规定的符号和线条绘制机构运动简图。根据选择的绘图比例尺，用规定符号和线条画出所有构件和运动副，即可得到单缸内燃机的运动简图，如图 1-9 所示。

1. 什么是机构运动简图？绘制机构运动简图的目的和意义是什么？
2. 回转副用什么符号表示？轴、杆、块类构件分别用什么图形符号表示？

三、机构具有确定相对运动的条件

1．机构的自由度

为了使所设计的机构能够具有确定运动，必须研究机构的自由度和机构具有确定运动的条件。

机构中各构件相对于机架所具有的独立运动数目，称为机构的自由度。显然，机构的自由度应为所有活动构件自由度的总数与运动副引入的约束总数之差。

设一个平面机构由 N 个构件组成，其中必有一个构件为机架，则活动构件数为 $n=N-1$。它们在没组成运动副之前，共有 $3n$ 个自由度。由前述可知，平面低副引入两个约束，平面高副引入一个约束。若机构中各构件共组成 P_L 个低副、P_H 个高副，则平面机构自由度 F 的计算公式为

$$F=3n-2P_L-P_H$$

例 1-2　计算图 1-9 所示单缸内燃机机构的自由度。

解：图中曲轴 6 与小齿轮 5、凸轮轴 3 上凸轮 10 与大齿轮 4 皆固连在一起，故可分别视为一个构件。因此，可得活动构件数 $n=5$，低副数 $P_L=6$，高副数 $P_H=2$。所以，该机构的自由度为

$$F=3n-2P_L-P_H=3\times5-2\times6-2=1$$

2．计算机构自由度的注意事项

（1）复合铰链

两个以上的构件在同一处以回转副相连，则称该连接为复合铰链。图 1-10 所示为三个构件在 A 点形成复合铰链。由图可知，这三个构件实际上组成了轴线重合的两个回转副，而不是一个回转副。一般地，K 个构件形成的复合铰链具有（$K-1$）个回转副。计算自由度时，应注意找出复合铰链。

1-4 复合铰链及其自由度计算

1-5 局部自由度及其自由度计算

（2）局部自由度

与机构运动无关的构件的独立运动称为局部自由度。如图 1-11（a）所示的凸轮机构，为减少磨损，在从动件 2 的端部装有滚子 3。凸轮 1 为原动件，当其逆时针转动时，通过滚子 3 使从动件 2 在导路中往复移动。显然，滚子 3 绕其自身轴线的转动，完全不会影响从动件 2 的运动，因而滚子 3 的这一转动属局部自由度。在计算该机构的自由度时，可将滚子与从动件看成一个构件，如图 1-11（b）所示，这样就可以去除局部自由度。计算机构自由度时，局部自由度应除去不计。这时，该机构中 $n=2$，$P_L=2$，$P_H=1$，其自由度 $F=3\times2-2\times2-1=1$。

局部自由度虽不影响机构的运动关系，但可以减少高副接触处的摩擦和磨损。因此，在机械中常见有局部自由度的结构，如滚动轴承、滚子凸轮等。

（3）虚约束

机构中与其他约束重复，而对机构运动不起新的限制作用的约束称为虚约束。虚约束常出现在下列场合。

① 两构件形成多个轴线重合的回转副。图 1-12（a）所示曲轴与机架在 A、B 两处组成了两个回转副，图 1-12（b）所示齿轮轴与机架在 A、B 两处组成了两个回转副。从运动关系看，只有一个回转副起约束作用，计算机构自由度时应按一个回转副计算。

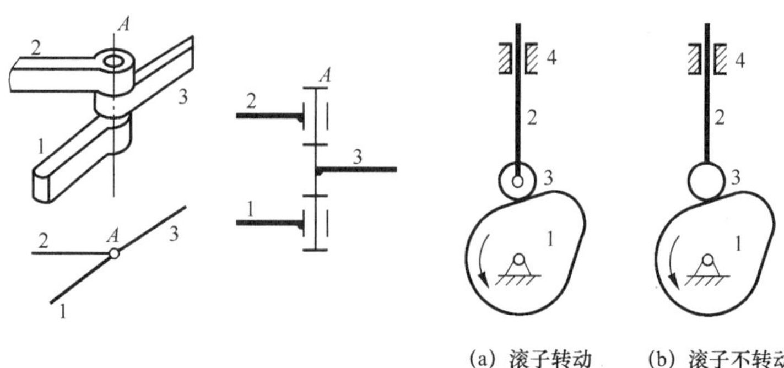

图 1-10　复合铰链　　　图 1-11　局部自由度

② 两构件形成多个导路平行或重合的移动副。图 1-13 中，凸轮机构中的从动件 2 与机架 4 组成了两个导路重合的移动副，计算自由度时应只算作一个移动副。

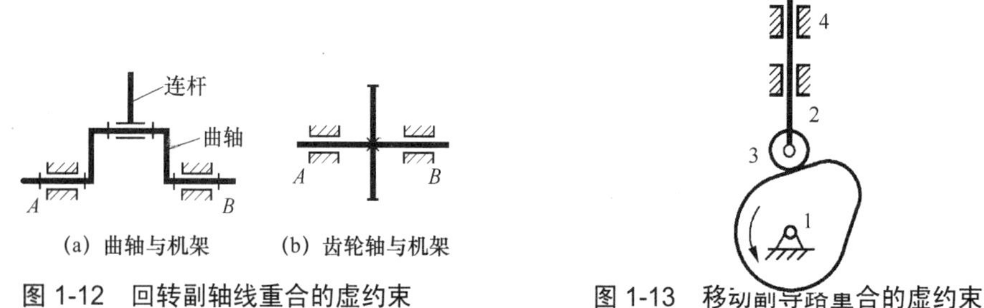

图 1-12　回转副轴线重合的虚约束　　　图 1-13　移动副导路重合的虚约束

上述两种虚约束情况都属于两构件形成多个作用相同的运动副。在判断时，应掌握两构件只能形成一个有效运动副的原则。

③ 两构件上连接点的运动轨迹互相重合。如图 1-14（a）所示的平行四边形机构，杆 *BC* 做平移运动，其上各点轨迹均为圆心在机架 *AD* 上、半径为 *AB* 的圆弧。该机构自由度 $F = 3n - 2P_L - P_H = 3\times3 - 2\times4 - 0 = 1$。

现若在该机构上加上构件 *EF*，且 *EF*//*AB*、*EF* = *AB*，构件 *EF* 上 *E* 点的轨迹与连杆 *BC* 上 *E* 点的轨迹重合，如图 1-14（b）所示。显然，构件 *EF* 对该机构的运动并不产生任何影响，为虚约束。

因此，在计算机构自由度时，应将构件 *EF* 去除。应当注意，构件 *EF* 成为虚约束的几何条件为 *EF*//*AB*、*EF* = *AB*，否则构件 *EF* 将变为实际约束，其自由度 $F = 3n - 2P_L - P_H = 3\times4 - 2\times6 - 0 = 0$，使机构不能运动。

1-6 虚约束及其自由度计算

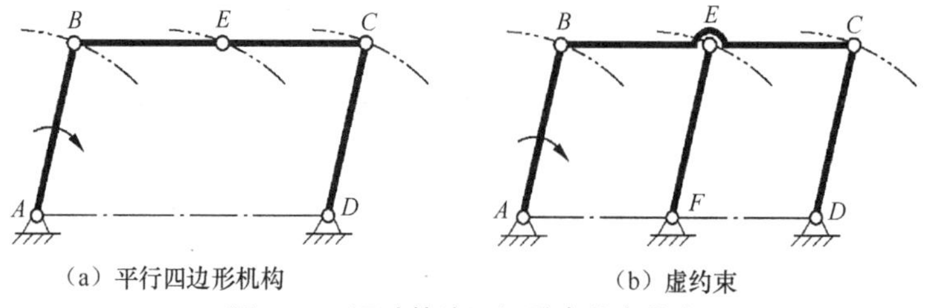

图 1-14　运动轨迹互相重合的虚约束

④ 机构中具有对运动不起作用的对称部分。如图 1-15（b）所示的行星轮系，为使受力

均匀，有三个相同的行星轮对称布置。从运动关系看，只需一个行星轮 2 就能满足运动要求，如图 1-15（a）所示，其余行星轮及其所引入的高副均为虚约束，应除去不计。该机构的自由度 $F=3n-2P_L-P_H=3\times3-2\times3-2=1$。

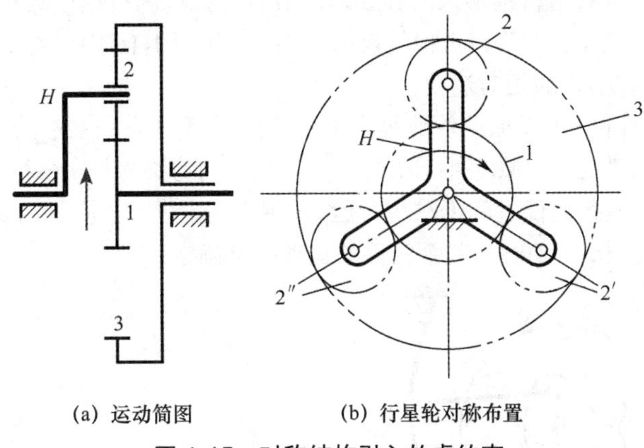

图 1-15　对称结构引入的虚约束

综上所述，虚约束虽对机构运动不起约束作用，但为改善机构的刚性或受力情况，虚约束在机构设计中被广泛采用。计算机构自由度时，虚约束应除去不计。

1. 什么是机构的自由度？计算机构自由度时应注意哪些问题？
2. 机构自由度计算公式是什么？其中的字母是什么含义？

例 1-3　计算图 1-16（a）所示筛料机构的自由度。

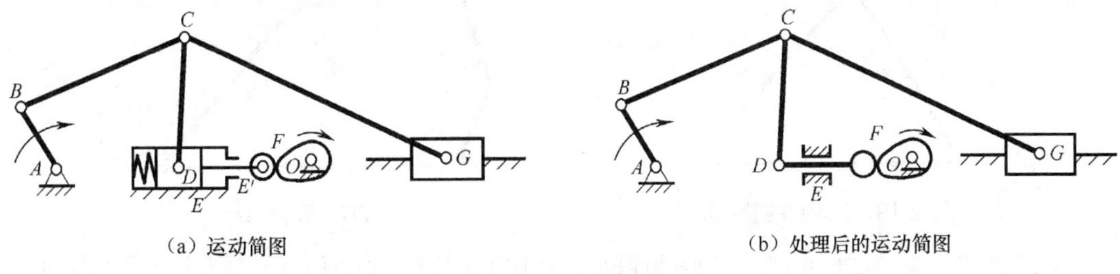

图 1-16　筛料机构

解：经分析可知，机构中滚子 F 处有一个局部自由度。推杆 DF 与机架组成两导路重合的移动副 E、E'，故其中之一为虚约束。C 处为复合铰链，弹簧不起限制自由度作用。去除局部自由度和虚约束后，按图 1-16（b）所示的机构计算自由度。机构中 $n=7$，$P_L=9$，$P_H=1$，其自由度为

$$F=3n-2P_L-P_H=3\times7-2\times9-1=2$$

例 1-4　计算图 1-17 所示冲压机构的自由度。

解：经分析可知，机构中滚子 D 处有一个局部自由度；杆 GG' 与机架组成两导路重合的移动副，故其中之一为虚约束；B 处为复合铰链。去除局部自由度和虚约束后，计算机构自由度。机构中 $n=9$，$P_L=12$，$P_H=2$，其自由度为

$$F = 3n - 2P_L - P_H = 3\times9 - 2\times12 - 2 = 1$$

3．机构具有确定运动的条件

通常，机构的原动件只能输入一个独立运动。显然，只有机构的自由度大于零，机构才有可能运动。同时，只有给机构输入的独立运动数目与机构的自由度数相等，该机构才能有确定的运动。例如，例 1-3 中筛料机构的自由度为 2，从图 1-16 中可看出，其原动件数也为 2，因此，该机构具有确定的相对运动。

图 1-18 所示四杆机构中，原动件数等于 2，机构自由度 $F = 3n-2P_L-P_H = 3\times3-2\times4-0 = 1$，构件要同时满足原动件 AB 和原动件 CD 的给定运动，则势必将杆 BC 拉断。图 1-19 所示为一个三构件组合体，但各构件之间无法相对运动，所以它不是机构。图 1-20 所示为一个五杆机构，当只给定构件 AB 运动时，其余构件的运动并不确定。

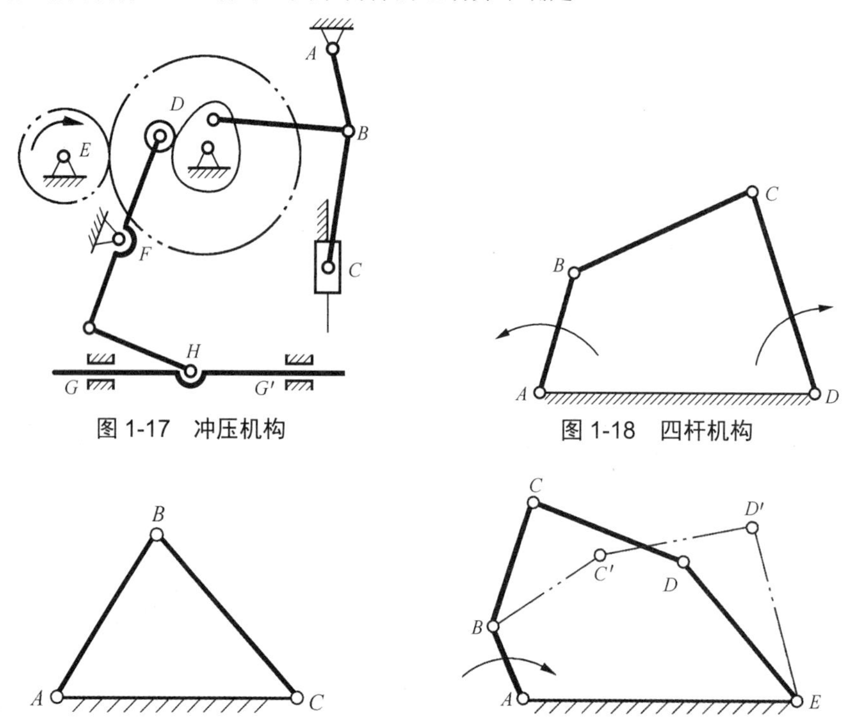

图 1-17　冲压机构

图 1-18　四杆机构

图 1-19　三构件组合体

图 1-20　五杆机构

综上所述，当机构自由度数小于原动件数时，机构不能运动；当机构自由度数大于原动件数时，机构的运动不确定；只有当机构自由度数大于零且等于原动件数时，机构才具有确定的相对运动。

因此，机构具有确定相对运动的条件为：机构的自由度数大于零，且等于机构的原动件数。

总之，机构自由度的计算和其运动确定性的分析，可帮助设计人员判断其合理性，同时也有助于设计人员判断所绘制机构运动简图的正确性。

知识拓展

杨永修，全国技术能手、“中国青年五四奖章”获得者。自主升级改造三轴机床，设计搭载转台、新型夹具，一举解决了复杂立体多角度一体化加工的问题。青年强，则国家强。杨永修正带领他的团队为提升自主汽车产业核心竞争力和创新力，劈波斩浪、勇往直前。

任务实施

一、内燃机配气机构运动副的类型分析

图 1-1 所示内燃机配气机构由凸轮、推杆、摇臂和气门等组成。发动机工作时，曲轴（图中未示出）通过正时齿轮驱动凸轮轴（图中未示出）旋转，凸轮轴旋转带动其上凸轮旋转，进而推动挺柱上下运动，挺柱的上下运动通过推杆推动摇臂像杠杆一样绕着摇臂轴摆动。当摇臂的长臂端向下摆动时，压缩气门弹簧使气门开启；向上摆动时，气门在弹簧力的作用下逐渐关闭。从机械角度分析，内燃机配气机构的运动由凸轮 6 输入，凸轮 6 与挺柱 1 之间是点接触或线接触，组成高副；气门 2 与弹簧 3 组成移动副；气门 2 与摇臂 4 之间是点接触或线接触，组成高副；摇臂 4 与推杆 5 组成回转副；挺柱 1 与机架（内燃机壳体和气缸体）组成移动副。

二、内燃机配气机构具有确定相对运动的条件

内燃机配气机构具有确定相对运动的条件为：机构的自由度数大于零，且等于机构的原动件数。

任务二　汽车常见四杆机构

任务引入

汽车风窗刮水器（见图 1-21）、汽车前轮转向机构（见图 1-22）、汽车车门启闭机构（见图 1-23）采用的都是四杆机构，进而实现车窗玻璃的清洁、汽车的转向和车门的启闭。那么，汽车风窗刮水器、汽车前轮转向机构、汽车车门启闭机构分别采用的是哪种四杆机构？是怎样进行工作的？

图 1-21　汽车风窗刮水器　　图 1-22　汽车前轮转向机构　　图 1-23　汽车车门启闭机构

任务分析

汽车风窗刮水器、汽车前轮转向机构、汽车车门启闭机构采用的是平面四杆机构。铰链四杆机构是平面四杆机构中最基本的形式，通过学习铰链四杆机构，学生能对机械运动有较为直观的认识，同时为以后各类机构的学习打下必要的基础。

学习目标

素质目标

1. 提升创新意识，增强创新思维。
2. 树立科技创新必须重视基础研究的意识。

知识目标

1．阐明铰链四杆机构的基本性质。

2．说出铰链四杆机构的演化形式。

能力目标

1．能够判别铰链四杆机构的不同类型。

2．能够设计制作简易的平面铰链四杆机构。

相关知识

一、平面连杆机构

平面连杆机构是由一些刚性构件用回转副和移动副相互连接而组成的机构。低副是面接触，耐磨损；回转副和移动副的接触表面是圆柱面和平面，制造简便，易于获得较高的制造精度。因此，平面连杆机构在各种机械和仪器中获得广泛使用。但低副中存在间隙，数目较多的低副会引起运动累积误差；而且它的设计比较复杂，不易精确地实现复杂的运动规律。

由四个构件组成的平面连杆机构称为平面四杆机构。根据有无移动副的存在，平面四杆机构可分为铰链四杆机构和滑块四杆机构两大类。在平面四杆机构中，铰链四杆机构是最基本的形式，其他四杆机构可以看作铰链四杆机构的演化形式。

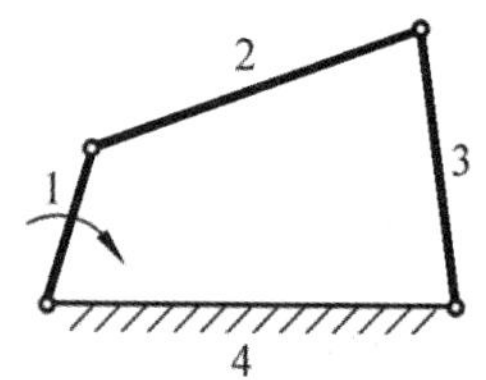

图 1-24　铰链四杆机构

1-7 曲柄摇杆机构的工作原理

1．铰链四杆机构的组成

全部用回转副相连的平面四杆机构称为平面铰链四杆机构，简称铰链四杆机构。铰链四杆机构的组成如图 1-24 所示。机构中相对固定不动的构件 4 称为机架，与机架 4 相连的构件 1、构件 3 称为连架杆，不与机架直接相连的构件 2 称为连杆。相对机架可做 360°整周回转运动的连架杆，又称为曲柄；相对机架做小于 360°往复摆动的连架杆，又称为摇杆。

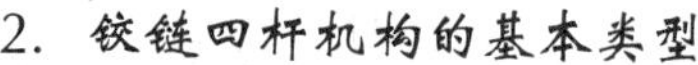

2．铰链四杆机构的基本类型

在铰链四杆机构中，两个连架杆可以一个是曲柄一个是摇杆，也可以都是曲柄或都是摇杆。因此，铰链四杆机构有三种基本类型，即曲柄摇杆机构、双曲柄机构和双摇杆机构。

（1）曲柄摇杆机构

铰链四杆机构的两连架杆中，如果一个为曲柄（*AB* 杆），另一个为摇杆（*CD* 杆），则称为曲柄摇杆机构，如图 1-25 所示。

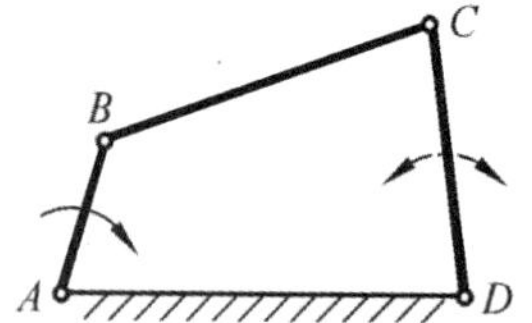

图 1-25　曲柄摇杆机构

1-8 双曲柄机构的工作原理

曲柄摇杆机构的主要用途是改变运动形式，它可以将曲柄的回转运动转变为摇杆的往复摆动，如图 1-26 所示的雷达天线俯仰机构；也可以将摇杆的往复摆动转变为曲柄的回转运动，如图 1-27 所示的缝纫机踏板机构；或实现所需的运动轨迹，如图 1-28 所示的搅拌机机构。

（2）双曲柄机构

铰链四杆机构的两连架杆（*BC* 杆与 *AD* 杆）均为曲柄时，称为双曲柄机构，如图 1-29 所示。双曲柄机构能将主动曲柄的整周回转运动转换为从动曲柄的整周回转运动。

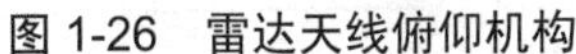
图 1-26　雷达天线俯仰机构

图 1-27　缝纫机踏板机构

图 1-28　搅拌机机构

一般双曲柄机构中的两曲柄的长度不相等，连杆与机架的长度也不相等。因而，当主动曲柄做匀速运动时，从动曲柄做周期性的变速运动。图 1-30 所示的惯性筛就是利用了双曲柄机构的这个特点。当主动曲柄 1 匀速回转时，从动曲柄 3 变速回转，通过构件 5 使筛子 6 做变速往复直线运动，达到筛分物料的目的。

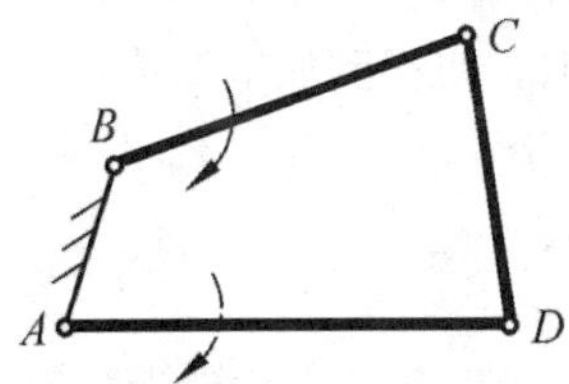

图 1-29　双曲柄机构

图 1-30　惯性筛机构

当双曲柄机构中相对的两杆长度分别相等时，该双曲柄机构称为平行双曲柄机构或平行四边形机构，如图 1-31 所示，有正平行双曲柄机构和反平行双曲柄机构两种。正平行双曲柄机构的运动特点是两曲柄 *AB* 和 *CD* 的转向相同，且角速度相等，连杆做平动。反平行双曲柄机构的运动特点是两曲柄 *AB* 和 *CD* 的转向相反，且角速度不等。图 1-32 所示的机车车轮联动机构，就是正平行双曲柄机构的应用实例。

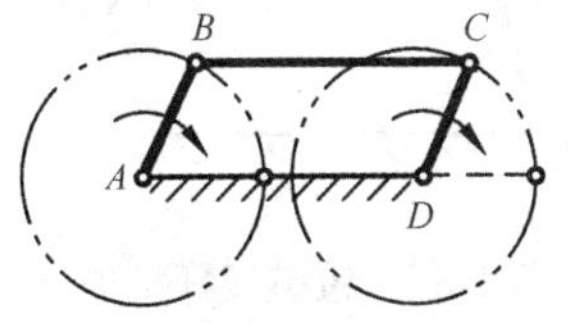

（a）正平行双曲柄机构

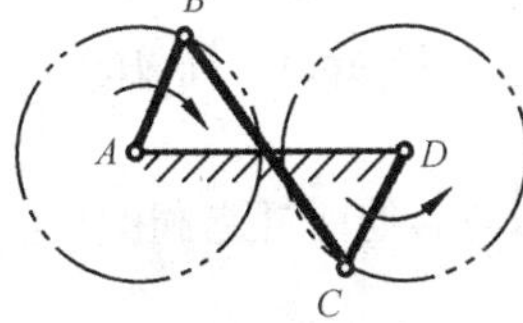

（b）反平行双曲柄机构

图 1-31　平行双曲柄机构

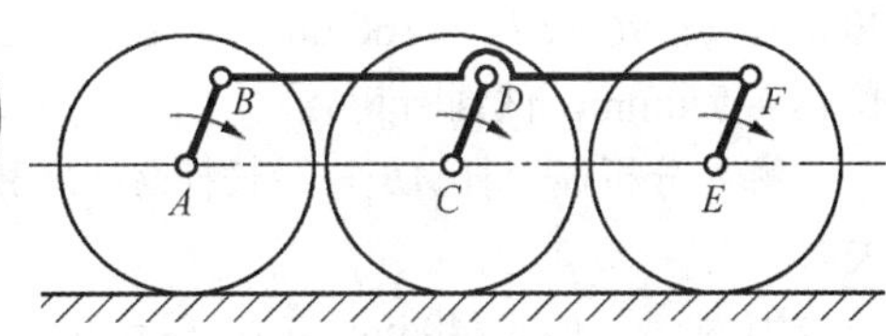

图 1-32　机车车轮联动机构

（3）双摇杆机构

铰链四杆机构的两连架杆（*BC* 杆与 *AD* 杆）均为摇杆时，称为双摇杆机构，如图 1-33 所示。双摇杆机构的两个摇杆只能在一定的角度内摆动。图 1-34 所示的港口起重机是典型的双摇杆机构的应用实例，当摇杆 *CD* 摆动时，摇杆 *AB* 随之摆动，连杆 *BC* 上挂重物的 *M* 点的运动轨迹近似一水平直线，这样可以节省动力的消耗。

1-9 双摇杆机构的工作原理

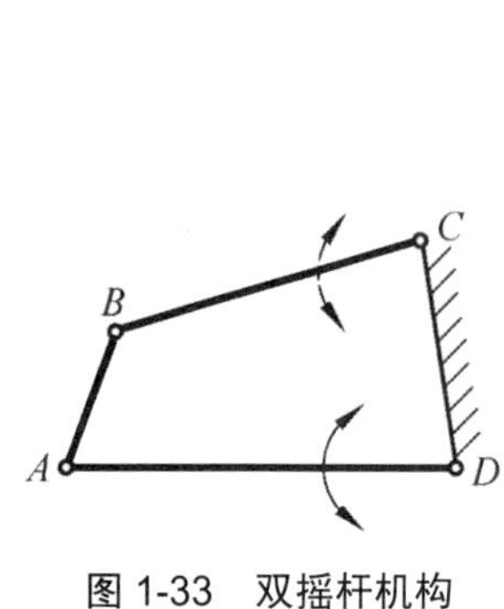

图 1-33　双摇杆机构

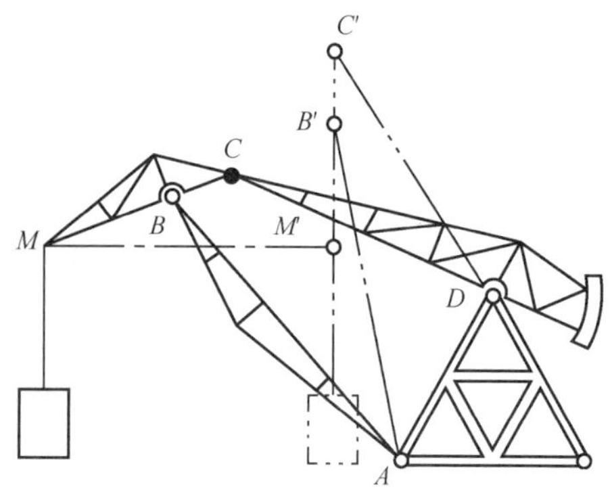

图 1-34　港口起重机

二、铰链四杆机构类型的判别

铰链四杆机构三种基本类型的主要区别在于，连架杆是否为曲柄和存在几个曲柄。机构是否有曲柄存在，取决于机构中各构件的相对长度和最短杆所处的位置。

① 当最短杆与最长杆长度之和小于或等于其他两杆长度之和时，可得到如下结论。

a．若最短杆为连架杆，该机构一定是曲柄摇杆机构。

b．若最短杆为机架，该机构一定是双曲柄机构。

c．若最短杆为连杆，该机构一定是双摇杆机构。

② 当最短杆与最长杆长度之和大于其他两杆长度之和时，则无论取哪一个构件为机架，都无曲柄存在，机构只能是双摇杆机构。

③ 当构件的长度具有特殊的关系，如不相邻的杆长度两两分别相等，则该机构无论以哪个构件为机架，都是双曲柄机构（正平行双曲柄机构或反平行双曲柄机构）。

综上，铰链四杆机构存在曲柄的条件是：① 最短杆与最长杆的长度之和≤其他两杆长度之和；② 连架杆和机架中必有一杆是最短杆。

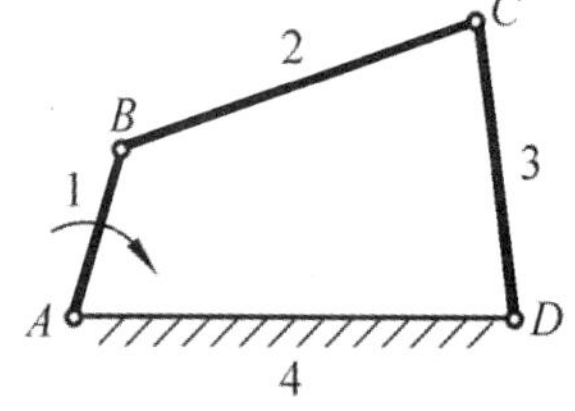

图 1-35　铰链四杆机构

例 1-5　图 1-35 所示的铰链四杆机构中，杆 *AB* 长 $L_1 = 70$mm，杆 *BC* 长 $L_2 = 160$mm，杆 *CD* 长 $L_3 = 120$mm，杆 *AD* 长 $L_4 = 170$mm，试判断其类型。

解：分析最短杆 *AB* 与最长杆 *AD* 之和与其他两杆之和的关系。

因为 $L_1 + L_4 = 240$mm，$L_2 + L_3 = 280$mm，所以

$$L_1 + L_4 < L_2 + L_3$$

又因为最短杆 *AB* 为连架杆，所以，该铰链四杆机构为曲柄摇杆机构。

1. 铰链四杆机构的定义是什么？什么叫曲柄？什么叫摇杆？
2. 铰链四杆机构的基本类型有哪几种？举例说明其应用。
3. 铰链四杆机构存在曲柄的条件是什么？曲柄是否就是最短杆？

三、铰链四杆机构的基本性质

1. 急回特性

如图 1-36 所示的曲柄摇杆机构，设曲柄 AB 为原动件，摇杆 CD 为从动件，曲柄每转一周的过程中，曲柄与连杆 BC 有两次共线，此时摇杆 CD 分别处于左、右两个极限位置 C_1D 和 C_2D。当摇杆处于两极限位置时，曲柄在两相应位置所夹的锐角 θ 称为极位夹角。

1-10 机构的急回特性

由图 1-36 可知，当曲柄以角速度 ω 匀速转过 $180°+\theta$ 时，摇杆从 C_1D 摆至 C_2D，称为推程或正行程，所需时间为 t_1，C 点的平均速度为 v_1；当曲柄再转过 $180°-\theta$ 时，摇杆从 C_2D 摆回至 C_1D，称为回程或反行程，所需时间为 t_2，C 点的平均速度为 v_2。不难看出，由于 $180°+\theta>180°-\theta$，所以，$t_1>t_2$。又由于摇杆上 C 点从 C_1 到 C_2 和从 C_2 到 C_1 的摆角相等，而所用时间却不同，所以往返的平均速度也不同，即 $v_2>v_1$。这种回程比推程的平均速度快的运动特性，称为曲柄摇杆机构的急回特性。

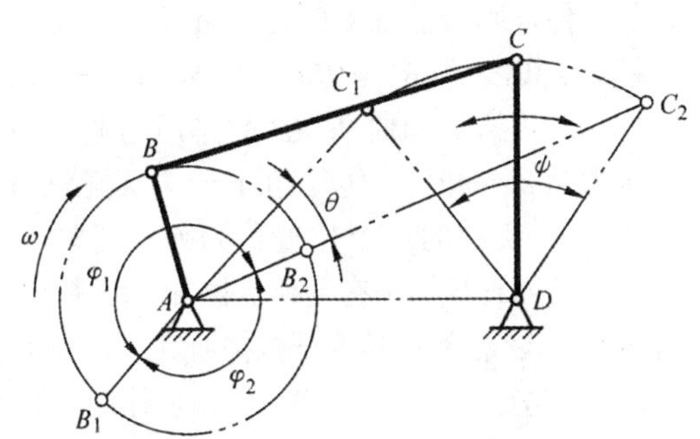

图 1-36 曲柄摇杆机构急回特性

机构的急回特性常用行程速比系数 K 表示，即

$$K=\frac{v_2}{v_1}=\frac{t_1}{t_2}=\frac{180°+\theta}{180°-\theta}$$

由上式可见，K 值大小取决于极位夹角 θ: 当 $\theta=0°$ 时，$K=1$，机构没有急回特性；当 $\theta>0°$ 时，$K>1$，机构具有急回特性。K 值的大小反映了机构的急回程度，K 值越大，急回特性越明显；反之，则越不明显。通常利用机构的急回特性，缩短回程（非生产）时间，提高劳动生产率。

1-11 机构的压力角和传动角

2. 压力角与传动角

在设计和选用四杆机构时，不但应保证实现给定的运动要求，还应使机构具有较好的传力性能，以使机构运转灵活、轻便，效率高。机构的传力性能与压力角有关。压力角和传动角是反映机构传力性能的重要标志。

在图 1-37 所示的曲柄摇杆机构中，取曲柄 AB 为原动件，摇杆 CD 为从动件。若忽略各构件质量和运动副中的摩擦，则曲柄 AB 通过连杆 BC 作用于摇杆 CD 上 C 点的力 $\boldsymbol{F}$ 沿 BC 方向，它与受力点 C 的绝对速度 v_c 之间所夹的锐角 α 称为压力角。力 $\boldsymbol{F}$

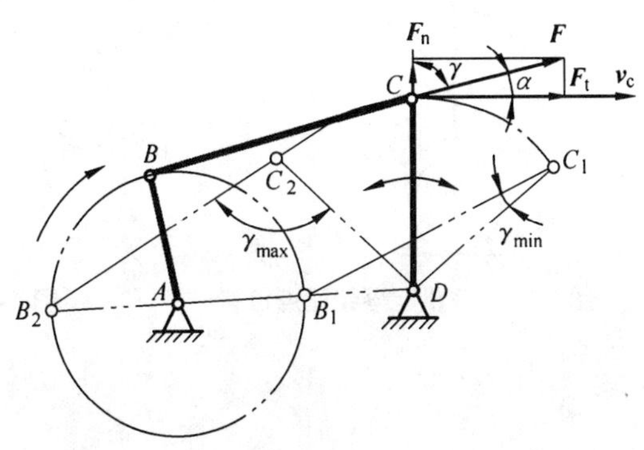

图 1-37 曲柄摇杆机构压力角和传动角

沿 v_c 方向的分力 $\boldsymbol{F}_t$（$F_t = F\cos\alpha$）是推动从动件运动的有效分力；而沿摇杆轴心线方向的分力 $\boldsymbol{F}_n$（$F_n = F\sin\alpha$），会增大运动副中的摩擦和磨损，对机构传动不利，故称为有害分力。显然，压力角 α 越小，有效分力 $\boldsymbol{F}_t$ 越大，有害分力 $\boldsymbol{F}_n$ 越小，机构的传力性能越好。压力角的余角，即连杆与从动件间所夹的锐角称为传动角，用 γ 表示。压力角越小，传动角越大，机构的传力效果越好。

3. 死点位置

在图 1-38 所示的曲柄摇杆机构中，若摇杆 CD 为原动件，曲柄 AB 为从动件，则当摇杆 CD 处于两极限位置 C_1D、C_2D 时，从动曲柄 AB 与连杆 BC 共线（AB_1 与 B_1C_1 共线、AB_2 与 B_2C_2 共线），主动摇杆 CD 通过连杆 BC 传给从动曲柄 AB 的作用力通过曲柄的转动中心。此时，曲柄的压力角 $\alpha = 90°$，传动角 $\gamma = 0°$，无法推动曲柄 AB 转动，机构的这个位置称为死点位置。

1-12 机构的死点

铰链四杆机构中有无死点位置，取决于从动件是否与连杆共线。对曲柄摇杆机构而言，当曲柄为原动件时，摇杆与连杆无共线位置，不出现死点。此外，当机构在运动中通过死点位置时，从动曲柄有可能会产生不确定的情况，既可能顺时针回转，也可能逆时针回转。因此，死点位置对机构的传动是有害的，应设法避免。

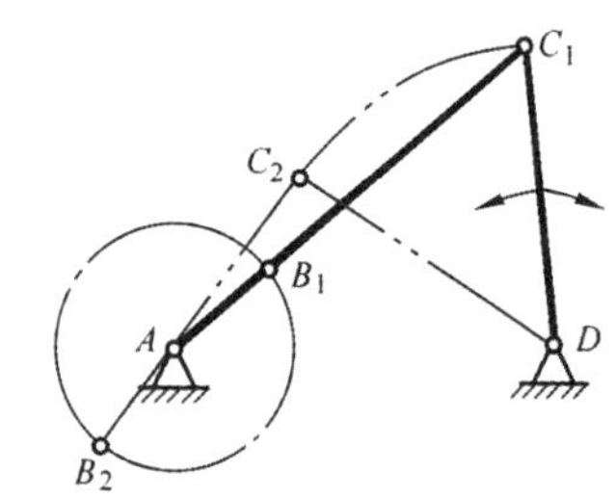

图 1-38　曲柄摇杆机构死点位置

通常利用构件的惯性作用，使机构通过死点，缝纫机就是借助带轮的惯性使机构通过死点位置的；单缸发动机的曲轴在运动过程中，是依靠具有较大质量的飞轮的惯性，顺利通过死点位置（活塞处于上、下止点），并使从动曲柄转向不变的。

工程上，有时也利用死点位置提高机构工作的可靠性。如图 1-39 所示的飞机起落架，当机轮着陆时，BC 杆和 CD 杆共线，机构处于死点位置，即使机轮受到很大的力，构件 BC 也不会使 CD 杆转动（起落架不会折回），使飞机着陆可靠。又如图 1-40 所示的钻床工件夹紧装置，当工件被夹紧后，BCD 成一条直线，机构处于死点位置，无论工件的反力多大，夹紧装置上的夹具也不会自行松脱。

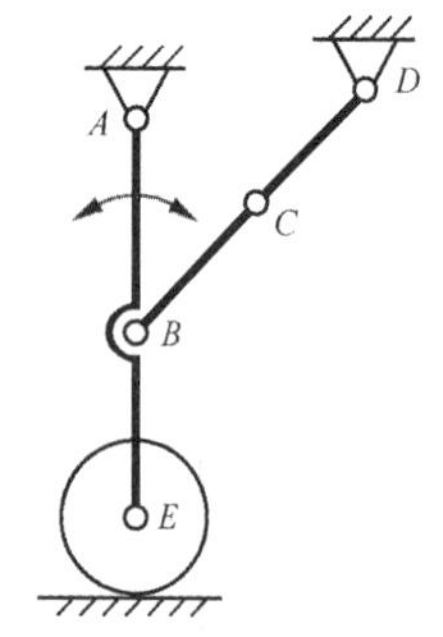

图 1-39　飞机起落架死点位置

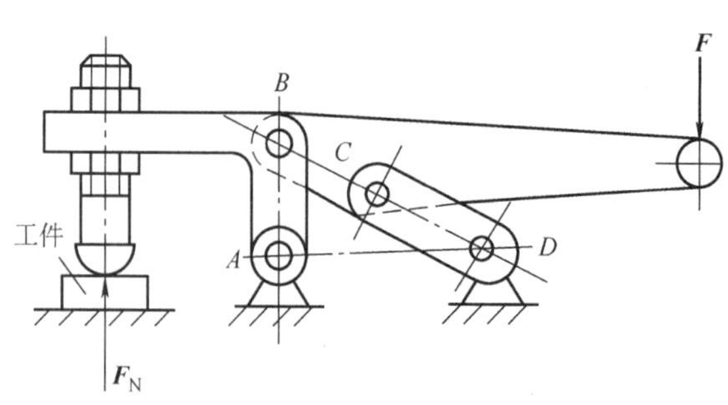

图 1-40　钻床工件夹紧装置死点位置

四、铰链四杆机构的演化形式

汽车机构中，还有由铰链四杆机构演变而成的机构。一般可通过将铰链四杆机构的回转副转化为移动副，获得相应的派生机构。凡含有移动副的四杆机构，简称滑块四杆机构。本任务分析两种汽车中常用的滑块机构，即曲柄滑块机构和曲柄摇块机构。

1. 曲柄滑块机构

在曲柄摇杆机构中，将一个回转副转化为一个移动副时，该机构就转化为曲柄滑块机构。图 1-41 所示的机构，连架杆 *AB* 绕相邻机架 4 做整周转动，是曲柄；另一连架杆 3 在移动副中沿机架导路滑动，称为滑块。因此，该机构称为曲柄滑块机构。图 1-42 所示的内燃机中的曲柄连杆机构就是曲柄滑块机构的应用。

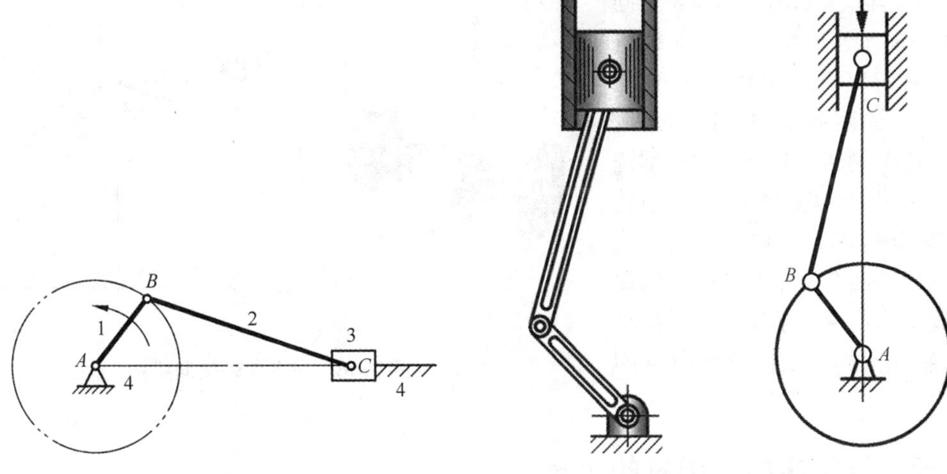

图 1-41　曲柄滑块机构　　图 1-42　内燃机中的曲柄滑块机构

2. 曲柄摇块机构

如图 1-43 所示，取与滑块铰接的杆件 2 作为机架，当杆件 1 的长度小于杆件 2（机架）的长度时，则杆件 1 能绕 *B* 点做整周转动，滑块 3 与机架 2 组成回转副而绕 *C* 点转动，故该机构称为曲柄摇块机构。图 1-44 所示的自卸车翻斗机构就是曲柄摇块机构的应用。在自卸车翻斗机构中，当油缸中压力油推动活塞杆运动时，车厢便绕回转副中心倾斜，当达到一定角度时，物料就自动卸下。

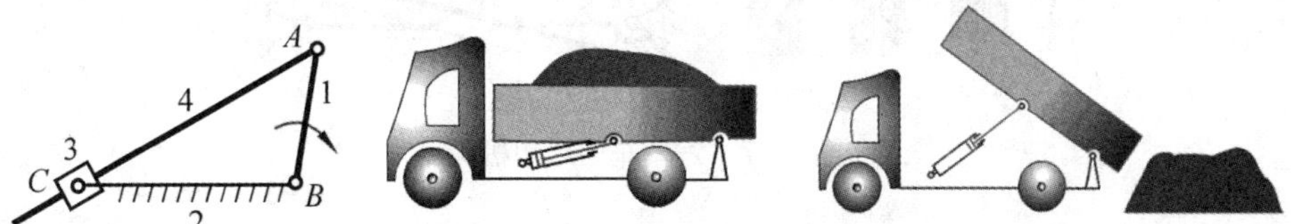

图 1-43　曲柄摇块机构　　图 1-44　自卸车翻斗机构

知识拓展

性能优越的会空翻的机器人、科大讯飞改装的宇树科技四足机器狗“小黑”等动作敏捷、控制技术复杂，但他们的机械原理相对比较简单，大部分采用的都是平面四杆机构。可见，小机构也可以有大作为。

任务实施

一、汽车风窗刮水器分析

图 1-45 所示的汽车风窗刮水器采用的是曲柄摇杆机构。当共用曲柄 *AB* 绕固定轴心 *A* 做整周连续转动时，通过连杆 *BC* 与 *BE*，分别带动摇杆 *CD* 和 *EF* 的延长部分即刮水器做往复摆动，从而实现刮水动作，擦除汽车风窗玻璃上的水滴。

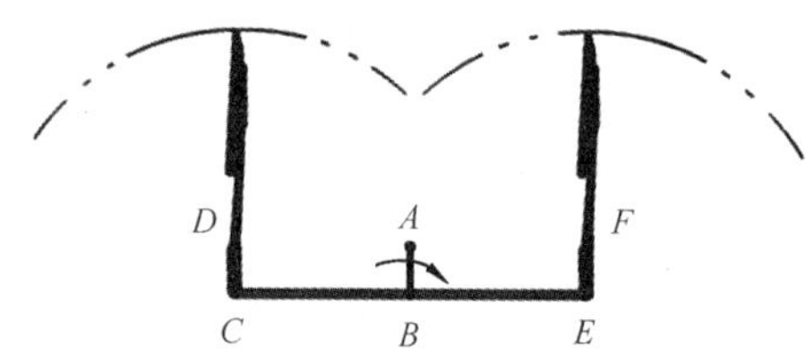

图 1-45　汽车风窗刮水器

二、汽车前轮转向机构分析

图 1-46 所示的汽车前轮转向机构是具有等长摇杆的双摇杆机构，又称等腰梯形机构。它能使与摇杆固连的两前轮轴转过的角度不同，使车辆转弯时每一瞬时都绕一个转动中心 *O* 点转动，即两前轮轴线交点落在后轮轴线的延长线上，保证了四个轮子与地面之间做纯滚动，从而避免了轮胎由于滑动所引起的磨损，增加了车辆转向的稳定性。

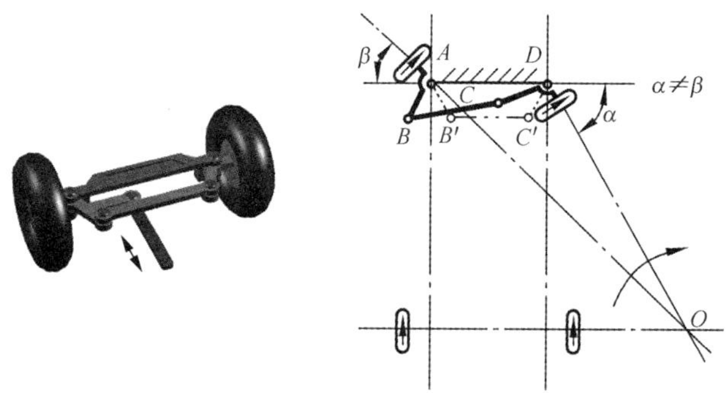

图 1-46　汽车前轮转向机构

三、汽车车门启闭机构分析

图 1-47 所示的汽车车门启闭机构采用的是反平行双曲柄机构。当主动曲柄 *AB* 转动时，从动曲柄 *CD* 做相反方向的转动，从而使两扇车门朝相反方向转动，保证了两扇车门同时开启或同时关闭。

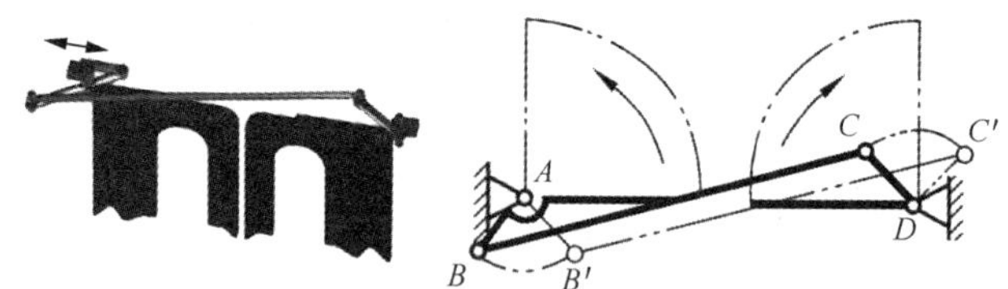

图 1-47　汽车车门启闭机构

任务三　汽车凸轮机构与棘轮机构

任务引入

汽车内燃机配气机构是发动机中的重要机构，工作时要求在一个工作循环内气门要迅速打开，随即迅速关闭，然后保持关闭不动。汽车停在斜坡上不会下滑是驻车制动锁止机构在起作用。那么，内燃机配气机构［见图 1-48（a)］采用的是哪种机构，是怎样进行工作的？驻车制动锁止机构［见图 1-48（b)］采用的又是哪种机构，是怎样进行工作的？

(a) 内燃机配气机构

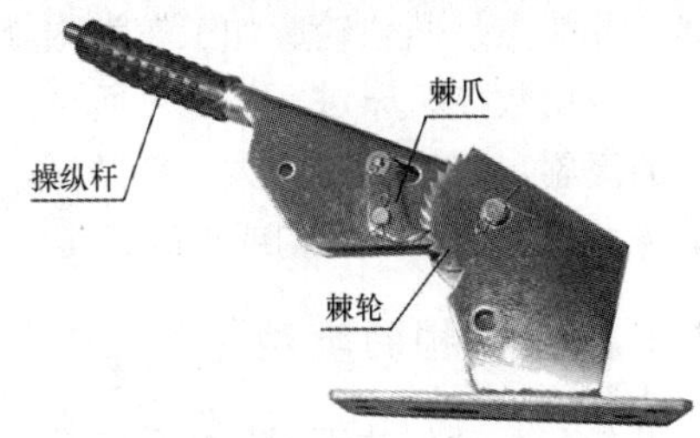

(b) 驻车制动锁止机构

图 1-48　内燃机配气机构与驻车制动锁止机构

任务分析

控制内燃机配气机构的是凸轮机构，凸轮机构是一种常用的高副机构。凸轮机构可以将匀速转动转换为非匀速运动，或间歇运动。为使汽车可靠地停在斜坡上保持不动，需要通过机械驻车制动系统实现，驻车制动系统多应用棘轮机构实现驻车锁止。

学习目标

素质目标

1. 树立严谨细致、精益求精的工匠精神。
2. 通过了解古人的智慧，坚定文化自信，增强民族自豪感。

知识目标

1. 阐明凸轮机构的组成、特点和分类。
2. 说明压力角的大小对凸轮机构传动效率的影响。

能力目标

1. 能够说明汽车配气机构的工作原理。
2. 能够解释驻车制动锁止机构的组成和工作原理。

相关知识

一、凸轮机构

（一）凸轮机构的组成与特点

1. 凸轮机构的组成

凸轮机构是由凸轮 1、从动件 2 和机架 3 三个基本构件组成的高副机构，如图 1-49 所示。凸轮是一个具有特定曲线轮廓（或凹槽）的构件，一般为主动件，做回转运动或往复移动。与凸轮轮廓接触的从动件一般做往复移动或摆动，称为从动杆。从动件靠重力或弹簧力与凸轮紧密接触。

在凸轮机构中，当凸轮转动时，借助凸轮本身的曲线轮廓或凹槽迫使从动件做一定的运动，即从动件的运动规律取决于凸轮轮廓曲线或凹槽曲线的形状。

2. 凸轮机构的特点

凸轮机构的主要优点是结构简单、工作可靠、设计方便，只要做出适当的凸轮轮廓，就可以使从动件得到预定的复杂运动规律。其缺点是凸轮轮廓加工较为困难，凸轮轮廓精度要求高时，需用数控机床进行加工。而且，凸轮副是点接触或线接触的高副，接触应力较大，易磨损。所以，凸轮机构通常用于传力不大的调节机构或控制机构中。

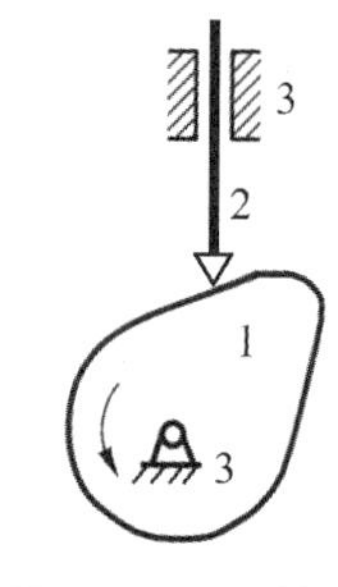

图 1-49 凸轮机构
1—凸轮 2—从动件 3—机架

（二）凸轮机构的类型

根据凸轮和从动件的不同形状和运动方式，凸轮机构有以下几种分类方式。

1. 按凸轮的形状分类

（1）盘形凸轮

盘形凸轮是凸轮的最基本形式，如图 1-50 所示。它是一个绕固定轴线转动并具有变化向径的盘形构件，结构简单，应用最广，但从动件的行程不能太大，故多用于行程较短的场合。

（2）移动凸轮

移动凸轮（又称板状凸轮）是一个具有曲线轮廓，并做往复直线运动的构件，如图 1-51 所示。当盘形凸轮的回转中心趋于无穷大时，即成为移动凸轮。

图 1-50 盘形凸轮

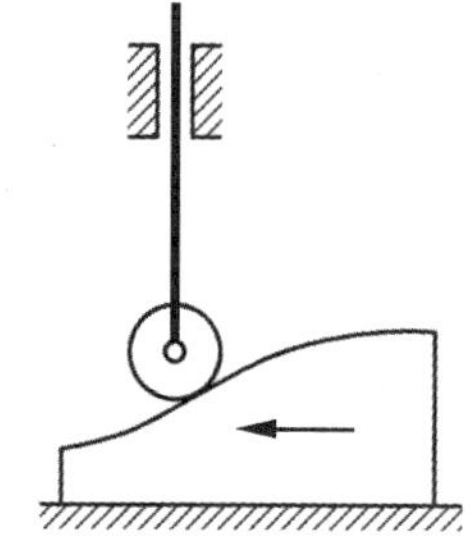
图 1-51 移动凸轮

（3）圆柱凸轮

圆柱凸轮是一个在圆柱端面上做出曲线轮廓或在圆柱面上开有曲线凹槽的构件，并绕其轴线旋转，如图 1-52 所示。它的从动件可以获得较大的行程，适用于行程较大的场合。

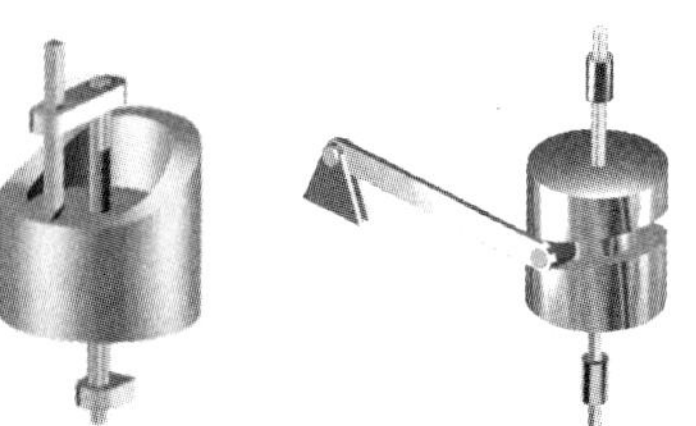
图 1-52 圆柱凸轮

2. 按从动件的形状分类

（1）尖顶从动杆

尖顶从动杆以尖顶与凸轮轮廓接触，如图 1-53（a）所示。这种从动杆结构最简单，能与任何复杂的凸轮轮廓保持接触，故可使从动杆实现任意的运动规律。但尖顶易磨损，故仅适用于传力不大、低速及要求传动灵敏的场合，如仪表、记录仪等。

（2）曲面从动杆

为了克服尖顶从动杆的缺点，可以把从动杆的端部做成曲面，称为曲面从动杆。曲面从动杆以曲面与凸轮轮廓接触，如图 1-53（b）所示。这种从动杆在生产中应用较多。

（3）滚子从动杆

滚子从动杆的端部铰接一个滚子，并以滚子与凸轮轮廓接触，如图1-53（c）所示。由于滚子与凸轮轮廓是线接触，又是滚动摩擦，磨损较小且均匀，所以，它可用于传递较大的力，故应用最广泛。

（4）平底从动杆

平底从动杆以平底与凸轮轮廓接触，如图 1-53（d）所示。由于平底与凸轮之间容易形成楔形油膜，因此利于润滑和减少磨损。不计摩擦时，凸轮给从动杆的作用力始终垂直于平底，传动效率较高，故常用于高速凸轮机构中。但平底从动杆不能与具有内凹或凹槽轮廓的凸轮相接触。

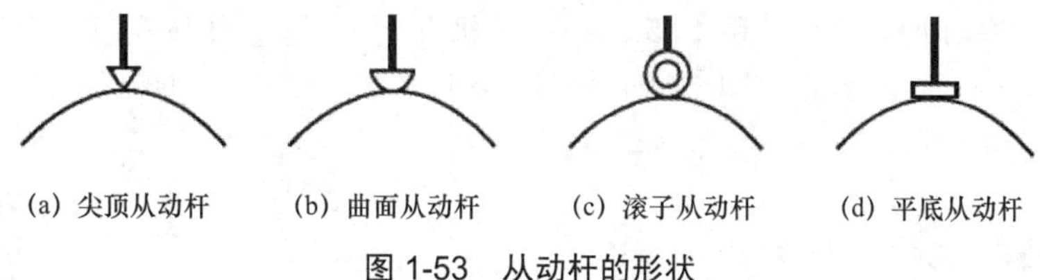

图 1-53　从动杆的形状

3. 按从动件的运动方式分类

（1）移动从动杆

移动从动杆相对于机架做往复直线移动，如图 1-49 所示。

（2）摆动从动杆

摆动从动杆相对于机架做往复摆动，如图 1-50 所示。

1-13 凸轮机构的种类及其应用

（三）凸轮机构的应用

凸轮机构在汽车中主要应用于发动机配气机构（在凸轮轴上）。凸轮轴是汽车中不可缺少的、非常重要的零件。按凸轮轴的布置位置，凸轮轴可分为凸轮轴上置式、凸轮轴中置式和凸轮轴下置式三种。按凸轮轴的数量，凸轮轴可分为单顶置凸轮轴和双顶置凸轮轴两种。单顶置凸轮轴直接驱动进、排气门；双顶置凸轮轴一根控制进气门、一根控制排气门。双顶置凸轮轴是多气门发动机必不可少的配备，现在的发动机大都采用双顶置凸轮轴（奥迪、丰田等）设计。有些 V 型气缸的发动机甚至会配备四根凸轮轴。

凸轮机构在机械传递和自动控制装置中的应用也比较广泛，其应用实例如下所述。

1. 靠模车削机构

靠模车削机构如图 1-54 所示。靠模板 4（相当于移动凸轮）固定在车床床身上。车削加工时，工件 1 旋转，刀架 3 带动车刀 2（从动件）沿工件轴向移动，由靠模板曲线轮廓控制车刀相对于工件的径向进给；车刀按预定规律动作，从而车削出具有曲面轮廓的工件。

2. 自动进刀机构

自动进刀机构如图 1-55 所示。带有曲线凹槽的圆柱凸轮 1 转动时，凹槽的侧面推动摆杆 2 端部的滚子，使摆杆绕固定铰链的回转中心 *C* 摆动，摆杆另一端的扇形齿轮与刀架底部的齿条相啮合，使刀架实现进刀和退刀动作。

3. 自动送料机构

自动送料机构如图 1-56 所示。当带有凹槽的圆柱凸轮 1 转动时，通过槽中的滚子，驱使从动件 2 按一定运动规律做往复移动，从动件即将储料器中的坯料推出，送到加工位置。凸轮每转一周，运送一个坯料到加工位置。

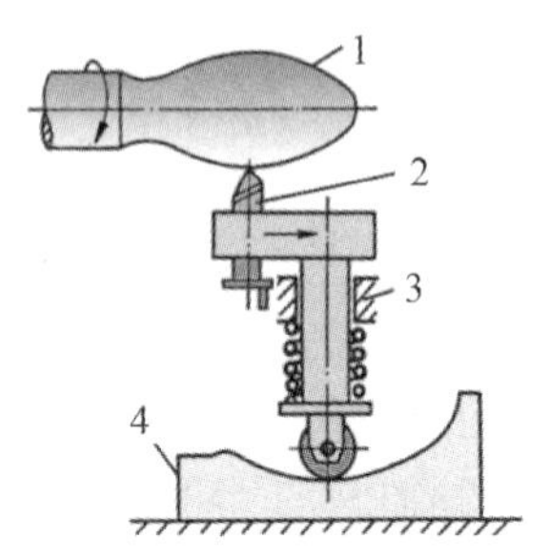

图 1-54　靠模车削机构

1—工件　2—车刀

3—刀架　4—靠模板

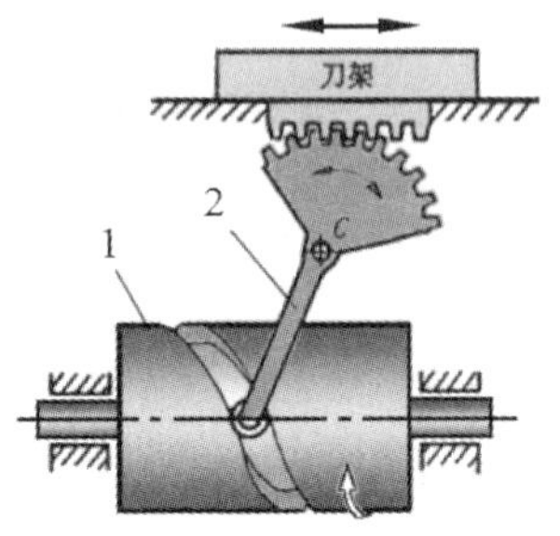

图 1-55　自动进刀机构

1—圆柱凸轮　2—摆杆

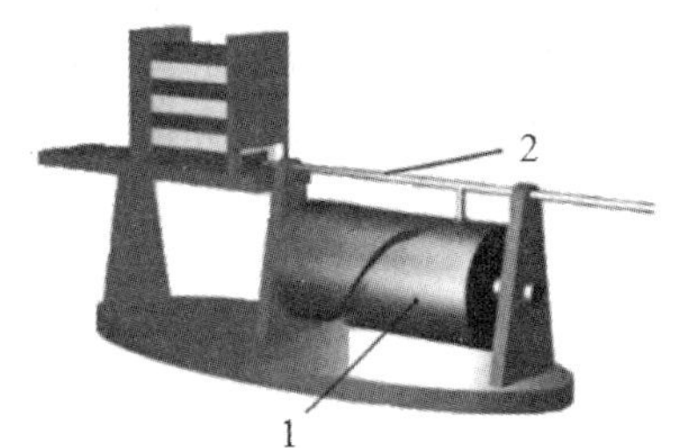

图 1-56　自动送料机构

1—圆柱凸轮　2—从动件

（四）凸轮机构的压力角

1-14 凸轮机构的压力角

设计和选用凸轮机构时，不但应保证实现给定的运动要求，还应使机构具有较好的传力性能，以使机构运转灵活、轻便、高效。凸轮机构的传力性能与压力角有关。

如图 1-57 所示，从动件 2 运动方向和接触处轮廓法线方向所夹的锐角称为压力角，用 α 表示。若不考虑摩擦，则凸轮 1 给从动件 2 的推力 $\boldsymbol{F}_{\mathrm{n}}$ 沿公法线 *n-n* 方向，推力 $\boldsymbol{F}_{\mathrm{n}}$ 可分解为沿从动件导路方向的分力 $\boldsymbol{F}_y$，及垂直于从动件运动方向的分力 $\boldsymbol{F}_x$。其中，分力 $\boldsymbol{F}_y$ 用来克服从动件的工作阻力 $\boldsymbol{F}_{\mathrm{Q}}$，并是推动从动件运动的力，称为有效分力。分力 $\boldsymbol{F}_x$ 是使从动件对导路压紧的力，它使从动件在导路中运动时产生摩擦阻力，产生功率消耗，降低运动效率，而且还使从动件产生弯曲变形，影响从动件的灵活运动，称为有害分力。由图 1-57 可知：

$$F_x = F_{\mathrm{n}} \sin\alpha$$
$$F_y = F_{\mathrm{n}} \cos\alpha$$

显然，压力角 α 越大，有效分力 $\boldsymbol{F}_y$ 越小，而有害分力 $\boldsymbol{F}_x$ 越大。当压力角 α 达到一定值时，有害分力 $\boldsymbol{F}_x$ 产生的有害摩擦阻力将超过驱动从动件的有效分力 $\boldsymbol{F}_y$。此时，无论推力 $\boldsymbol{F}_{\mathrm{n}}$ 有多大，从动件都不能运动，这种现象称为凸轮机构的自锁。由此可见，压力角是衡量凸轮机构传力性能好坏的一个重要参数，压力角越小，传力性能越好。

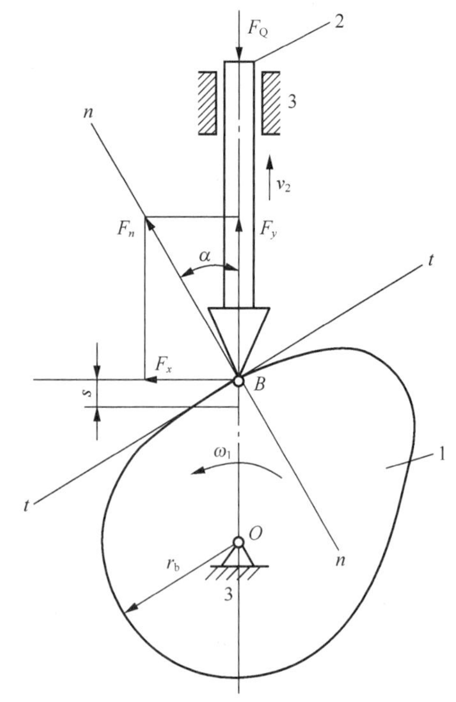

图 1-57　凸轮机构的压力角

由上述讨论可知，为了保证凸轮机构工作可靠，受力良好，具有较高的传动效率，避免出现自锁现象，必须限制凸轮机构的最大压力角不得超过许用值

[α]，即α_{max}≤[α]。

一般情况下，[α]的选用有以下几种：推程时，移动从动件取[α]= 30°，摆动从动件取[α] = 45°；回程时，从动件通常在弹簧力或重力作用下运动，因受力较小，不会出现自锁，取值可以大一些，取[α]=70°～80°。

1. 凸轮有哪几种形式？为什么说盘形凸轮是凸轮的最基本形式？
2. 凸轮机构的压力角对机构的传力性能有什么影响？设计时应如何考虑？

二、棘轮机构

1. 棘轮机构的组成

棘轮机构主要由棘轮、棘爪和机架组成。棘轮与传动轴用键连接，弹簧（片簧）用来使制动棘爪和棘轮保持接触，驱动棘爪与摇杆组成回转副，如图 1-58 所示。摇杆空套在轴上，可自由摆动。

2. 棘轮机构的工作原理

图 1-58 中，当摇杆逆时针摆动时，驱动棘爪便插入棘轮的齿槽中，推动棘轮转过一定角度，而制动棘爪则在棘轮的齿上滑过；当摇杆顺时针摆动时，驱动棘爪在棘轮的齿上滑过，而制动棘爪将阻止棘轮做顺时针转动，故棘轮静止不动。因此，摇杆做连续的往复摆动时，棘轮做单向间歇转动。

1-15 棘轮机构的构成和工作原理

3. 棘轮机构的应用

棘轮机构结构简单，加工容易，且棘轮转过的角度可在较大范围内调节，而棘轮每次运动与停止的时间之比，可以通过选择适当的驱动机构来改变，比较灵活。但棘轮机构工作时，棘轮和棘爪间有较大的冲击和噪声。因此，棘轮机构一般用于主动件速度不大、从动件行程需要改变的场合，常用来实现送进、制动等工作要求。

图 1-59 所示为提升机棘轮机构，其利用棘轮机构的间歇运动，防止因重物自重而使提升机逆转，实现制动工作要求。图 1-60 所示为自行车后轮轴棘轮机构（内啮合式棘轮），当人脚蹬自行车踏板时，经自行车前轮轴上链轮和其上链条带动后轮轴上的链轮（内圈具有棘齿）转动，链轮再通过棘轮和棘爪带动后轮轴转动，后轮轴与自行车后轮之间为刚连接，使后轮也随之转动，从而驱使自行车前行。

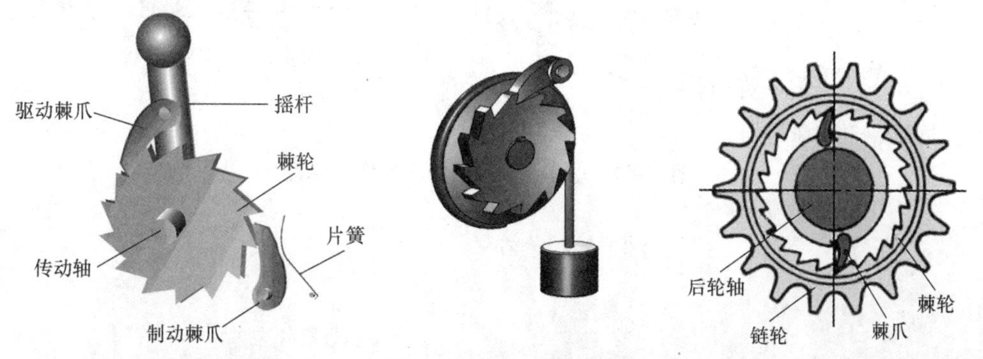

图 1-58　棘轮机构　　图 1-59　提升机棘轮机构　　图 1-60　自行车后轮轴棘轮机构

知识拓展

1976 年，在东周王城遗址出土的青铜齿轮构件是我国考古所见年代最早的棘轮构件，它开启了棘轮机构的先河，不仅为中国后世所传承，也被他国所借鉴，它的精细程度完全不亚于现代工艺。古人的智慧，让现代人叹为观止！

任务实施

一、内燃机配气机构工作情况分析

图 1-48（a）所示的内燃机配气机构采用的是凸轮机构。当凸轮等角速度转动时，通过凸轮的轮廓驱使气门杆做有规律的往复直线运动，从而使气门按预定时间打开或关闭（关闭是借弹簧的弹力作用），并保证气门开启或关闭的时间和开度，使可燃物质进入气缸或使废气排出。

二、驻车制动锁止机构工作情况分析

图 1-48（b）所示的驻车制动锁止机构采用的是棘轮机构。驻车制动时，将操纵杆向上扳起，通过平衡杠杆将驻车制动操纵拉绳拉紧，促动两后轮制动器制动。由于制动锁止机构中棘爪的单向作用，棘爪与棘轮啮合后，操纵杆不能反转，故整个驻车制动系统能可靠地被锁定在制动位置。

驻车制动系统的机械传动装置如图 1-61 所示。解除制动时，先将操纵杆扳起少许，再压下操纵杆端头的压杆按钮，使棘爪离开棘轮，然后将操纵杆向下推到解除制动位置。此时，拉绳放松，驻车制动解除。随后，放松操纵杆端头的压杆按钮，使棘爪得以将整个驻车制动系统锁在解除制动位置。

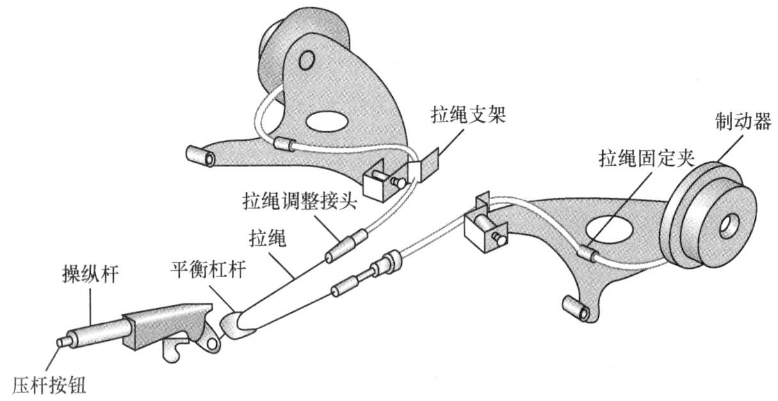

图 1-61　驻车制动系统的机械传动装置

项目二 汽车机械传动装置

传动装置是机器中动力部分与执行部分之间的“桥梁”，负责将动力部分的运动传递给执行部分，并进行速度和运动形式的改变。汽车中的变速器、差速器等是传动部分，主要采用的是机械传动。汽车机械传动装置有带传动、链传动、齿轮传动、蜗杆传动、轮系传动和螺旋传动等。

任务一 带传动

任务引入

在轿车发动机中，内燃机配气机构采用带传动传递运动和动力，如图 2-1 所示。那么，它采用的是哪种带传动，为什么？汽车中常采用哪几种带传动？

图 2-1 内燃机配气机构带传动装置

任务分析

带传动用于原动机与工作机之间的传动，调整工作机部分与原动机部分的速度关系，实现减速、增速和变速要求。带传动属于挠性传动，挠性传动是通过中间挠性件传递运动和动力的传动形式，其主要作用就是传递扭矩和改变转速。

学习目标

素质目标

1. 树立古为今用、推陈出新意识。
2. 通过了解古人的智慧，坚定文化自信，增强民族自豪感。

知识目标

1. 阐明带传动的组成、传动比和特点。
2. 说出汽车用传动带的结构和标记。
3. 解释汽车发动机所用带传动的类型和特点。

能力目标

1. 能够正确区分带传动打滑和弹性滑动两种不同现象。
2. 能够正确安装汽车用传动带，并进行带的张紧和维护。

相关知识

一、带传动的组成、传动比与特点

2-1 带传动的工作原理

1. 带传动的组成与传动比

带传动一般由主动带轮 1、从动带轮 2 和张紧在两带轮上的传动带 3 组成，如图 2-2 所示。带传动以张紧在带轮上的带作为中间挠性件，当主动带轮转动时，可依靠带与带轮接触面间产生的摩擦力或啮合力驱动从动带轮一起回转，从而传递一定的运动和动力。

对带传动而言，如果不考虑带的弹性变形，并假定在带轮上不发生滑动，那么，主动带轮与从动带轮的圆周速度是相等的，即

$$v_1 = v_2$$

若以 D_1、D_2 分别表示主、从动带轮的直径，以 n_1、n_2 分别表示主、从动带轮的转速，则

$$v_1 = \pi D_1 n_1, \quad v_2 = \pi D_2 n_2$$

所以

$$\pi D_1 n_1 = \pi D_2 n_2$$

根据传动比的定义，可得带传动的传动比公式为

$$i_{12} = \frac{n_1}{n_2} = \frac{D_2}{D_1}$$

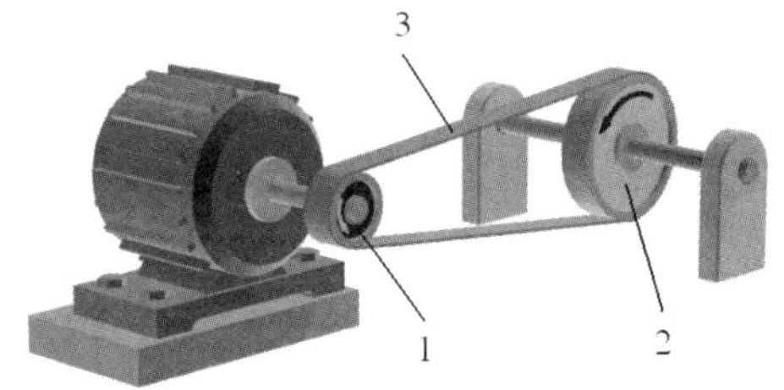

图 2-2　带传动

1—主动带轮　2—从动带轮　3—传动带

上式表明，带传动中的两带轮转速与带轮直径成反比。

2. 带传动的特点

2-2 认识带传动

（1）带传动的优点

① 带具有良好的弹性，能够缓冲和吸振，因而传动平稳、噪声小。

② 对于摩擦带传动，过载时带和带轮间发生打滑，可防止其他零件破坏，对系统具有安全保护作用。

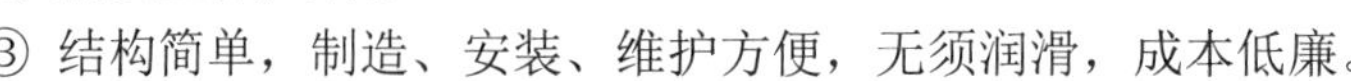

③ 结构简单，制造、安装、维护方便，无须润滑，成本低廉。

④ 适用于中心距较大的两轴间的传动。

（2）带传动的缺点

① 传动效率低，带的寿命较短，对轴和轴承的压力较大。

② 在摩擦带传动中，带与带轮接触面间有相对滑动，不能保证准确的传动比。

③ 不宜在高温、易燃易爆，及有油、水等腐蚀介质的场合下使用。

④ 常需要张紧装置。

二、带传动的类型及在汽车中的应用

（一）带传动的类型

带传动按工作原理不同，可分为摩擦带传动和啮合带传动两大类。

1. 摩擦带传动

摩擦带传动靠传动带与带轮间的摩擦力实现传动，当驱动力矩使主动带轮转动时，带和带轮之间将产生摩擦力而驱动带运动，带又靠摩擦力使从动带轮克服阻力矩而转动。

摩擦带传动按传动带的截面形状不同，可分为平带传动、V带传动、多楔带传动、圆形带传动等，如图 2-3 所示。

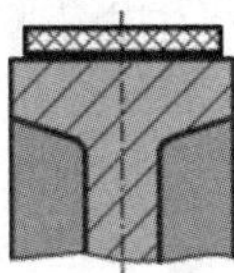

(a) 平带传动

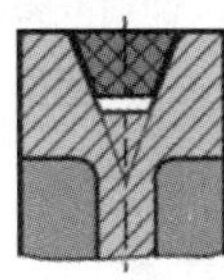

(b) V带传动

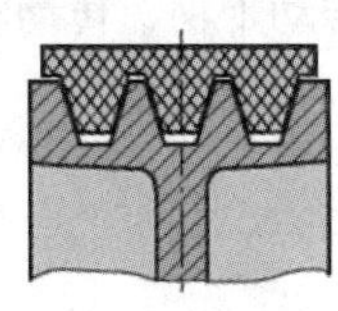

(c) 多楔带传动

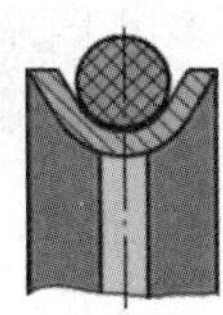

(d) 圆形带传动

图 2-3　摩擦带传动

（1）平带传动

平带的截面形状为矩形，内表面为工作面，主要用于两轴平行、转向相同、中心距较大的场合，也广泛用于高速带传动。

（2）V 带传动

V 带的截面形状为梯形，两侧面为工作面，带轮的轮槽截面也为梯形。在相同张紧力和相同摩擦系数的条件下，V 带产生的摩擦力要比平带产生的摩擦力大，所以，V 带传动能力强，结构更紧凑，在机械传动中应用最广泛。

（3）多楔带传动

多楔带截面形状相当于一个平带和多个 V 带的组合，在平带基体上有若干纵向楔形凸起，它兼有平带和 V 带的优点，工作面为楔的侧面。带与带轮接触面数较多，摩擦力和横向刚度较大，故常用于传递功率较大且要求结构紧凑的场合。

（4）圆形带传动

圆形带的截面形状为圆形，其传动能力较小，常用于如缝纫机、仪表、牙科医疗器械等低速、小功率传动的场合。

另外，在现代汽车上最为常见的无级式变速器采用的是金属带式无级变速器（VDT-CVT）。

金属传动带由几百个金属摩擦片和两束金属环带组成，金属摩擦片通过插入其两个狭槽的金属环带连接在一起。两组环带相互平行，均由十层左右很薄的挠性环带叠合而成。金属环带导向并连接几百个金属摩擦片传递动力。金属传动带及其组成如图 2-4 所示。

2. 啮合带传动

啮合带传动靠传动带内侧凸齿与带轮外缘上的齿槽相啮合实现传动，如图 2-5 所示。

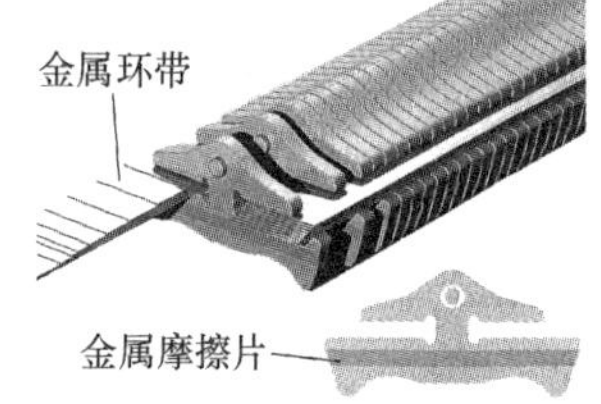

图 2-4　金属传动带及其组成

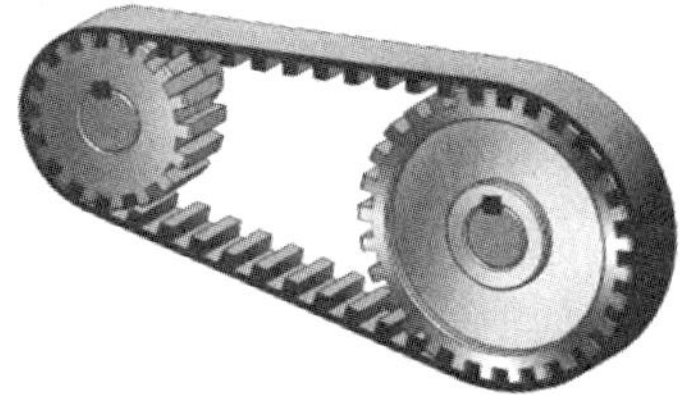

图 2-5　啮合带传动

同步带传动即属啮合带传动。同步带（也称同步齿形带）是以钢丝绳或玻璃纤维为强力层，外覆以聚氨酯或氯丁橡胶的环形带，带的内周制成齿状，使其与齿形带轮啮合。由于带与带轮间无相对滑动，能保持两带轮的圆周速度同步，故称为同步带传动。

同步带传动除保持了摩擦带传动的优点以外，还具有传递功率大、传动比准确等优点，多用于要求传动平稳、传动精度较高的场合。例如，汽车、电子计算机、数控机床等机械，都应用了同步带传动。

（二）普通 V 带

V 带按其宽度和高度相对尺寸的不同，分为普通 V 带、窄 V 带、宽 V 带、汽车 V 带、齿形 V 带、大楔角 V 带等多种类型。其中普通 V 带应用最广泛，本任务主要介绍一般传动用普通 V 带。

1. 普通 V 带的结构

普通 V 带根据其结构分为包边 V 带和切边 V 带两种。图 2-6 所示为包边 V 带截面结构，由包布层（橡胶帆布）、伸张层（橡胶）、强力层（胶帘布或胶线绳）和压缩层（橡胶）构成。伸张层和压缩层在带弯曲时分别受拉和受压；强力层在工作时主要承受拉力，是主要承载部分；包布层包在带的外面，起保护作用。

强力层又分为帘布芯和绳芯两种不同结构。其中，帘布芯结构的普通 V 带制造方便，抗拉强度高；而绳芯结构的普通 V 带柔韧性好，抗弯强度高，有利于提高带的寿命。

包布层
伸张层
强力层
压缩层

(a) 帘布芯结构　　(b) 绳芯结构

图 2-6　普通包边 V 带截面结构

2. 普通 V 带的参数

普通 V 带是有一定厚度的环形带，没有接头。当带工作时，其绕在带轮的部分产生弯曲，外层受拉伸长，内层受压缩短，而在带的截面上必有一个既不受拉伸长也不受压缩短的中性层，中性层面称为节面，其宽度称为节宽 b_p。节面的长度称为基准长度 L_d，是带的公称长度。带截面高度为 h。

在带轮上与节面相对应的直径，称为带轮的基准直径 d_d，它是带轮的公称直径。两带轮圆心之间的距离称为中心距 a。带与带轮接触弧所对应的中心角称为包角 α，带轮的包角越大，接触弧就越长，接触面间的摩擦力也就越大。一般来说，大带轮的包角比小带轮的包角大。

普通 V 带部分参数，如图 2-7 所示。

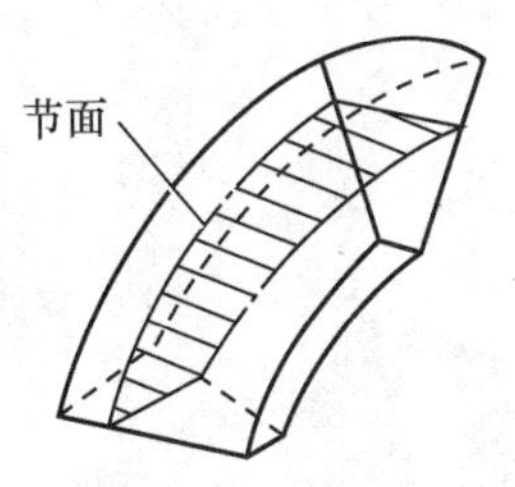

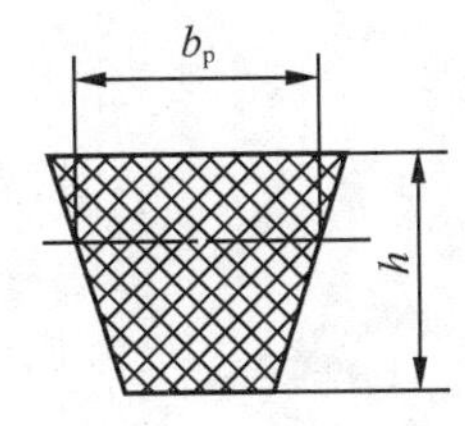

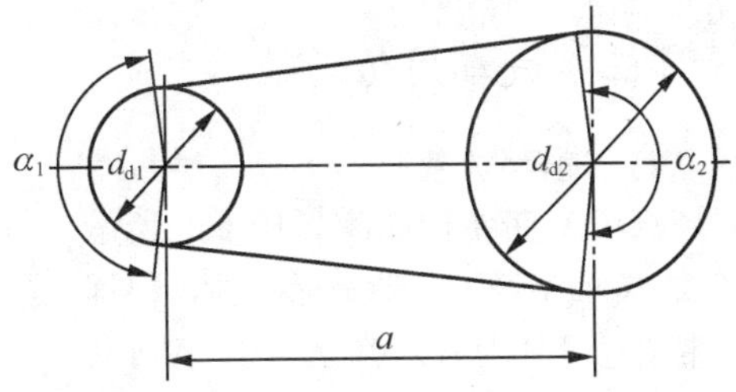

图 2-7　普通 V 带的参数

3. 普通 V 带的型号

普通 V 带的尺寸已标准化，国家标准（GB/T 11544—2012）规定，普通 V 带按截面尺寸不同，由小到大分为 Y、Z、A、B、C、D、E 七种型号。V 带的截面积越大，所传递的功率也越大。在生产中，使用最多的是 Z、A、B 三种型号。各型号截面尺寸见表 2-1。

表 2-1　　普通 V 带截面尺寸

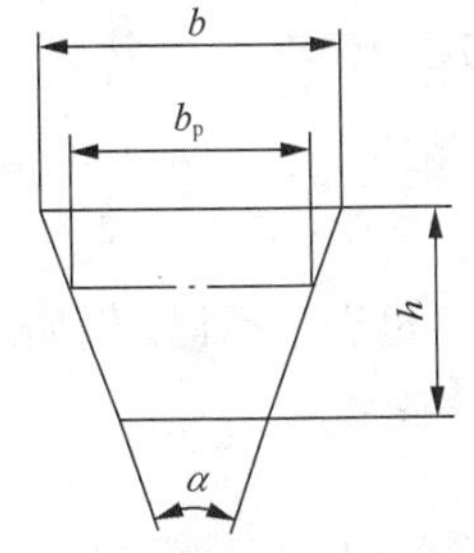

参　数	V 带型号						
	Y	Z	A	B	C	D	E
节宽 b_p/mm	5.3	8.5	11	14	19	27	32
顶宽 b/mm	6	10	13	17	22	32	38
高度 h/mm	4	6	8	11	14	19	23
楔角 α /（°）	40						

普通 V 带的标记由型号、带基准长度、标准代号三部分组成。例如，A1430 GB/T 11544—2012 表示型号为 A 型，带基准长度为 1430mm，标准号是 GB/T 11544—2012 的普通 V 带。

4. 普通 V 带的带轮结构和材料

带轮由轮缘、轮毂和轮辐三部分组成。轮缘是安装带的部分，轮毂是与轴配合的部分，轮辐是连接轮缘与轮毂的部分。

根据轮辐结构的不同，带轮可分为实心式、腹板式、孔板式和轮辐式四种，如图 2-8 所示。当带轮直径较小时，可采用实心式；当带轮直径中等时，可采用腹板式或孔板式；当带轮直径较大时，可采用轮辐式。

不同类型的摩擦带，配有不同的摩擦带轮，摩擦带与摩擦带轮如图 2-9 所示。

(a) 实心式　(b) 腹板式　(c) 孔板式　(d) 轮辐式

图 2-8　带轮结构

带轮通常采用铸铁、钢或非金属材料制成。其中铸铁应用最广，一般传动可采用灰铸铁 HT150，重要传动也可以采用灰铸铁 HT200，高速时（速度达 45m/s）宜采用钢制带轮。

（三）汽车用传动带

1. 汽车 V 带

汽车 V 带结构如图 2-10（a）所示（包边式）。汽车 V 带是标准件，根据 V 带顶宽可分为 AV10、AV13、AV15、AV17、AV22 五种型号，AV 后面的数字表示顶宽的大小，单位为 mm。

汽车 V 带的标记内容和顺序为：型号 × 有效长度公称值标准号。例如，AV13 × 1000 GB 12732—2008 表示型号为 AV13，有效长度公称值为 1000mm，标准号是 GB 12732—2008 的汽车 V 带。

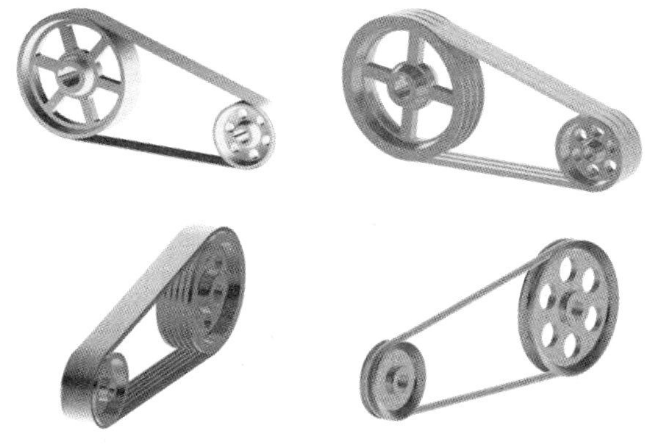

图 2-9　摩擦带与摩擦带轮

2. 汽车多楔带

汽车多楔带结构如图 2-10（b）所示。带的型号用来表示截面形状和尺寸，汽车多楔带一般采用 PK 型号（GB 13552—2008）。

汽车多楔带的尺寸特性包括带楔数、型号和有效长度，采用数字和字母进行标记。例如，6PK1500 表示带楔数为 6、型号为 PK 型、有效长度为 1500mm 的汽车多楔带。

3. 汽车同步带

汽车同步带结构如图 2-10（c）所示。汽车同步带共有十种型号，梯形齿汽车同步带有 ZA 型（用于较轻负荷）和 ZB 型（用于较重负荷）两种型号（GB/T 12734—2017）。

汽车同步带标记由齿数、型号和带宽组成，用数字和字母表示。例如，80ZA19 表示齿数为 80、型号为 ZA 型、带宽为 19mm 的汽车同步带。

(a) 汽车 V 带

(b) 汽车多楔带

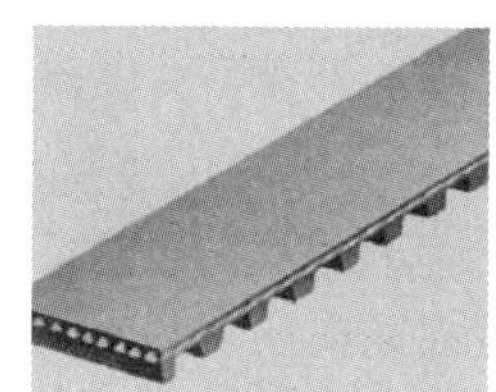

(c) 汽车同步带

图 2-10　汽车用传动带结构

（四）带传动在汽车中的应用

1. V 带传动在汽车中的应用

汽车发动机附件（发电机、空调压缩机和水泵）常采用两根 V 带驱动。图 2-11 所示为捷达 1.6L 二气门 EA827 发动机附件，曲轴通过 V 带驱动水泵和空调压缩机，再通过空调压缩机驱动发电机。

2. 多楔带传动在汽车中的应用

由于多楔带的性能优于V带，所以汽车发动机附件也常采用多楔带传动。

3. 同步带传动在汽车中的应用

捷达、上海桑塔纳、一汽奥迪、北京切诺基等发动机曲轴与凸轮轴间的传动（正时传动）均采用同步带传动，它不但保证了传动的精确性，而且噪声小、不需润滑。图2-1所示为内燃机配气机构同步带传动，可以实现曲轴与凸轮轴之间的正时传动。

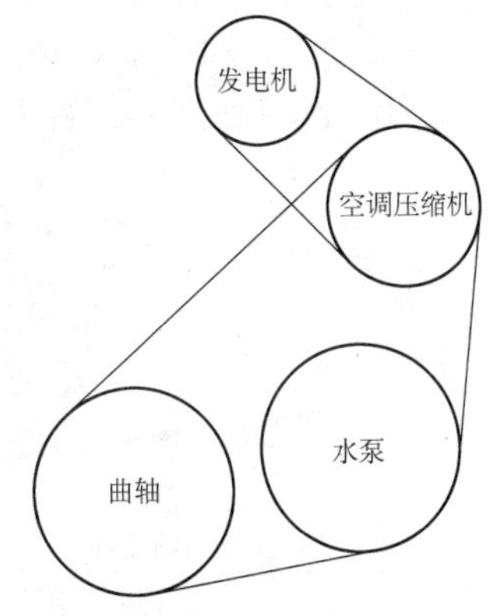

图2-11　捷达轿车二气门发动机V带传动示意图

4. 金属带传动在汽车中的应用

汽车无级变速器（CVT）通过两个可以改变直径的传动带轮和传动带（金属带）来传递发动机的能量，实现扭矩输出，即通过控制主、被动轮的可动部分的轴向移动，来改变金属带的回转半径，从而得到连续的传动比，CVT如图2-12所示。广本飞度、菲亚特派力奥、奇瑞旗云、日产天籁等都有采用金属带式CVT配置的车型。图2-13所示为金属带传动总成。

图2-12　CVT

图2-13　金属带传动总成

知识拓展

东汉南阳太守杜诗发明的水排以水为动力，通过滚动机械，使皮制鼓风囊连续开合，将空气送入冶铁炉，滚动机械就是绳带传动。水排的发明是我国古代劳动人民高度的智慧和创造才能的体现。

三、带传动的受力分析

带传动是靠摩擦力工作的，因此带在安装时必须以一定的张紧力套在带轮上。静止时，带轮的上下两边承受相等的拉力，称为初拉力$\boldsymbol{F}_0$，如图2-14（a）所示。在初拉力的作用下，带与带轮相互压紧，并在接触面之间产生一定的正压力。

2-3 带传动的受力分析

当带传动工作时，主动带轮以转速n_1转动，带与带轮接触面间便产生摩擦力，主动带轮作用在带上的摩擦力的方向与主动带轮的转向相同，驱动带运动；带作用在从动带轮上的摩擦力驱动从动带轮以

转速 n_2 转动。显然，从动带轮作用在带上的摩擦力的方向与从动带轮的转向相反，两个带轮作用在带上的摩擦力的方向，如图 2-14（b）所示。此时，带两边的拉力不再相等。带进入主动带轮的一边被进一步拉紧，拉力由 $\boldsymbol{F}_0$ 增大到 $\boldsymbol{F}_1$，称为紧边；带绕出主动带轮的一边则被放松，拉力由 $\boldsymbol{F}_0$ 降低到 $\boldsymbol{F}_2$，称为松边。

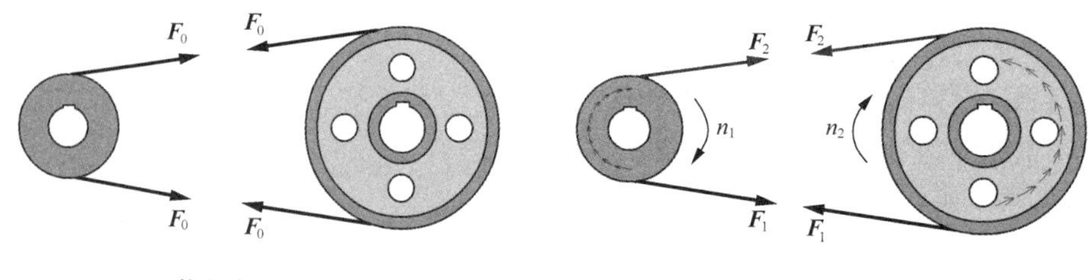

图 2-14　普通 V 带传动的受力分析

设带的总长度不变，则紧边拉力的增加量 $\boldsymbol{F}_1-\boldsymbol{F}_0$ 应等于松边拉力的减少量 $\boldsymbol{F}_0-\boldsymbol{F}_2$，即

$$F_1-F_0=F_0-F_2$$

则

$$F_1+F_2=2F_0$$

紧边拉力和松边拉力之差称为带传动的有效拉力 $\boldsymbol{F}$，即带所传递的有效圆周力。此力在数值上等于带与带轮接触弧上各点摩擦力值的总和 $\sum F_{\mathrm{f}}$，即

$$F=F_1-F_2=\sum F_{\mathrm{f}}$$

有效圆周力 $\boldsymbol{F}$（N）、带速 v（m/s）和带传递功率 P（kW）之间的关系为

$$P=Fv/1000$$

由上式可知，当带速一定时，传递的功率 P 越大，则有效圆周力 $\boldsymbol{F}$ 越大，带与带轮间所需的摩擦力也越大。

四、带传动的打滑和弹性滑动

1. 打滑

当带传递的有效圆周力 $\boldsymbol{F}$ 超过极限摩擦力总和时（即过载），带将在带轮轮面上发生明显的相对滑动，这种现象称为打滑。

因为小带轮包角小于大带轮包角，所以打滑首先发生在小带轮上。因此，小带轮上的包角不能太小，设计时为了保证带传动具有一定的传动能力，要求小带轮上的包角 $\alpha_1 \geqslant 120°$。

经常出现打滑，将使带的磨损加剧、传动效率降低，以致使传动失效。为了保证带传动的正常工作，应避免出现过载打滑现象。但当传动突然超载时，打滑可以起到过载保护的作用，避免其他零件的损坏。

2. 弹性滑动

传动带是弹性体，受力时会产生弹性变形。由于带在紧边和松边上所受的拉力不同，因而，产生的弹性变形也不同。

在主动带轮上，带由紧边转动到松边，所受的拉力由 $\boldsymbol{F}_1$ 逐渐降低到 $\boldsymbol{F}_2$，带的弹性变形量也随之逐渐减小，即带一方面由于摩擦力的作用随着带轮前进，同时又因弹性变形的减小而向后收缩，使带的速度小于主动带轮的圆周速度。也就是说，带与主动带轮之间发生了相对滑动。

同理，在从动带轮上，带由松边转动到紧边，所受的拉力由 $\boldsymbol{F}_2$ 逐渐增加到 $\boldsymbol{F}_1$，带的弹性变形量也随之逐渐增大，即带一方面由于摩擦力的作用随着带轮前进，同时又因弹性变形的增大而向前伸长，使带的速度大于从动带轮的圆周速度。也就是说，带与从动带轮之间也发生了相对滑动。

这种由于带的弹性变形及拉力差而引起的带与带轮间的滑动现象，称为带的弹性滑动。弹性滑动是带传动特有的现象，在带工作时是不可避免的。

由于弹性滑动的存在，使从动带轮的圆周速度 v_2 总是低于主动带轮的圆周速度 v_1，其相对降低率称为滑动率 ε，即

$$\varepsilon=\frac{v_1-v_2}{v_1}=\frac{\pi d_{d1}n_1-\pi d_{d2}n_2}{\pi d_{d1}n_1}=\frac{d_{d1}n_1-d_{d2}n_2}{d_{d1}n_1}$$

2-4 带的弹性滑动与打滑

由上式可知，带传动的传动比为

$$i_{12}=\frac{n_1}{n_2}=\frac{d_{d2}}{d_{d1}(1-\varepsilon)}$$

因此，带传动不能获得准确的传动比。带传动的滑动率为 1%～2%，一般计算中可忽略不计。

3. 打滑和弹性滑动的区别

打滑和弹性滑动是两个不同的概念。打滑是由过载引起的全面滑动，是带传动的失效形式，应当避免。弹性滑动是由带的弹性变形及拉力差引起的，只要传递圆周力，就必然有拉力差，必然会发生弹性滑动，所以弹性滑动是不可避免的。

五、带传动的张紧、安装和维护

1. 带传动的张紧

带长期在拉力作用下，要产生塑性变形，会逐渐松弛，张紧力随之减小，传动能力降低。为保证带传动正常工作，保持带具有一定的初拉力，必须要有张紧装置重新调整带的张紧度。常用的张紧方式分为调整中心距和张紧轮张紧两种。

（1）当两带轮的中心距能够调整时

当带传动的中心距可调时，采用定期改变中心距的方法调节带的初拉力。水平或接近水平布置的传动可用图 2-15（a）所示的滑道式装置张紧，用调节螺钉推动电动机沿滑道移动，从而将带张紧。垂直或接近垂直布置的传动可用图 2-15（b）所示的摆架式装置张紧，用螺杆调节螺母使电动机在托架上绕定点摆动，从而将带张紧。图 2-15（a）、（b）所示的结构属于定期张紧。图 2-15（c）所示为将装有带轮的电动机安装在浮动的摆架上，利用电动机的自重，使带轮绕固定轴摆动，以自动保持张紧力，这种结构属于自动张紧。

（2）当两带轮的中心距不能调整时

当带传动的中心距固定时，可采用张紧轮来定期张紧，如图 2-15（d）所示。张紧轮一般放在松边的内侧，使带只受单向弯曲；同时张紧轮还应尽量靠近大带轮，以免减小小带轮的包角。如张紧轮放在松边的外侧，应靠近小带轮。张紧轮的轮槽尺寸与带轮的相同，且直径小于小带轮的直径。这种方式容易装拆，可任意调节张紧力的大小，但由于带反复弯曲，

因而对带的寿命有影响。

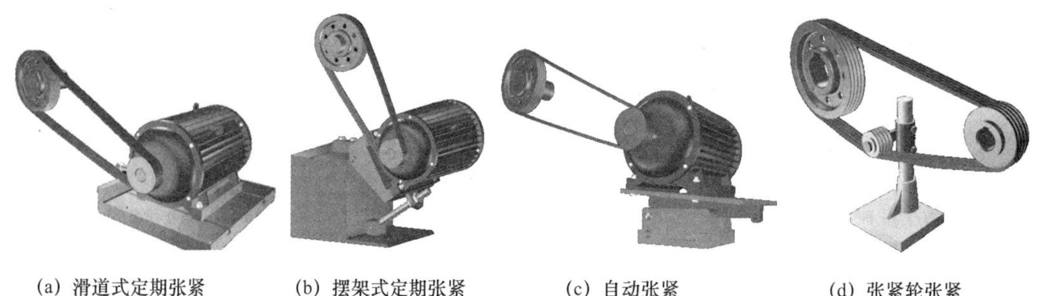

(a) 滑道式定期张紧　(b) 摆架式定期张紧　(c) 自动张紧　(d) 张紧轮张紧

图 2-15　带传动的张紧装置

2. **带传动的安装和维护**

① 安装传动带时，不能硬撬。应先缩短中心距，然后再装传动带。

② 安装时，两带轮轴线应保持平行，否则传动带会被扭曲而使其侧面过早磨损，降低带的寿命。

③ 要保证 V 带在带轮轮槽中的正确位置，过高和过低都不利于带的正常工作。

④ 同组使用的 V 带应型号相同、长度相同，不同厂家的 V 带、新旧 V 带不能混用。

⑤ V 带的张紧度要合适。一般中等中心距的带传动，带的张紧度以大拇指能将带按下 15mm 左右为宜，V 带的张紧程度如图 2-16 所示。新 V 带最好预先拉紧一段时间后再使用。

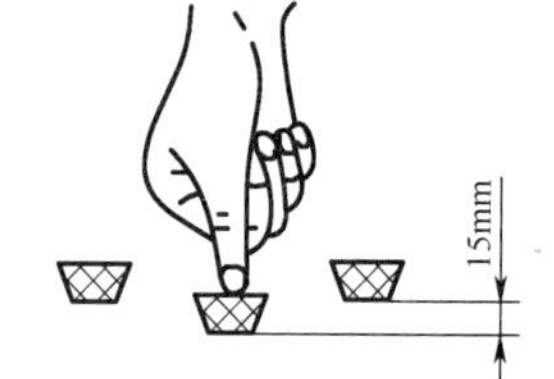

图 2-16　V 带的张紧程度

⑥ 带传动应设置防护罩，防止带与酸、碱或油接触而受腐蚀，以保证安全。

⑦ 要定期对传动带进行检查，如有一根带松弛或损坏，则应及时更换所有的带。

1. 带传动张紧的目的是什么？有哪几种张紧方式？
2. 轿车内燃机带传动采用的是哪种张紧装置？

任务实施

一、内燃机配气机构带传动分析

图 2-1 所示的内燃机配气机构采用的是同步带传动。汽车工作时，同步带传动靠传动带内侧凸齿与带轮外缘上的齿槽相啮合来实现。其传动噪声小，传动能力强，传递功率大，传动比准确。

二、汽车中带传动应用分析

汽车配气正时传动常采用同步带传动；汽车发动机附件（发电机、空调压缩机和水泵）常采用 V 带或多楔带传动；汽车 CVT 采用金属带传动。

任务二　链传动

任务引入

在汽车发动机配气机构中，按凸轮轴的布置位置，凸轮轴可分为凸轮轴上置式、凸轮轴中置式和凸轮轴下置式三种。图 2-17 所示为凸轮轴上置式正时链传动系统构造图。那么，这种正时链传动装置的工作情况是怎样的？

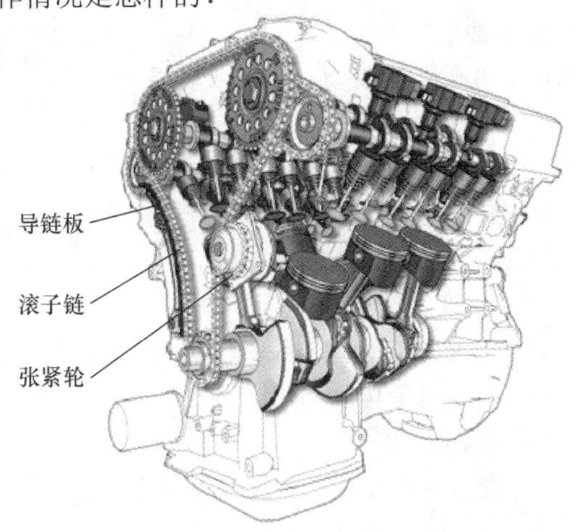

图 2-17　凸轮轴上置式正时链传动系统构造图

任务分析

链传动与带传动同属于挠性传动，其主要作用就是传递扭矩和改变转速。链传动主要用于要求平均传动比准确，而且两轴间距较远，工作条件恶劣，不宜采用带传动和齿轮传动的场合。

学习目标

素质目标

1. 树立传承中华优秀传统文化的意识。
2. 通过了解古人的智慧，坚定文化自信，增强民族自豪感。

知识目标

1. 阐明链传动的类型和应用。
2. 概述链传动的布置方式。

能力目标

1. 能够阐明凸轮轴上置式正时链传动的工作过程。
2. 能够正确对链传动进行张紧。

相关知识

一、链传动的组成与特点

1. 链传动的组成

链传动由具有特殊齿形的主动链轮 1、从动链轮 2 和套在两链轮上的链条 3 组成，如

图 2-18 所示。工作时，主动链轮转动，通过链条的链节与链轮的轮齿相啮合，将运动和动力传递给从动链轮。

2-5 链传动的工作原理

2. **链传动的特点**

（1）链传动的优点

① 由于是啮合传动，在相同的时间内，两个链轮转过的链齿数是相同的，故链传动能保证平均传动比恒定不变。

② 链条安装时，不需要初拉力，故工作时作用在轴上的力较带传动小，有利于延长轴承寿命。

③ 可在恶劣的环境下（如高温、多尘、油污、潮湿等）可靠地工作。

④ 链条本身强度高，能传递较大的圆周力，故在相同条件下，链传动装置的结构尺寸比带传动小。

⑤ 传动的效率比带传动高，一般达 0.95～0.98。

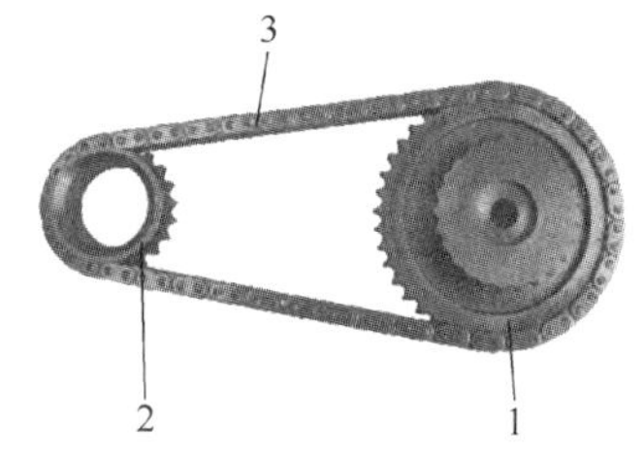

图 2-18　链传动

1—主动链轮　2—从动链轮　3—链条

（2）链传动的缺点

① 运行平稳性差，工作时不能保证恒定的瞬时传动比，故噪声和振动大，高速时尤其明显。

② 对制造和安装的精度要求比带传动高。

③ 过载时不能起保护作用。

④ 链条的铰链磨损后，使链条节距变大，链条易脱落。

二、链传动的类型

根据用途不同，链可分为传动链、起重链和牵引链三类。传动链在一般机械中传递运动和动力，应用最广泛；起重链和牵引链用于起重机械和运输机械中，主要传递动力，起牵引、悬挂物品的作用，兼做缓慢运动。本任务只研究传动链。

根据结构不同，传动链可分为齿形链（见图 2-19）和滚子链（见图 2-20）。

图 2-19　齿形链

图 2-20　滚子链

1. **齿形链传动**

齿形链是用销轴将多对具有 60°角的工作面的链片组装而成的。齿形链利用链片的工作面和链轮相啮合来实现传动。为防止链条在工作时从链轮上脱落，链条上装有内导片或外导片。啮合时导片与链轮上相应的导槽嵌合。

齿形链传动平稳，噪声很小，故又称无声链。与滚子链相比，齿形链允许的工作速度可达 40m/s，承受冲击载荷能力强，但制造成本高，重量大、结构较复杂。所以，齿形链传动多用于高速或运动精度要求较高的场合。日产 VQ35 发动机的正时链传动和日产（轩逸）MR20 发动机的正时链传动，采用的就是齿形链传动。

2. 滚子链传动

（1）滚子链的结构

2-6 滚子链的结构

滚子链由内链板 1、外链板 2、销轴 3、套筒 4 和滚子 5 组成，如图 2-21 所示。内链板与套筒、外链板与销轴均为过盈配合，而套筒与销轴、滚子与套筒均为可动的间隙配合，内、外链板交错连接而构成铰链。

为减轻质量和使链板各截面强度大致相等，内、外链板均制成“8”字形。滚子链使用时为封闭环形，当链节数为偶数时，链条一端的外链板正好与另一端的内链板相接，在接头处用开口销或弹簧夹锁紧；当链节数为奇数时，则需采用过渡链节连接。链条受拉时，过渡链节的链板承受附加弯矩的作用，一般应避免，最好采用偶数链节。滚子链的接头形式如图 2-22 所示。

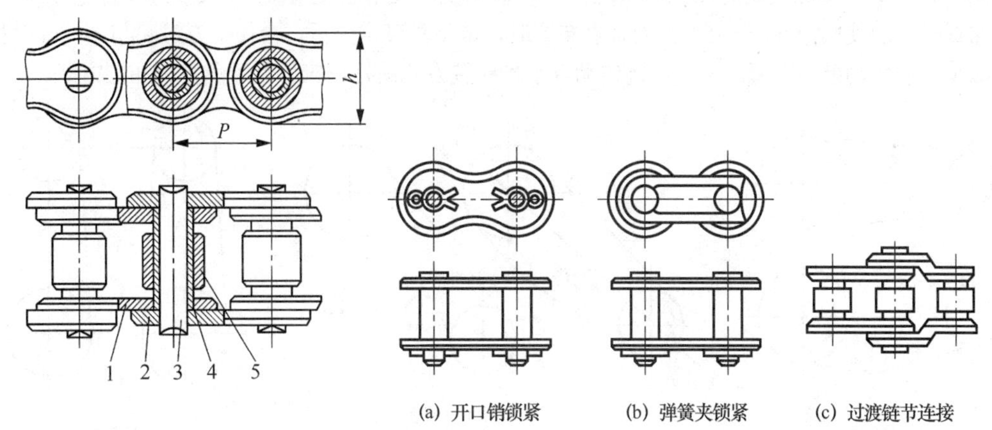

图 2-21　滚子链的组成

1—内链板　2—外链板　3—销轴　4—套筒　5—滚子

图 2-22　滚子链的接头形式

滚子链上相邻两销轴中心间的距离称为链节距 P（见图 2-21），它是链条的重要参数。链节距越大，链条各零件的尺寸就越大，所能传递的功率也就越大。

滚子链有单排或多排结构。排数越多，承载能力越高，但制造、安装误差也越大，各排链受载不均匀现象越严重。一般链的排数不超过 4 排。

滚子链传动具有结构紧凑、传递功率高、可靠性与耐磨性高、终身免维护等优点，应用最为广泛。奥迪多款发动机的正时链传动，采用的就是滚子链传动。

（2）链轮的结构和材料

链轮的结构如图 2-23 所示。小直径的链轮可制成整体实心式，中等直径的链轮多采用孔板式，较大直径的链轮常采用组合式。齿圈和轮毂可用不同材料制成，用螺栓连接或焊接成一体，齿圈磨损后可以更换。

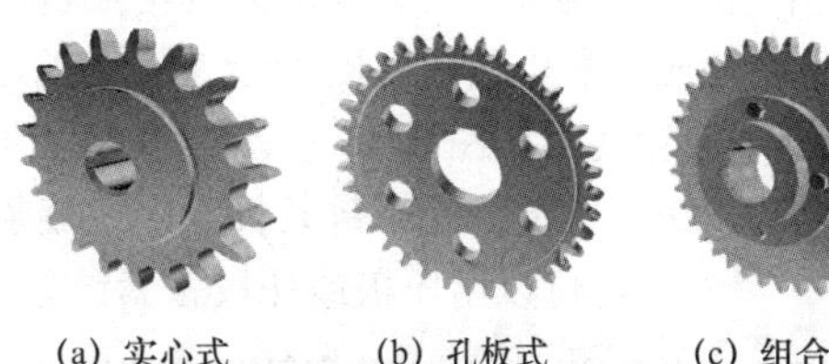

(a) 实心式　(b) 孔板式　(c) 组合式

图 2-23　链轮的结构

链轮轮齿应具有足够的接触强度和耐磨性，常用材料为中碳钢（35 钢、45 钢），不重要的场合用碳素结构钢 Q235、Q275，高速重载时采用合金钢，低速时大链轮可采用铸铁。

知识拓展

东汉毕岚发明用以引水的翻车，可以看作是一种链传动。宋代苏颂制造的水运仪象台，是一种真正的链传动。古人们的设计体现了巧妙的创新思维，他们的智慧博大精深、余韵悠长。

三、链传动的布置方式

链传动的布置方式有水平布置、倾斜布置和垂直布置三种，如图 2-24 所示。两链轮轴线应平行，两链轮端面应位于同一铅垂平面内，否则易引起脱链和不正常磨损。两链轮为水平布置或倾斜布置时，均应使紧边在上，松边在下，以避免松边下垂度增大后，链条和链轮卡死。倾斜布置时，应使倾角φ小于 45°。当垂直布置时，链下垂度增大后，会使下方链轮与链的啮合齿数减少，使传动能力下降。所以，链传动以水平布置方式最好，应尽量避免垂直布置方式。

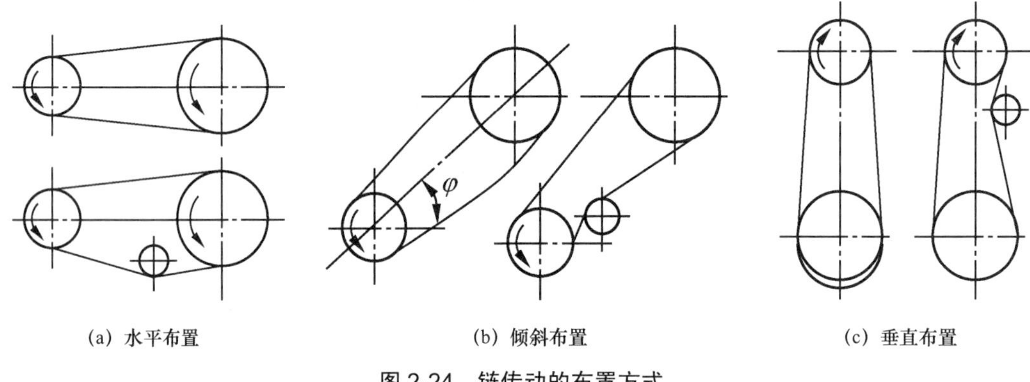

(a) 水平布置　　(b) 倾斜布置　　(c) 垂直布置

图 2-24　链传动的布置方式

四、链传动的张紧

链传动靠链条和链轮的啮合来传递运动和动力，不需要很大的张紧力。链传动张紧的目的主要是为了避免链条松边垂度过大时产生啮合不良和链条振动的现象，同时也是为了增加链条与链轮的啮合包角。张紧力的大小并不会决定链条的工作能力，而只决定链条垂度的大小。

链传动常用的张紧方法有调整中心距、张紧轮张紧和拆除链节三种。当中心距可调时，可以通过调整两链轮中心距的方法张紧链条。当中心距不可调时，可采用张紧轮张紧链条，张紧轮应设在松边的内侧靠近大链轮或外侧靠近小链轮处，如图 2-25 所示。也可以通过拆除 1～2 个链节，缩短链条长度，使链条张紧。另外，还可以用压板或托板张紧链条。

图 2-25　张紧轮张紧装置

1. 链传动的布置原则是什么？
2. 链传动张紧的目的是什么？

□任务实施□

凸轮轴上置式正时链传动系统工作情况分析

图 2-17 所示凸轮轴上置式正时链传动系统，采用的是滚子链传动。当发动机工作时，凸轮轴通过正时链条由曲轴带动旋转，凸轮轴上凸轮通过吊杯形机械挺柱（或吊杯形液力挺柱）驱动气门，使进、排气门有规律地开启与关闭。为避免振动、噪声以及发生脱链现象，工作时应将链条张紧，因此，在链传动装置中装有导链板，并在链条的松边设置张紧轮。这种直接驱动式配气机构的刚度最大，驱动气门的能量损失最小。因此，在高度强化的轿车发动机上得到广泛应用。

任务三 齿轮传动

□任务引入□

汽车齿轮齿条转向器（见图 2-26）和汽车后桥主减速器（见图 2-27）采用的都是齿轮传动。那么，它们采用的是哪种类型的齿轮传动？工作原理是怎样的？

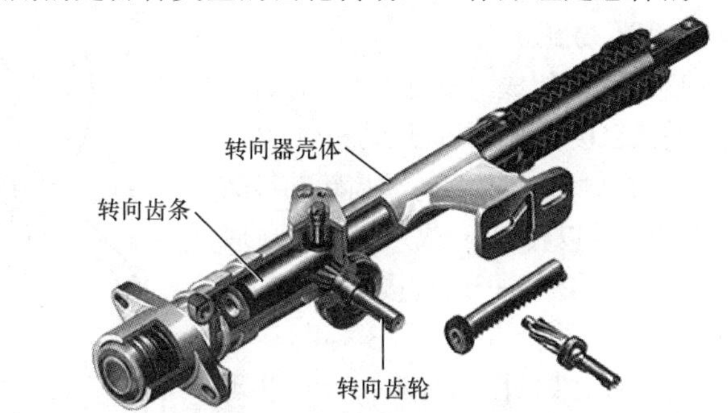

图 2-26 汽车齿轮齿条转向器

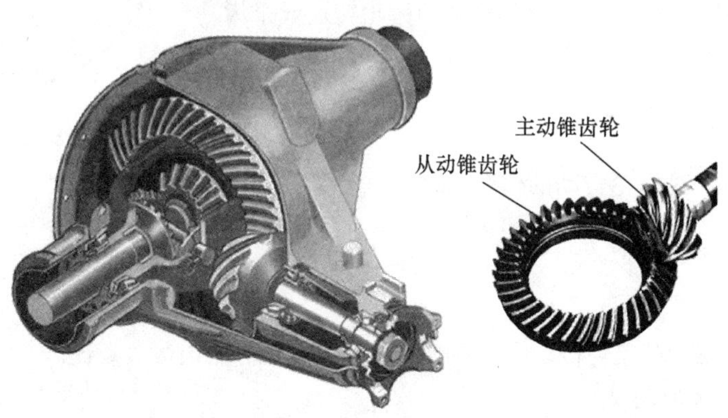

图 2-27 汽车后桥主减速器

□任务分析□

齿轮传动是一种啮合传动，是应用最为广泛和特别重要的一种机械传动形式，它可以用于传递空间任意轴之间的运动和动力。在汽车传动部分中，常用齿轮传动来传递动力、改变转速或方向。

学习目标

素质目标

1. 树立严谨细致、精益求精的工匠精神。
2. 通过了解古人的智慧，坚定文化自信，增强民族自豪感。

知识目标

1. 阐明渐开线的形成及性质。
2. 说明渐开线直齿圆柱齿轮各部分名称。
3. 阐明一对标准直齿圆柱齿轮传动的相关几何尺寸。

能力目标

1. 能够根据不同的使用工况选择正确的齿轮传动类型。
2. 能够解释汽车后桥主减速齿轮传动的工作原理。

相关知识

一、齿轮传动的组成、传动比与特点

1. 齿轮传动的组成与传动比

齿轮传动由主动齿轮和从动齿轮组成，如图2-28所示。工作时，主动齿轮与从动齿轮轮齿直接啮合，传递运动和动力。

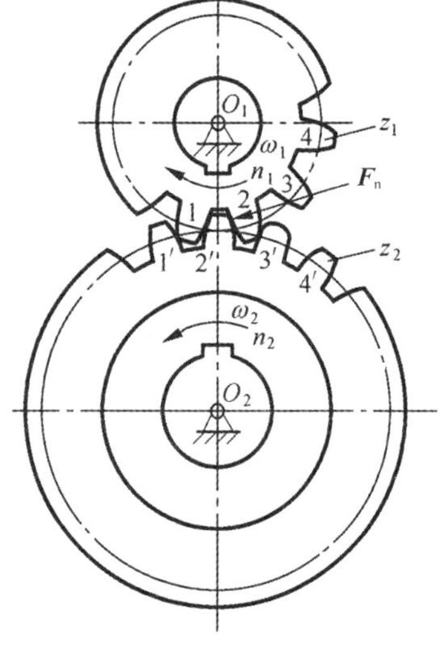

图2-28 齿轮传动

设主动齿轮的齿数为z_1，绕轴O_1转动；从动齿轮的齿数为z_2，绕轴O_2转动。当主动齿轮以转速n_1或角速度ω_1顺时针方向转动时，其轮齿1，2，3，4，……通过接触点处的法向作用力$\boldsymbol{F}_n$，逐个地推动从动齿轮的轮齿1′，2′，3′，4′，……使从动齿轮以转速n_2或角速度ω_2逆时针方向转动，从而实现主、从动轴间转速、扭矩的传递和改变。

因为，在两齿轮啮合传动过程中，主动齿轮转过一个齿，从动齿轮也相应地转过一个齿，所以，在每分钟内两齿轮转过的齿数应该相等，即

$$n_1 z_1 = n_2 z_2$$

由此，可得一对齿轮传动的传动比为

$$i_{12} = \frac{n_1}{n_2} = \frac{z_2}{z_1}$$

上式表明，在一对齿轮传动中，两齿轮的转速与它们的齿数成反比。

2. 齿轮传动的特点

（1）齿轮传动的优点

① 齿轮传动可用来传递空间任意两轴之间的运动和动力。

② 传动比稳定，能保证瞬时传动比恒定，传动准确可靠。

2-7 认识齿轮传动

③ 齿轮传动适用的功率、速度和尺寸范围大，其圆周速度最高可达300m/s，传递功率可达几十万千瓦，齿轮直径可从不足一毫米到十几米。

④ 传动效率高，工作可靠且使用寿命长。

⑤ 结构紧凑，体积小。

（2）齿轮传动的缺点

① 需要制造齿轮的专用设备和刀具，成本较高。

② 制造及安装精度要求较高，精度低时，传动的噪声和振动较大。

③ 不宜用于两轴间距离较大的传动。

④ 没有过载保护作用。

二、齿轮传动的类型

（一）根据一对齿轮是否在同一平面运动分类

根据一对齿轮是否在同一平面运动，可将齿轮传动分为平面齿轮传动和空间齿轮传动。

1. 平面齿轮传动

平面齿轮传动（见图 2-29）也称平行轴齿轮传动，两齿轮在同一个平面运动，其特点是两齿轮的轴线相互平行。平面齿轮传动中的齿轮是圆柱齿轮，即轮齿分布在圆柱体表面的齿轮。圆柱齿轮根据轮齿齿线相对于齿轮母线的方向，分为直齿圆柱齿轮、斜齿圆柱齿轮和人字齿轮三种。因此，平面齿轮传动包括以下三种。

(a) 外啮合直齿圆柱齿轮传动

(b) 内啮合直齿圆柱齿轮传动

(c) 齿轮齿条传动

(d) 外啮合斜齿圆柱齿轮传动

(e) 人字齿圆柱齿轮传动

图 2-29　平面齿轮传动

（1）直齿圆柱齿轮传动

直齿圆柱齿轮的轮齿方向和齿轮轴线平行。根据两齿轮啮合情况，直齿圆柱齿轮传动可分为外啮合齿轮传动、内啮合齿轮传动和齿轮齿条传动三种。

① 外啮合齿轮传动：外齿轮与外齿轮啮合，两齿轮转向相反。

② 内啮合齿轮传动：内齿轮与外齿轮啮合，两齿轮转向相同。

③ 齿轮齿条传动：外齿轮与齿条啮合，齿轮转动，齿条移动。

大部分齿轮传动用于传递回转运动，齿轮齿条传动则可将回转运动变换成直线运动，或者将直线运动变换成回转运动。

（2）斜齿圆柱齿轮传动

斜齿圆柱齿轮的轮齿方向和齿轮轴线有一倾斜角度，称为螺旋角。斜齿圆柱齿轮传动也可分为外啮合齿轮传动、内啮合齿轮传动和齿轮齿条传动三种。

（3）人字齿轮传动

人字齿轮的轮齿可以看成由两个螺旋角大小相等、旋向相反的斜齿轮拼接而成，其轴向力被相互抵消，两部分之间具有或没有退刀槽。

2．空间齿轮传动

空间齿轮传动（见图2-30）的两齿轮不在同一个平面运动，其特点是两齿轮的轴线不平行，包括相交轴和交错轴（既不平行又不相交）两种齿轮传动。

（1）相交轴齿轮传动

锥齿轮传动属于相交轴齿轮传动。锥齿轮传动分为直齿锥齿轮传动、斜齿锥齿轮传动和弧齿锥齿轮传动三种。

（2）交错轴齿轮传动

准双曲面齿轮传动、交错轴斜齿轮传动和蜗杆传动属于交错轴齿轮传动。

准双曲面齿轮传动的主动齿轮轴线相对于从动齿轮轴线向上（下）偏移一定的偏移量，这是准双曲面齿轮传动区别于弧齿锥齿轮传动的主要特征。准双曲面齿轮轮齿啮合时的重叠系数比较大，工作时强度更高，承载能力更大，传动更平稳，噪声更小，使用寿命长。目前，其广泛应用于发动机纵向布置的汽车驱动桥主减速器中。

交错轴斜齿轮传动是指由两个配对斜齿轮组成的交错轴间的齿轮传动。在传动过程中，由于齿间有相对滑动，故传动效率低，磨损快，常用于仪表和载荷不大的辅助传动场合。

(a) 弧齿锥齿轮传动　(b) 准双曲面齿轮传动　(c) 交错轴斜齿轮传动　(d) 蜗杆传动

图2-30　空间齿轮传动

（二）根据齿轮的工作条件分类

根据齿轮的工作条件不同，可将齿轮传动分为开式齿轮传动、半开式齿轮传动和闭式齿轮传动。

1．开式齿轮传动

开式齿轮传动没有防尘罩或机壳，齿轮完全暴露在外边。这种传动不仅使外界杂物极易侵入，而且润滑不良，轮齿也容易磨损，故只宜用于低速或低精度场合。

2．半开式齿轮传动

半开式齿轮传动有简单的防护罩但不封闭，有时还把大齿轮的部分齿轮浸入油池中。半开式齿轮传动的工作条件虽有改善，但仍不能做到严密防止外界杂物侵入。

3．闭式齿轮传动

闭式齿轮传动装在经过精确加工而且封闭严密的箱体内，故密封条件好，且易于保证良好的润滑，齿轮使用寿命长，故多用于较重要的场合，如汽车变速器、减速器。

三、渐开线直齿圆柱齿轮传动

齿轮按齿廓曲线不同分为渐开线齿轮、摆线齿轮和圆弧齿轮。渐开线齿轮不仅能满足传动平稳的基本要求，而且具有易于制造和安装等优点，故使用广泛。

1. 渐开线的形成及性质

如图 2-31 所示，当一直线 NK 在一圆周上做纯滚动时，该直线上任一点 K 的轨迹 AK 为该圆的渐开线。该圆称为渐开线的基圆，该直线称为渐开线的发生线。

2-8 渐开线的形成及其特性

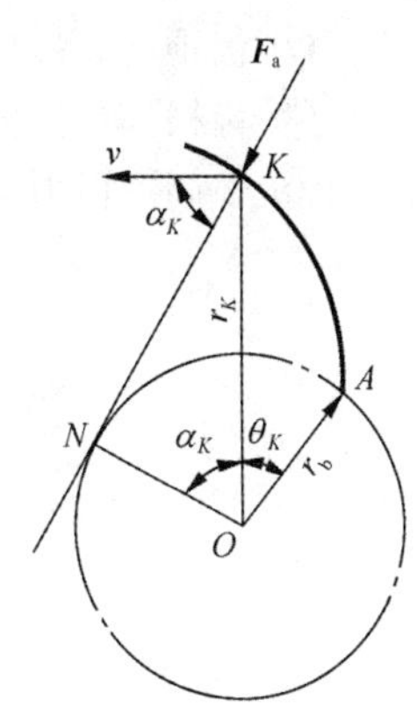

图 2-31　渐开线的形成

由渐开线的形成过程可知，其具有如下性质。

① 发生线在基圆上滚过的长度，等于基圆上被滚过的弧长。

② 渐开线上任一点 K 的法线，也是该点基圆的切线，即渐开线的法线必与基圆相切。

③ 渐开线的形状取决于基圆的大小，渐开线离基圆越远的部分，其曲率半径越大。

④ 基圆内无渐开线。

2. 渐开线齿廓的压力角

由渐开线性质可知，渐开线上任意点的端面压力角不相等，越远离基圆的压力角越大。压力角是指渐开线齿廓上任意一点 K 的受力方向线（即点 K 的法线）与该点的运动方向线之间所夹的锐角，用 α_K 表示。

由图 2-31 所示可知

$$\cos\alpha_K = ON / OK$$

或

$$\alpha_K = \arccos\frac{r_b}{r_K}$$

由上式可知，对同一基圆的渐开线，基圆半径 r_b 是常数，渐开线上某一点 K 的压力角的大小，随该点至圆心的距离 r_K 而变。显然，离基圆越远，r_K 越大，压力角越大；反之，离基圆越近，r_K 越小，压力角越小；在渐开线起始点（基圆上）的压力角为零。由于压力角较小时，有利于推动齿轮转动，因此，通常采用基圆附近的一段渐开线作为齿廓曲线。图 2-32 所示渐开线齿轮的齿廓就是由在同一基圆上产生的两条反向且对称的渐开线构成的。

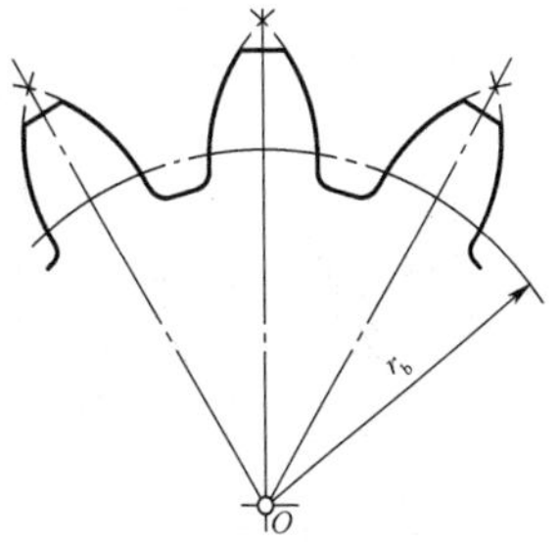

图 2-32　渐开线齿廓的形成

3. 渐开线直齿圆柱齿轮各部分名称

图 2-33 所示为标准渐开线直齿圆柱齿轮，齿轮各部分的名称及符号表示如下。

① 齿顶圆。轮齿顶部所在的圆称为齿顶圆，直径用 d_a 表示。

② 齿根圆。齿槽底部所在的圆称为齿根圆，直径用 d_f 表示。

③ 分度圆。为度量齿轮的几何尺寸，而在齿轮的齿顶圆和齿根圆之间人为选定的一个基准圆称为分度圆，直径用 d 表示。

④ 齿厚。一个轮齿的两侧齿廓之间的分度圆弧长称为齿厚，用 s 表示。

⑤ 槽宽。一个齿槽的两侧齿廓之间的分度圆弧长称为槽宽，用 e 表示。

⑥ 齿距。两个相邻同侧齿廓之间的分度圆弧长称为齿距，用 p 表示，即 $p = s + e$。

⑦ 齿顶高。齿顶圆和分度圆之间的径向距离，用 h_a 表示，$h_a=(d_a-d)/2$。

⑧ 齿根高。齿根圆和分度圆之间的径向距离，用 h_f 表示，$h_f=(d-d_f)/2$。

⑨ 齿高。齿顶圆和齿根圆之间的径向距离，用 h 表示，显然，$h=h_a+h_f$。

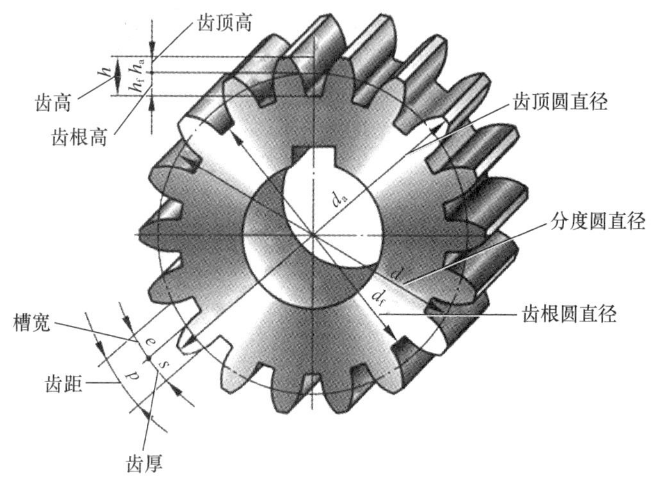

图 2-33　渐开线齿轮各部分的名称及符号

4. 渐开线直齿圆柱齿轮主要参数

渐开线直齿圆柱齿轮的主要参数有齿数、模数和压力角。

（1）齿数

齿数 z 是指一个齿轮的轮齿总数。首先，根据设计规则确定小齿轮的齿数，然后，再根据给定的传动比，确定大齿轮的齿数。齿轮传动的传动比与主、从动齿轮的转速成正比，与主、从动齿轮的齿数成反比。

（2）模数

如果齿轮的齿数为 z，在分度圆上，显然有

$$\pi d = pz$$

故

$$d=(p/\pi)z$$

2-9 标准直齿圆柱齿轮的齿数和模数

由上式可知，比值中包含无理数 π，为了设计、制造和互换的方便，必须对比值予以规定。将该圆上的 p/π 有理数化，并称为模数，用 m 表示，单位为 mm，即

$$m=\frac{p}{\pi}=\frac{d}{z}$$

故

$$d=mz$$

模数是齿轮几何尺寸计算的重要参数，其值已经标准化。由式 $d=mz$ 可知，当齿数相同时，模数越大，齿轮的直径越大，轮齿的承载能力也越强。

（3）压力角

由渐开线的特性可知，渐开线上各点的压力角不相等。分度圆上的压力角用 α 表示，国家标准规定 $\alpha=20°$，即齿廓曲线是渐开线上压力角为 20° 左右的一段弧，而不是任意的渐开线线段。

$$\cos\alpha=\frac{r_b}{r}=\frac{d_b}{d}$$

或
$$d_b = mz\cos\alpha$$

由渐开线特性可知，渐开线的形状由基圆决定。由式 $d_b = mz\cos\alpha$ 可知，基圆直径由 m、z、α 决定，故 m、z、α 是决定渐开线齿廓形状的三个基本参数。

5. 渐开线标准直齿圆柱齿轮的几何尺寸

当齿轮模数确定后，齿轮的齿顶高、齿根高和齿高可以分别表示为

$$h_a = h_a^* m$$
$$h_f = h_a + c = (h_a^* + c^*)m$$
$$h = h_a + h_f = (2h_a^* + c^*)m$$

式中，h_a^* 为齿顶高系数；c^*为顶隙系数；c 为顶隙。

一对齿轮啮合时，为避免一齿轮的齿顶与另一齿轮的齿槽底相抵触，并留有空隙储存润滑油，应使一齿轮齿顶圆与另一齿轮齿根圆之间留有一定的间隙，此间隙称为径向间隙或顶隙。

按国家标准规定，齿顶高系数和顶隙系数分别为：正常齿制 $h_a^*=1.0$，$c^* = 0.25$；短齿制 $h_a^* = 0.8$，$c^* = 0.3$。

模数、压力角、齿顶高系数、顶隙系数都取标准值，且分度圆齿厚等于槽宽的齿轮，称为标准齿轮。因此，对于标准齿轮

$$s = e = \frac{\pi}{2}m$$

齿顶圆直径和齿根圆直径的计算公式为

$$d_a = d + 2h_a = (z + 2h_a^*)m$$
$$d_f = d - 2h_f = (z - 2h_a^* - 2c^*)m$$

若在安装时，使两齿轮分度圆相切做纯滚动，即节圆与分度圆重合，则称为标准安装，两轮心之间的距离称为标准中心距，用 a 表示，即

$$a = r_1 + r_2 = \frac{m}{2}(z_1 + z_2)$$

式中，r_1 和 r_2 分别是两齿轮的分度圆半径。

需要说明的是，分度圆和节圆是两个不同的概念，节圆是在啮合中才出现的圆。对一个齿轮来说，不存在节圆，而分度圆是一个齿轮在加工完成后就存在的圆。

知识拓展

记里鼓车是中国古代用于计算道路里程的车，利用车轮带动大小不同的一组齿轮，车轮走满一里，其中一个齿轮刚好转动一圈，该齿轮轮轴拨动车上木人打鼓或击钟，报告行程。记里鼓车设计十分巧妙，体现出了我国古代劳动人民的聪明才智。

例 2-1　已知一对外啮合标准直齿圆柱齿轮的中心距 $a = 160\text{mm}$，齿数 $z_1 = 20$，$z_2 = 60$，求模数和分度圆直径。

解：因为是标准直齿圆柱齿轮传动，所以，由公式 $a = r_1 + r_2 = \frac{m}{2}(z_1 + z_2)$，求得

$$m = \frac{2a}{z_1 + z_2} = \frac{2 \times 160\text{mm}}{20 + 60} = 4\text{mm}$$

又由公式 $d = mz$，求得

$$d_1 = mz_1 = 4\text{mm} \times 20 = 80\text{mm}$$
$$d_2 = mz_2 = 4\text{mm} \times 60 = 240\text{mm}$$

所以，模数为 4mm，分度圆直径分别为 80mm 和 240mm。

例 2-2 一对渐开线标准直齿圆柱齿轮，主动齿轮齿数 $z_1 = 19$，从动齿轮齿数 $z_2 = 81$，试计算该圆柱齿传动比。并判断该齿轮传动是减速增扭，还是增速减扭。

解：因为是标准直齿圆柱齿轮传动，所以

$$i_{12} = \frac{n_1}{n_2} = \frac{z_2}{z_1} = \frac{81}{19} \approx 4.26 > 1$$

因为该齿轮传动是小齿轮带动大齿轮，所以是减速增扭传动。

四、斜齿圆柱齿轮传动

1. 斜齿圆柱齿轮齿面的形成

假想将一个直齿圆柱齿轮沿轴线扭转一个角度，便得到斜齿圆柱齿轮（又称斜齿轮）。实际上，斜齿圆柱齿轮的轮齿是按螺旋线的形式分布在圆柱体上的，分度圆柱上的螺旋线和齿轮轴线方向的夹角，称为斜齿圆柱齿轮的螺旋角。

图 2-34 所示为一斜齿圆柱齿轮沿分度圆柱面的展开图，其中带剖面线部分表示齿厚，空白部分表示齿槽，角 β 为齿轮的螺旋角。β 角越大，则轮齿倾斜越厉害。当 $\beta = 0°$ 时，齿轮就是直齿圆柱齿轮。所以，螺旋角 β 是斜齿圆柱齿轮的一个重要参数。

斜齿圆柱齿轮轮齿螺旋线方向分为左旋和右旋两种，如图 2-35 所示。判断旋向时，将齿轮轴线垂直放置，轮齿自右向左上升者为左旋，轮齿自左向右上升者为右旋。

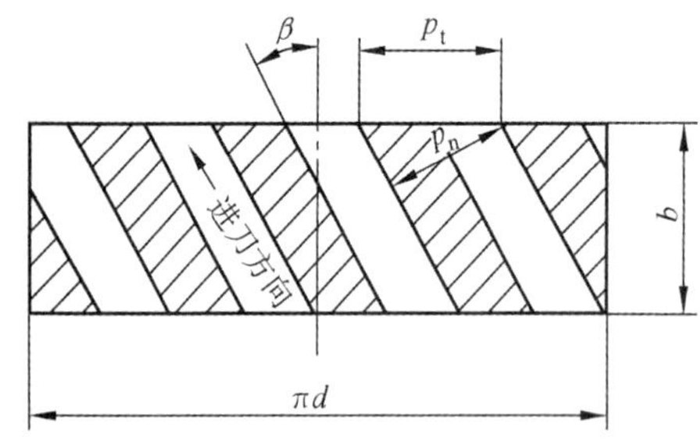

图 2-34 斜齿圆柱齿轮沿分度圆柱面的展开图

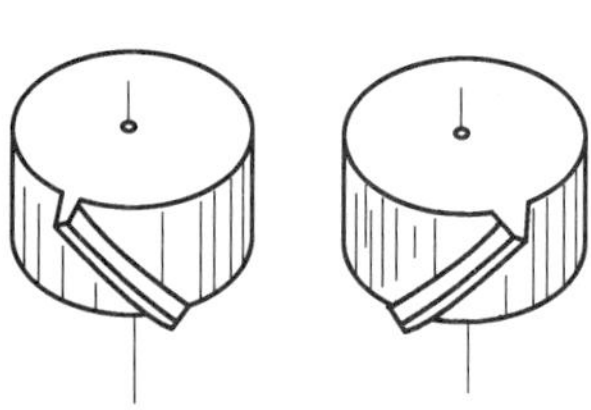

(a) 左旋斜齿轮 (b) 右旋斜齿轮

图 2-35 斜齿圆柱齿轮

2. 斜齿圆柱齿轮传动的特点及应用

直齿圆柱齿轮与斜齿圆柱齿轮齿面接触线，如图 2-36 所示。

(a) 直齿圆柱齿轮齿面接触线　　(b) 斜齿圆柱齿轮齿面接触线

图 2-36　直齿圆柱齿轮与斜齿圆柱齿轮齿面接触线

直齿圆柱齿轮在啮合传动过程中，每一瞬时，轮齿齿面上的接触线都是平行于轴线的直线［见图 2-36（a)]。因此，在啮合开始或终了时，一对啮合的轮齿是沿着整个齿宽突然开始啮合或突然脱离啮合的，轮齿上的作用力也是突然产生或突然消失的。因此，直齿圆柱齿轮传动容易引起冲击、振动和噪声，传动平稳性差，不适用于高速重载的场合。

斜齿圆柱齿轮在啮合传动过程中，轮齿齿面上的接触线都是与轴线不平行的斜线［见图 2-36（b)]，在不同位置的接触线长短不一。从啮合开始时起，接触线长度由零逐渐增大，到某一位置后又逐渐减小，直至脱离啮合。所以，斜齿圆柱齿轮啮合是逐渐进入和逐渐退出的，且斜齿圆柱齿轮啮合的时间比直齿圆柱齿轮长，故斜齿圆柱齿轮传动平稳、噪声小、承载能力强。斜齿圆柱齿轮的主要缺点是运转时会产生轴向力（可用人字齿克服)。总之，斜齿圆柱齿轮传动的平稳性和承载能力都强于直齿圆柱齿轮传动，所以，它适用于高速重载的场合。

在汽车机械中，直齿圆柱齿轮传动和斜齿圆柱齿轮传动都主要应用于机械式变速器中。在发动机横向布置的汽车驱动桥上，主减速器往往采用斜齿圆柱齿轮传动。

五、锥齿轮传动

1. 锥齿轮传动的类型

锥齿轮传动用来传递两相交轴之间的运动和动力，常见轴交角为 90°。锥齿轮传动按轮齿齿线形状可分为直齿锥齿轮传动、斜齿锥齿轮传动和弧齿锥齿轮传动三种，如图 2-37 所示。

(a) 直齿锥齿轮传动　　(b) 斜齿锥齿轮传动　　(c) 弧齿锥齿轮传动

图 2-37　锥齿轮传动

2. 锥齿轮传动的特点及应用

直齿锥齿轮加工、测量和安装比较简便，生产成本低廉，但工作时噪声较大，故广泛应用于低速轻载的场合。斜齿锥齿轮啮合时轮齿的重合度比较好，因此运转平稳，承载能力较强，但制造较难，应用较少。弧齿锥齿轮啮合时由于轮齿端面重叠的影响，所以至少有两对以上的轮齿同时啮合，又因为其轮齿不是在全齿长上同时啮合，而是逐渐由齿的一端连续转向另一端，因此传动平稳，承载能力强，噪声小，常用于高速重载的场合。

直齿锥齿轮应用较广，在汽车中主要应用于减速机构；斜齿锥齿轮应用较少，并逐渐被弧齿锥齿轮所代替；弧齿锥齿轮需要专门的机床加工，但较直齿锥齿轮传动平稳、承载能力强，故广泛应用于汽车、航空、矿山等机械传动领域。锥齿轮在汽车中主要被应用于发动机纵向布置的驱动桥主减速器和差速器中。在汽车驱动桥中，常用锥齿轮将动力旋转平面改变90°，使其与驱动轮转动方向一致。

1. 为什么斜齿圆柱齿轮传动比直齿圆柱齿轮传动平稳，且承载能力大？
2. 斜齿圆柱齿轮传动在汽车上的典型应用是什么？
3. 锥齿轮传动在汽车上的典型应用是什么？

六、齿轮传动的失效形式

齿轮在传动过程中，在载荷的作用下，如果齿轮发生折断、齿面损坏等现象，则齿轮就失去了正常的工作能力，这种现象称为失效。齿轮传动的失效主要是轮齿的失效。轮齿的失效形式如图 2-38 所示。

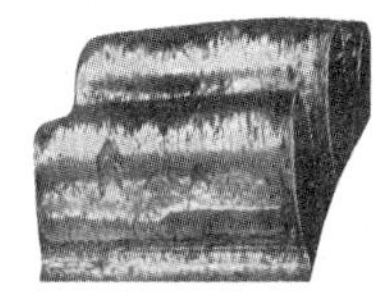

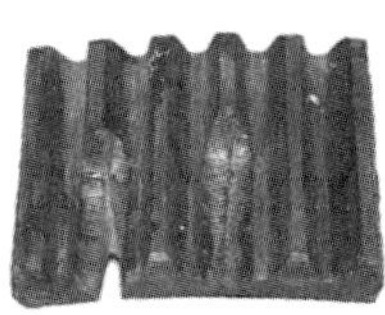

(a) 齿面点蚀　(b) 齿面磨损　(c) 齿面胶合　(d) 齿面塑性变形　(e) 轮齿折断

图 2-38　轮齿的失效形式

1. 齿面点蚀

齿轮传动中，两齿轮齿面是线接触，表层产生很大的接触应力，致使表层金属微粒剥落，形成小麻点或较大的凹坑，这种现象称为齿面点蚀。齿面损坏后，啮合迅速恶化，从而导致轮齿失效。防止出现这种失效形式的办法是限制接触应力，提高齿面硬度，以保证齿面接触强度。齿面点蚀是闭式齿轮传动的主要失效形式。

2-10 齿轮的主要失效形式

2. 齿面磨损

齿轮传动中的磨损有磨合和磨粒磨损两种。新齿轮使用前，先加轻载，经短期运行后，两齿面逐渐磨光、贴合，称为磨合。磨合有利于改善啮合状况，但磨合后，应清洗磨掉的金属屑。在开式齿轮传动中，有尘土、沙粒及金属屑等进入齿面间，对齿面会形成磨粒磨损，破坏正确齿形，引起附加载荷和噪声，致使齿轮失效，磨损使齿厚磨薄后还会造成轮齿折断。防止磨粒磨损的办法是采用闭式传动，保持良好清洁的润滑，提高齿面硬度。齿面磨损是开式齿轮传动的主要失效形式。

3. 齿面胶合

高速重载传动中，轮齿啮合区局部温度升高，油膜脱落，失去润滑作用，两金属表面会直接接触，相互粘在一起。当齿面相对滑动时，较软的齿面沿滑动方向划伤、撕脱，形成沟纹，严重时甚至相互咬死，这种现象称为胶合。此时齿面将严重损坏而失效。低速重载传动中，齿面间油膜不易形成，也会产生胶合。采用黏度大或加有抗胶合添加剂的润滑油，可以防止齿面胶合。

4. 齿面塑性变形

轮齿在低速重载传动中，若轮齿齿面硬度较低，当齿面间作用力过大时，啮合中的齿面表层材料就会沿着摩擦力方向产生塑性流动，这种现象称为塑性变形。防止齿面塑性变形的办法是提高齿面硬度和遵守操作规程。

5. 轮齿折断

轮齿折断一般发生在齿根部位。当轮齿反复受载时，齿根部分在交变弯曲应力的作用下，将产生疲劳裂纹，并逐渐扩展，致使轮齿折断，这种折断称为疲劳折断。当短时间严重过载时，也会致使轮齿突然折断，这种折断称为过载折断。轮齿折断是齿轮最严重的失效形式，会导致停机，甚至造成严重事故。防止疲劳折断的办法是保证轮齿弯曲疲劳强度，加大齿根圆角以缓和应力集中；防止过载折断的办法是禁止超载使用。

七、齿轮的结构和材料

齿轮一般由轮缘、轮毂和轮辐三部分组成，其中轮缘的齿面、轮毂的内孔是主要的功能面。常用的齿轮结构如图 2-39 所示。

当齿轮的齿根圆直径与轴径相差很小时，可将齿轮和轴制成一体，称为齿轮轴；当齿轮的齿顶圆直径 $d_a \leqslant 200$mm 时，可采用实心式结构；当齿轮的齿顶圆直径 $d_a = 200 \sim 500$mm 时，可采用腹板式结构；当齿轮的齿顶圆直径 $d_a > 500$mm 时，可采用轮辐式结构。

(a) 齿轮轴　(b) 实心式　(c) 腹板式　(d) 轮辐式

图 2-39　齿轮结构

齿轮的材料性能要具备“齿面要硬，齿心要韧”的基本要求。因此，常用的齿轮材料为优质碳素结构钢、合金结构钢、铸钢、铸铁和非金属材料等，一般多采用锻件或轧制钢材。当齿轮结构尺寸较大，轮坯不易锻造时，可采用铸钢；开式低速传动时，可采用灰铸铁或球墨铸铁；闭式低速重载传动时，宜选用综合性能较好的钢；闭式高速传动时，宜选用齿面硬度高的材料。

任务实施

一、汽车齿轮齿条转向器齿轮传动分析

图 2-26 所示汽车齿轮齿条转向器采用的是齿轮齿条传动。当驾驶员转动转向盘时，转向盘带动转向齿轮转动，转向齿轮与转向齿条啮合，带动转向齿条左右直线移动，并推动汽车转向车轮左右摆动，从而实现转向功能。转向齿轮是特殊的螺旋形状，可以改善转向时的柔顺感。

二、汽车后桥主减速器齿轮传动分析

图 2-27 所示汽车后桥主减速器采用的是弧齿锥齿轮传动。由于弧齿锥齿轮传动齿轮副采用 90° 角垂直布置方式，所以可以将动力的传递方向改变 90° 。当汽车行驶时，弧齿锥齿轮传动中的主动锥齿轮通过传动轴，接受来自发动机的动力，并将动力旋转 90° 传递给与之相啮合的从动锥齿轮，再由从动锥齿轮经过差速器等一系列装置，将动力传递给两边的车轮。

由于弧齿锥齿轮传动是小齿轮带大齿轮，所以，主减速器有改变力的方向和减速增扭的作用。

任务四　蜗杆传动

任务引入

在四轮驱动汽车上，托森差速器一般作为中央差速器使用。托森差速器（见图 2-40）采用的是蜗杆传动。那么，托森差速器由哪些部分组成？工作原理是怎样的？

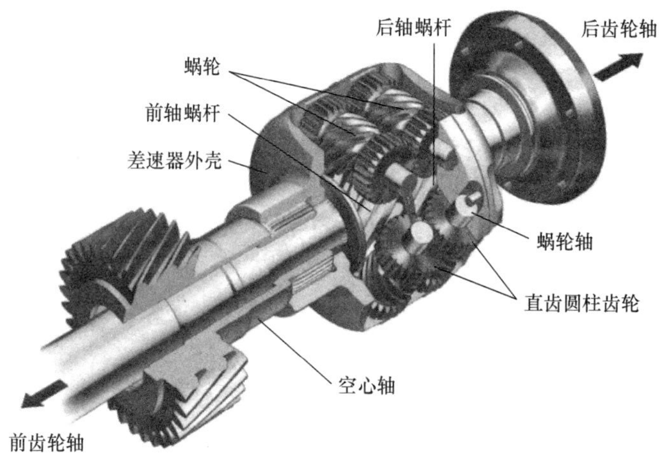

图 2-40　用于中央差速器的托森差速器

任务分析

蜗杆传动用于传递交错轴之间的回转运动和动力，通常两轴交错角为直角。蜗杆传动可以降低转速，主要用于要求传动比大，传动功率不大，需要自锁功能的场合。

学习目标

素质目标

1. 树立科学思想，弘扬科学精神。
2. 树立精益求精的工匠精神。

知识目标

1. 阐明蜗杆传动的特点。
2. 说明蜗轮旋转方向的判定方法。

能力目标

1. 能够根据不同的使用工况选择正确的蜗杆传动类型。
2. 能够阐明托森差速器的工作原理。

相关知识

一、蜗杆传动的组成、传动比和特点

1. 蜗杆传动的组成

蜗杆传动由蜗杆、蜗轮和机架组成。通常蜗杆、蜗轮轴线在空间成直角交错，如图 2-41 所示，用以传递两轴间的运动和动力。

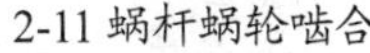

2-11 蜗杆蜗轮啮合传动原理

图 2-41　蜗杆传动

2. 蜗杆传动的传动比

蜗杆传动中一对相啮合的蜗杆、蜗轮轮齿的旋向相同，且螺旋角之和为 90°。蜗杆传动，一般以蜗杆为主动件，蜗轮为从动件。设蜗杆头数（也称齿数）为 z_1，蜗轮齿数为 z_2。当蜗杆转动一圈时，蜗轮相应被拨过一个齿，即转过 z_1/z_2 圈。当蜗杆转速为 n_1 时，蜗轮的转速应为 $n_2=n_1z_1/z_2$，所以蜗杆传动的传动比应为

$$i_{12}=\frac{n_1}{n_2}=\frac{z_2}{z_1}$$

3. 蜗杆传动的特点

与其他传动相比较，蜗杆传动具有以下特点。

① 传动比大，在动力传动中，一般传动比为 8～100；在分度机构中，传动比可达 1000。

② 传动平稳，噪声小，结构紧凑。

③ 可以实现自锁。当蜗杆导程角小于蜗杆蜗轮啮合轮齿间的当量摩擦角时，传动具有自锁性，可实现反向自锁，即只能蜗杆带动蜗轮，而不能由蜗轮带动蜗杆。

④ 磨损较严重，因此蜗轮齿圈部分常用减摩性能好的有色金属（如青铜）制造，成本较高。

⑤ 传动效率较低，故一般不用于大功率连续传动。

二、蜗杆传动的类型

蜗杆传动按蜗杆外部形状，可分为圆柱蜗杆传动、环面蜗杆传动和锥蜗杆传动，如图 2-42 所示。其中，圆柱蜗杆传动应用最广。

蜗杆有单头和多头之分。蜗杆头数越多，加工精度越难保证。当传动比大于 40 或要求自锁时，常取蜗杆头数 $z_1=1$，此时传动效率较低；当传递功率较大时，为提高传动效率，常取蜗杆头数 $z_1=2$，4，6。一般情况下，取蜗轮齿数 $z_2=28$～80。为提高传动效率，z_2 应不小于 28；但 z_2 过大，会使蜗轮直径增大，与之相应的蜗杆长度增加，刚度减小，从而影响啮合精度。

蜗杆传动广泛应用在机床、汽车、仪器、冶金机械及其他机器或设备中。在汽车转向器、汽车刮水器减速系统、汽车电动助力转向系统减速机构上都应用了不同类型的蜗杆传动。

(a) 圆柱蜗杆传动

(b) 环面蜗杆传动

(c) 锥蜗杆传动

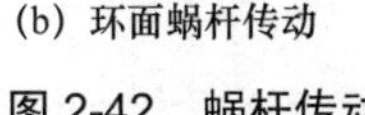

图 2-42　蜗杆传动

三、蜗杆传动旋转方向的判定

1．蜗杆螺旋方向的判定

蜗杆与斜齿圆柱齿轮一样，也有左旋和右旋之分，如图2-43所示。判断旋向时，将蜗杆轴线垂直放置，螺旋线左高右低为左旋，螺旋线左低右高为右旋。

2．蜗轮旋转方向的判定

当已知蜗杆的螺旋方向和转动方向时，可根据螺旋副的运动规律，用“左右手法则”来确定蜗轮的旋转方向。如图2-44（a）所示，当蜗杆为右旋时，则用右手四指沿着蜗杆转动方向弯曲，与大拇指所指方向相反的方向为蜗轮的旋转方向（即蜗轮上啮合点的线速度方向），因此，蜗轮逆时针旋转。当蜗杆为左旋时，则用左手按同样的方法判定，蜗轮顺时针旋转，如图2-44（b）所示。

(a) 左旋蜗杆　(b) 右旋蜗杆

图2-43　蜗杆

(a) 蜗轮逆时针旋转

(b) 蜗轮顺时针旋转

图2-44　蜗轮旋转方向的判定

四、蜗杆、蜗轮的结构和材料

1．蜗杆、蜗轮的结构

蜗杆螺旋部分的直径不大，所以常和轴做成一个整体，如图2-45所示。当蜗杆螺旋部分的直径较大时，可以将轴与蜗杆分开制作。当蜗轮直径较大时，为了节省蜗轮材料，常采用组合式蜗轮结构，如图2-46所示。

2．蜗杆、蜗轮的材料

蜗杆常用材料为碳素钢或合金钢，高速重载的蜗杆常用低碳合金钢15Cr、20Cr渗碳淬火，或调质钢45、40Cr淬火；低速中轻载的蜗杆可用45钢调质。蜗轮常用材料有铸造锡青铜、铸造铝青铜、灰铸铁等。在组合式蜗轮结构中，蜗轮齿圈用青铜，蜗轮轮心用铸铁或碳素钢。

图2-45　蜗杆轴

图2-46　组合式蜗轮

知识拓展

蜗杆传动历史悠久。在科研工作者精益求精的研发中，蜗杆传动的承载能力和传动效率更高，使用寿命更长。

任务实施

托森差速器的组成和工作原理分析

1. 托森差速器的组成

图 2-40 所示的托森差速器主要由差速器外壳、前轴蜗杆、后轴蜗杆、蜗轮（6 个）、直齿圆柱齿轮（12 个）和蜗轮轴（6 个）等组成。空心轴和差速器外壳通过花键连接而一同转动。每个蜗轮轴的中间有 1 个蜗轮，两端有 2 个尺寸相同的直齿圆柱齿轮。蜗轮和直齿圆柱齿轮通过蜗轮轴安装在差速器外壳上，其中 3 个蜗轮与前轴蜗杆相啮合，另外 3 个蜗轮与后轴蜗杆相啮合，构成 6 对蜗杆蜗轮啮合副。分别与前、后轴蜗杆相啮合的蜗轮彼此通过直齿圆柱齿轮相啮合，前轴蜗杆和驱动前桥的前齿轮轴为一体，后轴蜗杆和驱动后桥的后齿轮轴为一体。

2. 托森差速器的工作原理

当汽车直线行驶时，来自发动机的动力通过空心轴传至差速器外壳，差速器外壳通过蜗轮轴传到蜗轮，再传到蜗杆。前轴蜗杆通过前齿轮轴将动力传至前桥，后轴蜗杆通过后齿轮轴将动力传至后桥，从而实现前、后驱动桥的驱动牵引作用。当汽车转弯时，前、后齿轮轴（驱动轴）出现转速差，通过啮合的直齿圆柱齿轮相对转动，使一轴转速加快，另一轴转速下降，实现差速作用。如果蜗轮的转速不是很大，则由于蜗杆传动的不可逆性，不会对蜗杆施加驱动力，从而可以吸收前后轮的转速差。当前轮或后轮空转打滑，即转速差很大时，蜗轮与蜗杆中间的摩擦力就会增大，对蜗杆施加驱动力，从而驱动不打滑的后轮或前轮前进。

托森差速器巧妙地利用了蜗杆传动的不可逆性原理和齿面高摩擦条件，使差速器根据其内摩擦力矩大小而自动锁死或松开，即在转速差较小时起差速作用，而过大时自动将差速器锁死，有效地提高了汽车的通过性。

任务五　轮系传动

任务引入

汽车手动变速器和汽车后桥差速器（见图 2-47）采用的传动装置是轮系。那么，它们采用的是哪种轮系，工作原理是怎样的？

（a）汽车手动变速器　　（b）汽车后桥差速器

图 2-47　汽车手动变速器和汽车后桥差速器

任务分析

轮系是机械传动系统中典型的传动形式，由多对相互啮合的齿轮组成。轮系传动能够获得大的传动比，还能够实现变速和换向。

学习目标

素质目标

1. 树立古为今用、推陈出新的意识。
2. 通过了解古人的智慧，坚定文化自信，增强民族自豪感。

知识目标

1. 阐明轮系传动的功用。
2. 说明定轴轮系和周转轮系传动比的计算方法。

能力目标

1. 能够正确区分不同汽车部件采用的不同轮系类型。
2. 能够正确计算混合轮系的传动比。

相关知识

在实际机械中，常常要采用一系列相互啮合的齿轮来满足工作要求。这种由一系列齿轮组成的齿轮传动系统称为轮系。汽车变速器、主减速器、差速器和分动器中都应用了轮系传动。

一、轮系的类型

轮系按照运转时各轮轴线位置相对机架是否固定，可分为定轴轮系、周转轮系和混合轮系。汽车手动变速器应用的轮系是定轴轮系，自动变速器应用的轮系是周转轮系。

2-12 轮系的分类及应用

1. 定轴轮系

在传动时，若轮系中各齿轮的几何轴线均是固定的，则这种轮系称为定轴轮系。定轴轮系又可分为平面定轴轮系和空间定轴轮系两种。平面定轴轮系由轴线相互平行的圆柱齿轮组成，如图2-48所示；空间定轴轮系是包含相交轴齿轮传动或交错轴齿轮传动等在内的定轴轮系，如图2-49所示。

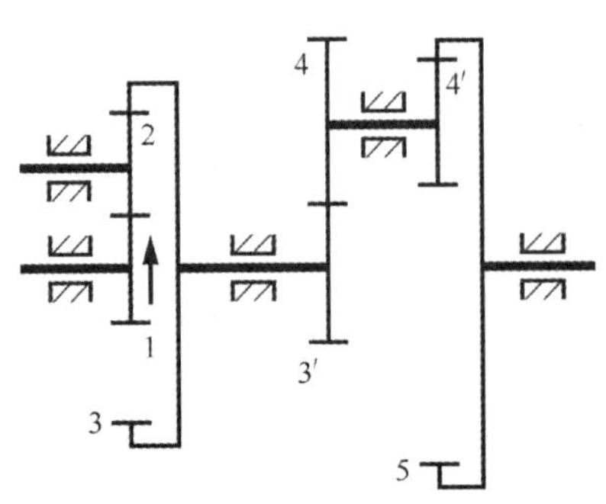

图2-48　平面定轴轮系

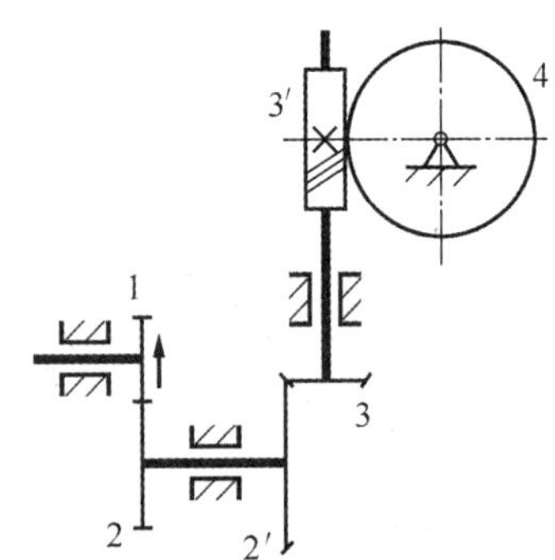

图2-49　空间定轴轮系

2. 周转轮系

在传动时，若轮系中至少有一个齿轮的几何轴线绕另一个定轴齿轮的几何轴线回转，则这种轮系称为周转轮系，如图 2-50 所示。

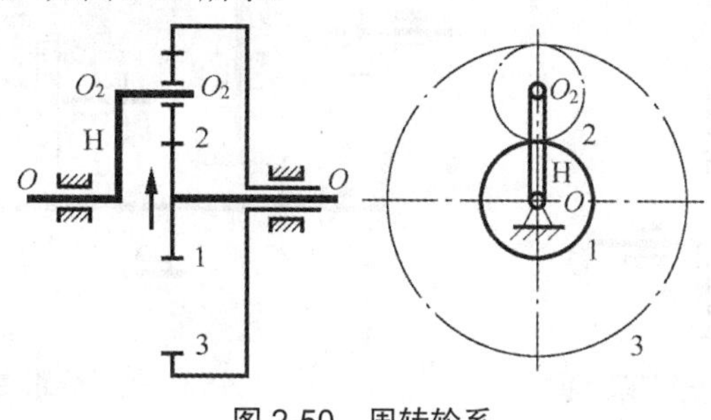

图 2-50　周转轮系

3. 混合轮系

在各种实际机械中所用的轮系，往往不是由单一的定轴轮系或周转轮系组成的，而是既含有定轴轮系，又含有周转轮系，或是包含几个基本周转轮系的复杂轮系。这种由两种轮系复合组成的轮系，称为混合轮系。

二、轮系的功用

1. 实现远距离传动

当两轴相距较远时，如果仅用一对齿轮传动，则齿轮尺寸就会很大，如图 2-51 中点画线所示。若改成轮系，如图 2-51 中粗实线所示，就可以减小尺寸，节省材料。

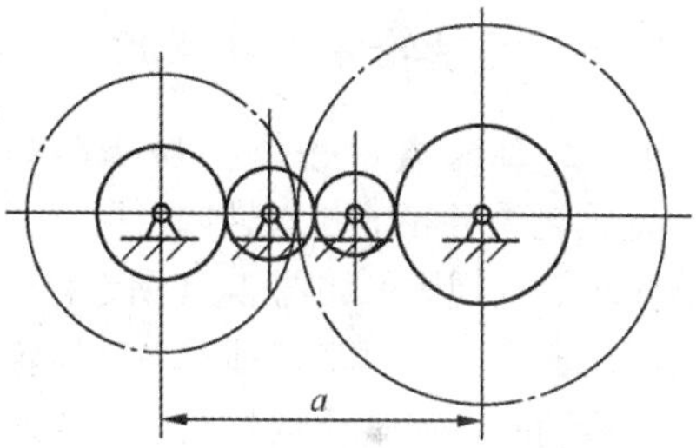

图 2-51　轮系实现远距离传动

2. 获得大的传动比

当两轴之间需要很大的传动比时，可以用多级齿轮组成的定轴轮系来实现，但轴和齿轮增多，会导致结构复杂。这时若采用行星轮系，则只需很少几个齿轮，就能获得较大的传动比。如图 2-52 所示大传动比行星轮系，传动比可达 10000。

3. 实现变速和换向传动

如图 2-47（a）所示的汽车手动变速器，在输入轴转速不变的情况下，利用轮系可使输出轴得到四挡转速，实现变速和换向传动。

4. 实现分路传动

在同一个主动轴带动下，利用轮系可以实现几个从动轴分路输出传动，获得所需的各种转速。某航空发动机附件传动系统，可把发动机主动轴运动分解成六路传出，带动附件同时工作，其轮系分路传动如图 2-53 所示。

5. 实现运动的分解与合成

轮系可以将一根主动轴的转动，分解成两根从动轴的转动；或将两根主动轴的转动，合成为一根从动轴的转动。如图 2-47（b）所示的汽车后桥差速器，当汽车转弯时，它能将发动机传到齿轮的运动，以不同转速分别传递给左右两车轮，使两车轮在地面上以不同的转速做纯滚动，避免车轮与地面的滑动摩擦，减少车轮过度磨损。

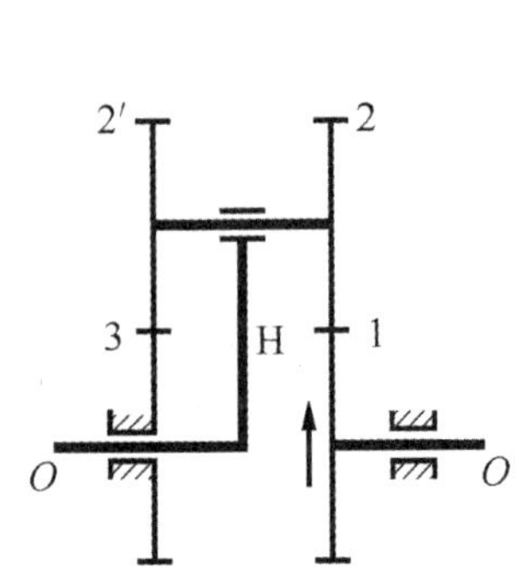

图 2-52　大传动比行星轮系

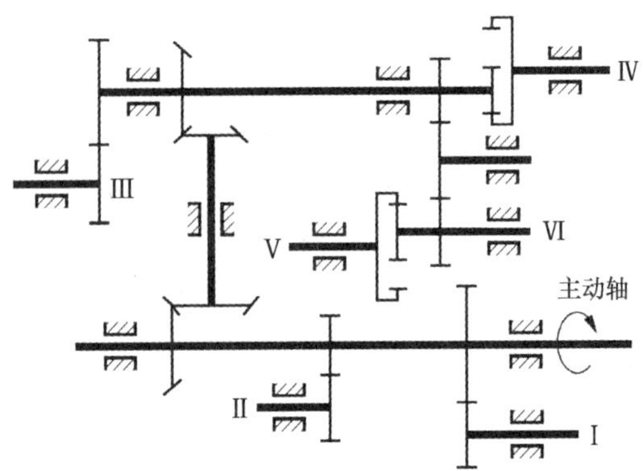

图 2-53　轮系分路传动

三、轮系的传动比计算

在轮系中，输入轴与输出轴的转速或角速度之比，称为轮系的传动比，用 i_{ab} 表示，下标 a、b 分别为输入轴与输出轴的代号，即

$$i_{ab} = n_a / n_b = \omega_a / \omega_b$$

（一）定轴轮系的传动比计算

1. 定轴轮系中齿轮传动方向的确定

定轴轮系各轮的相对转向，可以通过逐对齿轮标注箭头的方法来确定。各种类型齿轮传动的标注箭头规则，如图 2-54 所示。一对平行轴外啮合齿轮，其两齿轮转向相反，用方向相反的箭头表示。一对平行轴内啮合齿轮，其两齿轮转向相同，用方向相同的箭头表示。一对锥齿轮传动时，在啮合点具有相同的速度，表示转向的箭头同时指向啮合点，或同时背离啮合点。对于蜗杆传动，可用“左右手法则”进行判定。对右旋蜗杆，用右手握住蜗杆的轴线，四指弯曲方向与蜗杆转动方向一致，则与拇指的指向相反的方向，就是蜗轮在节点处圆周速度的方向。对左旋蜗杆，用左手法则判定。

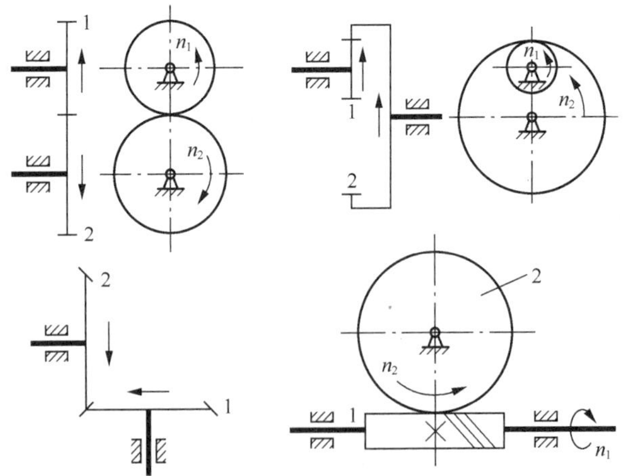

图 2-54　一对齿轮传动的转动方向

2. 定轴轮系的传动比计算

（1）平面定轴轮系的传动比计算

平面定轴轮系的所有齿轮轴线都相互平行，当输入轴与输出轴的转动方向相同时，轮系的传动比为正，否则为负。前面提到，一对齿轮啮合传动时，它们的角速度之比（传动比）与两轮的齿数成反比。两轮转向相同（内啮合）时，传动比取正号，两轮转向相反（外啮合）时，传动比取负号。下面，据此推导平面定轴轮系的传动比计算公式。

在图 2-55 所示的平面定轴轮系中，设齿轮 1 为首轮，齿轮 5 为末轮，各轮齿数分别为 z_1、z_2、$z_{2'}$、z_3、$z_{3'}$、z_4 和 z_5，各轮转速分别为 n_1、n_2、$n_{2'}$、n_3、$n_{3'}$、n_4 和 n_5，则各对啮合齿轮的传动比为

$$i_{12}=\frac{n_1}{n_2}=-\frac{z_2}{z_1}$$

$$i_{2'3}=\frac{n_{2'}}{n_3}=\frac{z_3}{z_{2'}}$$

$$i_{3'4}=\frac{n_{3'}}{n_4}=-\frac{z_4}{z_{3'}}$$

$$i_{45}=\frac{n_4}{n_5}=-\frac{z_5}{z_4}$$

将以上各式两边相乘可得

$$i_{12}i_{2'3}i_{3'4}i_{45}=\frac{n_1}{n_2}\times\frac{n_{2'}}{n_3}\times\frac{n_{3'}}{n_4}\times\frac{n_4}{n_5}=\left(-\frac{z_2}{z_1}\right)\left(\frac{z_3}{z_{2'}}\right)\left(-\frac{z_4}{z_{3'}}\right)\left(-\frac{z_5}{z_4}\right)$$

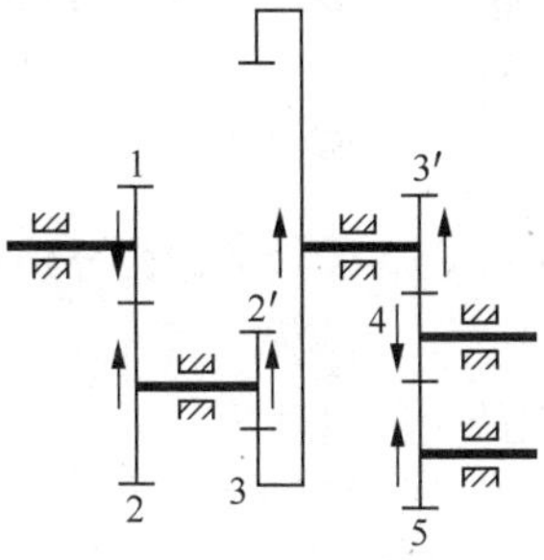

图 2-55　平面定轴轮系

又因为齿轮 2、2′及齿轮 3、3′分别在同一轴上，$n_2=n_{2'}$，$n_3=n_{3'}$，所以

$$i_{15}=\frac{n_1}{n_5}=(-1)^3\frac{z_2z_3z_4z_5}{z_1z_{2'}z_{3'}z_4}=-\frac{z_2z_3z_5}{z_1z_{2'}z_{3'}}$$

上式中等式右边的分子为各对啮合齿轮的从动轮的齿数乘积，分母为各对啮合齿轮的主动轮的齿数乘积，负号是由于经过三次外啮合，转向改变了三次。内啮合不改变转向，不予考虑。

上式表明，定轴轮系传动比的大小，等于组成该轮系的各对啮合齿轮传动比的连乘积，也等于该轮系中所有从动轮齿数连乘积与所有主动轮齿数连乘积的比值。

此外，在该轮系中齿轮 4 同时与齿轮 3′ 和齿轮 5 啮合，齿轮 4 既是前一级的从动轮，又是后一级的主动轮。其齿数可在上述计算式中消掉，不影响传动比的大小。这种不影响轮系传动比的大小，只起传递运动和改变转向作用的齿轮，称为惰轮或过桥齿轮。汽车的倒车装置即是靠惰

轮来实现的。

将上述计算式推广到一般情况。设轮 1 为起始主动轮，第 k 个轮为最末从动轮，经过 m 次外啮合后，得到一般平面定轴轮系传动比的计算公式为

$$i_{1k}=\frac{n_1}{n_k}=(-1)^m\frac{所有从动齿轮齿数乘积}{所有主动齿轮齿数乘积}$$

若传动比的计算结果为正，则表示输出轴与输入轴的转向相同；若为负，则表示输出轴与输入轴的转向相反。另外，还可以用画箭头法表示，外啮合齿轮转向相反，内啮合齿轮转向相同。值得注意的是，$(-1)^m$ 的运用，只适用于平行轴轮系。

（2）空间定轴轮系的传动比计算

空间定轴轮系传动比的大小仍然可用上式来计算，但其转向关系由于轮系中有的齿轮轴线不是相互平行的，因此不能用转向相同或相反来描述，也就无法用传动比的正负号来表示，而只能用标注箭头的方法来表示。

例 2-3 在图 2-55 所示轮系中，各齿轮齿数分别为 $z_1=18$、$z_2=24$、$z_{2'}=20$、$z_3=60$，$z_{3'}=20$、$z_4=20$、$z_5=34$，$n_1=1428\text{r/min}$。求传动比 i_{15}、齿轮 5 的转速 n_5，并确定齿轮 5 的转向。

解： 因为该轮系中各轴的轴线相互平行，为平面定轴轮系，则有

$$i_{15}=\frac{n_1}{n_5}=(-1)^3\frac{z_2z_3z_4z_5}{z_1z_{2'}z_{3'}z_4}=-\frac{z_2z_3z_5}{z_1z_{2'}z_{3'}}=-\frac{24\times60\times34}{18\times20\times20}=-\frac{34}{5}$$

$$n_5=n_1/i_{15}=(-1428\times5/34)\text{r/min}=-210\text{r/min}$$

n_5 结果为负值，说明齿轮 5 转向与齿轮 1 相反。

例 2-4 在图 2-56 所示轮系中，各齿轮的齿数分别为 $z_1=z_2=z_3=z_{3'}=25$、$z_4=75$、$z_{4'}=30$、$z_5=60$，求传动比 i_{15}。

解： 因为该轮系为含有锥齿轮的空间定轴轮系，故先根据定轴轮系传动比计算公式计算传动比的大小，然后，再用标注箭头的方法确定从动轮的转向。

① 计算传动比的大小。

$$i_{15}=\frac{n_1}{n_5}=\frac{z_2z_3z_4z_5}{z_1z_2z_{3'}z_{4'}}=\frac{z_3z_4z_5}{z_1z_{3'}z_{4'}}=\frac{25\times75\times60}{25\times25\times30}=6$$

② 用标注箭头的方法确定从动轮的转向。从动轮 5 的转向，如图 2-56 箭头所示。

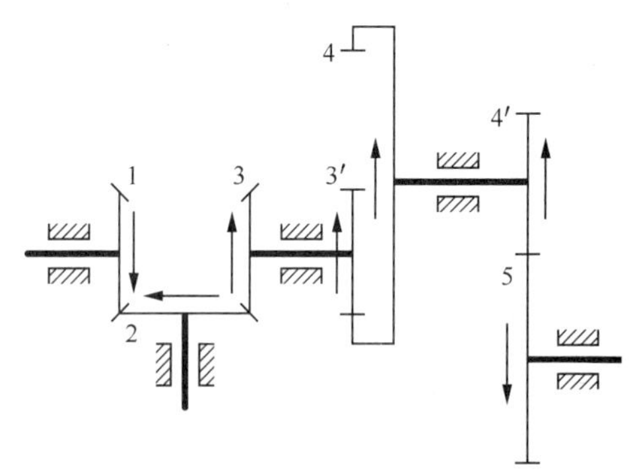

图 2-56 空间定轴轮系

（二）周转轮系的传动比计算

定轴轮系中各齿轮都是做简单的绕定轴回转运动。而周转轮系中，至少有一个齿轮的轴线是不固定的，绕着另一固定轴线回转，这个齿轮既做自转又做公转，故周转轮系各齿轮间的运动关系就和定轴轮系不同，传动比的计算方法也不同。

1. 周转轮系的组成

在图 2-50 所示的周转轮系中，轮 1 和轮 3 都绕固定轴线 O-O 回转，这种绕固定轴回转的齿轮称为太阳轮（又称中心轮）。构件 H 带着齿轮 2 的轴线 O_2-O_2 绕太阳轮的轴线回转，这种具有自转和公转运动的齿轮称为行星轮，而构件 H 称为行星架（系杆或转臂）。周转轮系由太阳轮、行星轮和行星架三部分组成。应当注意，太阳轮和行星架的回转轴线必须共线，否则整个轮系将不能运动。

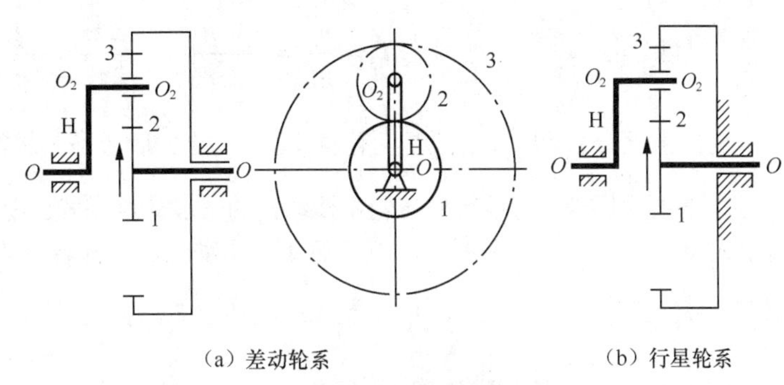

（a）差动轮系　（b）行星轮系

图 2-57　周转轮系

1、3—太阳轮　2—行星轮　H—行星架

周转轮系又有差动轮系与行星轮系之分。太阳轮都能转动的周转轮系，称为差动轮系，如图 2-57（a）所示；有一个太阳轮固定不动的周转轮系，称为行星轮系，如图 2-57（b）所示。

2. 周转轮系的传动比计算

周转轮系中，行星轮不是绕固定轴线的简单转动，因此不能直接运用求定轴轮系传动比的方法求周转轮系的传动比。一般用“转化轮系法”求其传动比，即根据相对运动的原理，假想对整个行星轮系加上一个绕主轴线 O_1-O_1 转动的公共转速$-n_H$。显然，轮系中各构件的相对运动关系并没有改变，但此时，行星架 H 的转速变为了 $n_H-n_H=0$，即相对静止不动，它支承的行星轮也变为轴线不动的定轴齿轮。于是，原来的周转轮系便转化成为一个假想的定轴轮系，如图 2-58 所示。轮系中各构件转化前后的转速，见表 2-2。

表 2-2　构件的转速变化

构件代号	原来的转速	附加“$-n_H$”后的转速	构件代号	原来的转速	附加“$-n_H$”后的转速
1	n_1	$n_1^H=n_1-n_H$	3	n_3	$n_3^H=n_3-n_H$
2	n_2	$n_2^H=n_2-n_H$	H	n_H	$n_H^H=n_H-n_H$

表 2-2 中 n_1^H、n_2^H、n_3^H、n_H^H 表示转化轮系中各构件的转速，可以看出，这里的 n_1^H、n_2^H、n_3^H 即为各构件相对于行星架 H 的转速。

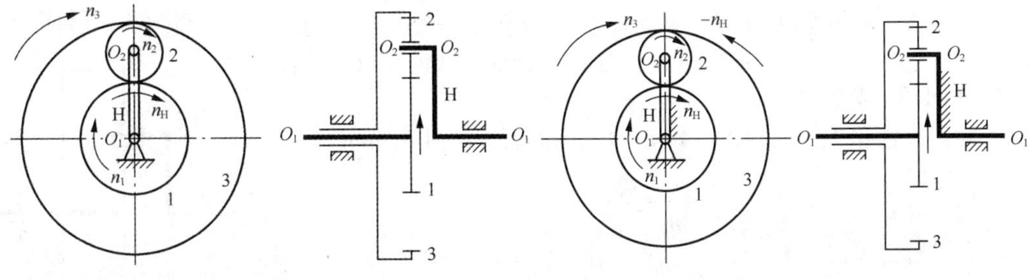

（a）周转轮系　（b）转化轮系

图 2-58　周转轮系及转化轮系

既然转化轮系是一个定轴轮系，那么就可以应用计算定轴轮系传动比的方法，求出其中任意两个齿轮的传动比。根据传动比定义，转化轮系中齿轮 1 和齿轮 3 的传动比为

$$i_{13}^{H}=\frac{n_1^H}{n_3^H}=\frac{n_1-n_H}{n_3-n_H}=-\frac{z_2z_3}{z_1z_2}=-\frac{z_3}{z_1}$$

应注意区分 i_{13} 和 i_{13}^{H}，前者是两轮真实的传动比，后者是假想的转化轮系中两轮的传动比。

根据上述原理，可推得周转轮系传动比的一般计算公式。设以 1 和 K 代表周转轮系中的两个太阳轮，以 H 代表行星架，其中轮 1 为主动轮，则其转化轮系的传动比 i_{1K}^{H} 为

$$i_{1K}^{H}=\frac{n_1^H}{n_K^H}=\frac{n_1-n_H}{n_K-n_H}=(-1)^n\frac{z_2\cdots z_K}{z_1\cdots z_{K-1}}$$

使用上式时，应特别注意如下两点。

① 齿轮 1、齿轮 K 与行星架 H 三个构件的轴线必须相互平行，否则不能应用上式。

② 将 n_1、n_K、n_H 的值代入上式计算时，必须带正负号。

对于差动轮系，由于两个太阳轮及行星架都是运动的，故 n_1、n_K 及 n_H 三个转速中必须有两个是已知的，才能求出第三个。对于行星轮系，由于一个太阳轮固定，其转速为零（即 n_1 或 n_K 为零），所以只要已知一个基本构件的转速，就可以求得另一构件的转速。

知识拓展

指南车是中国古代用来指示方向的一种装置，它利用齿轮原理制造而成，这种齿轮传动类似现代汽车用的差动轮系。这表明我国古代已经能够制造和使用复杂的机构，体现出了我国古代劳动人民的聪明才智和创造力。

例 2-5 在图 2-59 所示的行星轮系中，已知 $z_1=50$、$z_2=30$、$z_3=100$，求传动比 i_{1H}。

解： 齿轮 1、3 和行星架 H 轴线相重合，根据转化轮系法计算。

由
$$i_{13}^{H}=\frac{n_1-n_H}{n_3-n_H}=-\frac{z_2z_3}{z_1z_2}=-\frac{z_3}{z_1}$$

即
$$i_{13}^{H}=\frac{n_1-n_H}{0-n_H}=-\frac{100}{50}=-2$$

解得
$$i_{1H}=n_1/n_H=3$$

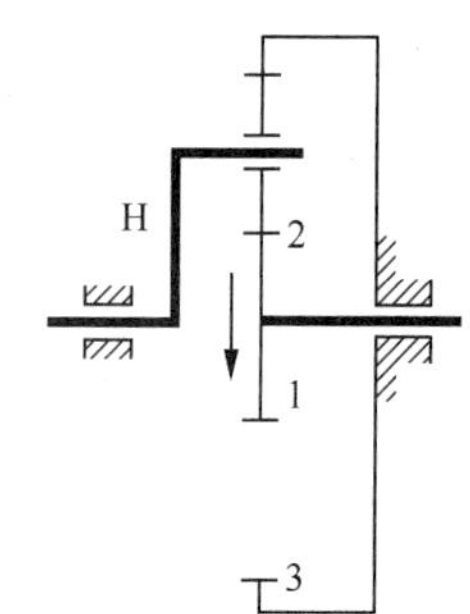

图2-59 行星轮系

例 2-6 在图 2-60 所示的差动轮系中，已知 $z_1=20$、$z_2=30$、$z_3=80$，齿轮 1 和齿轮 3 的转速大小为 10r / min，转向相反。求行星架 H 的转速及传动比 i_{H1}。

解： 设齿轮 1 转向为正，则 $n_1=10\text{r/min}$，$n_3=-10\text{r/min}$。

由
$$i_{13}^{H}=\frac{n_1^H}{n_3^H}=\frac{n_1-n_H}{n_3-n_H}=-\frac{z_3}{z_1}=-\frac{80}{20}=-4$$

即
$$\frac{n_1-n_H}{n_3-n_H}=\frac{10-n_H}{-10-n_H}=-4$$

解得
$$n_H=-6\text{r/min}$$

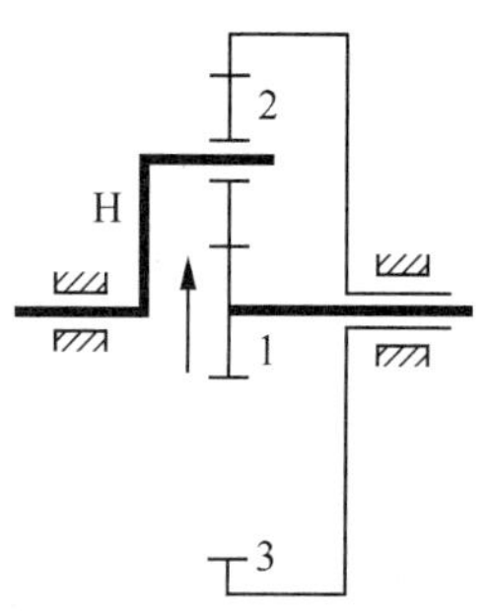

图 2-60 差动轮系

式中，负号表示行星架 H 与齿轮 1 的转向相反。

因此
$$i_{H1}=\frac{n_H}{n_1}=-\frac{6}{10}=-0.6$$

（三）混合轮系的传动比计算

对混合轮系进行传动比计算，必须首先清楚轮系的组成，找出构成混合轮系的各个单一的定轴轮系和周转轮系。然后，分别列出其传动比计算公式。最后，结合构件的联系关系，对上述各计算公式联立求解，即可求出混合轮系的传动比。

在混合轮系中区分定轴轮系和周转轮系的关键，在于确定是否存在行星轮。在若干啮合传动的齿轮中，如果各轮轴线都是固定不动的，则这部分是一个定轴轮系。如果某轮的轴线绕另外轮的轴线转动，则该轮为行星轮，支承行星轮的构件为行星架，与行星轮啮合的即为太阳轮，这部分就是一个周转轮系。有两个活动太阳轮的就是差动轮系，有一个活动行星轮和一个固定太阳轮的就是行星轮系。

具体解题时应注意以下几点。

① 划分轮系。首先，必须找出行星轮系，其关键在于找行星轮，即找出几何轴线不固定的齿轮，再依次找出与行星轮相啮合的太阳轮和支承行星轮的行星架。把周转轮系找出来，剩下的部分就是定轴轮系。

② 注意符号。传动比计算公式中的正负号不能弄错或遗漏。

③ 联立求解。对每一个定轴轮系和周转轮系分别列传动比计算方程，最后联立求解。

例 2-7 在图 2-61 所示的混合轮系中，已知 $z_1=20$，$z_2=40$，$z_{2'}=20$、$z_3=30$、$z_4=80$，试求传动比 i_{1H}。

解：① 划分轮系。因为齿轮 1 和齿轮 2 的轴线固定，所以，1—2 构成定轴轮系。因为齿轮 3 的轴线可动，齿轮 3 为行星轮，与齿轮 3 相啮合的齿轮 2′、4 的轴线与行星架 H 的轴线重合，是太阳轮，即 3-2′-4-H 构成行星轮系。

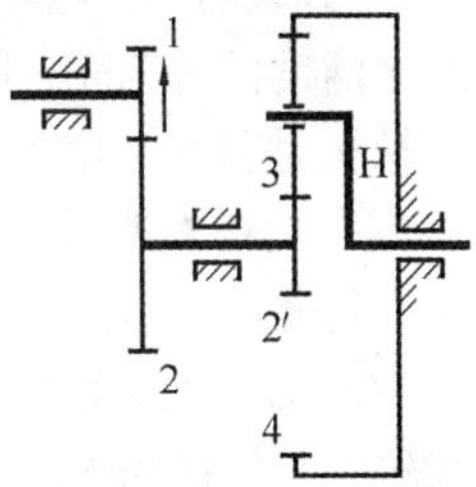

图 2-61 混合轮系

② 分别计算传动比。

定轴轮系传动比

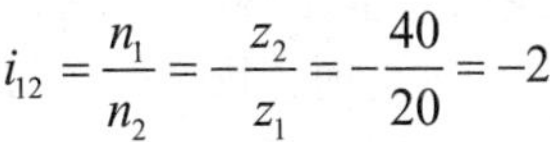
$$i_{12}=\frac{n_1}{n_2}=-\frac{z_2}{z_1}=-\frac{40}{20}=-2$$

行星轮系传动比

$$i_{2'4}^{H}=\frac{n_{2'}^{H}}{n_4^{H}}=\frac{n_{2'}-n_H}{n_4-n_H}=-\frac{z_4}{z_{2'}}=-\frac{80}{20}=-4$$

③ 联立求解。由题可知，$n_2=n_{2'}$，$n_4=0$，所以，求得

$$i_{1H}=n_1/n_H=-10$$

任务实施

一、汽车手动变速器工作原理分析

图 2-47（a）所示汽车手动变速器中，输入轴、中间轴和输出轴各轴线都固定不动，所以汽车手动变速器中采用的轮系是定轴轮系。

手动变速器动力由离合器从动盘经由输入轴输入。输入轴与输出轴在同一条轴线上，输入轴上只有一个齿轮，与中间轴上的常啮合齿轮啮合，构成变速器的第一级齿轮传动。中间轴上的其他齿轮均作为主动齿轮，分别与输出轴上相应的齿轮（为从动齿轮）相啮合，构成变速器的第二级齿轮传动。在一个挡位，中间轴与输出轴只能有一对齿轮进行传动。

二、汽车后桥差速器工作原理分析

图 2-47（b）所示汽车后桥差速器，可用图 2-62 简化表示。

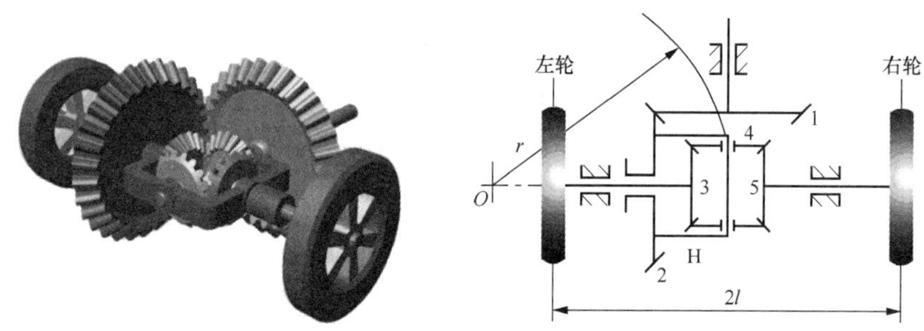

图 2-62　汽车后桥差速器

因为锥齿轮 1、2 的轴线固定，所以 1-2 构成定轴轮系。又因为齿轮 4 的轴线可动，齿轮 4 为行星轮，行星架 H 与齿轮 2 固接，随齿轮 2 一起转动，齿轮 3、5 均能绕轴线转动，为两个活动的太阳轮，所以 4-3-5-H 构成差动轮系。综上，汽车后桥差速器中采用的轮系是由定轴轮系和差动轮系组成的混合轮系。

汽车后桥差速器中，锥齿轮 1 与锥齿轮 2 齿数相同，两个行星齿轮 4 齿数相同，且两个行星齿轮 4 的安装距对称且相等。

汽车后桥差速器动力由锥齿轮 1 输入，经由锥齿轮 2 传入轮系中。当汽车直线行驶时，锥齿轮 3 与锥齿轮 5 的转速相同，此时，行星轮 4 只有公转，没有自转。锥齿轮 3 与锥齿轮 5 没有差速（速度差）是同速，即等转速。当汽车转弯时，锥齿轮 3 与锥齿轮 5 的转速不同，此时，行星轮 4 不仅公转，还要自转，把锥齿轮 2 的动力和运动，自动地“分配”到锥齿轮 3 与锥齿轮 5 上，顺畅地实现两个锥齿轮的“差速”，差速功能起作用。

任务六　螺旋传动

任务引入

汽车转向系统中的循环球式转向器（见图 2-63）采用的是螺旋传动。那么，循环球式转向器由哪些部分组成，是如何使汽车实现转向的？

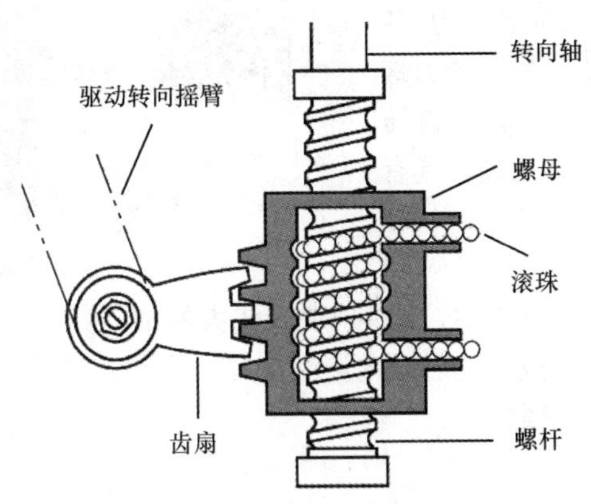

图 2-63　汽车循环球式转向器

任务分析

螺旋传动是利用螺杆和螺母的啮合来传递动力和运动的机械传动，主要用于将旋转运动转换成直线运动，将扭矩转换成推力。

学习目标

素质目标

1. 强化责任意识和安全意识。
2. 强化认真负责工作态度的重要性。

知识目标

1. 阐明螺旋传动的种类和组成。
2. 概述螺旋传动的特点和应用场合。

能力目标

1. 能够说清汽车循环球式转向器的组成。
2. 能够阐明汽车循环球式转向器的工作原理。

相关知识

一、螺旋传动的组成

螺旋传动由螺杆 1、螺母 2 和机架 3 组成，如图 2-64 所示。螺旋传动是利用螺杆和螺母组成的螺旋副，传递运动和动力的一种机械传动。它可以把回转运动转变为直线运动。

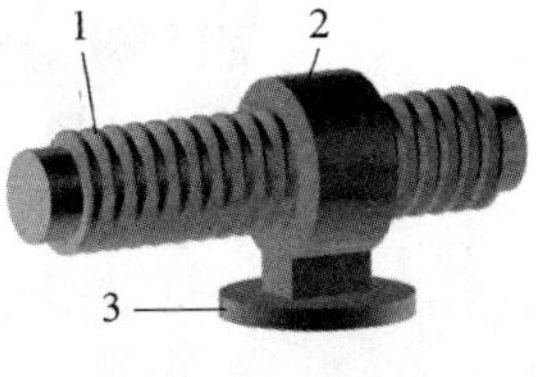

图 2-64　螺旋传动

1—螺杆　2—螺母　3—机架

二、螺旋传动的类型

1. 按用途不同分类

螺旋传动按其用途不同，可分为传力螺旋传动、传导螺旋传动和调整螺旋传动 3 种。

（1）传力螺旋传动

传力螺旋传动以传递动力为主，可实现用较小的扭矩产生较大的轴向力。各种起重或加压装置的螺旋，都是传力螺旋，如螺旋千斤顶（见图 2-65）和螺旋压力机中用的螺旋。传力螺旋传动通常具有自锁能力。

2-13 螺旋千斤顶工作原理演示

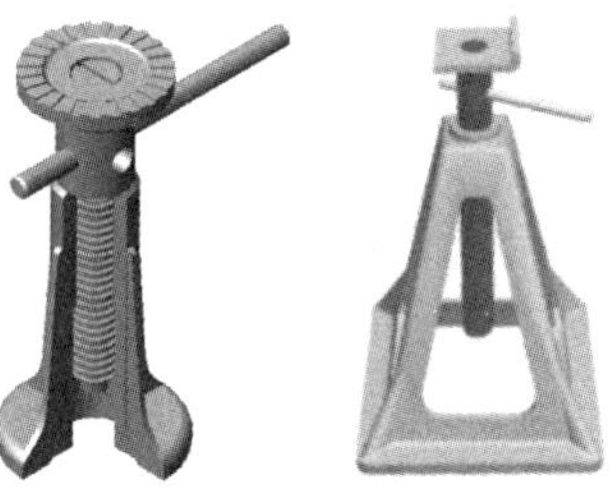

图 2-65　螺旋千斤顶

（2）传导螺旋传动

传导螺旋传动以传递运动为主，有时也承受较大的轴向力。传导螺旋传动常需在较长的时间内连续工作，工作速度较高。因此，要求有较高的效率和精度，一般不要求自锁。

（3）调整螺旋传动

调整螺旋传动用以调整、固定零件的相对位置，如带传动滑道式定期张紧装置和摆架式定期张紧装置中的螺栓为调整螺旋传动。调整螺旋传动不经常转动，一般在空载下调整。

2. **按摩擦性质不同分类**

螺旋传动按螺旋副间的摩擦性质不同，可分为滑动螺旋传动和滚动螺旋传动两种。

（1）滑动螺旋传动

滑动螺旋传动的螺杆和螺母螺旋面间的摩擦为滑动摩擦。滑动螺旋传动结构简单，制造方便，承载能力强，能将较小的回转力矩转变成较大的轴向力，降速传动比大，能达到较高的传动精度，并且工作平稳，易于自锁。但滑动螺旋传动摩擦损失大，磨损严重，传动效率低，因此，一般不用于传递大的功率，其应用实例，如图 2-66 所示虎钳。

（2）滚动螺旋传动

在螺杆和螺母的螺旋面上加工出弧形螺旋槽，形成滚道，并放入滚珠，当螺杆与螺母相对转动时，滚珠沿滚道滚动，这种螺旋传动称为滚动螺旋传动，又称滚珠丝杠传动。滚动螺旋传动的组成，如图 2-67 所示。

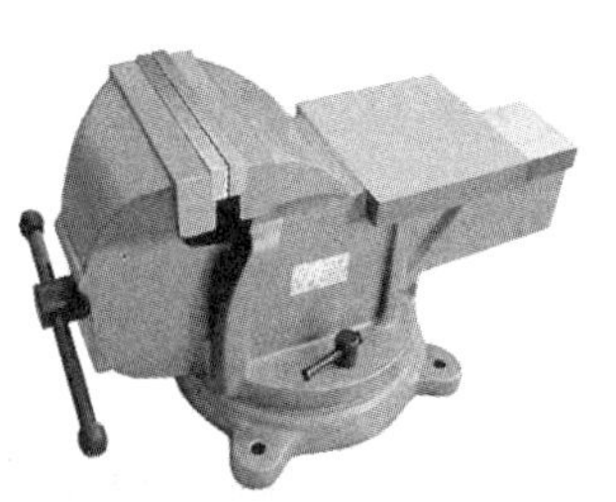

图 2-66　虎钳

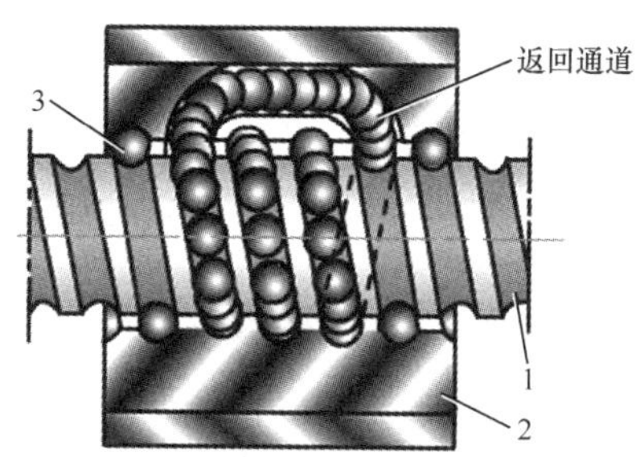

图 2-67　滚动螺旋传动

1—螺杆　2—螺母　3—滚珠

滚动螺旋传动由于以滚动摩擦代替了滑动摩擦，故摩擦阻力小，传动效率在 90%以上，传动精度也高，具有传动的可逆性，运动平稳，寿命长。但它结构复杂，制造技术要求高，抗冲击性能差，不宜传递大载荷。

目前，滚动螺旋传动主要用于传动精度要求高、受力不大的场合，如机器人、精密机床、汽车及拖拉机转向机构，以及飞机、导弹控制系统中。

知识拓展

某年一架客机突然失控，飞机上 61 名乘客全部遇难。经过调查，专家发现飞机的两个连接处本应该使用规范螺母的位置却使用了自锁螺母，比规范螺母大了一毫米。就是这一毫米的误差，造成了严重的空难事故。安全无小事，我们一定要秉承认真负责的态度去做事。

任务实施

汽车循环球式转向器的组成和工作原理分析

1. 汽车循环球式转向器的组成

由图 2-63 可知，汽车循环球式转向器主要由连接转向盘的转向轴、螺杆、螺母、滚珠以及连接驱动转向摇臂的齿扇组成。其中，螺杆与螺母的传动即为滚动螺旋传动。

2. 汽车循环球式转向器的工作原理

当驾驶员左右转动转向盘时，通过带有万向传动装置的转向柱转动，使转向螺杆一起旋转，螺杆的旋转运动使滚珠在螺旋管状通道内滚动，形成“球流”。滚珠流动的同时，推动螺母沿螺杆前后移动，从而带动与之啮合的齿扇摆动。然后，齿扇的摆动使转向摇臂轴发生转动。最后，通过转向摇臂及转向传动机构，推动转向轮偏转，实现汽车转向。汽车循环球式转向器在汽车转向系统中的位置，如图 2-68 所示。

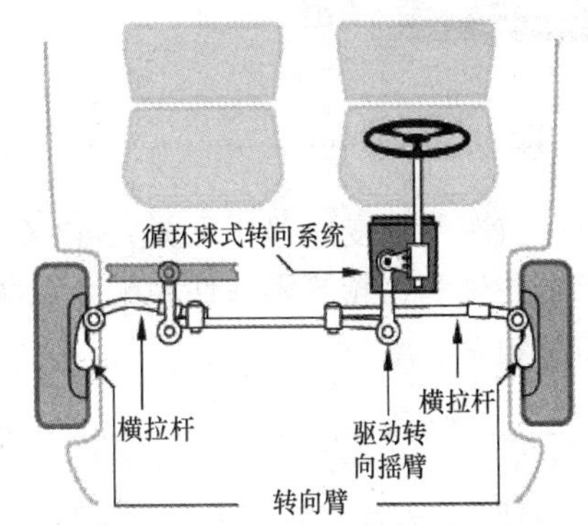

图 2-68　汽车转向系统

项目三 汽车常用机械零部件

汽车工作运行时，靠其内部的各种传动机构和与各种零部件的配合来传递运动和动力。汽车常用机械零部件有轴、轴承、联轴器、离合器、制动器和弹簧等。一般情况下，这些零部件按一定工作要求，用不同的连接方法组合而成。连接一般由连接件和被连接件组成。常用的连接件有螺纹紧固件、键和销等。

任务一 轴

任务引入

汽车手动变速器［见图 2-47（a）］中有输入轴、输出轴和中间轴。汽车手动变速器靠这些轴和齿轮等零部件相配合，实现汽车变速。那么，手动变速器的输入轴是哪种类型的轴？

任务分析

轴是机械中的重要零件，主要功用是支承回转零件（如齿轮、带轮、链轮、联轴器等），并传递动力和运动。机器的工作能力和工作质量，在很大程度上与轴有关。

学习目标

素质目标

1. 树立严谨细致工作态度，养成严谨细致工作作风。
2. 提升认真负责工作的意识。

知识目标

1. 概述轴的类型和应用场合。
2. 阐明轴的组成及轴上零件的固定方式。

能力目标

1. 能够区分汽车变速器中不同轴的类型。
2. 能够说明阶梯轴的结构设计原则。

相关知识

一、轴的类型

（一）根据所承受的载荷分类

根据所承受载荷的不同，轴可分为心轴、传动轴和转轴三种。

1. **心轴**

只承受弯矩而不传递扭矩的轴，称为心轴。按轴工作时是否转动，又分为固定心轴和转动心轴。图 3-1 所示的自行车前轮轴就是固定心轴，图 3-2 所示的火车轮轴就是转动心轴。

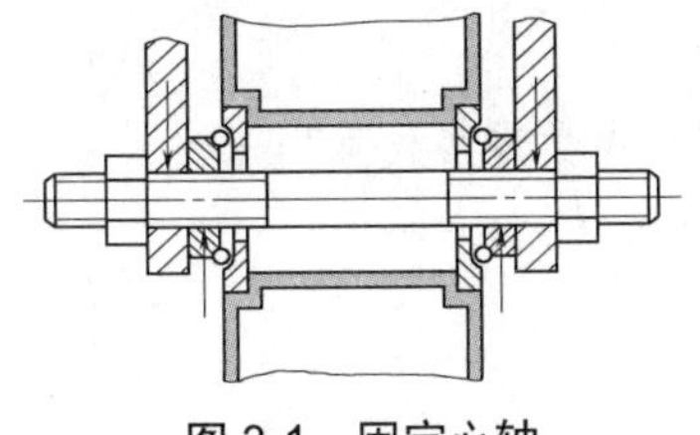

图 3-1　固定心轴

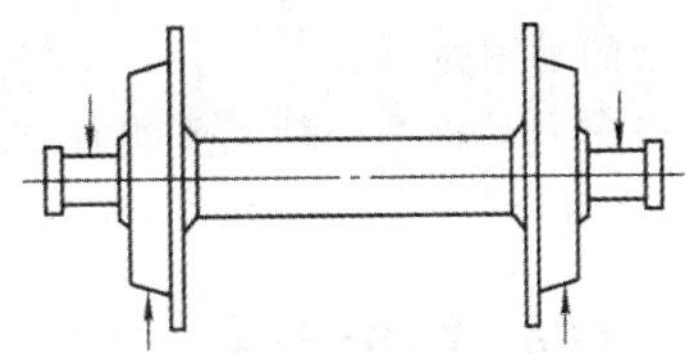

图 3-2　转动心轴

2. **传动轴**

只传递扭矩而不承受弯矩或弯矩很小的轴，称为传动轴。图 3-3 所示的连接汽车变速器与后桥的轴就是传动轴。

3-1 认识传动轴

3. **转轴**

既承受弯矩又传递扭矩的轴，称为转轴。转轴是机械中最常见的轴，图 3-4 所示的汽车半轴就是转轴。

（二）根据轴线形状分类

根据轴线形状的不同，轴可分为直轴、曲轴和软轴三种。

1. **直轴**

直轴轴线均在同一直线上。直轴按其外形不同可分为光轴（见图 3-5）、阶梯轴（见图 3-6）和空心轴。直轴中还有一些特殊用途的轴，如凸轮轴、花键轴、齿轮轴及蜗杆轴等。

由于阶梯轴上的零件便于装拆和固定，又利于节省材料和减轻质量，因此在机械中应用最普遍。为减轻质量或满足特殊的工作要求（需要在轴中心穿过其他零件或润滑油），则可使用空心轴。汽车发动机配气机构中的摇臂轴，采用的就是空心轴。

图 3-3　传动轴　　图 3-4　转轴　　图 3-5　光轴　　图 3-6　阶梯轴

2. **曲轴**

曲轴的各轴段轴线不在同一直线上，属于专用零件，多用于往复式机械中，如图 3-7 所示的汽车发动机曲轴。曲轴兼有转轴和曲柄的双重功能。

3. **软轴**

软轴（见图 3-8）具有良好的挠性，用于两个传动件轴线不在同一直线，或工作时彼此有相对运动的空间传动，还可用于受连续振动的场合，以缓和冲击。

图 3-7　曲轴

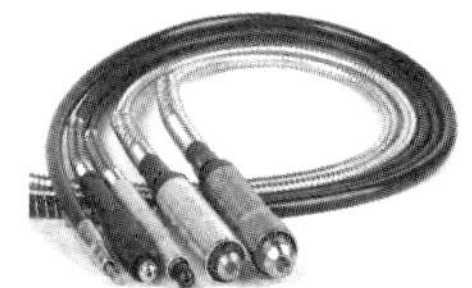

图 3-8　软轴

1. 轴的功用是什么？
2. 汽车发动机凸轮轴属于哪种类型的轴？主要承受哪些载荷？

二、轴的常用材料及选用

在工程实际中，大多数轴为转轴，主要承受弯矩和扭矩，多在周期性交变载荷作用下工作，其主要失效形式为疲劳破坏，因此轴的材料应具有足够的强度、韧性、耐磨性、耐腐蚀性，较小的应力集中（应力集中指由于截面骤变而引起的局部应力发生骤然变化的现象）敏感性，良好的加工工艺性和经济性。轴的材料主要是碳素钢、合金钢和球墨铸铁。

1. **碳素钢**

碳素钢比合金钢价格低廉，对应力集中的敏感性低，加工工艺性好，可通过热处理改善其综合性能，故应用最广。优质中碳钢 35、40、45、50 钢，因具有较好的综合力学性能，常用于比较重要或承载较大的轴，其中 45 钢的应用范围最广。对于这类材料，可通过调质或正火等热处理方法改善和提高其力学性能。对于不重要的轴或受力较小的轴也可用 Q235、Q275 等碳素结构钢制作。

2. **合金钢**

合金钢具有较好的综合力学性能和热处理性能，常用于重要、承载质量很大，而尺寸受限或有较高耐磨性、耐腐蚀性要求的轴。如 20Cr、20CrMnTi 等低碳合金钢，经渗碳淬火处理后，可提高耐磨性。但其价格较贵，对应力集中敏感，所以在结构设计时必须尽量减少应力集中。

3. **球墨铸铁**

球墨铸铁的铸造流动性好，易得到合理结构，适于制造成形轴（如曲轴、凸轮轴等）。它价格低廉，强度较高，具有良好的耐磨性、吸振性和易切性，对应力集中的敏感性较低。但铸铁件品质不易控制，可靠性差。

三、轴的结构

1. **轴的组成**

轴一般由轴头、轴身和轴颈三部分组成。图 3-9 所示为阶梯轴典型结构图，轴上与传动零件带轮、齿轮相配的部分称为轴头；与轴承相配的部分称为轴颈；连接轴头和轴颈的其余部分称为轴身。

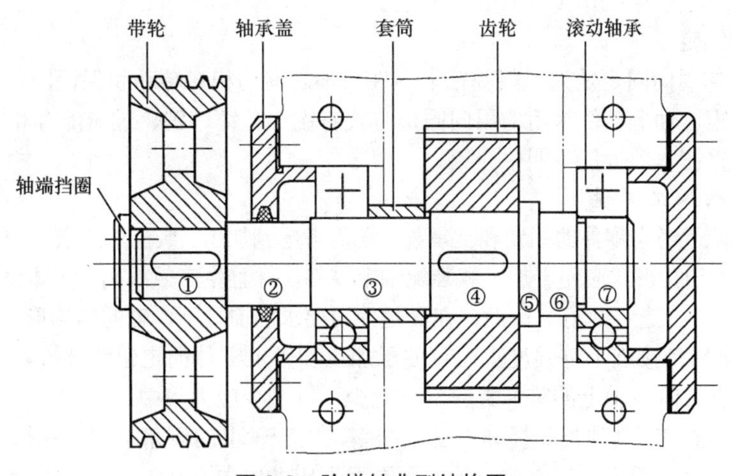

图 3-9　阶梯轴典型结构图

①、④—轴头　③、⑦—轴颈　②、⑤、⑥—轴身

2. 轴上零件的固定方式

轴上零件的固定方式有轴向固定和周向固定两种。

（1）轴向固定

轴上零件的轴向固定就是不允许轴上零件沿轴向窜动。轴上零件的轴向定位主要靠轴肩和轴环来完成。截面尺寸变化的台阶处为轴肩，用于确定轴承、齿轮等轴上零件的轴向位置。直径大于其左右两个直径的轴段处称为轴环，其作用与轴肩相同。

为了保证轴上的零件靠紧定位面，轴肩处的圆角半径 r 必须小于零件内孔的圆角 R 或倒角 C_1。轴肩高度一般取 $h=(0.07\sim0.1)d$，轴环宽度 $b\approx1.4h$（见图 3-10）。安装轴承的轴肩高 h 应小于等于轴承内圈高度。

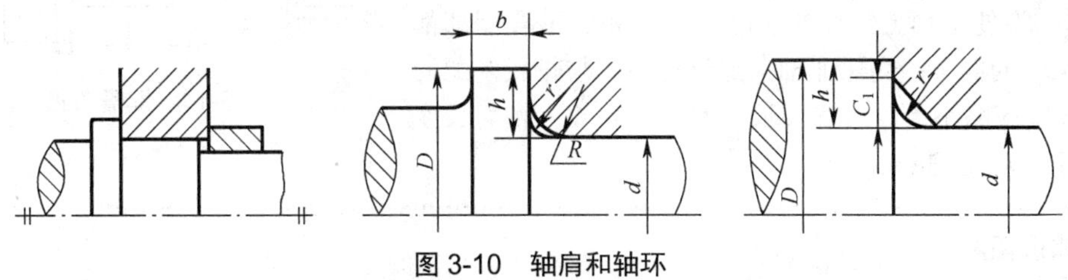

图 3-10　轴肩和轴环

常用的轴向固定方式还有轴端挡圈（轴端采用）、双圆螺母（套筒过长时采用）、圆螺母与止动垫圈、弹性挡圈、紧定螺钉（受载较小时采用）等（见图 3-11）。

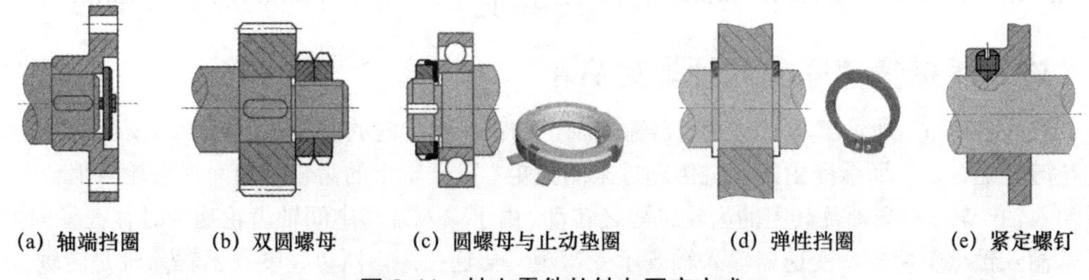

(a) 轴端挡圈　(b) 双圆螺母　(c) 圆螺母与止动垫圈　(d) 弹性挡圈　(e) 紧定螺钉

图 3-11　轴上零件的轴向固定方式

（2）周向固定

轴上零件的周向固定是为了限制轴上零件与轴之间的相对转动和保证同心度，以准确地传递运动与扭矩。轴上零件常用的周向固定方式有键、花键、销、过盈配合和紧定螺钉连接等，具体知识将在本项目任务四中介绍。

3. **轴的结构工艺性**

轴的结构除了考虑零件的固定和支承外，还需考虑到加工、装配的工艺性要求。轴的结构工艺性是指轴的结构形式应便于加工和装配轴上零件，并且生产效率高，成本低。一般来讲，轴的结构越简单，工艺性越好。因此，在满足使用要求的前提下，轴的结构形式应尽量简化。

① 由于阶梯轴接近于等强度，而且便于加工和轴上零件的定位和装拆，所以实际应用的轴多为阶梯轴。阶梯轴上的阶梯数应尽可能少，以减少应力集中。

② 为减少加工刀具种类和提高劳动生产率，同一轴上的倒角、圆角和键槽宽度等应尽可能取相同尺寸；为便于加工定位，轴的两端面上应做出中心孔。

③ 轴上需磨削的轴段应设计砂轮越程槽，以便磨削时可以磨削到轴肩的端部，如图 3-12 所示；需切削螺纹的轴段应留有螺纹退刀槽，以保证螺纹牙均能达到预期的高度，如图 3-13 所示。

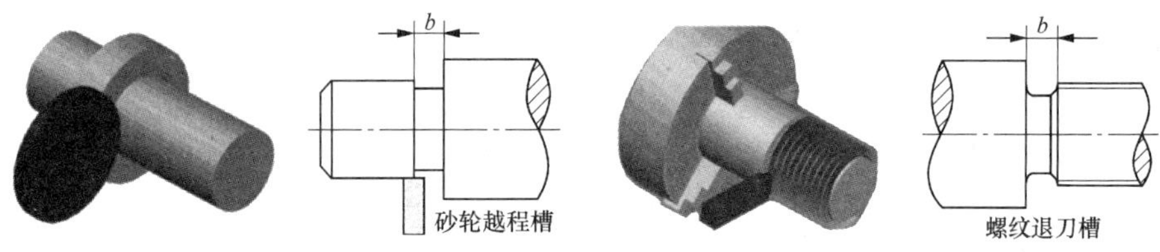

图 3-12　砂轮越程槽　　图 3-13　螺纹退刀槽

④ 为减少装夹工件的时间，在同一轴上不同轴段的键槽应布置在轴的同一母线上，如图 3-14 所示。

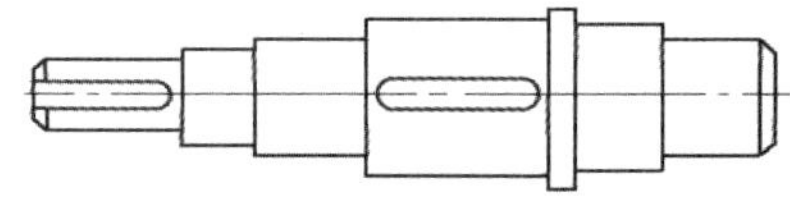

图 3-14　键槽布置

⑤ 为便于轴上零件的装配，轴端和各轴段端部都应有 45° 的倒角；为保证轴向定位可靠，与轮毂装配的轴段长度应略小于轮毂宽（长）度 2～3mm；轴肩长度一般可取为 1～3mm。

知识拓展

轴上零件利用轴肩、轴环定位，方便、简单又可靠，减少了轴上零件的数量，简化了结构。在设计阶梯轴结构时，要充分采用这种设计理念进行设计，养成严谨细致的工作作风。

任务实施

汽车手动变速器输入轴类型分析

图 2-47（a）所示汽车手动变速器输入轴也称第一轴，它的前端花键直接与离合器从动盘的花键套配合，从而承受由发动机传递过来的扭矩。第一轴上的齿轮与中间轴齿轮常啮合，只要输入轴一转，中间轴及其上的齿轮也随之转动。由于输入轴与中间轴齿轮啮合时存在径向力，所以输入轴承受弯矩。变速器输入轴既承受弯矩又传递扭矩，所以，变速器输入轴是转轴。

任务二　轴承

任务引入

汽车发动机曲轴轴承和凸轮轴轴承是分别保证曲轴和凸轮轴平稳运转、可靠润滑的重要部件。汽车发动机曲轴轴承和凸轮轴轴套如图 3-15 所示。那么，它们是哪种类型的轴承？

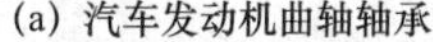

(a) 汽车发动机曲轴轴承

(b) 汽车发动机凸轮轴轴套

图 3-15　汽车发动机曲轴轴承和凸轮轴轴套

任务分析

轴承是用于确定轴与其他零件相对运动位置、起支承或导向作用的部件，它能保证轴和轴上零部件的回转精度和安装位置，减少摩擦与磨损，承受载荷。

学习目标

素质目标

1. 强化刻苦钻研和责任担当工作意识。
2. 弘扬劳动精神和精益求精的工匠精神。

知识目标

1. 说出滑动轴承的功用和类型。
2. 阐明滚动轴承的功用和类型。

能力目标

1. 能够解释发动机曲轴采用的轴承类型与原因。
2. 能够解释发动机凸轮轴采用的轴套类型与原因。

相关知识

根据工作时摩擦性质的不同，轴承可分为滑动摩擦轴承（简称滑动轴承）和滚动摩擦轴承（简称滚动轴承）两类。

一、滑动轴承

3-2 认识滑动轴承

工作时，轴承和轴颈的支承面间形成直接或间接滑动摩擦的轴承，称为滑动轴承。滑动轴承主要应用于高速、重载、高精度、结构上需要剖分和低速受冲击与振动载荷作用的场合。

1. 滑动轴承形式及分类

根据国家标准（GB/T 2889.1—2008）规定，滑动轴承形式及分类有 4 种，本任务主要介绍两种。

（1）根据载荷形式分类

滑动轴承根据载荷形式可分为静载滑动轴承和动载滑动轴承。承受大小和方向均不变的载荷的滑动轴承是静载滑动轴承，承受大小和（或）方向变化的载荷的滑动轴承是动载滑动轴承。

（2）根据承受载荷的方向分类

滑动轴承根据承受载荷的方向可分为径向滑动轴承、止推滑动轴承和径向止推滑动轴承。

① 径向滑动轴承。径向滑动轴承是承受径向（垂直于旋转轴线）载荷的滑动轴承。径向滑动轴承的主要结构有整体式和剖分式两类。

a．整体式径向滑动轴承。整体式径向滑动轴承由轴承座和轴瓦（轴套）组成，如图 3-16 所示。轴承座用螺栓与机座连接，顶部设有安装注油杯的螺纹孔，轴瓦上开有油槽。这种轴承构造简单、成本低，但轴瓦磨损后无法修整，且装拆不方便，轴颈只能从端部装入。因此，粗重的轴和具有中间轴颈的轴（如内燃机曲轴）就不便或无法安装此类轴承。所以，整体式径向滑动轴承常用于低速、轻载和间歇工作场合，如手动机械、农业机械等。

b．剖分式径向滑动轴承。剖分式径向滑动轴承由轴承座、轴承盖、连接螺栓和剖分式（对开式）轴瓦等组成，如图 3-17 所示。根据承受载荷的方向，剖分面应尽量取在垂直于载荷的直径平面内，通常为 180° 剖分。当剖分面为水平面时，轴承称为对开式正滑动轴承（见图 3-18），当剖分面与水平面成一定角度时，轴承称为对开式斜滑动轴承（见图 3-19）。为防止轴承盖和轴承座横向错位，并便于装配时对中，轴承盖和轴承座的剖分面均制成阶梯状。另外，适当增减轴瓦剖分面间的调整垫片，可调节轴颈与轴承间的间隙。所以，剖分式径向滑动轴承在装拆轴时，轴颈不需要轴向移动，装拆方便，维修方便，故应用广泛。汽车发动机曲轴轴承采用的就是剖分式径向滑动轴承。

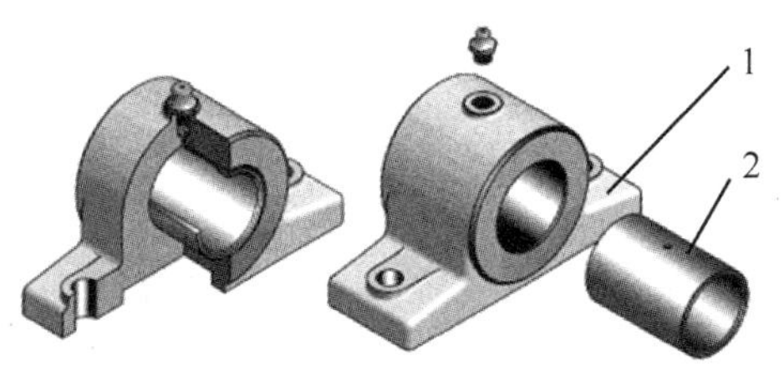

图 3-16　整体式径向滑动轴承

1—轴承座　2—轴瓦（轴套）

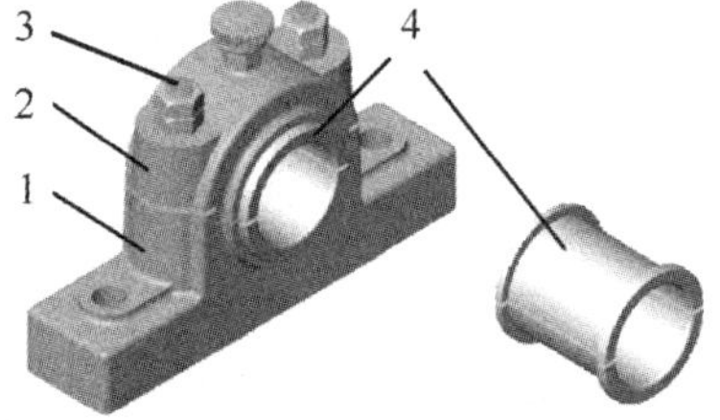

图 3-17　剖分式径向滑动轴承

1—轴承座　2—轴承盖

3—连接螺栓　4—剖分式轴瓦

图 3-18　对开式正滑动轴承

图 3-19　对开式斜滑动轴承

② 止推滑动轴承。止推滑动轴承是承受轴向（沿着或平行于旋转轴线）载荷的滑动轴承。

③ 径向止推滑动轴承。径向止推滑动轴承是同时承受径向和轴向载荷的滑动轴承。汽轮机转子轴承采用的就是径向止推滑动轴承。

2．轴瓦

（1）轴瓦的结构

轴瓦是滑动轴承中与轴颈直接接触的重要元件。常用的轴瓦有整体式和剖分式（对开式）

两种结构，整体式轴瓦又称为轴套，用单层或多层材料卷制而成的轴套称为卷制轴套。轴瓦根据壁厚不同又分为薄壁轴瓦和厚壁轴瓦。轴瓦结构如图 3-20 所示。整体式滑动轴承采用整体式轴瓦，剖分式滑动轴承采用剖分式轴瓦。薄壁轴瓦在汽车发动机、柴油机上有广泛的应用。

(a) 轴套

(b) 卷制轴套

(c) 薄壁轴瓦

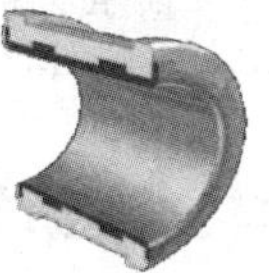
(d) 厚壁轴瓦

图 3-20　轴瓦结构

（2）轴瓦的定位

轴瓦和轴承座不允许有轴向和周向的相对移动。为了防止轴瓦轴向移动，可将轴瓦一端或两端做出凸缘定位，也可应用凸耳（定位唇）定位，如图 3-21 所示。防止轴瓦周向移动的方法是用紧定螺钉或销钉定位，紧定螺钉、销钉知识将在本项目任务四中介绍。

（3）轴瓦的油孔和油槽

为了在摩擦表面间加注润滑剂，应在轴承上方开设注油孔。压力供油时，油孔也可以开在两侧。为了将润滑剂引入轴承，并布满工作表面，应在轴瓦内表面的非承载区开设油槽。油槽按走向有轴向、周向、斜向和螺旋线等形式如图 3-22 所示。设计油槽时，轴向油槽不得在轴承的全长上开通，油槽长度一般为轴承长度的 80%左右，以免润滑剂流失过多。

(a) 凸缘定位

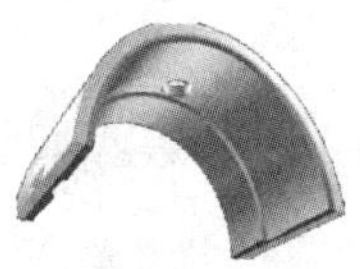
(b) 凸耳定位

图 3-21　轴瓦轴向定位

(a) 轴向油槽

(b) 周向油槽

(c) 斜向油槽

图 3-22　油孔和油槽

3. 滑动轴承的材料

在滑动轴承中，轴承座和轴承盖通常选用铸铁制造。滑动轴承材料主要是指轴瓦和轴承衬材料。常用轴承材料有轴承合金、青铜、铸铁、多孔质金属材料及非金属材料。当采用贵重金属轴承材料做轴瓦时，为了节省材料，增加轴瓦强度，常在轴瓦基体（钢或铜）内表面上浇铸一层轴承合金作为轴承衬（减摩层），轴瓦基体叫轴瓦衬背。这样，轴瓦衬背强度高，轴承衬减摩性好。轴承衬应可靠地贴合在轴瓦衬背表面上，为此可采用图 3-23 所示的结合形式（图中涂黑层表示轴承衬）。

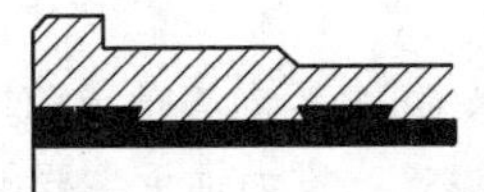
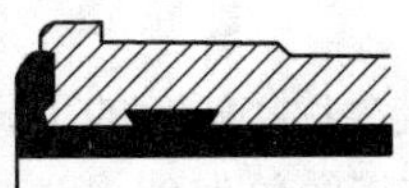
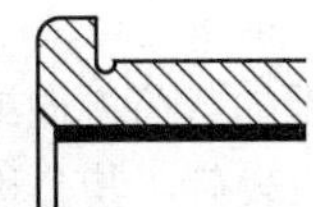
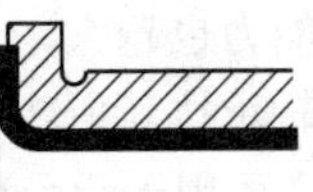

图 3-23　轴瓦衬背与轴承衬的结合形式

1. 内燃机曲轴轴承属于什么类型的轴承？它有什么特点？
2. 轴瓦有哪几种类型？其上为什么开设油槽？油槽开在轴瓦的什么位置？
3. 轴承材料主要是指什么材料？

二、滚动轴承

工作时，轴承与轴颈之间产生滚动摩擦的轴承，称为滚动轴承。滚动轴承依靠滚动体与轴承座圈之间的滚动接触工作。

1. 滚动轴承的组成

滚动轴承一般由内圈、外圈、滚动体和保持架组成，如图 3-24 所示。

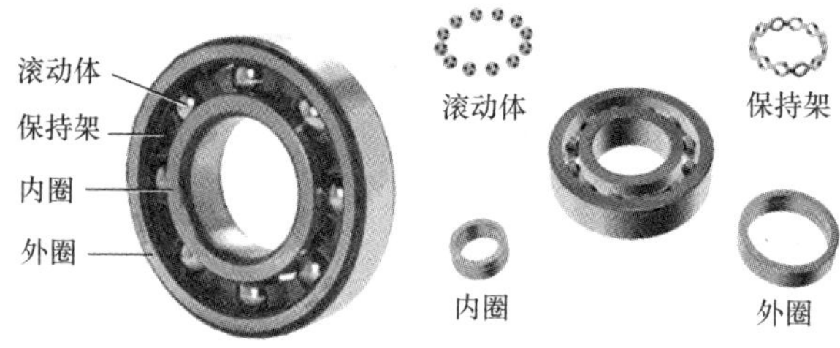

图 3-24　滚动轴承

通常，内圈紧套在轴颈上，随轴一起转动。也有轴不旋转而外圈旋转的，如汽车轮毂轴承。外圈固定在机座或零件的轴承孔内，起支承作用。内、外圈上加工有滚道，工作时，滚动体在内、外圈的滚道上滚动，形成滚动摩擦。保持架使滚动体均匀地相互隔开，以避免滚动体之间的摩擦和磨损。

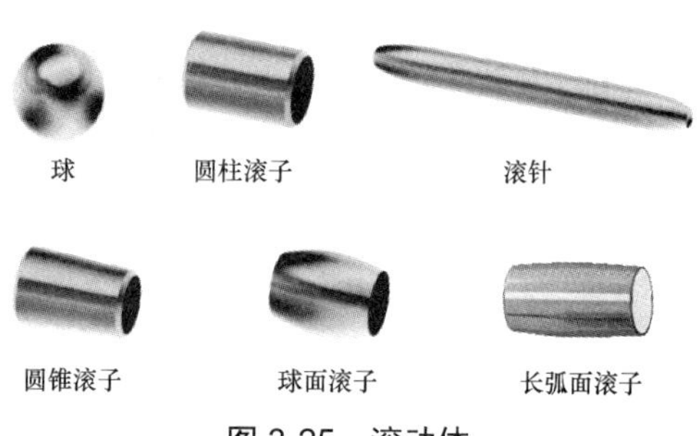

图 3-25　滚动体

滚动体是滚动轴承的核心元件，其种类有球、圆柱滚子、滚针、圆锥滚子、球面滚子、长弧面滚子等六种，如图 3-25 所示。

2. 滚动轴承结构类型

根据国家标准（GB/T 271—2017）规定，滚动轴承结构类型分类方法有十二种，本任务主要介绍五种。

（1）按其所能承受的载荷方向或公称接触角的不同分类

轴承公称接触角是指滚动轴承的滚动体与外圈滚道接触点的法线和轴承径向平面的夹角 α 。轴承公称接触角 α 越大，滚动轴承承受轴向载荷的能力也越大。

3-3 认识滚动轴承

滚动轴承按其所能承受的载荷方向或公称接触角的不同，可分为向心轴承和推力轴承。向心轴承主要用于承受径向载荷，其公称接触角为 $0° \leqslant \alpha \leqslant 45°$ ；推力轴承主要用于承受轴向载荷，其公称接触角为 $45° < \alpha \leqslant 90°$ 。

向心轴承按公称接触角的不同，又分为径向接触轴承（ $\alpha = 0°$ ）和角接触向心轴承

（$0° < \alpha \leqslant 45°$）。推力轴承按公称接触角的不同，又分为角接触推力轴承（$45° < \alpha < 90°$）和轴向接触轴承（$\alpha = 90°$），如图 3-26 所示。

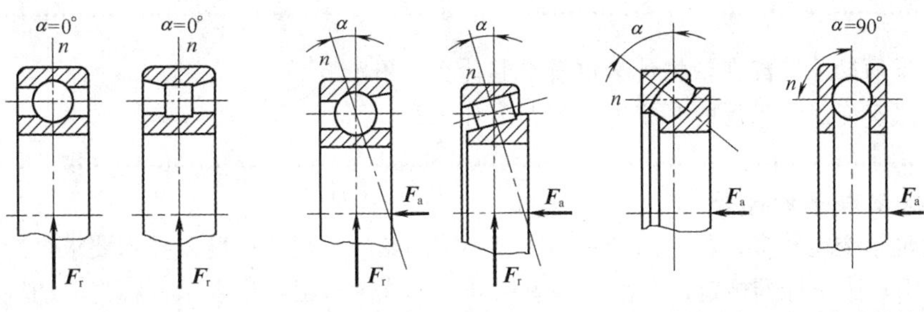

(a) 径向接触轴承　(b) 角接触向心轴承　(c) 角接触推力轴承　(d) 轴向接触轴承

图 3-26　滚动轴承按承受载荷方向和公称接触角分类

（2）按滚动体的种类分类

滚动轴承按滚动体的种类可分为球轴承和滚子轴承。滚动体为球的轴承是球轴承，滚动体为滚子的轴承是滚子轴承。滚子轴承按滚子种类的不同又分为圆柱滚子轴承、滚针轴承、圆锥滚子轴承、调心滚子轴承和长弧面滚子轴承。滚动轴承按滚动体的种类分类，如图 3-27 所示。

球滚动体与内、外圈是点接触，滚子滚动体与内、外圈是线接触。在相同条件下，球轴承制造方便，价格低，运转时摩擦损耗少，但其承载能力和抗冲击能力不如滚子轴承。

(a) 球轴承　(b) 圆柱滚子轴承　(c) 滚针轴承　(d) 圆锥滚子轴承　(e) 调心滚子轴承　(f) 长弧面滚子轴承

图 3-27　滚动轴承按滚动体的种类分类

（3）按其能否调心分类

滚动轴承按其能否调心可分为调心轴承和非调心轴承。滚道是球面形的，能适应两滚道轴心线间较大角偏差及角运动的轴承是调心轴承；能阻抗滚道间轴心线角偏移的轴承是非调心轴承。

（4）按滚动体的列数分类

滚动轴承按滚动体的列数可分为单列轴承、双列轴承和多列轴承。具有一列滚动体的轴承是单列轴承；具有两列滚动体的轴承是双列轴承；具有多于两列的滚动体并承受同一方向载荷的轴承是多列轴承。

（5）按主要用途分类

滚动轴承按主要用途可分为通用轴承和专用轴承。应用于通用机械或一般用途的轴承是通用轴承；专门用于或主要用于特定主机或特殊工况的轴承是专用轴承。

滚动轴承是标准件，具有摩擦阻力小、机械效率高、有互换性、结构紧凑、重量轻、磨损小、使用寿命长等一系列优点。但也具有噪声大，结构比较复杂，成本较高等缺点。滚动轴承广泛应用在一般机械中。在汽车机械中，滚动轴承广泛应用于变速器、分动器中。另外，汽车循环球式转向器摇臂轴和齿轮齿条转向器转向盘轴采用的都是滚针轴承；汽车前轮轴承、汽车后桥传动轴一般采用的是双列滚子轴承；有些轿车后轮轴采用的是角接触球轴承。

1. 滚动轴承装配在轴的什么位置？起什么作用？
2. 汽车变速器采用的是哪种轴承？为什么？

3. *滚动轴承的代号*

滚动轴承类型较多，加之同一系列中有不同的结构、尺寸精度及技术要求，为便于组织生产和选用，国家标准规定每一滚动轴承用同一形式的一组数据表示，称为滚动轴承代号，并打印在滚动轴承端面上。国家标准（GB/T 272—2017）规定的滚动轴承代号，见表3-1。

表3-1　　滚动轴承代号的构成

<table>
<tr><th colspan="6">滚动轴承代号</th></tr>
<tr><td rowspan="4">前置代号</td><td colspan="4">基本代号</td><td rowspan="4">后置代号</td></tr>
<tr><td colspan="3">滚动轴承系列</td><td rowspan="3">内径代号</td></tr>
<tr><td rowspan="2">类型代号</td><td colspan="2">尺寸系列代号</td></tr>
<tr><td>宽度（或高度）系列代号</td><td>直径系列代号</td></tr>
</table>

（1）前置、后置代号

前置、后置代号是滚动轴承在结构形状、尺寸、公差、技术要求等有改变时，在基本代号左右添加的补充代号。前置代号和后置代号通常不标注，需要时可查阅相关国家标准。

（2）基本代号（滚针轴承除外）

基本代号表示滚动轴承的基本类型、结构和尺寸，是滚动轴承代号的基础。基本代号由类型代号、尺寸系列代号和内径代号组成。（滚针轴承的基本代号可查阅相关国家标准。）

① 类型代号。滚动轴承类型代号用阿拉伯数字或大写拉丁字母表示，见表3-2。

表3-2　　类型代号

代号	轴承类型	代号	轴承类型
0	双列角接触球轴承	N	圆柱滚子轴承
1	调心球轴承		双列或多列用字母NN表示
2	调心滚子轴承和推力调心滚子轴承	U	外球面球轴承
3	圆锥滚子轴承	QJ	四点接触球轴承
4	双列深沟球轴承	C	长弧面滚子轴承（圆环轴承）
5	推力球轴承		
6	深沟球轴承		
7	角接触球轴承		
8	推力圆柱滚子轴承		

注：在代号后或前加字母或数字表示该类轴承中的不同结构。

② 尺寸系列代号。滚动轴承尺寸系列代号用阿拉伯数字表示。尺寸系列代号由宽度（或高度）系列代号和直径系列代号组合而成。

a．宽度（或高度）系列代号。向心轴承用宽度系列代号表示，按 8、0、1、2、3、4、5、6 的顺序排序；推力轴承用高度系列代号表示，按 7、9、1、2 的顺序排序。

b．直径系列代号。直径系列代号反映了具有相同内径的轴承在外径和宽度（或高度）方面的变化，按 7、8、9、0、1、2、3、4、5 的顺序，外径依次增大，轴承的承载能力也相应增大。

③ 内径代号。滚动轴承内径代号用阿拉伯数字表示。00、01、02 和 03 分别代表滚动轴承公称内径为 10mm、12mm、15mm 和 17mm。内径代号为 04～96 时，将内经代号乘以 5 即为滚动轴承公称内径尺寸，代表 20～480mm 的内径。滚动轴承公称内径小于 10mm、大于等于 500mm 以及等于 22mm、28mm、32mm 的滚动轴承内径代号，可查国家标准。内径代号表示方法，见表 3-3。

表 3-3　　内径代号

内径代号	00	01	02	03	04～96
公称内径尺寸 d / mm	10	12	15	17	内径代号×5

④ 滚动轴承系列代号。滚动轴承系列代号由类型代号和尺寸系列代号构成。滚动轴承系列代号详细内容，可查国家标准。

（3）代号示例

示例 1：调心滚子轴承 23224　2——类型代号，32——尺寸系列代号，24——内径代号，d =120mm。

示例 2：圆柱滚子轴承 N2210　N——类型代号，22——尺寸系列代号，10——内径代号，d =50mm。

示例 3：深沟球轴承 6203　6——类型代号，2——尺寸系列（02）代号，03——内径代号，d =17mm。

知识拓展

李书乾，电工，高级技师。从事电气维修工作 40 多年，他用自己的勤劳和智慧，凭借钻研创新精神，解决了我国轴承制造热处理领域的许多难题，被誉为“敢于挑战行业尖端技术的工人发明家”。

任务实施

一、汽车发动机曲轴轴承类型分析

图 3-15（a）所示汽车发动机曲轴轴承属于剖分式径向滑动轴承。曲轴靠轴颈支承在发动机机体的轴承座上，为了避免曲轴旋转时轴颈与轴承座直接接触造成磨损，在轴颈与轴承座之间加入轴瓦减小磨损，轴瓦上还开了油孔，可让润滑油从油孔中流入，润滑轴颈与轴瓦的摩擦面。

二、汽车发动机凸轮轴轴套类型分析

图 3-15（b）所示汽车发动机凸轮轴轴套属于整体式径向滑动轴承（轴承座位于发动机机体上）。中置式和下置式凸轮轴的轴承一般制成轴套压入整体式轴承座孔内，再加工轴承内孔，使其与凸轮轴轴颈相配合。

任务三 联轴器、离合器、制动器与弹簧

任务引入

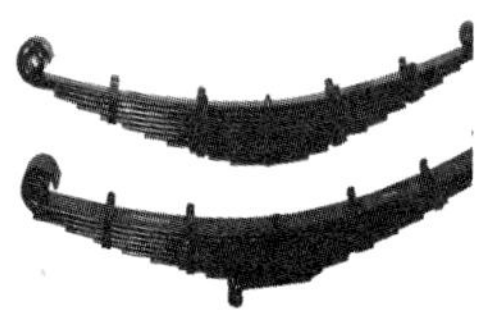
图 3-28 钢板弹簧

在汽车传动系中，变速器的输出轴和主减速器的输入轴的轴线不在同一条直线上时，这两个轴之间用一个传动轴相连接。那么，这两个轴和传动轴之间采用什么部件进行连接？对于装有手动变速器的汽车，驾驶员踩踏什么部件能实现发动机与变速器的暂时分离和逐渐接合？驾驶过程中，当需要减速或停车时，驾驶员踩踏什么部件能实现车轮减速或静止不动？这些部件的功用是什么？汽车悬架中应用最广泛的弹性零件是钢板弹簧（见图 3-28），那么，钢板弹簧有什么特点？汽车悬架采用钢板弹簧的原因是什么？

任务分析

变速器的输出轴、主减速器的输入轴和传动轴通过联轴器进行连接。驾驶员踩踏离合器踏板，可以实现发动机与变速器的暂时分离和逐渐接合。驾驶员踩踏制动器踏板，可以实现车轮减速或静止不动。联轴器、离合器和制动器是机械传动中的重要部件。联轴器、离合器可用来连接两轴，使之一起回转并传递扭矩；制动器主要用于降低机械的运转速度或迫使机械停止运转。弹簧是机械传动中广泛应用的一种弹性零件。

学习目标

素质目标

1. 提升创新意识，增强创新思维。
2. 树立科技创新必须重视基础研究的意识。

知识目标

1. 阐明联轴器的功用与类型。
2. 说明离合器的功用与类型。
3. 概述制动器的功用与类型。

能力目标

1. 能够说明球笼式万向联轴器的结构组成。
2. 能够阐明膜片弹簧离合器的工作原理。

相关知识

一、联轴器

（一）联轴器的功用

联轴器是连接两轴或轴回转件，用于传递扭矩和运动的一种装置。若要使两轴分离，必须通过停车拆卸才能实现。

联轴器一般由两个半联轴器及连接件组成。半联轴器与主动轴、从动轴常采用键、花键等连

接。联轴器连接的两轴一般属于两个不同的机器或部件。联轴器所要连接的轴之间，由于存在制造、安装误差，受载、受热后的变形以及传动过程中会产生振动等因素，往往存在着轴向、径向或偏角等相对位置的偏移，如图 3-29 所示。因此，联轴器还具有一定的位置补偿和缓冲吸振的功用。

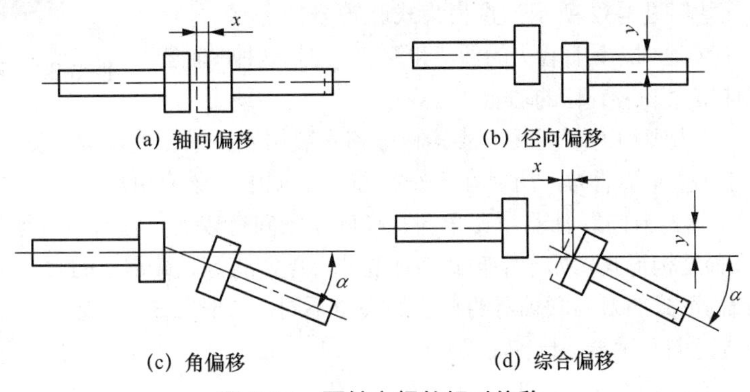

图 3-29　两轴之间的相对位移

（二）联轴器的分类

3-4 认识联轴器

根据国家标准（GB/T 12458—2017）规定，联轴器有刚性联轴器、挠性联轴器和安全联轴器三大类。每种类别下又有若干种类型，本任务主要介绍刚性联轴器和挠性联轴器常用的几种结构类型。

1. 刚性联轴器

刚性联轴器是指不能补偿两轴有相对位移的联轴器。刚性联轴器有凸缘式、径向键式、平行轴式、夹壳式和套筒式五种，本任务主要介绍凸缘联轴器和套筒联轴器两种。

（1）凸缘联轴器

凸缘联轴器由两个带凸缘的半联轴器组成，如图 3-30 所示。半联轴器分别由键与两轴连接，然后两个半联轴器用螺栓连接。凸缘联轴器的对中方式有两种，一种是利用凸肩和凹槽的两个半联轴器的相互嵌合对中，靠预紧普通螺栓在凸缘边接触表面产生的摩擦力传递扭矩；另一种是通过铰制孔用螺栓与孔的紧配合对中，靠螺栓杆承受挤压与剪切来传递扭矩。凸缘联轴器结构简单，传递扭矩大，传力可靠，对中性好，装拆方便，因而应用广泛。

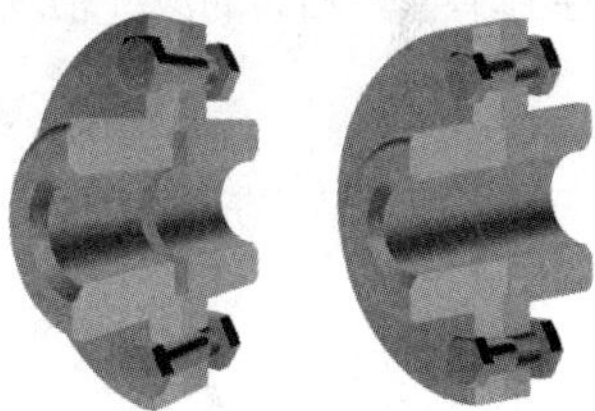

图 3-30　凸缘联轴器

（2）套筒联轴器

套筒联轴器径向尺寸小、结构简单，如图 3-31 所示。其通常用 45 钢制造，适用于轴径小于 70mm 的对中性较好的场合。

图 3-31　套筒联轴器

2. 挠性联轴器

挠性联轴器是指能补偿两轴有相对位移的联轴器。根据有无弹性元件，挠性联轴器又分为无弹性元件挠性联轴器和有弹性元件挠性联轴器。

（1）无弹性元件挠性联轴器

无弹性元件挠性联轴器有滑块联轴器、齿式联轴器、链条联轴器、滚子联轴器、滚珠联轴器和万向联轴器六类。每类又分有不同种结构类型。本任务主要介绍齿式联轴器和万向联轴器两类。

① 齿式联轴器。齿式联轴器由两个带有内齿及凸缘的外套筒和两个带有外齿的内套筒组成，两个外套筒用螺栓连接，两个内套筒用键与两轴连接。内、外齿相互啮合传递扭矩。齿式联轴器有多种结构类型，图 3-32 所示为直齿齿式联轴器。

图 3-32　直齿齿式联轴器

由于内、外齿啮合时，具有较大的顶隙和侧隙，因此这种联轴器具有径向、轴向和角度位移补偿的功能。

又因为内、外齿廓均为渐开线，故其制造和安装精度要求较高，成本高。它具有很强的传递载荷能力与位移补偿能力，所以在汽车、重型机械中广泛应用。

② 万向联轴器。万向联轴器是在角向、径向、轴向有较大位移时可传递扭矩的联轴器。万向联轴器有多种结构形式，如十字轴式、球笼式、球铰式等。最常用的为十字轴式，其次为球笼式。不同结构形式的万向联轴器两轴线的夹角不同，一般在 5°～45°。

a. 十字轴式万向联轴器。十字轴式万向联轴器是利用十字轴式中间件，以实现不同轴线间两轴连接的万向联轴器。图 3-33 所示是十字轴式万向联轴器（十字轴式万向节），它允许相邻两轴的最大夹角为 15°～20°，一般由一个十字轴、两个万向节叉和四个滚针轴承组成。两万向节叉 1 和 3 上的孔分别套在十字轴 2 的两对轴颈上。这样当主动轴转动时，从动轴既可随之转动，又可绕十字轴 2 中心在任意方向上摆动，这样就适应了夹角和距离同时变化的需要。在十字轴轴颈和万向节叉孔间装有滚针轴承 5，滚针轴承外圈靠卡环 4 轴向定位。为了润滑轴承，十字轴上一般安有注油嘴，并有油路通向轴颈。润滑油可从注油嘴注到十字轴轴颈的滚针轴承处。

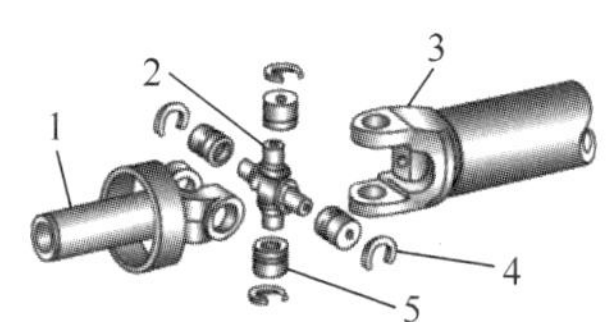

图 3-33　十字轴式万向联轴器

1、3—万向节叉　2—十字轴　4—卡环　5—滚针轴承

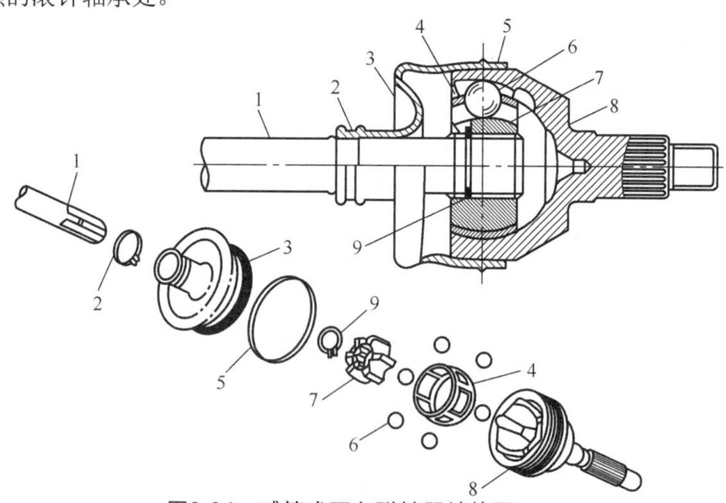

图3-34　球笼式万向联轴器结构图

1—主动轴　2，5—钢带箍　3—防尘罩　4—保持架（球笼）　6—钢球　7—星形套　8—球形壳　9—卡环

b. 球笼式万向联轴器。球笼式万向联轴器是利用钢球置于分别于两轴连接的内外星轮槽

内，以实现不同轴线间两轴连接的万向联轴器。图 3-34 所示为球笼式万向联轴器结构图，星形套 7 以内花键与主动轴 1 相连，其外表面有 6 条弧形凹槽作为钢球的内滚道。球形壳 8 的内表面有相应的 6 条弧形凹槽作为钢球的外滚道。星形套 7 与球形壳 8 装合后形成的 6 条滚道内各装 1 个钢球 6，并由保持架（球笼）4 使 6 个钢球保持在同一个平面内。动力由主动轴 1 传至星形套 7、经钢球 6 传给球形壳 8 输出。

万向联轴器（常成对使用）具有结构紧凑、维护方便、能补偿较大的综合位移、传递较大扭矩的优点，所以，在汽车、机床等机械中应用广泛。前置后驱的货车上多数选用十字轴式万向联轴器，轿车多数选用球笼式万向联轴器。

（2）有弹性元件挠性联轴器

有弹性元件挠性联轴器有金属弹性元件挠性联轴器和非金属弹性元件挠性联轴器两类。每种类别下又有不同种结构类型，本任务主要介绍非金属弹性元件挠性联轴器中的弹性套柱销联轴器和弹性柱销联轴器两种。

① 弹性套柱销联轴器。弹性套柱销联轴器的组成与凸缘联轴器类似，如图 3-35 所示。不同之处是用有弹性的套柱销代替刚性的螺栓。弹性套的变形，可以补偿两轴的径向位移，并有缓冲吸振作用。弹性套常用耐油橡胶制造，作为缓冲吸振元件。柱销材料为 45 钢，半联轴器的材料用铸铁或铸钢。

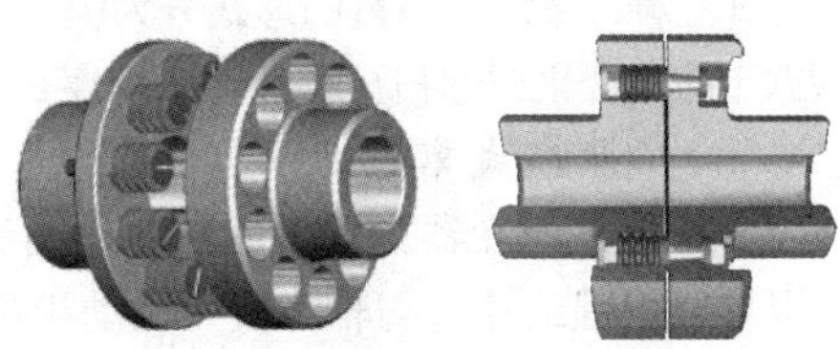

图 3-35　弹性套柱销联轴器

弹性套柱销联轴器结构简单，制造容易，装拆方便，成本较低，适用于扭矩小、转速高、频繁正反转、需要缓冲吸振的场合。

② 弹性柱销联轴器。弹性柱销联轴器的组成也与凸缘联轴器的组成类似，如图 3-36 所示。为防止柱销脱落，其上采用了挡板。柱销多用尼龙或酚醛布棒等弹性材料制造。

弹性柱销联轴器虽然与弹性套柱销联轴器十分相似，但其载荷传递能力更大，结构更为简单，使用寿命及缓冲吸振能力更强。但由于柱销材料对温度敏感，所以其工作温度限制在−20～70℃。

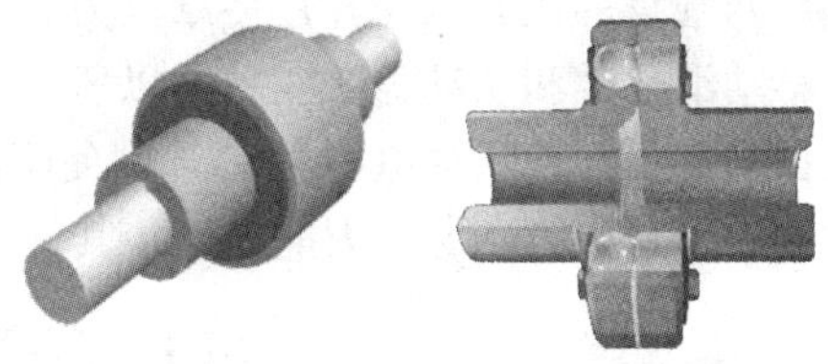

图 3-36　弹性柱销联轴器

弹性柱销联轴器结构简单，柱销耐磨性能好，维修方便，主要适用于有正反转或启动频繁、对缓冲要求不高的场合。

1. 哪几种联轴器在汽车中被应用，主要应用于什么场合？
2. 哪几种联轴器有位移补偿功能？

二、离合器

（一）离合器的功用

离合器是主、从动部分在同轴线上传递扭矩或运动时，具有接和或分离功能的装置。离合器在机器运转过程中可随时将两轴接合或分离，以便操纵机械传动系统运转、停止、变速和换向等。

在汽车传动系中，离合器直接与发动机相连。由于内燃机只能在无载荷的情况下启动，所以，在汽车起步前，必须先将发动机与驱动轮之间的传动路线切断。另外，汽车在换挡和制动前，也需要切断动力传递。为此，在发动机与变速器之间设有离合器。由于离合器是在不停车的状况下进行两轴的接合与分离的，因而离合器应保证离合迅速、平稳、可靠，操纵方便，耐磨且散热好。

（二）离合器的分类

3-5 认识离合器

离合器的分类方式有多种。按控制方法不同，离合器可分为操纵离合器（通过操纵、接合元件才具有接合或分离功能的离合器）和自控离合器（在主动部分或从动部分某些性能参数变化时，接合元件具有自行接合或分离功能的离合器）两大类。操纵离合器按操纵方式不同可分为机械离合器、电磁离合器、液压离合器和气压离合器四类。机械离合器（在机械机构直接作用下具有离合功能的离合器）可分为牙嵌式和摩擦式离合器两类。摩擦式离合器按从动盘的数目分为单片式、双片式和多片式三种；按压紧弹簧的形式分为膜片弹簧式、周布弹簧式和中央弹簧式三种。牙嵌式离合器依靠齿的嵌合来传递扭矩和运动。摩擦式离合器依靠工作表面间的摩擦力来传递扭矩和运动。

1. 牙嵌式离合器

牙嵌式离合器由两个端面带牙的半离合器 1、3 组成，如图 3-37 所示。从动半离合器 3 用导向平键或花键与轴连接，主动半离合器 1 用平键与轴连接，对中环 2 用来使两轴对中，滑环 4 可操纵离合器的分离或接合。牙嵌式离合器结构简单，尺寸小，工作时无滑动，因此应用广泛。但它只宜在两轴不回转，或转速差很小时进行离合。

2. 摩擦式离合器

（1）单片摩擦式离合器

单片摩擦式离合器由主、从动盘 1、2 组成，如图 3-38 所示。单片摩擦式离合器主要利用两圆盘的压紧或松开，使摩擦力产生或消失，以实现两轴的接合或分离。操纵拨叉 3，使移动滑环 4 和从动盘 2 左移，以压力 $\boldsymbol{F}$ 将其压紧在主动盘 1 上，从而使两圆盘接合。反向操纵拨叉，使从动盘 2 右移，则使两圆盘分离。单片摩擦式离合器结构简单，但径向尺寸大，而且只能传递不大的扭矩，其常用于轻型机械，如中型或轻型载货汽车上。

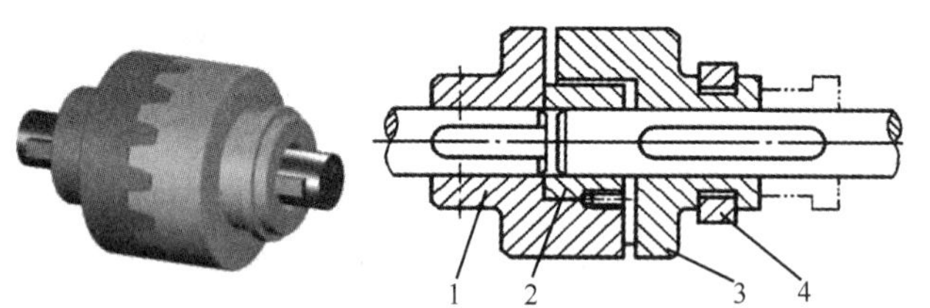

图 3-37 牙嵌式离合器

1、3—半离合器 2—对中环 4—滑环

图 3-38 单片摩擦式离合器

1—主动盘 2—从动盘

3—拨叉 4—移动滑环

（2）多片摩擦式离合器

多片摩擦式离合器的结构如图 3-39 所示，它有两组摩擦片，内、外摩擦片分别带有凹槽和凸齿。其主动轴 1、外壳 2 与一组外摩擦片 4 组成主动部分，其中外摩擦片可沿外壳 2 的槽移动。从动轴 10、套筒 9 与一组内摩擦片 5 组成从动部分，其中内摩擦片 5 可在套筒 9 的槽上滑动。当滑环 7 向左移动时，使杠杆 8 绕支点顺时针转动，通过压板 3 将两组摩擦片压紧，于是主动轴带动从动轴一起转动。滑环 7 向右移动时，杠杆 8 下面的弹簧使杠杆绕支点逆时针转动，两组摩擦片松开，于是主动轴与从动轴脱开。

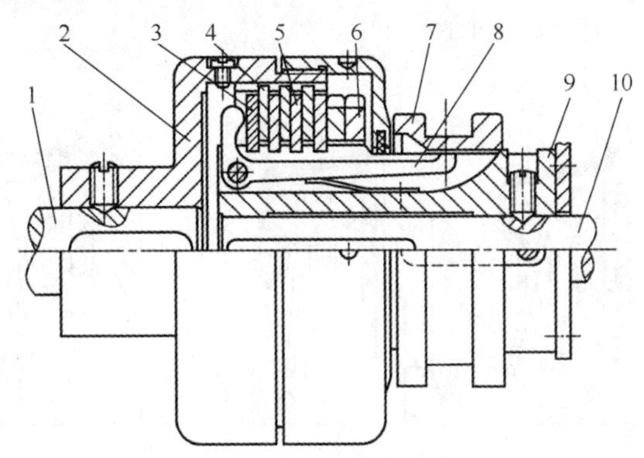

图 3-39　多片摩擦式离合器结构图

1—主动轴　2—外壳　3—压板　4—外摩擦片　5—内摩擦片

6—螺母　7—滑环　8—杠杆　9—套筒　10—从动轴

多片摩擦式离合器采用至少两组摩擦片，摩擦面积比单片摩擦式离合器大大增加，可传递扭矩的能力显著增大。但其结构比较复杂，因此主要应用在中、重型载货汽车上。

（3）膜片弹簧离合器

图 3-40 所示为膜片弹簧离合器。碟形膜片用优质钢板制成，其上开有若干个径向切槽，切槽的内端开通，外端为圆孔，每两切槽之间的钢板形成一个弹性杠杆，它既是压紧弹簧又是分离杠杆。

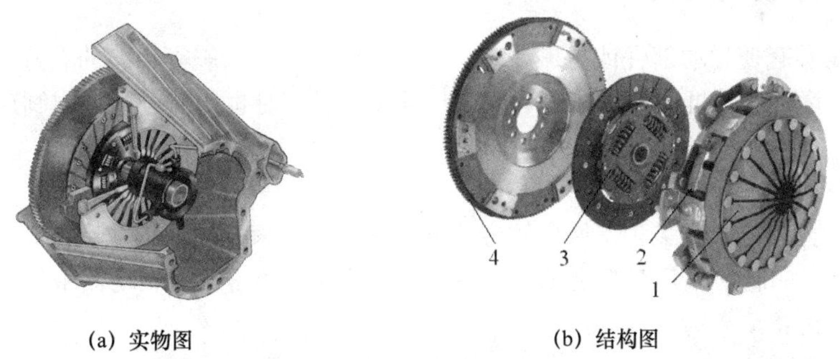

(a) 实物图　　(b) 结构图

图 3-40　膜片弹簧离合器

1—膜片弹簧　2—压盘　3—从动盘　4—飞轮

膜片弹簧离合器工作原理如图 3-41 所示。膜片弹簧离合器的压紧装置由压盘 3、离合器盖 2、膜片弹簧 4、支承圈 5 和 7、分离钩 6 及铆钉等组成。膜片弹簧中间的两侧有支承圈 5 和 7，用铆钉装在离合器盖 2 上。支承圈为膜片弹簧工作时的支点。

在离合器盖 2 未装到飞轮 1 上时，膜片弹簧不受力，处于自由状态。此时，离合器盖与飞轮之间有一距离 L，如图 3-41（a）所示。

当把离合器盖 2 靠向飞轮 1 时，支承圈 5 压迫膜片弹簧 4，使之发生弹性变形，即锥角变小。这样，膜片弹簧的反弹力使其外缘对压盘 3 及从动盘产生压紧力，从而使离合器处于压紧状态，如图 3-41（b）所示。

当离合器分离时，分离轴承 8 左移，膜片弹簧 4 被压在支承圈 7 上，膜片弹簧内缘前移，其径向截面以支承圈为支点转动（膜片弹簧呈反锥形），其外缘通过分离钩 6 拉动压盘 3，从而使离合器分离，如图 3-41（c）所示。

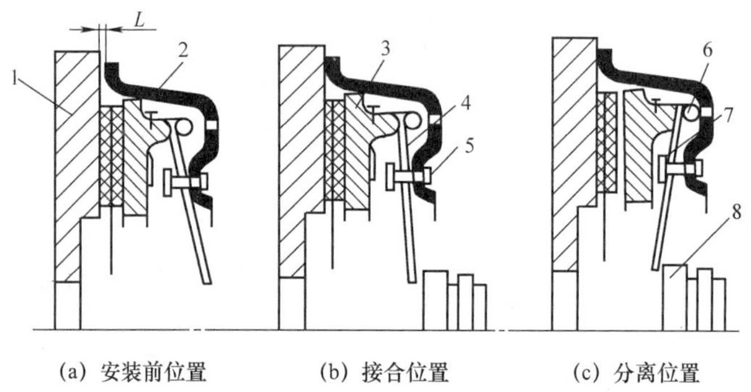

图 3-41　膜片弹簧离合器工作原理

1—飞轮　2—离合器盖　3—压盘　4—膜片弹簧　5、7—支承圈　6—分离钩　8—分离轴承

膜片弹簧离合器结构简单、轴向尺寸小、弹性特性好、弹力不受离心力影响，因此在汽车（尤其是轿车）上得到了广泛的应用。奥迪、捷达、上海桑塔纳等轿车，均采用了膜片弹簧离合器。

三、制动器

（一）制动器的功用

制动器是具有使运动部件或机械减速、停止或保持停止状态等功能的装置。制动器主要用于降低正在运行着的机器或机构的速度或使其停止，有时也用于调节或限制速度。

（二）制动器的分类

制动器的分类方式有多种，按摩擦方式分类，分为摩擦制动器和非摩擦制动器两大类。目前，汽车所用的制动器几乎都是摩擦制动器，主要应用的是摩擦制动器中的的鼓式制动器和盘式制动器两类。

1. 鼓式制动器

鼓式制动器由制动鼓、制动底板、制动蹄、促动装置和定位调整装置等组成，利用内置的制动蹄在径向向外挤压制动鼓，产生制动扭矩来制动。鼓式制动器的旋转件为制动鼓（其工作表面为圆柱面），固定件是制动蹄。鼓式制动器有内张式制动器、外抱式制动器和气囊制动器三种。

图 3-42 所示为内张式制动器。两个制动蹄 2 和 7 的外表面安装了摩擦片 3，并分别通过支承销 1 和 8 与机架铰接。压力油通过双向作用制动轮缸 4 推动左右两个活塞，使两个制动蹄 2 和 7 向外张开，压紧制动鼓 6，达到制动的目的。压力油卸载后，两个制动蹄在复位弹簧 5 的作用下复位，与制动鼓分离。

鼓式制动器结构紧凑，制动力较大，在结构尺寸受限制的机械及各种车辆中应用广泛，如奥迪 100 型、捷达、桑塔纳等轿车的后轮制动器，都采用了鼓式制动器。

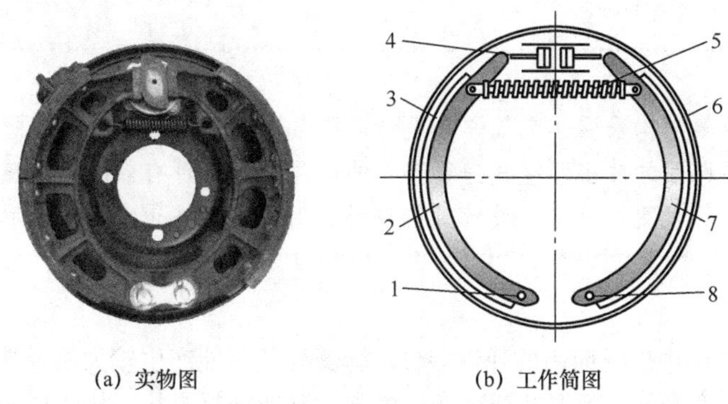

(a) 实物图　　(b) 工作简图

图 3-42　内张式制动器

1、8—支承销　2、7—制动蹄　3—摩擦片　4—制动轮缸　5—复位弹簧　6—制动鼓

2. 盘式制动器

盘式制动器由制动盘、分泵、制动钳、油管等组成。盘式制动器的旋转件为制动盘，其工作表面为端面。制动盘用合金钢制造，并固定在车轮上，随车轮转动。盘式制动器有钳盘式制动器、全盘式制动器和圆锥制动器三种。钳盘式制动器更常用，其包括固定钳盘式制动器和浮动钳盘式制动器两种。钳盘式制动器的旋转件是制动盘，固定件是制动钳。

图 3-43 所示为浮动钳盘式制动器。制动钳支架 3 固定在转向节上，制动钳体 1 与制动钳支架 3 可沿导向销 2 轴向滑动。制动时，活塞 7 在液压力的作用下，将活动制动块 6（带摩擦片磨损报警装置）推向制动盘 4。与此同时，作用在制动钳体 1 上的反作用力推动制动钳体 1 沿导向销 2 右移，使固定在制动钳体 1 上的固定制动块 5 压靠到制动盘 4 上。于是，制动盘两侧制动块在液压力和反作用力的作用下，夹紧制动盘，使之在制动盘上产生与运动方向相反的制动力矩，促使汽车制动。

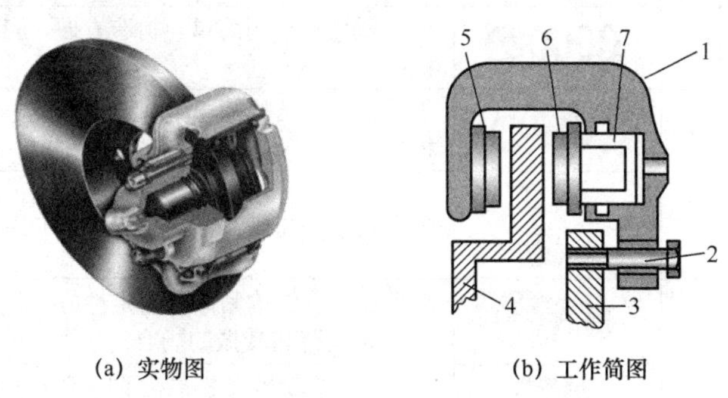

(a) 实物图　　(b) 工作简图

图 3-43　浮动钳盘式制动器

1—制动钳体　2—导向销　3—制动钳支架　4—制动盘

5—固定制动块　6—活动制动块　7—活塞

盘式制动器沿制动盘向施力，制动轴不受弯矩，径向尺寸小，制动性能稳定。盘式制动器已广泛应用于轿车上，但除了在一些高性能轿车上用于全部车轮以外，大都只用作前轮制动器，而与后轮的鼓式制动器配合，以期汽车有较高制动力时保持方向稳定性。一汽奥迪 100 前轮制动器、奥迪 100 型全车、铃木尚悦全车采用的都是盘式制动器。

知识拓展

红旗 H9 悬架结构采用了空气弹簧设计，空气弹簧能以更低的刚度降低悬架偏频，有效地缓和不平路面的冲击；空气弹簧具有的阻尼特性，可有效隔绝粗糙路面引起的高频振动，让乘车环境更加静谧。设计师们在设计时，非常注重产品创新和技术创新。

四、弹簧

弹簧是机械传动中广泛应用的弹性零件。弹簧受载后能产生较大的弹性变形，从而把机械功或动能转变为变形能；弹簧卸载后变形消失，立即恢复原状，从而把变形能转变为动能或机械功。因此，弹簧也是转换能量的零件。

1. 弹簧的功用

弹簧在机械中作为弹性零件，主要功用如下。

① 缓冲吸振。例如，汽车中的缓冲弹簧、各种缓冲器等。

② 控制机构的运动。例如，离合器弹簧、凸轮机构弹簧等能使离合器、凸轮副保持接触，控制机构运动。

③ 储存能量作为动力源。例如，机械钟表、仪器、玩具等使用的发条，枪栓弹簧等，利用释放储存在弹簧中的能量来提供动力。

④ 测量力和力矩。例如，弹簧秤、测力器等利用弹簧变形大小来测量力或力矩。

2. 弹簧的种类

弹簧的种类很多。在一般机械中，常用弹簧的类型、特点和应用见表 3-4。

表 3-4　弹簧的类型、特点和应用

类型	受载形式	简图	特点和应用
圆柱体螺旋弹簧	压缩		承受压力，结构简单，制造方便，应用广泛，适用于各种机械
	拉伸		承受拉力，结构简单，制造方便，应用广泛，适用于各种机械
	扭转		承受扭矩，主要用于各种装置中的压紧和储能
圆锥形螺旋弹簧	压缩		承受压力，结构紧凑，稳定性好，防振能力较强，多用于承受大载荷和减振的场合
碟形弹簧	压缩		承受压力，缓冲减振能力强，常用于重型机械的缓冲和减振装置
环形弹簧	压缩		承受压力，是目前最强的压缩、缓冲弹簧，常用于重型设备的缓冲装置
平面涡卷弹簧	扭转		承受扭矩，能储蓄较大的能量，常用作仪器、钟表中的储能弹簧
板状弹簧	弯曲		承受弯矩，这种弹簧变形大，吸振能力强，主要用于汽车、拖拉机等的悬挂装置

任务实施

一、联轴器、离合器与制动器的功用

联轴器、离合器和制动器是机械传动中的重要部件。联轴器、离合器可用来连接两轴，使之一起回转并传递扭矩。联轴器主要用于轴与轴之间的连接，以实现不同轴之间运动与动力的传递。离合器用于在机器运转过程中，实现主、从动轴分离与结合，用来操纵机器传动的断续，以进行变速或换向。制动器则主要用于降低机械的运转速度或迫使机械停止运转。

二、钢板弹簧的特点与汽车悬架采用钢板弹簧的原因分析

1. 钢板弹簧的特点

图 3-28 所示钢板弹簧结构简单，承受弯矩，弹簧变形大，吸振能力强，维修方便。

2. 汽车悬架采用钢板弹簧的原因分析

汽车悬架采用的钢板弹簧既是悬架的弹性零件，又是悬架的导向装置。它的一端与车架铰接，可以传递各种力和力矩，并决定车轮的跳动轨迹，同时，它本身也有一定的摩擦减振作用，一举三得，故钢板弹簧广泛用于汽车非独立悬架上。

任务四　连接与连接件

任务引入

汽车零部件之间用不同的连接方法组合而成。汽车发动机气缸盖和气缸体之间是由螺纹连接的，汽车变速器中的齿轮与轴之间大部分是由各种键进行连接和传递动力的。除了常见的螺纹连接、键连接外，还有很多汽车零部件通过各种方法紧固连接在一起。例如，销连接、焊接、黏接、铆接等。那么，什么是连接？连接的类型有哪些？常用连接件有哪些？图 3-44 所示为汽车发动机活塞连杆组，它采用了哪些连接类型？

图 3-44　汽车发动机活塞连杆组

任务分析

在汽车制造中，连接是指被连接件和连接件的组合。就汽车零部件而言，被连接件有轴和轴上零件（如带轮、链轮、齿轮）、箱体与箱盖等；连接件又称紧固件，有螺纹紧固件、键、销等。此外，任务三所述的联轴器和离合器也是连接件。

学习目标

素质目标

1. 强化养成严谨细致工作作风的重要性。
2. 强化责任意识和安全意识。

知识目标

1. 阐明连接定义与连接类型。

2．说明螺纹连接的类型与防松方法。
3．概述销连接的类型与应用场合。

能力目标

1．能够区分可拆连接与不可拆连接的类型与应用场合。
2．能够对螺纹连接进行防松设计。

相关知识

连接按被连接的零部件间是否有相对运动可分为动连接和静连接两大类。机器工作时，被连接的零部件间可以有相对运动，称为动连接，如各种运动副、离合器、滑移齿轮和轴等；机器工作时，被连接的零部件间不允许产生相对运动，称为静连接。连接按拆卸性质不同可分为可拆连接和不可拆连接两大类。可拆连接是不损坏连接中的任一零件，即可将被连接件拆开的连接，如螺纹连接、普通平键连接、圆柱销连接等；不可拆连接是必须破坏或损伤连接件或被连接件才能拆开的连接，如焊接、黏接、铆接等。另外，还有过盈连接，是利用包容件与被包容件间存在的过盈量实现的连接。

一、螺纹连接

（一）螺纹的种类

3-6 螺纹的种类和用途

1．按不同的螺纹牙型分类

在螺纹轴向剖面上的螺纹轮廓形状，称为螺纹牙型。螺纹按不同的螺纹牙型有矩形螺纹、三角形螺纹、梯形螺纹和锯齿形螺纹等四种，如图 3-45 所示。

2．按螺旋线的数目分类

螺纹按螺旋线的数目可分为单线螺纹和多线螺纹。单线螺纹是指沿一条螺旋线形成的螺纹；多线螺纹是指沿两条或两条以上的螺旋线形成的螺纹，这些螺旋线在轴向等距分布，如图 3-46 所示。

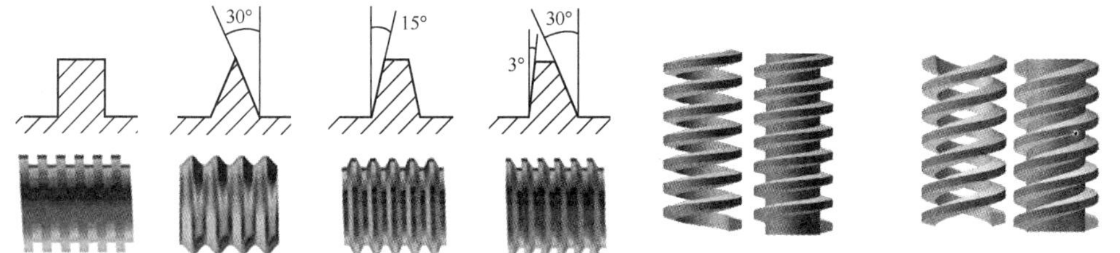

(a) 矩形螺纹 (b) 三角形螺纹 (c) 梯形螺纹 (d) 锯齿形螺纹

图 3-45 不同牙型螺纹

(a) 单线螺纹 (b) 多线螺纹

图 3-46 单线螺纹和多线螺纹

3．按螺旋线的绕行方向分类

螺纹按螺旋线的绕行方向可分为左旋螺纹和右旋螺纹。逆时针旋转时旋入的螺纹称左旋螺纹；顺时针旋转时旋入的螺纹称右旋螺纹，如图 3-47 所示。

4．按螺旋线形成的表面分类

螺纹按螺旋线形成的表面可分为内螺纹和外螺纹。在圆柱或圆锥内表面上所形成的螺纹，称内螺纹；在圆柱或圆锥外表面上所形成的螺纹，称外螺纹，如图 3-48 所示。

5. **按用途不同分类**

螺纹按用途不同可分为连接螺纹和传动螺纹，分别应用于连接和传动场合。三角形螺纹的摩擦力大、强度高、自锁性能好，多用于连接；矩形螺纹、梯形螺纹和锯齿形螺纹多用于传动。

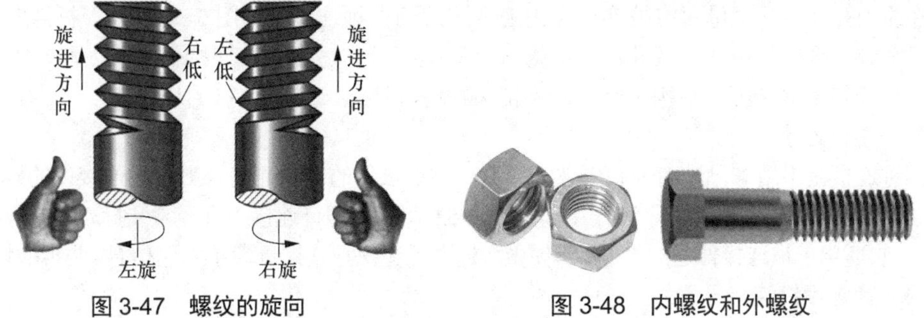

图 3-47　螺纹的旋向

图 3-48　内螺纹和外螺纹

（二）螺纹连接类型及其预紧与防松

利用螺纹紧固件将两个或两个以上的零件连接在一起，称为螺纹连接。螺纹连接可靠性好，装拆方便，价格低廉，结构简单。

1. **螺纹紧固件**

用螺纹起连接和紧固作用的零件称为螺纹紧固件。螺纹紧固件的结构、尺寸均已标准化，在机械制造业中常用的螺纹紧固件有螺栓、双头螺柱、螺母、螺钉和垫圈等，如图 3-49 所示。

图 3-49　螺纹紧固件

2. **螺纹连接的基本类型**

螺纹连接有螺栓连接、双头螺柱连接、螺钉连接和紧定螺钉连接四种基本类型。

（1）螺栓连接

螺栓连接是利用螺栓穿过被连接件的光孔，拧紧螺母后将被连接件固连成一体的一种连接，通常用于被连接件不太厚、便于做成通孔，且需经常拆卸的场合。

螺栓连接分为普通螺栓连接和铰制孔螺栓连接两种，如图 3-50 所示。普通螺栓连接的结构特点是，被连接件上的通孔和螺栓杆间留有间隙，对孔的加工精度要求低，结构简单，装拆方便，应用广泛。铰制孔螺栓连接的结构特点是，被连接件上的通孔和螺栓杆间没有间隙，故对孔的加工精度要求高，它适用于利用螺栓杆承受横向载荷，或需精确固定被连接件相对位置的场合。

（2）双头螺柱连接

双头螺柱连接是将双头螺柱的一端旋紧在一被连接件的螺纹孔中，另一端则穿过另一被连接件的光孔，再拧螺母而将被连接件固连在一起的一种连接，如图3-51所示。拆卸时，只需拧下螺母，螺柱仍留在螺纹孔内，故螺纹不易损坏。它适用于被连接件之一太厚、不便做成通孔，且需经常装拆或结构上受限制不能采用螺栓连接、螺钉连接的场合。

（3）螺钉连接

螺钉连接是不用螺母，而是利用螺钉穿过一被连接件的孔，并旋入另一被连接件的螺纹孔中而将被连接件固连在一起的一种连接，如图3-52所示。螺钉连接不宜经常装拆，否则容易损坏螺孔。它适用于被连接件之一太厚、不便做成通孔或无法拧紧螺母，而又不需经常装拆的场合。

（4）紧定螺钉连接

紧定螺钉连接是利用紧定螺钉旋入一被连接件的螺纹孔，并以其末端顶紧另一被连接件来固定两零件间相对位置的一种连接，如图3-53所示。它可以传递较小的力和扭矩，多用于轴和轴上零件的连接。

(a) 普通螺栓连接　(b) 铰制孔螺栓连接

图3-50　螺栓连接

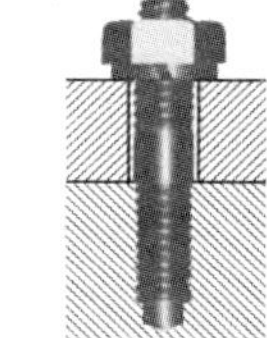

图3-51　双头螺柱连接

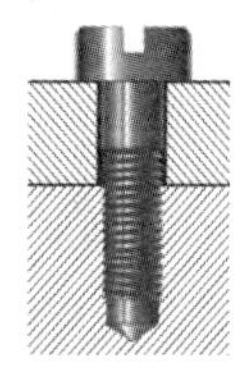

图3-52　螺钉连接

图3-53　紧定螺钉连接

3. 螺纹连接的预紧与防松

（1）螺纹连接的预紧

大多数螺纹连接在装配时，都必须预先拧紧，使螺栓受到拉伸和被连接件受到压缩。这种在承受工作载荷之前，就使螺栓受到的拉伸力，称为预紧力。预紧的目的是提高连接的可靠性、紧密性和防松能力，以防止受载后，被连接件之间出现缝隙或发生相对滑移。

预紧力不足时，显然达不到目的，可能导致连接失效。但预紧力过大时，则可能使连接过载，甚至断裂破坏，所以应控制预紧力的大小。可以采用定力矩扳手和测力矩扳手预紧，控制预紧力。定力矩扳手与测力矩扳手如图3-54所示。

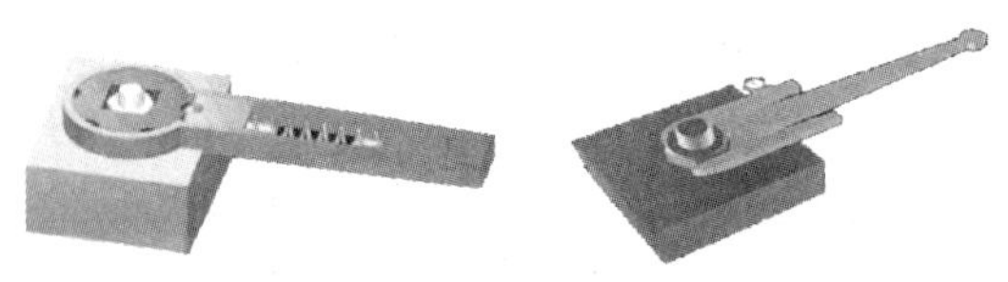

图3-54　定力矩扳手与测力矩扳手

（2）螺纹连接的防松

3-7 认识螺纹连接的防松（上）

3-8 认识螺纹连接的防松（下）

连接用螺纹一般采用三角形螺纹，因为其具有自锁性，而且螺母和螺栓头部等支承面处的摩擦也有防松作用。在静载荷作用下，且工作温度变化不大时，螺纹连接不会自动松脱。但是，在冲击、振动和变载荷作用下，或当工作温度变化很大时，螺纹副间的摩擦力可能减小或瞬时消失。螺纹连接一旦出现松脱，轻者会影响机器的正常运转，重者会造成严重事故。因此，为了防止连接松脱，保证连接安全可靠，螺纹连接必须防松。防松的实质就是防止螺纹副的相对转动，或增大相对转动的难度。常用的防松方法有摩擦防松、机械防松和永久防松三种。

① 摩擦防松。摩擦防松就是采用各种结构措施使螺纹副中的摩擦力不随连接的外载荷波动而变化，以保持较大的防松摩擦阻力矩。摩擦防松的主要方法有弹簧垫圈防松（见图 3-55）、对顶螺母防松（见图 3-56）和自锁螺母防松（见图 3-57）等。

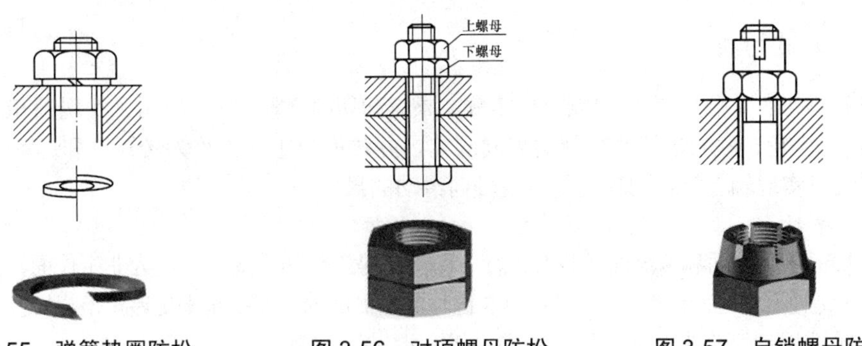

图 3-55　弹簧垫圈防松　　图 3-56　对顶螺母防松　　图 3-57　自锁螺母防松

② 机械防松。机械防松利用附加零件的形状或改变螺纹连接形状，使被连接件不能相对运动。常用的方法有六角开槽螺母与开口销防松（见图 3-58）和圆螺母与止动垫圈防松（见图 3-59）等。机械防松的方法比较可靠，对于重要的连接要使用机械防松的方法进行防松。

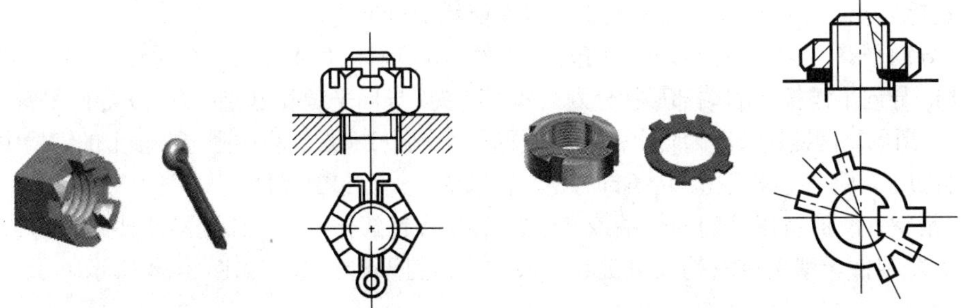
图 3-58　六角开槽螺母与开口销防松　　图 3-59　圆螺母与止动垫圈防松

③ 永久防松。如果连接不需要拆开，还可用冲点（见图 3-60）和焊接（见图 3-61）等方法防松。

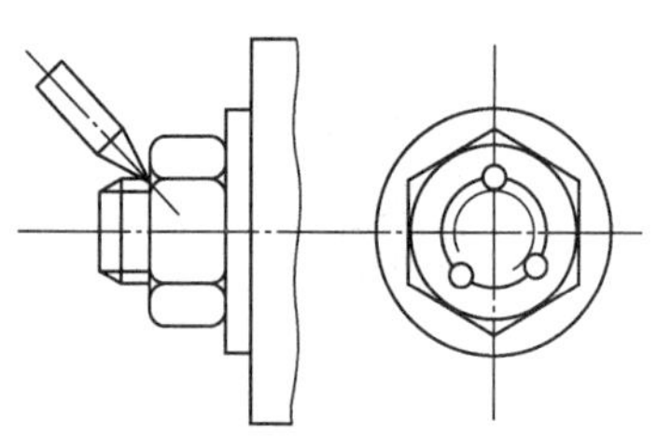
图3-60　冲点防松

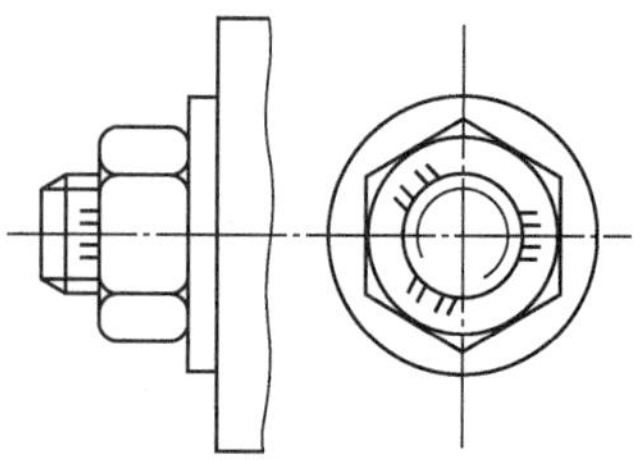
图3-61　焊接防松

1. 螺纹连接有哪几种主要类型？各适用于什么场合？
2. 螺纹连接为什么要考虑防松？常用的防松方法有哪几种？

二、键连接

（一）键的类型

键是标准件，分为平键、半圆键、花键、楔键和切向键等。键主要用来实现轴和轴上零件（如带轮、齿轮、联轴器等）之间的周向固定，并传递扭矩（也称为转矩）和运动。有些类型的键还可实现轴上零件的轴向固定或轴向滑动的导向。

1. 平键

平键的上下表面和两侧面各相互平行，两侧面是工作面，上下表面为非工作面，上表面与轮毂上的键槽底部之间留有空隙，工作时靠键与键槽侧面的相互挤压来传递扭矩，故定心性较好。

平键按用途可分为普通平键、导向平键和滑键等类型。

① 普通平键。普通平键按键的端部形状分为A型（圆头）平键、B型（方头）平键和C型（单圆头）平键三种，如图3-62所示。A型平键在键槽中的轴向固定较好，应用最广，但轴上键槽两端的应力集中较大；B型平键键槽两端的应力集中较小，但键在键槽中的轴向固定不好，常用紧定螺钉紧固，以防松动；C型平键多用于轴端与轮毂连接。普通平键结构简单，装拆方便，对中性好，易于加工，但不能承受轴向力。

② 导向平键。导向平键是一种用于轴上零件沿轴向移动量不大的场合的机器零件，其比普通平键长。导向平键按键的端部形状分为A型（圆头）导向平键和B型（方头）导向平键两种，如图3-63所示。因键较长，为防止松动，需要用两个圆柱头螺钉将键固定在轴上的键槽中，所以键两端加工有两个螺纹沉孔。为拆卸方便，在键中间设有起键螺孔。

③ 滑键。滑键是在平键的一端或两端加工有凸起部分，用于轴上零件轴向移动量较大场合的机器零件。滑键有双钩头滑键和单圆钩头滑键两种类型，如图3-64所示。

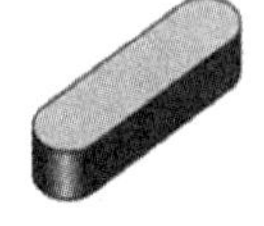
(a) A型键

(b) B型键

(c) C型键

图3-62　普通平键类型

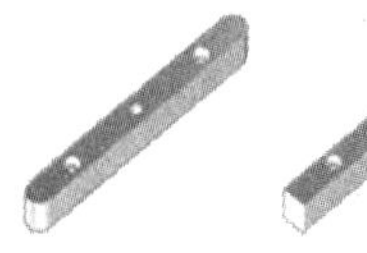
(a) A型键　(b) B型键

图3-63　导向平键类型

(a) 双钩头滑键

(b) 单圆钩头滑键

图3-64　滑键类型

2. **半圆键**

半圆键的上表面为一平面，下表面为半圆形弧面，两侧面互相平行。半圆键的形状如图 3-65 所示。半圆键以两侧面为工作面传递扭矩，结构紧凑，装拆方便，定心性好。

3. **花键**

花键是在内、外圆柱（或圆锥）表面加工有键齿的零件，键齿在内圆柱（或内圆锥）表面上的花键为内花键，键齿在外圆柱（或外圆锥）表面上的花键为外花键，如图 3-66 所示。花键需用专用设备加工，制造成本高。根据齿形不同，花键可分为矩形花键和渐开线花键，如图 3-67 所示。矩形花键的齿形为矩形，常用小径定心，精度高，稳定性好，应用广泛。渐开线花键的齿形为渐开线，多采用齿形定心，具有自动定心作用，受力均匀，多用于高强度连接场合。

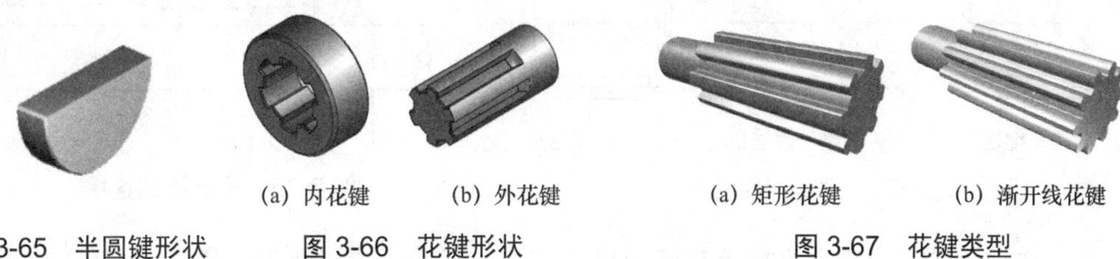

(a) 内花键　(b) 外花键　(a) 矩形花键　(b) 渐开线花键

图 3-65　半圆键形状　图 3-66　花键形状　图 3-67　花键类型

4. **楔键**

楔键的上面有 1:100 的斜度，两侧面互相平行，上、下两面是工作面，两侧面为非工作面。楔键有普通楔键和钩头楔键两种类型，如图 3-68 所示。普通楔键按键的端部形状又分为 A 型楔键、B 型楔键和 C 型楔键三种。其中，钩头楔键的钩头是为了方便装拆楔键而设计的。

5. **切向键**

切向键由两个斜度为 1:100 的单边楔键组成。切向键的形状如图 3-69 所示。两楔键合并后，上下两面平行为工作面，故轴和轮毂上键槽并无斜度。

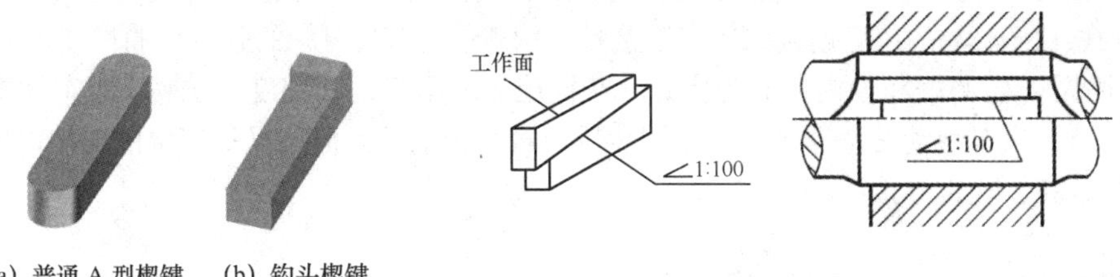

(a) 普通 A 型楔键　(b) 钩头楔键

图 3-68　楔键类型　图 3-69　切向键形状

（二）键连接的类型

键连接由键、轴与轮毂组成，如图 3-70 所示。键连接根据装配时松紧程度的不同分为松键连接和紧键连接两类。松键连接包括平键连接、半圆键连接和花键连接三种；紧键连接包括楔键连接和切向键连接两种。汽车中常用的键连接以平键连接、半圆键连接和花键连接居多。

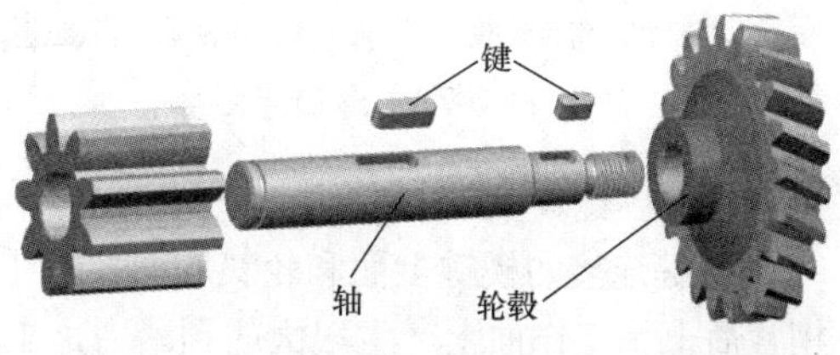

图 3-70　键连接

1. 平键连接

① 普通平键连接。普通平键连接常用于相配零件要求定心性好、转速较高的静连接。普通平键连接如图 3-71 所示。

② 导向平键连接。当轴上零件与轴构成移动副（如汽车变速器中的滑移齿轮与轴之间的连接）时，采用导向平键连接。导向平键利用螺钉固定在轴上，键不动，轮毂可沿键做轴向滑移。导向平键与轮毂的键槽配合较松，属于动连接。导向平键连接如图 3-72 所示。

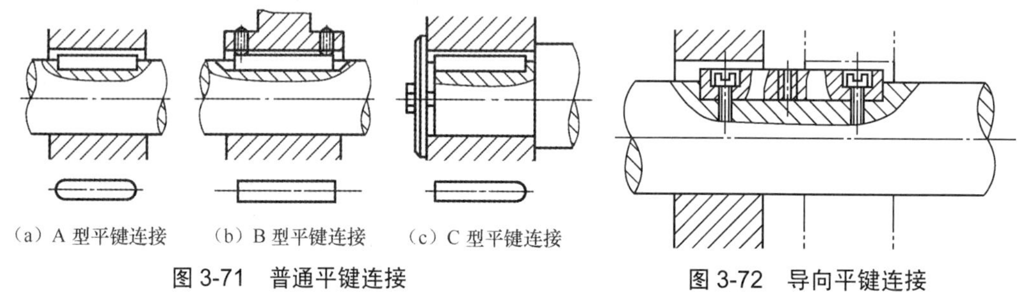

图 3-71 普通平键连接　　图 3-72 导向平键连接

③ 滑键连接。当轴上零件滑移的距离较大时，宜采用滑键连接，滑键固定在轮毂上，并与轮毂一起在轴上的键槽中做轴向滑移。滑键连接如图 3-73 所示。

2. 半圆键连接

半圆键能在轴上键槽中摆动以适应轮毂槽底面的倾斜，但由于轴上键槽较深，对轴的强度削弱较大，故半圆键连接主要用于轻载和锥形轴端的场合。汽车配气机构中凸轮轴与凸轮轴正时齿轮之间的连接采用的就是半圆键连接。半圆键连接如图 3-74 所示。

3. 花键连接

花键连接是由周向均布多个键齿的花键轴和带有相应键齿槽的轮毂组成的一种连接。花键连接工作时，靠键齿侧面与键齿槽侧面的挤压传递扭矩。由于花键连接是多齿传递扭矩，且键与轴做成一体，故花键连接比平键连接具有承载能力高、对轴的强度削弱程度小（齿浅、应力集中小）、定心好和导向性好等优点。花键连接适用于定心精度要求高、载荷大或经常滑移的场合。汽车手动变速器中间轴及同步器、汽车传动轴万向节叉等部位的连接，采用的都是花键连接。花键连接如图 3-75 所示。

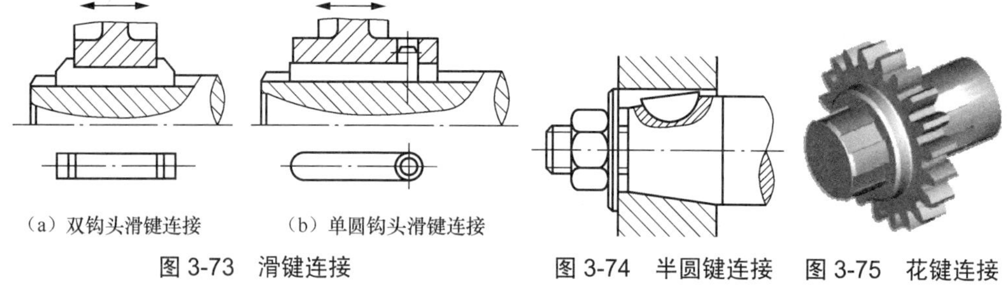

图 3-73 滑键连接　　图 3-74 半圆键连接　　图 3-75 花键连接

4. 楔键连接

楔键连接的楔键上面和轮毂底面各有 1:100 的斜度，装配时将键楔紧在轴与轮毂之间，楔紧后上下工作面上产生很大的预紧力，工作时主要靠此预紧力产生的摩擦力传递扭矩，并能单方向承受轴向力和轴向固定零件。由于楔键装配楔紧时，轴和轮毂产生了偏心和偏斜，破坏了轴与轮毂的对中性，所以，楔键连接一般用于定心精度要求不高、载荷平稳、低转速的场合。钩头楔键连接如图 3-76 所示。

5. **切向键连接**

切向键连接装配后将切向键楔紧在轴和轮毂之间，工作时靠工作面上的挤压力和轴与轮毂间的摩擦力来传递扭矩。切向键连接能传递单向或双向扭矩。用一个切向键连接时，只能传递单向扭矩；当要传递双向扭矩时，必须用两个切向键连接，两者间的夹角为 120°～130°。由于切向键对轴的强度削弱较大，因此切向键连接常用于低速、重载、定心精度要求不高、直径大于 100mm 的轴上连接等场合，例如，用于大型带轮、大型飞轮及齿轮等与轴的连接。切向键连接如图 3-77 所示。

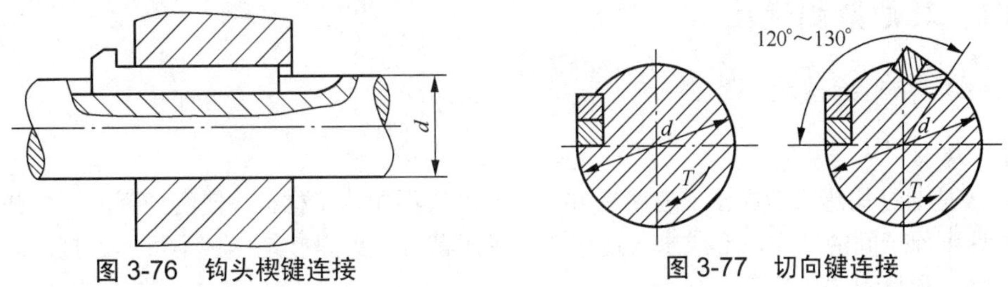

图 3-76　钩头楔键连接　　图 3-77　切向键连接

知识拓展

某年一架客机起飞后，因前起落架发生故障，紧急迫降。经查明，是因为销子断裂导致起落架收放失效。有关专家鉴定后认为，该销子中某种金属成分含量过高，成分构成不合理，导致金属产生裂缝。细节决定成败，机械设计时，必须认真负责、严谨细致。

三、销连接

销是标准件（又称销子、销钉），通常用于零件间的连接和定位。圆柱销、圆锥销、开口销和槽销等，如图 3-78 所示。销轴也是销的一种，既可用于静连接，也可用于两零件的铰接处，构成铰链连接。

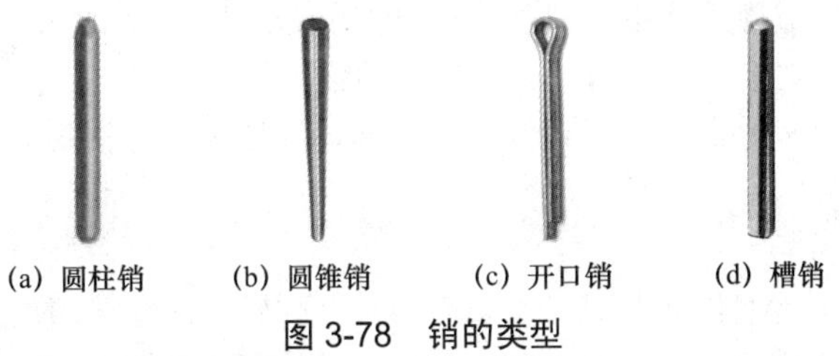

(a) 圆柱销　(b) 圆锥销　(c) 开口销　(d) 槽销

图 3-78　销的类型

销连接主要用来固定零件间的相互位置，或作为组合加工和装配时的辅助零件（定位销），也可用于轴与轮毂或其他零件的连接，并可传递不大的扭矩（连接销），还可用作安全装置中的过载剪断零件（安全销），如图 3-79 所示。

圆柱销连接中，销与销孔有微量过盈，多次拆卸会降低其定位精度和可靠性。圆锥销和销孔均具有 1:50 的锥度，可自锁，装配方便，定位精度高，多次拆卸不会影响其定位精度。开口销用于螺纹连接防松。槽销上沿圆柱面或圆锥面的母线方向用滚压或模锻方法制出三条纵向凹槽，将槽销压入销孔后，它的凹槽即产生收缩变形，借材料的弹性变形而固定在销孔中，安装槽销的孔不需精确加工。槽销制造简单，可多次拆卸，并适于承受振动和变载荷的连接。

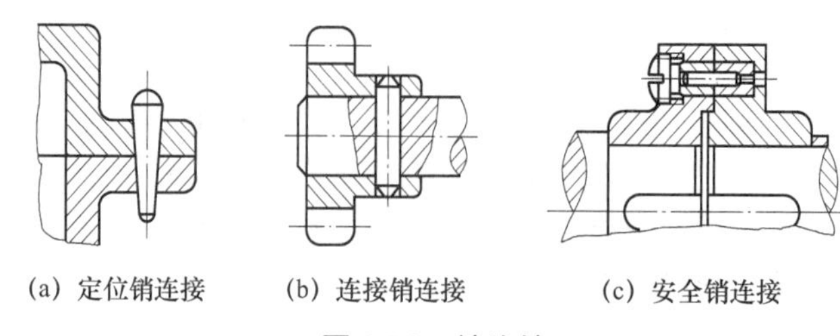

(a) 定位销连接　(b) 连接销连接　(c) 安全销连接

图 3-79　销连接

四、其他紧固连接

（一）不可拆连接

1. **焊接**

焊接是通过加热或者加压或者两者并用，添加或不加填充材料，使两分离的工件在其接合表面达到原子间的结合，形成永久连接的一种工艺方法。焊接是一种不可拆连接。焊接详细知识将在项目六的任务三中介绍。

2. **黏接**

黏接是借助胶黏剂在固体表面上所产生的粘合力，将同种或不同种材料牢固地连接在一起的方法。黏接也是使用时间较长的一种不可拆连接。随着合成高分子胶黏剂的出现，黏接技术得到了迅速发展，黏接在汽车制造中也得到了广泛的应用。

3. **铆接**

铆钉连接是利用具有钉杆和预制头的铆钉通过被连接件的预制孔，然后利用铆枪施压再制出另一端的铆头构成的不可拆连接，简称铆接，如图 3-80 所示。

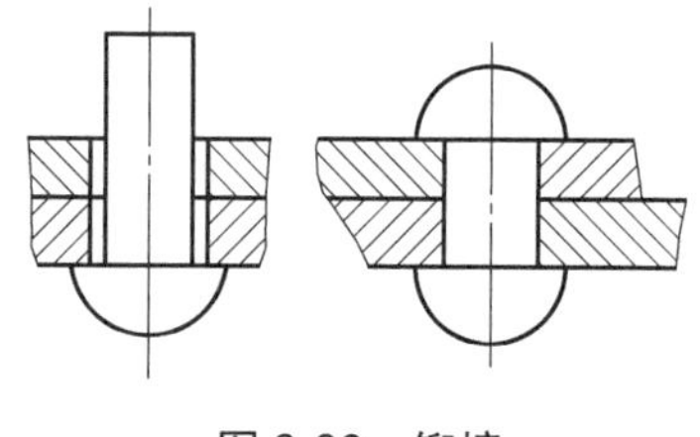

图 3-80　铆接

铆接具有工艺设备简单、抗振、耐冲击和牢固可靠等优点。但其结构笨重，被连接件由于制有钉孔，使强度受到较大的削弱，且铆接时有剧烈的噪声。目前除桥梁、飞机制造等工业部门采用外，其应用已逐渐减少，并逐渐被焊接、黏接所代替。

（二）过盈连接

过盈连接是利用包容件（如轮毂）与被包容件（如轴）间存在的过盈量实现的连接。过盈连接结构简单、定心性好、承载能力高，在振动条件下能可靠地工作；但其装配困难，对配合尺寸的精度要求较高。过盈连接主要用于轴与毂、轮圈与轮芯、滚动轴承的装配连接。

工作原理：孔与轴的配合中，轴的实际尺寸大于孔，两者装配后产生径向变形使配合面间产生了很大的压力，工作时载荷就靠着相伴而生的摩擦力来传递。轴的尺寸减去孔的尺寸称为过盈量。

1. **过盈连接的种类**

过盈连接的种类有圆柱面过盈连接和圆锥面过盈连接两种。圆柱面过盈连接配合过盈量的大小是由连接本身要求的紧固程度所决定的。圆锥面过盈连接是利用包容件与被包容件相对轴向位移压紧装配来实现的。

为便于装配，圆柱面过盈连接的包容件孔端与被包容件进入端都应倒角，如图 3-81 所示。圆柱面过盈连接后，由于材料有弹性，故在配合面之间的径向变形产生压力，工作时靠此压力产生的摩擦力来传递扭矩和轴向力。圆柱面过盈连接的承载能力主要取决于过盈量的大小。

圆锥面过盈连接压合距离短，装拆方便，装拆时配合面不易擦伤，可用于多次装拆的场合，但其配合面加工不便。

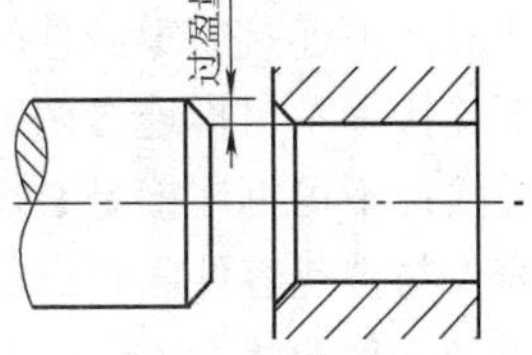

图 3-81　圆柱面过盈连接

2. **过盈连接的装配方法**

过盈连接的装配方法主要有压入法、温差法和液压法三种。

（1）压入法

压入法可用手锤加垫块敲击压入，也可采用各类压力机压入。手锤压入一般用于销、键、短轴等的过盈配合连接，以及单件小批生产中的滚动轴承、轴套的装配。手锤压入质量一般不易保证。压力机压入的导向性好，质量和效率较高，一般多用于各种盘类零件内的衬套、轴、轴承等过盈配合连接。由于压入过程中，表面微观不平度的峰尖被擦伤或压平，因而降低了连接的紧固性。过盈量不大时，一般用压入法装配。

3-9 压入法过盈连接

3-10 热胀法与冷缩法过盈连接

（2）温差法

温差法利用热胀冷缩的原理进行装配，主要有热装（热胀法）和冷装（冷缩法）两种。热装是指具有过盈量的两个零件，装配时先将包容件加热胀大，再将被包容件装配到配合位置的过程。冷装就是指具有过盈量的两个零件，装配时先将被包容件用冷却剂冷却，使其尺寸收缩，再装入包容件中使其达到配合位置的过程。温差法装配不会擦伤配合表面，过盈量大时采用温差法装配。

一般情况下，应用压入法和温差法装配时，拆开过盈连接要用很大的力，常会使零件配合表面或整个零件损坏，故属不可拆连接。如果装配过盈量不大，或者过盈量虽大，但采取了适当的装拆方法，则这种连接也是可拆的。

（3）液压法

液压法是利用高压油使包容件胀大，将被包容件压入的方法。利用高压油压入的过盈连接，拆开时其配合表面不受损坏，可实现多次装拆。这种方法适合于过盈量较大的大中型零件连接，具有可拆性。

1. 常用的不可拆连接有哪些类型？
2. 过盈连接的装配方法有哪几种？

任务实施

一、连接与连接的类型、常用连接件

1. 连接与连接的类型

连接是指被连接件和连接件的组合。连接按被连接的零部件间是否有相对运动可分为动连接和静连接两大类。机器工作时，被连接的零部件间可以有相对运动，称为动连接；机器工作时，被连接的零部件间不允许产生相对运动，称为静连接。连接按拆卸性质不同可分为可拆连接和不可拆连接两大类。可拆连接是不损坏连接中的任一零件，即可将被连接件拆开的连接；不可拆连接是必须破坏或损伤连接件或被连接件才能拆开的连接。另外，还有利用包容件与被包容件间存在的过盈量实现的过盈连接。

2. 常用连接件

常用连接件又称紧固件，有螺栓、双头螺柱、螺母、螺钉、垫圈、键、销等。此外，本项目任务三所述的联轴器和离合器也是连接件。

二、汽车发动机活塞连杆组采用的连接类型分析

图 3-82 所示汽车发动机活塞连杆组采用了两种连接类型。一种是活塞 1 与连杆小头 7 之间采用的销连接，另一种是连杆大头 4 和连杆盖 5 之间采用的螺栓连接。其中，活塞销 2 用来连接活塞 1 和连杆 3，并将活塞承受的力传给连杆或将连杆承受的力传给活塞。连杆螺栓 6 是指螺栓头部和螺杆连接在一起的紧固件，需要与配合螺母一起使用。

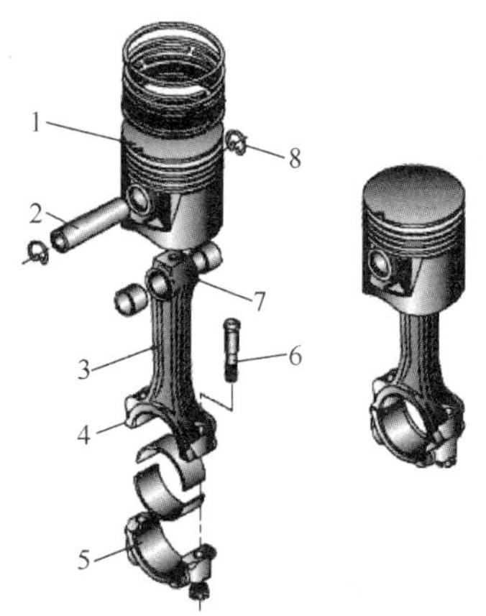

图 3-82　汽车发动机活塞连杆组

1—活塞　2—活塞销　3—连杆　4—连杆大头　5—连杆盖
6—连杆螺栓　7—连杆小头　8—活塞销卡环

项目四
汽车液压传动

液压传动具有传动平稳、承载能力大、质量轻、体积小等优点，因此在汽车机械中得到了广泛的应用。如汽车液压制动系统、汽车防抱死制动系统、汽车液压助力转向系统。学习液压传动知识，对于从事汽车设计、汽车制造和汽车维修具有重要意义。

任务一 液压传动基础知识

任务引入

现代汽车大多配有汽车防抱死制动系统和汽车液压助力转向系统。汽车防抱死制动系统既可以提高制动效果，又可以延长汽车轮胎的使用寿命；汽车液压助力转向系统既可以减轻驾驶员操作转向盘的体力劳动，又可以提高车辆的转向灵活性。这两种液压系统中，液压传动起着重要作用，是主要组成部分之一。那么，液压传动的工作原理是什么？液压传动系统的组成包括哪些？

任务分析

液压传动是利用液体作为工作介质来传递运动、动力和进行控制的一种传动方式。液压传动利用液压元件组成不同功能的基本回路，再由若干个基本回路有机地组合成能完成一定控制功能的传动系统，进行能量的传递、转换和控制，以满足机器设备对各种运动和动力的要求。学习液压传动基础知识，能为学习汽车机械有关液压传动知识打下必要的理论基础。

学习目标

素质目标

1. 树立科学思想，弘扬科学精神。
2. 提升创新意识，增强创新思维。

知识目标

1. 复述液压传动的特点。
2. 阐明液压传动的工作原理。

能力目标

1. 能够阐明液压传动系统的组成。
2. 能够说明液压传动系统原理图采用液压元件的图形符号绘制的原因。

相关知识

一、液压传动的工作原理

1. 油液的特性

在机械传动中，经常由轴、齿轮、带和带轮等传动件（工作介质）进行动力和运动的传递。在液压传动中，则以油液为工作介质（传动件）来传递动力和实现能量转换。因此，液压传动和机械传动是两种完全不同性质的传动方式。

油液是液压传动系统中最常用的工作介质，又是液压元件的润滑剂。油液具有许多重要的特性，其中最重要的是压缩性和黏性。压缩性表示油液受压缩作用后，其体积减小的性质。但在液压传动常用的工作压力范围内，油液的压缩量极小，一般可忽略不计。因此，可近似地认为油液具有“不可压缩性”。黏性表示油液流动时，流层之间产生内部摩擦阻力的性质。黏性的大小用黏度来衡量。油液的黏度随温度变化而变化，油温升高，黏度变小，油液容易流动；反之，黏度变大，油液流动性差。压力对黏度影响不大，一般不予考虑。

2. 液压传动的特点

（1）液压传动的优点

液压传动与机械传动、电气传动相比较，具有以下优点。

① 易于在较大的速度范围内实现无级调速。

② 易于获得很大的力或力矩，因此承载能力大。

③ 在功率相同的情况下，液压传动的体积小、质量轻、动作灵敏、惯性小。

④ 传动平稳、吸振能力强，便于实现频繁换向和过载保护。

⑤ 操纵简便，易于采用电气、液压联合控制以实现自动化。

⑥ 采用油液为工作介质，系统的零部件之间能自行润滑，使用寿命长。

⑦ 液压元件已实现了标准化、系列化和通用化，便于设计、制造和推广使用。

（2）液压传动的缺点

液压传动存在如下缺点。

① 漏油等因素会影响运动的平稳性和准确性。

② 液压传动对油温的变化比较敏感，温度变化时，液体黏性变化，引起运动特性的变化，使得工作的稳定性受到影响，所以它不宜在温度变化很大的环境条件下工作。

③ 为了减少泄漏，液压元件的配合件制造精度要求较高，加工工艺较复杂。

3. 液压千斤顶的工作原理

图 4-1 所示为液压千斤顶实物图与工作原理示意图。当提起杠杆手柄 1 时，小活塞 3 向上移动，小液压缸 2 下腔的密封容积增大，形成局部真空，油箱 12 中的油液在大气压力的作用下通过吸油管 5 推开单向阀 4，进入小液压缸 2 下腔，此时单向阀 7 关闭，完成一次吸油动作。当用力压下杠杆手柄 1 时，小活塞 3 向下移动，小液压缸 2 下腔的密封容积减小，油压升高，单向阀 4 关闭，单向阀 7 打开，小液压缸 2 下腔的油液经管道 6 进入大液压缸 9 的下腔，迫使大活塞 8 向上移动一段距离，举起重物，即完成一次压油动作。不断地往复提压杠杆手柄，就能不断地把油液压入大液压缸 9 下腔，使重物逐渐升起，达到起重的目的。当工作完毕时，打开截止阀 11，大液压缸 9 下腔的油液通过管道 10、截止阀 11 流回油箱 12，大活塞 8 在重物和自重作用下向下移动，回到原始位置。

由液压千斤顶的工作原理可知，小液压缸 2、小活塞 3、单向阀 4 和 7 一起完成吸油与压油，将杠杆的机械能转换为油液的压力能输出，称为（手动）液压泵。大液压缸 9、大活塞 8 将油液的压力能转换为机械能输出，顶起重物，称为液压缸（执行元件）。这种在密封容器内，利用受压液体传递压力能，再通过执行机构，把压力能转化成机械能而做功的传动方式，称为液压传动。

综上分析，液压传动的工作原理包含三点。① 以油液作为工作介质，通过油液内部的压力来传递运动和动力；② 传递过程中必须经过两次能量转换；③ 传递必须在密封容器内进行，而且密封容积要发生变化。

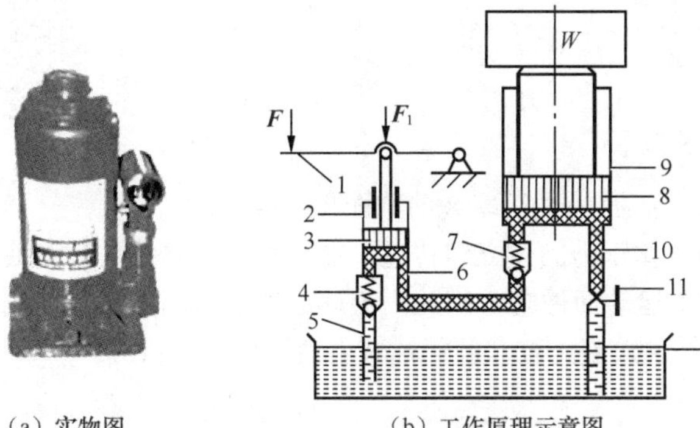

（a）实物图　　（b）工作原理示意图

图 4-1　液压千斤顶

1—杠杆手柄　2—小液压缸　3—小活塞　4、7—单向阀　5—吸油管

6、10—管道　8—大活塞　9—大液压缸　11—截止阀　12—油箱

4-1 液压千斤顶的工作原理

二、油液压力的产生和压力传递

图 4-2 所示是油液压力产生原理图。油液 2 被装在密封容器内，如果活塞 1 上不加任何重力（外力或负载），并且忽略油液和活塞的质量，这时压力表 3 上的指针指在“0”位，这表明油液没有压力。如果在活塞上逐渐增加外力 $\boldsymbol{F}$，可以看到压力表上的指针开始偏转，并且偏转角度随着 $\boldsymbol{F}$ 的增大而增加，这表明油液有了压力，这个压力的产生是外力作用的结果。外力越大，油液压力也越大。

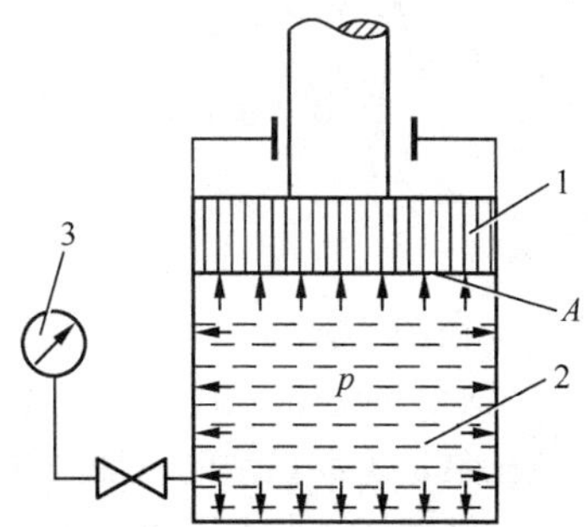

图 4-2　油液压力产生原理图

1—活塞　2—油液　3—压力表

在液压传动中，把垂直压向油液单位面积上的力称为油液压力，简称压力，并用 p 表示，它相当于物理学中压强的概念，即

$$p=\frac{F}{A}$$

式中，p 为油液压力，Pa；$\boldsymbol{F}$ 为作用在油液表面上的外力，N；A 为承受油液压力作用的面积，m^2。

根据作用力与反作用力关系，压力为 p 的油液作用在面积为 A 的物体上，所产生的液压作用力为

$$F_p=pA$$

式中，$\boldsymbol{F}_p$ 为液压作用力（简称液压力），N。

由上述可知，油液受外力作用产生压力，这一压力通过作用面积产生液压作用力。显然，

油液表面承受外力的面积 A，即是承受油液压力作用的面积，即 $pA = F$，因此取得平衡，使油液处于静止状态。

在密封容器内静止的油液，当某一处受到外力作用产生压力时，这个压力将通过油液传到各个连通容器内的任意点上，并且压力值处处相等，这就是静压传递原理，即帕斯卡原理。

根据静压传递原理，可以计算图 4-1 所示中力的比例关系。由于压力 p 以同样大小传到大液压缸 9，故大活塞 8 上产生的液压作用力为

$$F_p = F_2 = pA_2$$

或

$$p = \frac{F_1}{A_1} = \frac{F_2}{A_2}$$

即

$$\frac{F_1}{F_2} = \frac{A_1}{A_2}$$

4-2 认识帕斯卡原理

式中，A_1 为小活塞 3 的截面积，m^2；A_2 为大活塞 8 的截面积，m^2。

静压传递原理也适用于流动液体压力的建立和传递。在液压传动系统（简称液压系统）中，流动液体依靠流动的油液产生运动而做功。因此，流动油液压力的建立可用图 4-3 来说明，图中液压缸活塞截面积为 A，进入液压缸左腔的油液由液压泵连续供应。

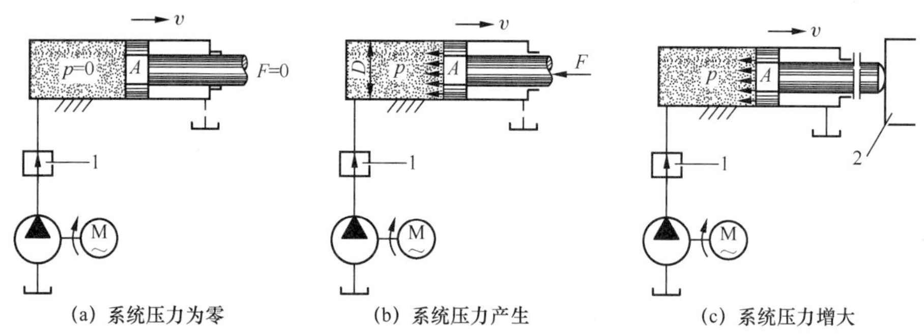

(a) 系统压力为零　(b) 系统压力产生　(c) 系统压力增大

图 4-3　流动油液压力的建立

1—各种液压阀　2—固定挡铁

在图 4-3（a）中，假设负载阻力（工作阻力、摩擦力、弹簧力等）为零，即 $F = 0$。液压泵输入液压缸左腔的油液不会受到挤压作用，因此压力无法建立，即 $p = F/A = 0$。但是，液压泵是连续供油的，油液又具有“不可压缩性”，因而没有压力的油液充扩液压缸左腔容积，推动活塞向右运动。

图 4-3（b）中，输入液压缸左腔的油液受到负载阻力 $\boldsymbol{F}$ 的阻挡，不能立即推动活塞运动。但液压泵继续供油，使油液受到挤压而产生压力 p。当压力随着液压泵的连续供油，由小到大地不断上升时，在活塞上产生的液压作用力 $F_p = pA$ 也迅速增大。当 $\boldsymbol{F}_p$ 增大到足以克服负载阻力 $\boldsymbol{F}$ 时，则液压泵所提供的压力油将充扩液压缸左腔容积，进而推动活塞克服负载阻力向右运动。如果活塞在运动中，负载阻力 $\boldsymbol{F}$ 保持不变，液压作用力将始终与负载阻力相平衡，即 $F_p = F$。

图 4-3（c）中，当活塞运动到右端终点时受到固定挡铁的阻挡，液压缸左腔的容积无法继续增大。但液压泵仍继续供油，所以油液将受到极大的挤压作用，压力急剧上升。如果液压系统没有保护措施，将损坏系统中的某些薄弱环节，或当液压泵达到其额定压力时，将使液压泵无法正常工作。

由液压系统中压力的建立过程可知，液压系统中的压力大小取决于负载，它从无到有，从小到大，最后达到额定压力，液压元件大多数以此为基本参数。额定压力应符合公称压力系列，目前，常用的优选公称压力系列有：1.0kPa，1.6kPa，2.5kPa，4.0kPa，6.3kPa，10kPa，16kPa，25kPa，40kPa，63kPa，100kPa，……；1.0MPa，1.6MPa，2.5MPa，4.0MPa，6.3MPa，10MPa，12.5MPa，16MPa，20MPa，25MPa，31.5MPa，40MPa，50MPa，……。可在其后加括号注明以 bar 为单位的等量值。

知识拓展

全球最大的射电天文望远镜、国产 C919 大飞机、飞速建设的高铁、科威特跨海大桥等科技成果彰显了中国在高科技领域取得的进步，这些都离不开一项关键技术——液压传动。液压传动技术水平的高低已成为国家工业发展水平的重要标志。

三、液体流动知识

1. 流量和平均流速

液压传动是依靠密封容积的变化来传递运动的，而密封容积的变化必然要引起油液的流动。单位时间内流过管道或液压元件某一截面的油液体积，称为体积流量（简称流量），以 q_v（m^3/s）表示。若在时间 t（s）内，流过管道或液压元件某一截面的油液体积为 V（m^3），则

$$q_v = \frac{V}{t}$$

在正常条件下，按试验标准规定连续运转（工作）所必须保证的流量，称为额定流量，它也是液压元件的基本参数之一。额定流量应符合公称流量系列。

如果用 L 表示距离，则油液的流速为

$$v = \frac{L}{t}$$

由于体积是截面积与距离的乘积，即 $V = AL$，则

$$L = V/A$$

又因为

$$V = q_v t$$

所以

$$v = \frac{q_v t}{A} \Big/ t = \frac{q_v}{A}$$

由于油液具有黏性，流动时受到黏附力的阻滞，所以在同一截面上各点的实际流速是不相等的，如图 4-4 所示。图中，u 为油液流动的实际流速，$\bar{v}$ 为油液流动的平均流速。

但在液压传动中，往往以平均流速进行近似计算。即

$$\bar{v} = \frac{q_v}{A}$$

式中，$\bar{v}$ 为油液流动的平均流速，m/s；q_v 为油液流量，m^3/s；A 为管道的通流面积或液压缸的有效作用面积，m^2。

用平均流速与实际流速计算的结果是一致的。

根据流量和流速的概念，可得出下列三个结论。

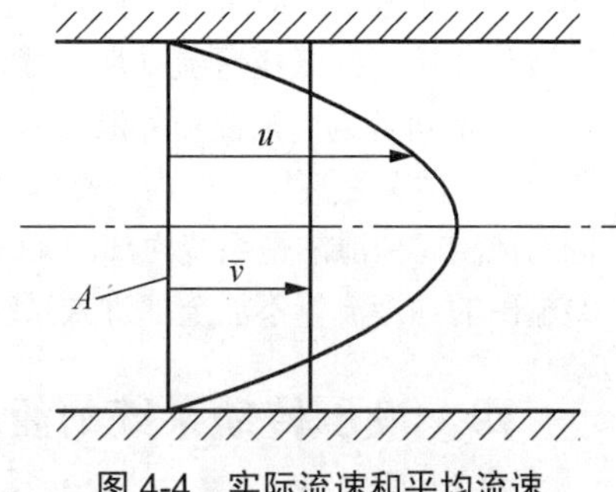

图 4-4　实际流速和平均流速

① 由于油液的“不可压缩性”，在液压缸内油液的流速即是活塞（或液压缸）的运动速度。

② 油液在管道内的流速或活塞（或液压缸）的运动速度 v，仅与作用面积 A 及流量 q_v 两个因素有关，而与压力大小无关。

③ 管道的通流面积或液压缸的有效作用面积 A 一定时，活塞（或液压缸）的运动速度 v，取决于进入管道或液压缸内的流量 q_v。

由于油液具有“不可压缩性”，所以油液在无分支的管道中流动时，流经每一横截面上的流量一定相等。这就是液体流动连续性原理。因此，进入管道一端和自另一端流出的流量也一定相等。图 4-5 所示的管道中，设流过截面 1 和截面 2 的流量分别为 q_{v1} 和 q_{v2}，则 $q_{v1}=q_{v2}$。即

$$A_1\overline{v}_1 = A_2\overline{v}_2$$

上式也称为液体流动连续性方程。由该方程可知：

① 在同一管道中流动的油液，流过任一截面的流量相等。

② 等径管道中流动的油液，其进入管道的平均流速与流出管道的平均流速相等。

③ 变径管道中流动的油液，其平均流速随流经截面的变化而变化，截面积小，平均流速大；截面积大，平均流速小。

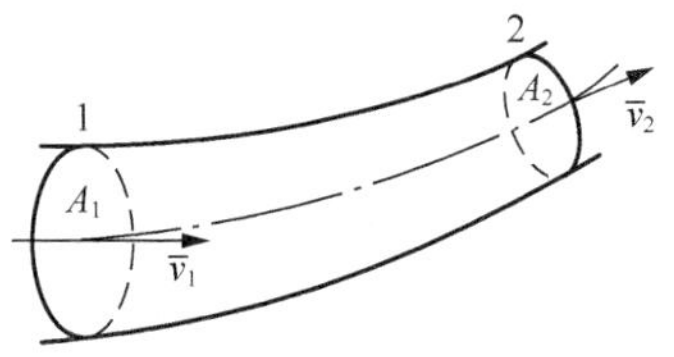

图 4-5 液体流动连续性原理图

2. 液阻和压力损失

由于油液具有黏性，它在管道中流动时，油液各分子之间以及油液与管壁之间的黏附力会产生阻滞油液流动的现象，这种阻力现象称为液阻。液压系统中的液阻，会造成流动油液的能量损失，它主要表现为压力损失。

压力损失有两种：一种叫沿程损失，一种叫局部损失。沿程损失是指油液在截面相同的直管中流动时的压力损失。管道越长，流速越快，损失就越大；反之，损失就越小。局部损失是指油液流经管道截面大小和形状突然改变或管道弯曲等局部位置时，所造成的压力损失。

油液在管道中流动，由于液阻造成压力损失，会带来功率损失，进而油液发热黏度减小而引起泄漏增加，甚至使液压元件受热膨胀而“卡死”。因此，应尽量减少液阻，以减少压力损失。液阻也有有利的一面，如利用液阻可以实现对某些液压元件流量和压力的控制。

3. 泄漏和流量损失

在正常情况下，从液压元件的密封间隙会漏出少量油液，这种现象称为泄漏。在液压传动系统中，泄漏总是不同程度地存在着。泄漏往往产生在液压元件具有相对运动的两个表面间，以及液压元件与油管的连接处。泄漏是因油液从高压区向低压区流动所造成的。

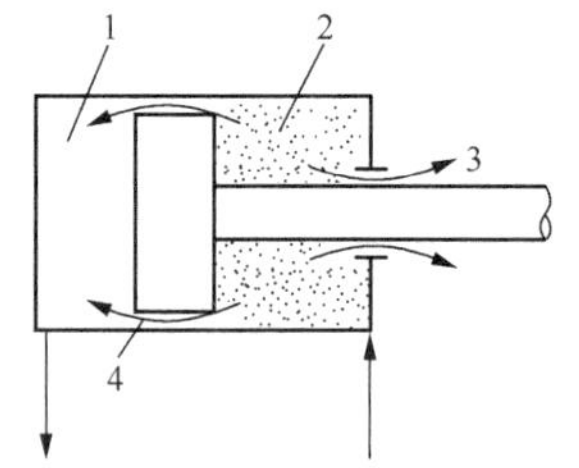

图 4-6 液压缸中的泄漏

1—低压区 2—高压区 3—外泄漏 4—内泄漏

泄漏可分为内泄漏和外泄漏两种，如图 4-6 所示。内泄漏是液压元件内部高压区和低压区之间的泄漏。外泄漏是系统内部向系统外部（大气）的泄漏。泄漏必然会引起流量损失，使液压泵输出的油液流量不能全部进入系统中进行工作，影响液压缸等执行元件的运动速度。

四、液压传动系统的组成与图形符号

图 4-7 所示为一台简化了的机床工作台的液压传动系统，液压传动系统的工作过程如下。

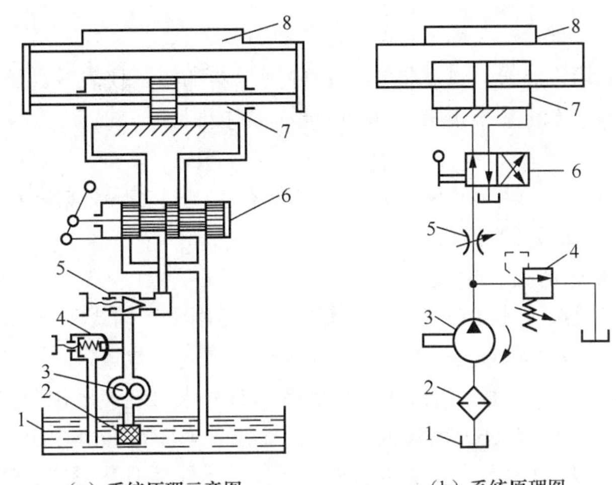

（a）系统原理示意图　　（b）系统原理图

图 4-7　机床工作台液压传动系统

1—油箱　2—过滤器　3—液压泵　4—溢流阀　5—节流阀　6—换向阀　7—液压缸　8—工作台

在图 4-7（a）中，液压泵 3 由电动机（图中未示出）带动旋转从油箱 1 中吸油。油液经过滤器 2 过滤后流向液压泵 3，然后油液流经节流阀 5 和换向阀 6 进入液压缸 7 的左腔，推动活塞连同工作台 8 向右移动。这时，液压缸 7 右腔的油液通过换向阀 6 经回油管排回油箱 1。将换向阀 6 手柄扳到左边位置，使换向阀 6 阀芯左移，则压力油经换向阀 6 进入液压缸 7 的右腔，推动活塞连同工作台 8 向左移动。这时，液压缸 7 左腔的油液也经换向阀 6 和回油管排回油箱 1。

工作台 8 的移动速度是通过节流阀 5 来调节的。当节流阀 5 开口较大时，进入液压缸 7 的流量较大，工作台 8 的移动速度也较快。反之，当节流阀 5 开口较小时，工作台 8 的移动速度则较慢。

工作台移动时必须克服阻力，例如克服切削力和相对运动表面的摩擦力等。为适应克服不同大小阻力的需要，液压泵输出油液的压力能够调整。另外，当工作台低速移动时，节流阀开口较小，液压泵出口多余的压力油也需排回油箱，这些功能是由溢流阀 4 来实现的，调节溢流阀 4 弹簧的预压力，就能调整液压泵出口的油液压力。

1. 液压传动系统的组成

由上述例子可知，液压传动系统由以下五部分组成。

（1）动力元件

动力元件即液压泵，它将原动机输入的机械能转换为流体介质的液压能，其作用是为液压传动系统提供压力油，是系统的动力源。

（2）执行元件

执行元件是指液压缸或液压马达，它是将液压能转换为机械能的装置，其作用是在压力油的推动下输出力和速度（或力矩和转速），以驱动工作部件。

（3）控制元件

控制元件包括各种阀，如上例中的溢流阀、节流阀、换向阀等。这类元件的作用是控制液压传动系统中油液的压力、流量和流动方向，以保证执行元件完成预期的工作。

（4）辅助元件

辅助元件包括油箱、油管、过滤器以及各种指示器和控制仪表等。这类元件的作用是提供必要的条件，使液压传动系统正常工作和便于监测控制。

（5）工作介质

工作介质即传动液体，通常称液压油（常用的有 32 号、64 号液压油）。液压传动系统通过工作介质实现运动和动力的传递。

2. 液压传动系统的图形符号

图 4-7（a）中组成液压传动系统的各个液压元件是用半结构式图形画出来的（示意图），这种图形直观性强，较易理解，但难于绘制，系统中液压元件数量多时更是如此。在工程实际中，除某些特殊情况外，一般都采用液压元件的图形符号来绘制液压传动系统原理图，其表达简单明了，便于绘制。图 4-7（b）所示为采用国家标准（GB/T 786.1—2009）规定的液压图形符号绘制的液压传动系统原理图。液压图形符号只表示元件功能及连接系统的通路，不表示元件结构、参数和元件在机器中的实际安装位置，符号均以元件的静止位置或中间零位置表示。

1. 液压传动系统中可以用油液的平均流速取代实际流速吗？
2. 液压传动系统由哪几部分组成？

任务实施

一、液压传动的工作原理

① 液压传动以油液作为工作介质，通过油液内部的压力来传递运动和动力。

② 液压传动的传递过程中必须经过两次能量转换。

③ 液压传动必须在密封容器内进行，而且密封容积要发生变化。

二、液压传动系统的组成

液压传动系统由动力元件、执行元件、控制元件、辅助元件和工作介质五部分组成。

任务二 液压元件

任务引入

汽车发动机工作时，发动机润滑系统靠机油泵（见图 4-8）提供动力。那么，图示机油泵是哪种类型的液压泵，其工作原理是怎样的？随着发动机转速的变化，机油泵的泵油压力也会发生相应的变化。那么，是哪种液压元件控制机油泵的泵油压力的？发动机润滑系统还采用了哪些液压元件？

图 4-8 发动机润滑系统机油泵

任务分析

汽车发动机润滑系统机油泵能将输入的机械能转换为液压能输出。控制机油泵泵油流量和压力的是液压控制元件，通过控制元件控制泵油流量和压力，可以控制发动机润滑系统的压力始终在一定范围内。此外，还需要一些液压辅助元件，才能实现对汽车的润滑。

学习目标

素质目标

1. 树立科学思想，弘扬科学精神。
2. 强化创新意识，增强创新思维。

知识目标

1. 总结不同类型液压泵、液压马达和液压缸的特点。
2. 阐明不同类型液压泵、液压马达和液压缸的工作原理。

能力目标

1. 能够说明汽车发动机润滑系统机油泵的工作原理。
2. 能够正确绘制不同液压元件的图形符号。

相关知识

在液压传动系统中，液压泵、液压马达和液压缸都是能量转换装置，液压泵的作用是将输入的机械能转换为液压能输出，而液压马达及液压缸是将输入的液压能转换为机械能输出。

一、液压泵

（一）液压泵的工作原理、类型及图形符号

1. 液压泵的工作原理

图4-9所示为单柱塞泵结构示意图，主要由偏心轮、柱塞、缸体、弹簧和两个单向阀组成。柱塞2安装在缸体3内，柱塞在弹簧4的作用下和偏心轮1保持接触。当偏心轮转动时，柱塞做左右往复运动。当柱塞向右运动时，其左端和缸体所形成的密封容积增大，形成局部真空，油箱中的油液就在大气压作用下通过单向阀5进入缸体内，单向阀6封住压油口，防止系统中的油液回流，这时液压泵吸油。当柱塞向左运动时，密封容积减小，单向阀5封住吸油口，防止油液流回油箱，于是缸体内的油液受到挤压，便经单向阀6进入系统，这时液压泵压油。若偏心轮不停地转动，则液压泵不断地吸油和压油。

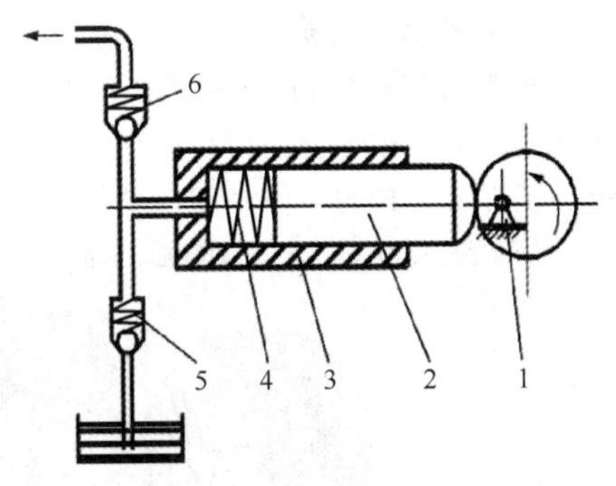

图4-9 单柱塞泵结构示意图

1—偏心轮 2—柱塞 3—缸体 4—弹簧 5、6—单向阀

由此可见，液压泵是通过密封容积的变化来实现吸油和压油的。利用这一原理工作的液压泵统称为容积式液压泵。构成容积式液压泵有两个必要条件。

① 具有密封容积，且密封容积又可以周期性地变化。密封容积由小变大时吸油，密封容积由大变小时压油。

② 具有配流装置（将吸油口、压油口隔开）。配流装置保证密封容积由小变大时只与吸油管相通，密封容积由大变小时只与压油管相通。

4-3 单柱塞液压泵的工作原理

2. 液压泵的类型和图形符号

液压泵的类型很多。按照结构的不同，液压泵分为齿轮泵、叶片泵、柱塞泵、螺杆泵及摆线泵等；按照输出油液的流量能否调节，液压泵分为定量泵和变量泵；按照吸油口与压油口能否交换，液压泵分为单向泵和双向泵。液压泵的图形符号如图4-10所示。

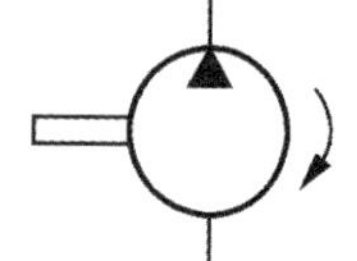
(a) 单向定量液压泵

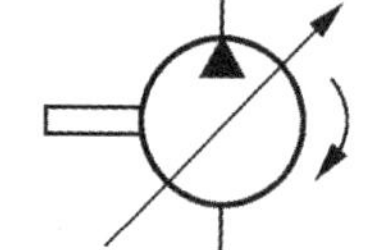
(b) 单向变量液压泵

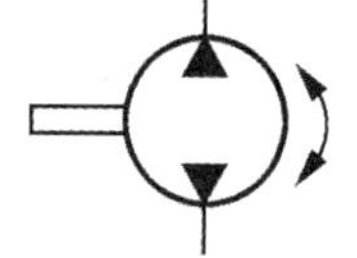
(c) 双向定量液压泵

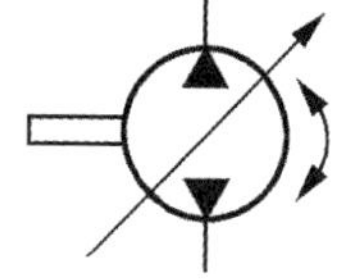
(d) 双向变量液压泵

图4-10　液压泵的图形符号

1. 构成容积式液压泵的必要条件是什么？
2. 分析容积式液压泵的工作原理。

（二）常用液压泵的特点、结构及工作原理

1. 齿轮泵

齿轮泵的主要优点是结构简单，制造方便，价格低廉，体积小，质量轻，对油的污染不敏感，工作可靠，便于维护修理。又因齿轮是对称的旋转体，故齿轮泵允许使用高转速。其缺点是流量脉动大，噪声大，流量不可调。齿轮泵一般用于低压轻载系统。齿轮泵有外啮合和内啮合两种形式。

4-4 齿轮泵

（1）外啮合齿轮泵

外啮合齿轮泵的结构如图4-11（a）所示。它由装在泵体内的一对齿数相同、宽度和泵体接近而又互相啮合的齿轮所组成，齿轮两侧由端盖罩住，泵体、端盖和齿轮的各个齿间槽组成了许多密封的工作容积。泵体有两个油口，一个是吸油口，另一个是压油口。

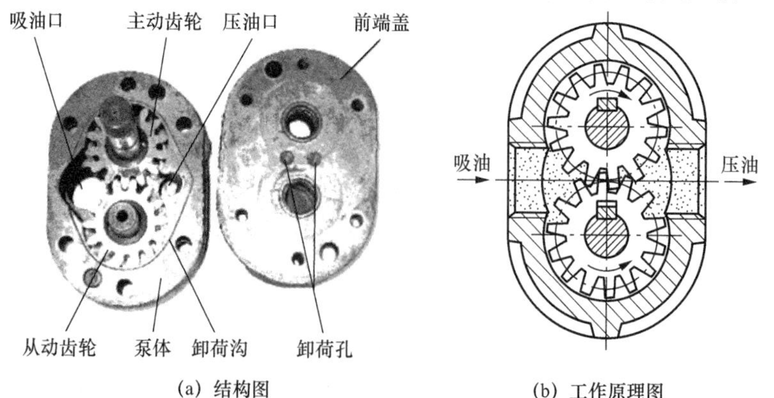

(a) 结构图　　(b) 工作原理图

图4-11　外啮合齿轮泵

外啮合齿轮泵的工作原理如图 4-11（b）所示。当齿轮按图示方向旋转时，左侧吸油腔由于相互啮合的齿轮逐渐脱开，密封工作容积逐渐增大，形成部分真空，因此油箱中的油液在外界大气压的作用下，经吸油管进入吸油腔，将齿间槽充满，并随着齿轮旋转，把油液带到右侧的压油腔内。在右侧压油腔，由于齿轮逐渐进入啮合，密封工作容积不断减小，油液便被挤出，从压油腔输送到压油管路中。齿轮啮合点处的齿面接触线一直起着隔离高、低压腔的作用。因此，在外啮合齿轮泵中不需要设置专门的配流机构，这是它与其他类型容积式液压泵的不同之处。

由于外啮合齿轮泵的密封容积变化范围不能改变，故流量不可调，属于定量泵。桑塔纳、捷达和奥迪等部分轿车的机油泵，采用的就是外啮合齿轮泵。

（2）内啮合齿轮泵

内啮合齿轮泵有渐开线内啮合齿轮泵和摆线内啮合齿轮泵（摆线转子泵）两种，它们的工作原理和主要特点与外啮合齿轮泵完全相同，结构图如图 4-12 所示。在渐开线内啮合齿轮泵中，小齿轮和内齿轮之间装有一块月牙形隔板，以便把吸油腔和压油腔隔开。在摆线内啮合齿轮泵中，小齿轮和内齿轮相差一个齿，因而不需设置隔板。内啮合齿轮泵中的小齿轮是主动轮。

(a) 渐开线内啮合齿轮泵

(b) 摆线内啮合齿轮泵

图 4-12　内啮合齿轮泵

内啮合齿轮泵结构紧凑，尺寸小，质量轻；由于齿轮转向相同，故相对滑动速度小，磨损小，使用寿命长；流量脉动远比外啮合齿轮泵小，因而压力脉动和噪声都较小；内啮合齿轮泵允许使用高转速（高转速下的离心力能使油液更好地充入密封工作腔），可获得较大的容积效率。

摆线内啮合齿轮泵结构更简单，而且由于啮合的重叠系数大，传动平稳，吸油条件更好。它的缺点是齿形复杂，加工精度要求高，需要专门的制造设备，造价较高。汽车自动变速器上采用的液压泵大多是摆线内啮合齿轮泵。

2. **叶片泵**

叶片泵通常为中压泵，在机床、工程机械、船舶、压铸及冶金设备中应用十分广泛。叶片泵具有结构紧凑、输油量均匀、压力脉动较小、容积效率较高、运转平稳、体积小、质量轻、使用寿命长等优点。但它对油液污染较敏感，转速不能太高。现代汽车广泛采用叶片泵作为液压助力泵。

按照工作原理，叶片泵可分为单作用式叶片泵和双作用式叶片泵两类。双作用式叶片泵与单作用式叶片泵相比，流量均匀性好，所受的径向力基本平衡，因此应用较广。双作用式叶片泵常制作成定量泵，而单作用式叶片泵可以制作成多种变量形式的变量泵。

（1）双作用式叶片泵

双作用式叶片泵由定子、转子、叶片和前后两侧装有端盖的泵体等组成，如图 4-13（a）所示。叶片安放在转子槽内，并可沿槽滑动。转子和定子中心重合，定子内表面近似呈椭圆形，由两段长半径为 R 的圆

4-5 双作用式叶片泵

弧、两段短半径为 r 的圆弧和四段过渡曲线所组成。在端盖上，对应于四段过渡曲线的位置开有四条沟槽，其中两条与泵的吸油口连通，另外两条与泵的压油口连通。

双作用式叶片泵的工作原理如图4-13（b）所示。当电动机带动转子按图示顺时针方向旋转时，叶片在离心力作用下压向定子内表面，并随定子内表面曲线的变化而被迫在转子槽内往复滑动。转子旋转一周，每一叶片往复滑动两次，每相邻两叶片间的密封容积就发生两次增大和减小的变化。容积增大产生吸油作用，容积减小产生压油作用。因为转子每转一周，这种吸、压油作用发生两次，故这种叶片泵称为双作用式叶片泵。双作用式叶片泵的流量不可调，是定量泵。

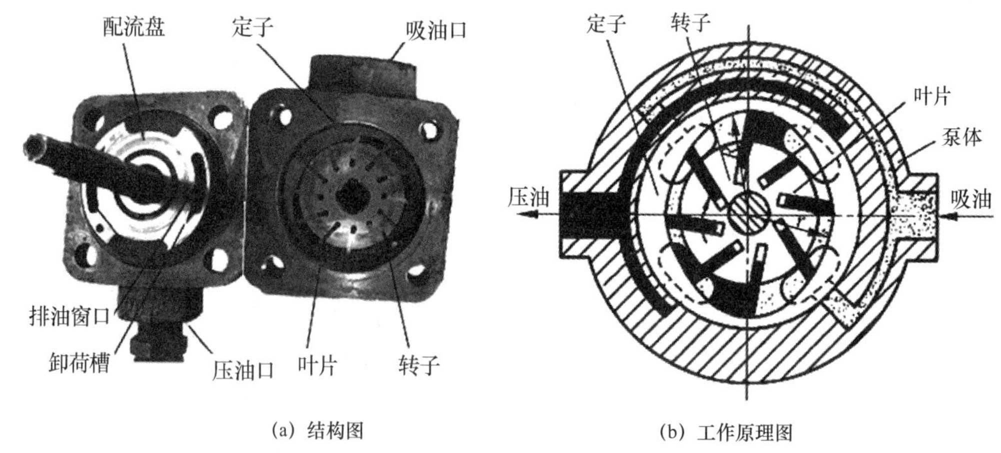

（a）结构图　　（b）工作原理图

图4-13　双作用式叶片泵

（2）单作用式叶片泵

4-6 单作用式叶片泵

单作用式叶片泵主要由定子、转子、叶片、配流盘、泵体及两侧端盖组成。定子具有圆柱形内表面，叶片装在转子槽中，并可在槽内滑动。

单作用式叶式泵的工作原理如图4-14所示。与双作用式叶片泵显著不同的是，单作用式叶片泵的定子内表面是圆形，转子与定子之间有一偏心距 e，端盖上只开有一条吸油槽和一条压油槽。当转子旋转一周时，每一叶片在转子槽内往复滑动一次，每相邻两叶片间的密封容积发生一次增大和缩小的变化。即转子每转一周，实现一次吸油和压油，所以这种泵称为单作用式叶片泵。这种泵的偏心距通常制作成可调的。偏心距的改变会引起液压泵输出流量的相应变化，偏心距增大，输油量也随之增大。所以，单作用式叶片泵是变量泵。

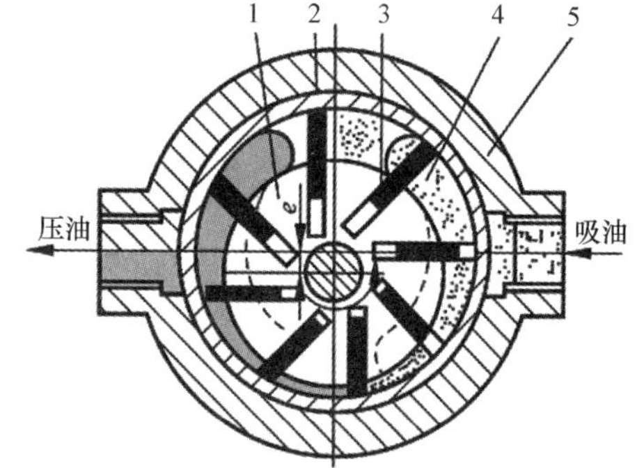

图4-14　单作用式叶片泵工作原理图

1—转子　2—定子　3—叶片

4—配流盘　5—泵体

3. **柱塞泵**

柱塞泵依靠柱塞与泵体内孔面形成密封工作容积。由于柱塞与泵体内孔均为圆柱表面，因此柱塞泵加工方便，配合精度高，密封性能好。柱塞泵还具有压力高、结构紧凑、效率高及流量调节方便等优点。柱塞泵主要零件处于受压状态，可使材料强度性能得到充分利用，故柱塞泵常用于需要高压、大流量和流量需要调节的液压传动系统中。奥迪 A2 轿车 1.6L 汽油机上应用的是三柱塞高压燃油泵，奥迪 2.0L-FSI 汽油机上已改用可按需调节供油量的单柱塞高压燃油泵。

柱塞泵按柱塞排列方向的不同，分为轴向柱塞泵和径向柱塞泵。轴向柱塞泵按其结构特点又分为斜盘式轴向柱塞泵和斜轴式轴向柱塞泵两类；径向柱塞泵按其结构特点又分为回转式径向柱塞泵和卧式径向柱塞泵两类。

（1）斜盘式轴向柱塞泵

图 4-15 所示为斜盘式轴向柱塞泵，这种泵主要由斜盘、柱塞、缸体（转子）和配流盘等组成。斜盘、配流盘均与泵体（图中未示出）相固定，柱塞在弹簧的作用下以球形端头与斜盘接触。在配流盘上开有两个弧形沟槽，分别与泵的吸、压油口连通，形成吸油腔和压油腔。两个弧形沟槽彼此隔开，保持一定的密封性。斜盘相对于缸体的夹角为 α，原动机通过传动轴带动缸体旋转，柱塞就在柱塞孔内做轴向往复滑动。处于 0～π 范围内的柱塞向缸体外伸出，使其底部的密封容积增大，将油吸入；处于 π～2π 范围内的柱塞向缸体内压入，使其底部的密封容积减小，把油压往系统中。

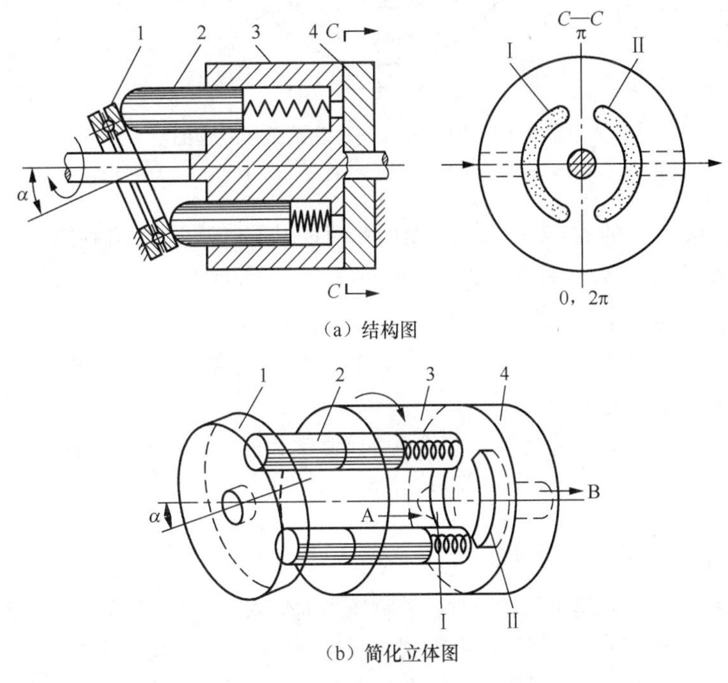

（a）结构图

（b）简化立体图

图 4-15　斜盘式轴向柱塞泵

1—斜盘　2—柱塞　3—缸体　4—配流盘

Ⅰ—吸油腔　Ⅱ—压油腔　A—吸油口　B—压油口

显然，泵的输油量取决于柱塞往复运动的行程长度，也就是取决于斜盘的倾角 α，如果 α 角可以调整，该泵就成为变量泵。α 角越大，输油量也就越大。

（2）回转式径向柱塞泵

图 4-16 所示为回转式径向柱塞泵的工作原理图。在转子 2 上径向分布着许多柱塞孔，孔中装有柱塞，转子 2 的中心线与定子 1 的中心线之间有一个偏心距 e。在固定不动的配

流盘 3 上，相对于柱塞孔的部位有相互隔开的上、下两个缺口，这两个缺口又分别通过所在部位的轴向孔与泵的吸、压油口连通，形成吸油腔和压油腔。当转子旋转时，柱塞在离心力作用下，其头部与定子内表面紧紧接触，由于转子与定子之间有一个偏心距，所以柱塞在随转子转动的同时，又在柱塞孔内做径向往复滑动。当转子按图 4-16 中箭头所示方向旋转时，上半周的柱塞皆向外滑动，柱塞孔内的密封容积增大，于是通过轴向孔吸油；下半周的柱塞皆向内滑动，柱塞孔内的密封容积减小，于是通过轴向孔压油。

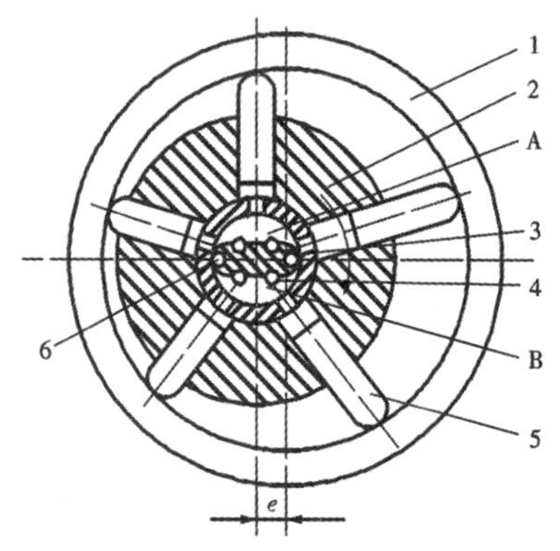

图 4-16　回转式径向柱塞泵工作原理图

1—定子　2—转子　3—配流盘　4—压油口　5—柱塞　6—吸油口　A—吸油腔　B—压油腔

如果改变偏心距 e 的大小，则可改变泵的输油量，因此回转式径向柱塞泵是一种变量泵。若偏心距由正值变为负值，则泵的吸、压油腔互换，使系统中的油液改变流动方向，这样的回转式径向柱塞泵就成了双向变量泵。

1. 常用液压泵有哪几种？
2. 现代汽车广泛采用的液压助力泵是哪种类型的液压泵？为什么？

二、液压马达和液压缸

液压马达和液压缸同属于执行元件。若将压力油输入液压马达，可得到旋转运动形式的机械能；若将压力油输入液压缸，则可得到直线运动形式的机械能。因此，从能量转换的角度来看，液压马达和液压缸可以归纳为一个类型的机械，即液动机。

（一）液压马达

液压马达是将液压能转换为连续回转的机械能的液压执行元件。从原理上讲，液压马达和液压泵具有可逆性，故其结构与液压泵基本相同，有相当一部分泵可直接作为马达使用。但由于泵和马达二者的功用和工作状况不同，所以它们在实际结构上存在一定的差别，并非所有的液压泵都能当作液压马达使用。

与液压泵相似，液压马达的类型很多。按照结构的不同，液压马达分为齿轮马达、叶片马达、柱塞马达、摆线马达及摆动马达等；按照排量能否调节，液压马达分为定量液压马达和变量液压马达。液压马达的图形符号如图 4-17 所示。

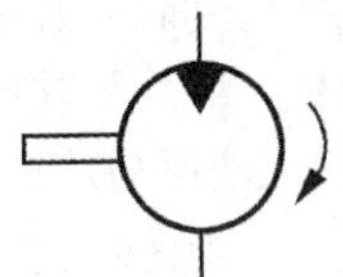

(a) 单向定量液压马达

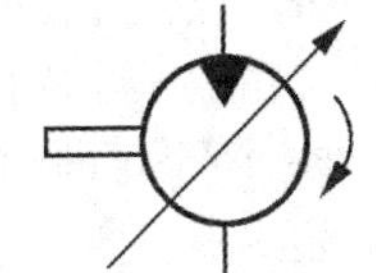

(b) 单向变量液压马达

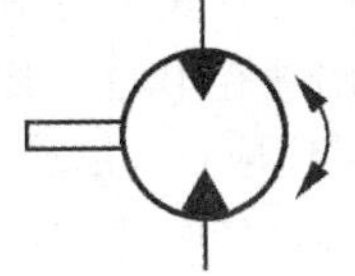

(c) 双向定量液压马达

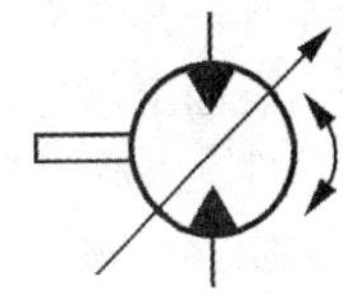

(d) 双向变量液压马达

图 4-17　液压马达的图形符号

1. 齿轮式液压马达

齿轮式液压马达的工作原理如图 4-18 所示。图中 O 为两齿轮的啮合点。设齿轮齿高为 h，啮合点到两齿轮齿根的距离分别为 a 和 b。当压力油输入到进油腔并作用在齿面上时（如图中箭头所示，齿面两边受力平衡的部分都未表示），在两个齿轮上就各有一个使它们产生转动的液压作用力 $pB(h-a)$ 和 $pB(h-b)$。其中，p 为油液压力，B 为齿宽。在上述液压作用力的作用下，两齿轮按图示方向旋转，并把油液通过出油腔排出。同时，齿轮式液压马达对外输出扭矩和转速。

4-7 齿轮式液压马达

目前齿轮式液压马达可以分两类：一类是以齿轮泵为基础的齿轮马达，既可用作液压泵，又可用作齿轮马达。另一类是专门设计的齿轮马达。与齿轮泵相比其结构特点是：进、出油口对称，孔径相同，使正、反转时性能相近；采用外泄漏油孔，把泄漏到轴承部分的油液单独导回油箱，以免液压马达反转时出油腔变成高压腔，将轴端油封冲坏。齿轮式液压马达的启动力矩小，低速稳定性差，适用于液压传动系统中的回转运动机构中。

2. 双作用叶片式液压马达

双作用叶片式液压马达的工作原理，如图 4-19 所示。当压力油通入液压马达后，叶片 2、4、6、8 的两侧液压力相等，叶片 1、3、5、7 的一侧接进油口，另一侧接出油口。转子受到的合力矩使转子按顺时针方向转动。定子长短径差值越大、转子直径越大、输入的油压越高时，液压马达的输出扭矩也就越大。当改变输油方向时，液压马达反转。

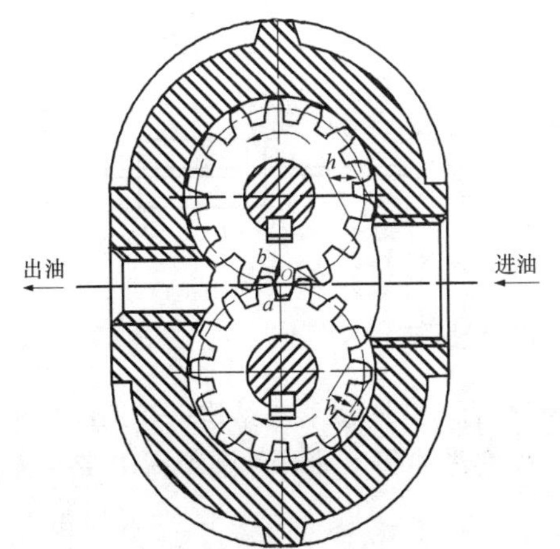

图 4-18　齿轮式液压马达工作原理图

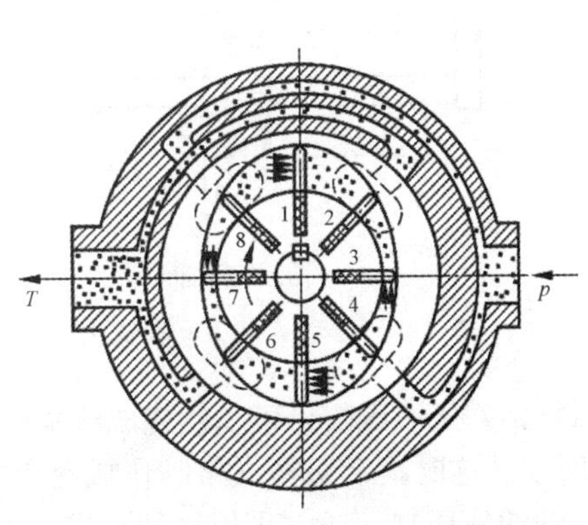

图 4-19　双作用叶片式液压马达工作原理图

双作用叶片式液压马达的结构与双作用式叶片泵基本相同，但是由于用途不同，在结构上略有差异。其结构特点有：叶片底部装有扭力弹簧，以保证在液压马达启动时叶片能紧贴在定子内表面上，防止进、出油腔串通，形成密封工作腔；叶片径向放置，叶片顶端两侧均有倒角，进、出油口对称，以适应正、反转要求；装有两个单向阀，以保证液压马达换向时，叶片底部始终受到压力油作用，使叶片与定子表面始终不脱离接触；采用外泄漏结构，油液经泄油管引回油箱。

（二）液压缸

液压缸是将输入的液压能转换为直线运动（或摆动及复合运动）形式机械能输出的执行元件。液压缸结构简单，工作可靠，能实现多种机械运动，故其应用比液压马达更为广泛。

1. 液压缸的类型及运动形式

按结构形式不同，液压缸可分为活塞式（有单杆和双杆两种形式）、柱塞式、摆动式和组合式等类型。活塞缸和柱塞缸实现往复直线运动，输出速度和推力；摆动缸实现往复摆动，输出角速度（转速）和扭矩；组合缸（如旋转动力液压缸）实现往复直线运动、旋转运动及直线和旋转运动的复合运动。

按作用方式不同，液压缸可分为单作用式和双作用式两类。在单作用式液压缸中，压力油只进入液压缸的一腔，使液压缸实现单方向运动，反方向运动则依靠外力（弹簧力、自重力或外部载荷等）来实现。在双作用式液压缸中，压力油则交替供入液压缸的两腔，使液压缸实现正反两个方向的运动。

2. 常用液压缸的工作原理

（1）双杆活塞式液压缸

双杆活塞式液压缸主要由缸体、活塞和两根直径相同的活塞杆组成，液压缸缸体固定。双杆活塞式液压缸如图 4-20 所示。当液压缸的右腔进油、左腔出油时，活塞向左移动；当液压缸的左腔进油、右腔出油时，活塞向右移动。

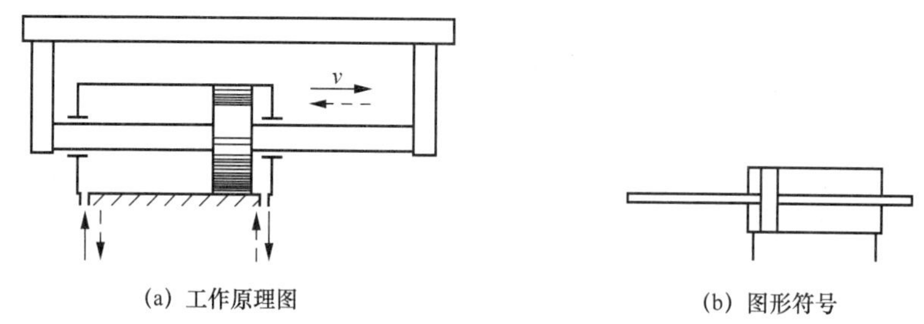

(a) 工作原理图　　(b) 图形符号

图 4-20　双杆活塞式液压缸

双杆活塞式液压缸也可以制作成活塞杆固定不动、缸体移动的结构，其工作原理如图 4-21 所示。这时，活塞杆通常制作成空心的，以便进油和出油。外圆磨床中带动工作台往复运动的液压缸，通常采用这种形式。

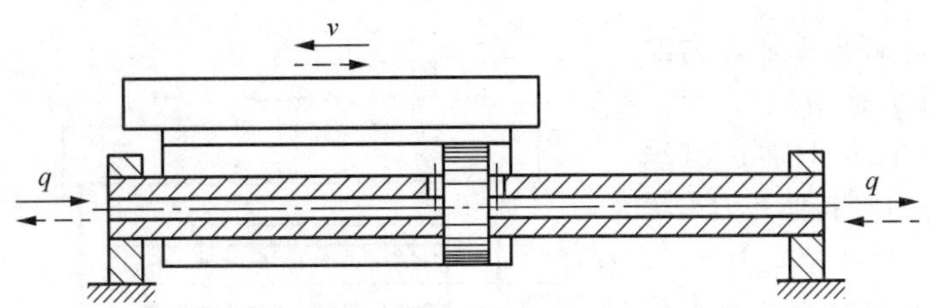

图 4-21　缸体移动式双杆活塞式液压缸工作原理图

在双杆活塞式液压缸中，由于活塞两边的有效作用面积相等，当左右两腔进入流量和压力相同的压力油时，活塞（或缸体）往复运动的速度和推力都相等。

（2）单杆活塞式液压缸

单杆活塞式液压缸的特点是活塞的一端有杆，而另一端无杆，所以活塞两端有效作用面积不等。单杆活塞式液压缸如图 4-22 所示。当左、右两腔相继进入压力油时，即使流量及压力都相等，活塞往返运动的速度和所受的推力也不相等。当无杆腔进油时，因活塞有效面积大，所以速度小，推力大；当有杆腔进油时，因活塞有效面积小，所以速度大，推力小。

列式说明如下。

假设活塞与活塞杆的直径分别为 D 和 d（见图 4-22），当无杆腔进油，工作台向左运动时，速度为 v_1，推力为 $\boldsymbol{F}_1$，则

$$v_1 = \frac{q}{A_1} = \frac{q}{\pi D^2/4} \qquad F_1 = pA_1 = \frac{\pi}{4}D^2 p$$

当有杆腔进油、工作台向右运动时，速度为 v_2，推力为 $\boldsymbol{F}_2$，则

$$v_2 = \frac{q}{A_2} = \frac{q}{\pi(D^2 - d^2)/4} \qquad F_2 = pA_2 = \frac{\pi}{4}(D^2 - d^2)p$$

经比较得出　　　　$v_2 > v_1$，$F_1 > F_2$

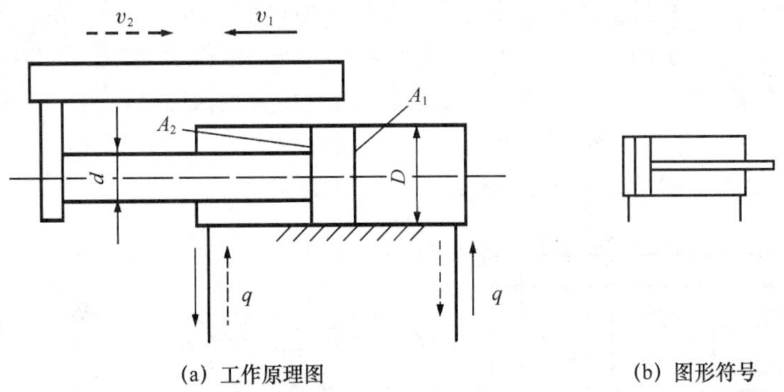

(a) 工作原理图　　(b) 图形符号

图 4-22　单杆活塞式液压缸

（3）柱塞式液压缸

当活塞式液压缸行程较长时，可采用柱塞式液压缸。因为缸体较长的活塞式液压缸的内壁精加工比较困难，而柱塞式液压缸的缸体内壁与柱塞不接触，不需要精加工，只需将缸体端盖与柱塞配合的内孔进行精加工，故其结构简单，容易制造。

4-8 柱塞式液压缸的工作原理

柱塞式液压缸只能在压力油的作用下产生单向运动，另一个方向的运动往往靠它本身的自重（垂直放置时）或弹簧等其他外力来实现。柱塞式液压缸如图 4-23 所示。柱塞式液压缸的柱塞通常制作成空心的（见图 4-23），这样可以减轻质量，防止柱塞下垂（水平放置时），降低密封装置的单面磨损。为了得到双向运动，柱塞式液压缸常成对使用，如图 4-24 所示。

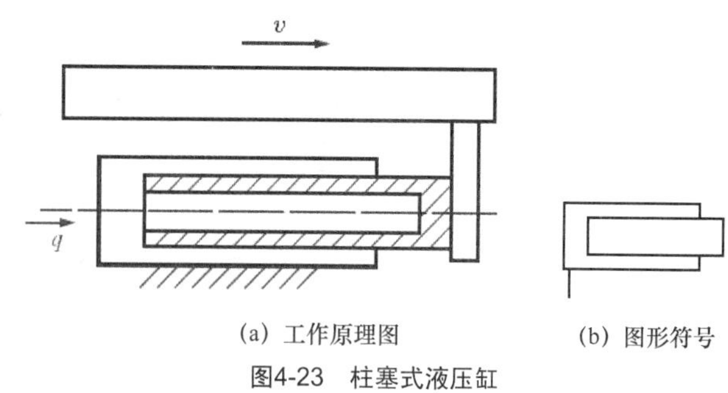

(a) 工作原理图　(b) 图形符号

图4-23　柱塞式液压缸

3. 液压缸的密封

液压缸在使用时和其他液压元件一样，凡是容易泄漏的地方，都应该采取密封措施，加强维护。液压缸的密封主要是指活塞与缸体、活塞杆与端盖之间的动密封以及端盖与缸体之间的静密封。常见的密封方法有下面两种方式。

（1）间隙密封

间隙密封依靠运动件之间很小的配合间隙来保证，如图 4-25 所示。活塞上开有几个环形小槽。环形槽的作用：一是减小活塞与缸体的接触面积，增强密封作用；二是环形槽的油压作用，可以使活塞处于中心位置工作。间隙密封的摩擦力小，但密封性能差，要求加工精度高，因此只适用于低压的情况。

（2）密封圈密封

密封圈密封是液压系统中应用最广泛的一种密封方法。密封圈通常用耐压橡胶压制而成，通过本身的受压弹性变形实现密封。橡胶密封圈的截面通常制作成 O 形、Y 形或 V 形，如图 4-26 所示。O 形密封圈密封性能良好，摩擦阻力较小，结构简单，制造容易，体积小，装拆方便，适用的压力范围较广，应用极为普遍。它既可以作运动件之间的动密封，又可以作固定件之间的静密封。Y 形密封圈结构简单，适用场合也很广，可用于活塞与缸体间的密封，也可用于活塞杆与缸盖间的密封。V 形密封圈密封可靠，但摩擦阻力大，主要适用于工作压力大于 50MPa，直径为 10～250mm 活塞杆处的密封。

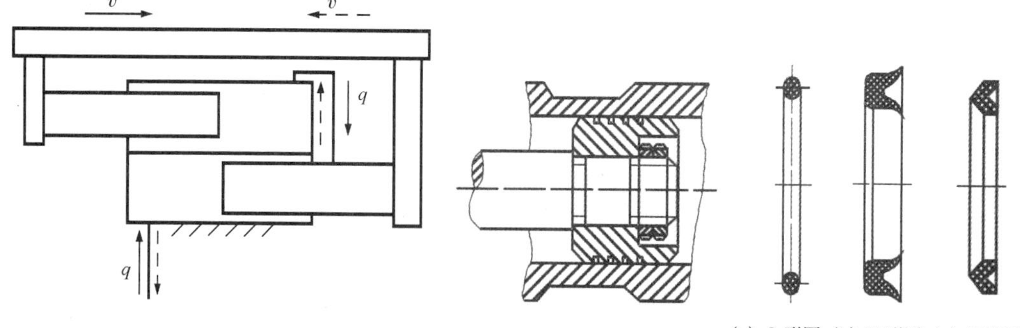

(a) O 形圈 (b) Y 形圈 (c) V 形圈

图 4-24　成对使用的柱塞式液压缸　　图 4-25　间隙密封　　图 4-26　橡胶密封圈

1. 从能量转换的角度看，液压马达与液压缸有什么区别与联系？
2. 单杆活塞式液压缸与双杆活塞式液压缸有什么区别？
3. 密封圈有哪几种类型？它们的应用特点是什么？

三、液压控制阀

液压控制阀（简称液压阀）是在液压系统中用来控制与调节油液的流动方向、压力或流量的元件。根据在液压系统中的功用，液压阀可分为方向控制阀、压力控制阀和流量控制阀三大类。

（一）方向控制阀

方向控制阀是控制液压系统中油液流动方向的阀，方向控制阀的基本工作原理是利用阀芯与阀体相对位置的改变实现油路的通断和油流方向变换，以满足液压系统对液流方向的要求。常用的方向控制阀有单向阀和换向阀两种类型。

1. 单向阀

单向阀主要有普通单向阀和液控单向阀两种，另外还有一些由普通单向阀或液控单向阀所制成的集成阀（如液压锁），可实现一些特殊用途。

4-9 普通单向阀的工作原理

（1）普通单向阀

单向阀的作用是只允许油液向一个方向流动，不可倒流。图 4-27 所示为一种管式普通单向阀。

压力油从阀体 1 左端的通口 A 流入时，克服弹簧 3 作用在阀芯 2 上的力，使阀芯 2 向右移动，打开阀口，并通过阀芯 2 上的径向孔 a、轴向孔 b 从阀体 1 右端的通口 B 流出；但是，压力油从阀体 1 右端的通口 B 流入时，液压力和弹簧力一起使阀芯 2 压紧在阀座上，使阀口关闭，油液无法通过。普通单向阀还可以与节流阀、顺序阀、减压阀等组合使用，构成单向节流阀、单向顺序阀、单向定值减压阀等。

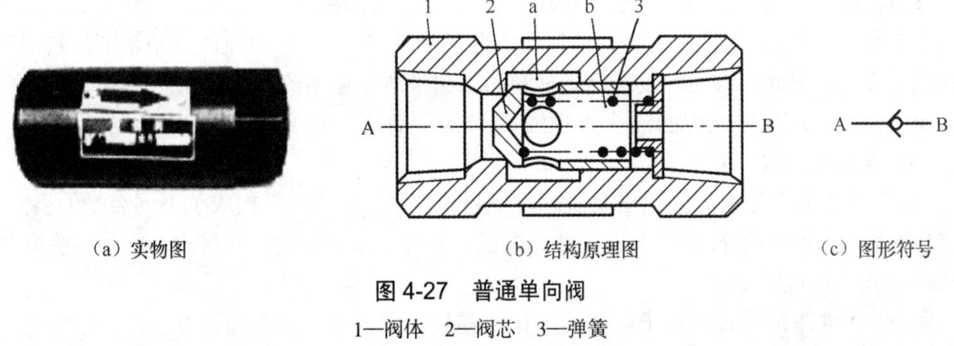

（a）实物图　（b）结构原理图　（c）图形符号

图 4-27　普通单向阀

1—阀体　2—阀芯　3—弹簧

（2）液控单向阀

根据液压系统的需要，有时要使被单向阀所闭锁的油路重新接通，这时可采用液控单向阀，如图 4-28 所示。

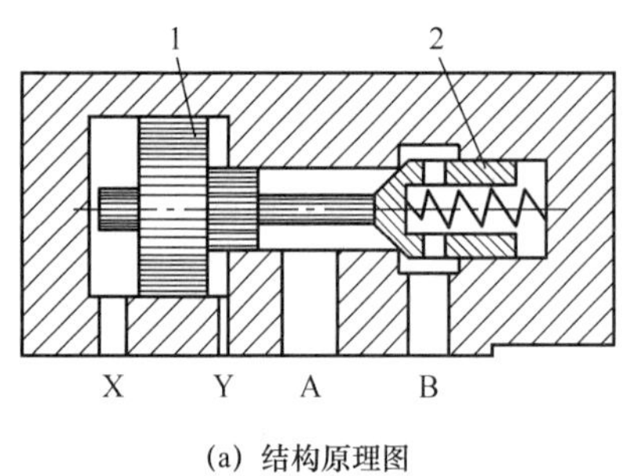

(a) 结构原理图

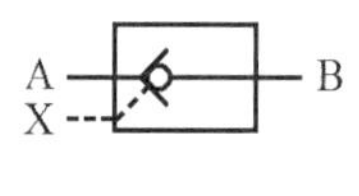

(b) 图形符号

4-10 液控单向阀的工作原理

图 4-28　液控单向阀

1—控制活塞　2—阀芯

当控制油口 X 不通控制压力油时，主通道中的油液只能从进油口 A 流入，顶开阀芯 2 从出油口 B 流出，相反方向则闭锁不通，这与普通单向阀的功能相同。当控制油口 X 接通控制压力油时，控制活塞 1 向右移动，借助于右端悬伸的顶杆将阀芯 2 顶开，使进油口和出油口接通。油液可以从 A 口流入、从 B 口流出，也可以从 B 口流入、从 A 口流出，在两个方向自由流动。液控单向阀按控制活塞背压腔的泄油方式不同，分为内泄式和外泄式两种。图 4-28 所示为外泄式液控单向阀，其活塞背压腔直接通油箱。两个液控单向阀可组成双向液控单向阀，又称液压锁。

2. 换向阀

换向阀在液压系统中的功用是改换油液的流动方向，进而改变执行元件的运动方向。

（1）换向阀的分类

换向阀的种类很多，按阀的结构形式可分为滑阀式换向阀、转阀式换向阀和座阀式换向阀等；按操作方式可分为手动阀、机动阀、电动阀、液动阀和电液动阀等；按阀芯工作时在阀体中所处的位置可分为二位阀、三位阀等；按阀所控制的通路数不同可分为二通阀、三通阀、四通阀和五通阀等；按阀的安装方式可分为管式换向阀、板式换向阀和法兰式换向阀等。

（2）换向阀的工作原理

换向阀是利用阀芯与阀体相对位置的改变，使油路接通、切断或变换油液的流动方向，从而实现液压执行元件的启动、停止或变换方向。

图 4-29 所示为滑阀式换向阀，当阀芯向右移动一定的距离时，由液压泵输出的压力油从阀的 P 口经 A 口输向液压缸左腔，液压缸右腔的油从 B 口经 T_2 口流回油箱，液压缸活塞向右运动；反之，当阀芯向左移动一定的距离时，由液压泵输出的压力油从阀的 P 口经 B 口输向液压缸右腔，液压缸左腔的油从 A 口经 T_1 口流回油箱，液压缸活塞向左运动。

（3）换向阀的图形符号

“位”和“通”是换向阀的重要概念，不同的“位”和“通”构成了不同类型的换向阀。一个换向阀的完整图形符号应表示其操纵方式、复位方式和定位方式等内容，现对换向阀的图形符号含义作说明如下。

① 位。位即是阀芯相对于阀体的工作位置数，用方格（一般为正方格，五通阀用长方格）表示，几位即几个方格，如二格即二位，三格即三位。

② 通。通即是阀体对外连接的主要油口数（不包括控制油口和泄油口）。“↑”表示两油路连通，但不表示流向。“⊥”“⊤”表示油路不通。在一个方格内，“↑”“⊤”或“⊥”与方格的交点数为油路的通路数，即“通”数。

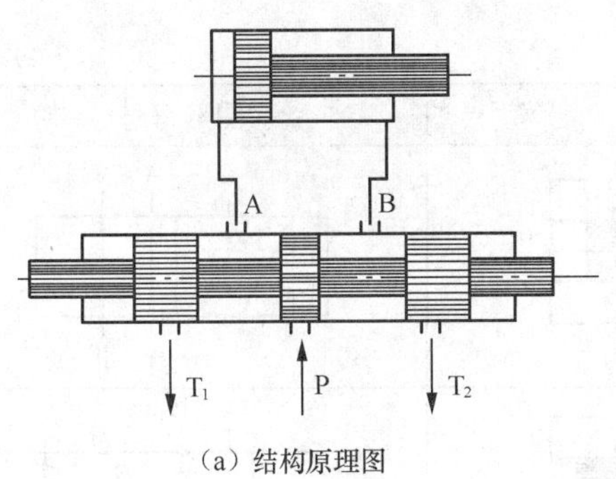

（a）结构原理图

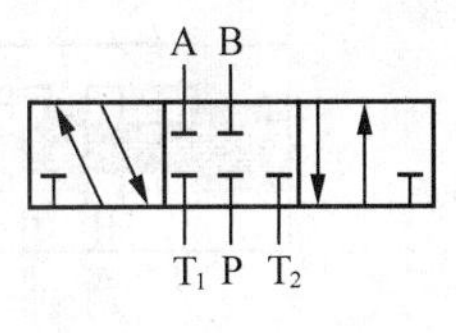

（b）图形符号

图 4-29　滑阀式换向阀

4-11 滑阀换向阀

③ 常态位。二位阀的常态位是靠弹簧的一格；三位阀的常态位是中间一格。常态位应画出外部连接油口（原理图中，油路应该连接在常态位）。

④ P、A、B、T 字母的含义。P 表示压力油口，T 表示回油口，A、B 表示与执行元件连接的工作油口。有时，在图形符号上用字母 X、Y 表示控制油口，L 表示泄油口。

控制方式和复位弹簧的符号画在方格的两侧。

几种常见的滑阀式换向阀的结构原理图和图形符号，见表 4-1。

表 4-1　　换向阀的结构原理图和图形符号

名　　称	结构原理图	图形符号
二位二通	A　P	A P
二位三通	A　P　B	A　B P
二位四通	A　P　B　T	A　B P　T
三位四通	A　P　B　T	A　B P　T

续表

名　　称	结构原理图	图形符号
二位五通	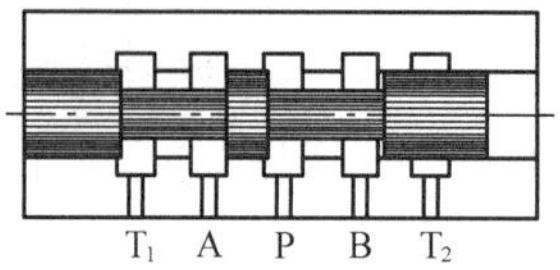 T1 A P B T2	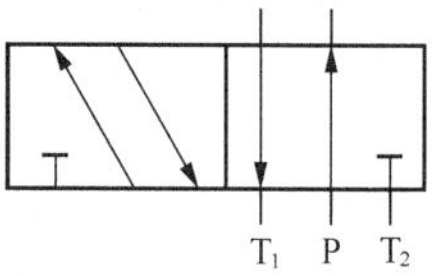 A B T1 P T2
三位五通	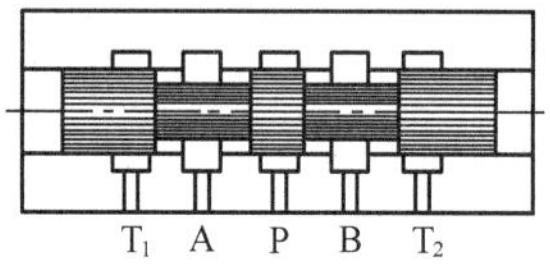 T1 A P B T2	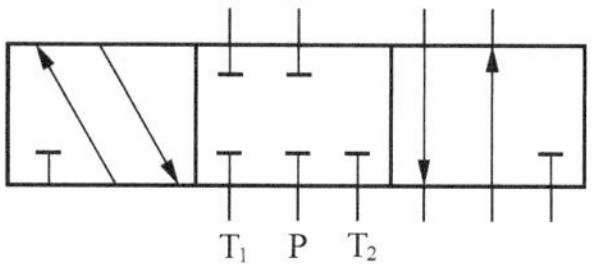 A B T1 P T2

（4）三位四通换向阀中位滑阀机能

中位滑阀机能指三位换向阀处于常态位（即中位）时各油口的连通方式。常用的中位滑阀机能有“O”型、“H”型、“Y”型、“P”型、“M”型等，其机能名称、图形符号和说明见表 4-2。

表 4-2　　三位四通换向阀中位滑阀机能

机能名称	图形符号	说　明
O 型	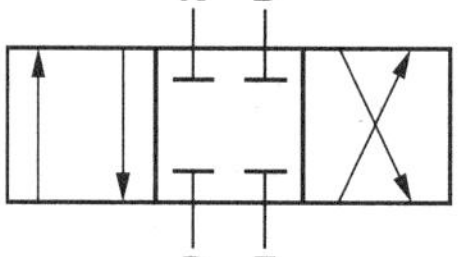 A B P T	P、A、B、T 四油口全封闭（中间封闭），液压缸闭锁，液压泵不卸荷
H 型	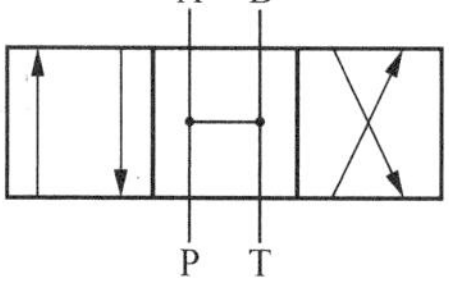 A B P T	P、A、B、T 四油口全相通，液压缸活塞处于浮动状态，液压泵卸荷
Y 型	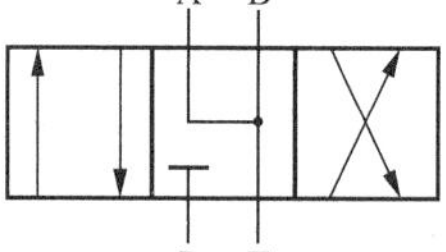 A B P T	P 油口封闭，A、B、T 三油口相通，液压缸活塞浮动，液压泵不卸荷
P 型	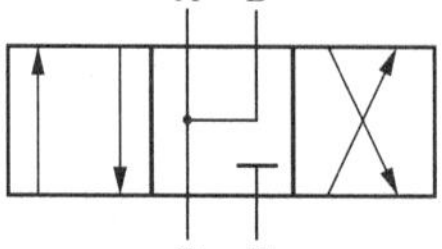 A B P T	P、A、B 三油口相通，T 油口封闭，液压泵与液压缸两腔相通，可组成差动油路
M 型	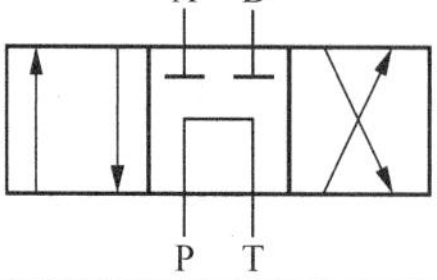 A B P T	P、T 两油口相通，A、B 两油口封闭，液压缸闭锁，液压泵卸荷

（5）常用的换向阀

① 机动换向阀。机动换向阀又称行程阀，主要用来控制机械运动部件的行程，借助于安装在工作台上的挡铁或凸轮迫使阀芯运动，从而控制液流方向。机动换向阀常为二位阀，有二通、三通、四通和五通等形式，二位二通机动换向阀如图 4-30 所示。机动换向阀结构简单，换向平稳、可靠，位置精度高，但需安装在运动件附近，油管较长。其常用于控制运动件的行程，或速度转换的场合。

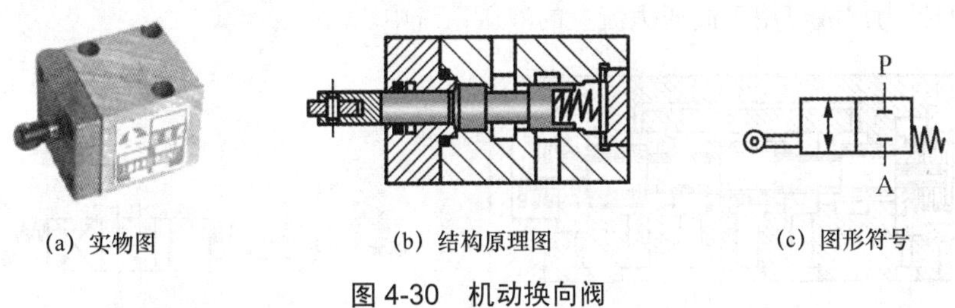

(a) 实物图　(b) 结构原理图　(c) 图形符号

图 4-30　机动换向阀

② 手动换向阀。手动换向阀是利用手动杠杆来改变阀芯位置实现换向的换向阀。手动换向阀有二位二通、二位四通和三位四通等多种形式，三位四通手动换向阀如图 4-31 所示。这种阀应用于动作频繁、工作持续时间短的场合，如工程机械等。

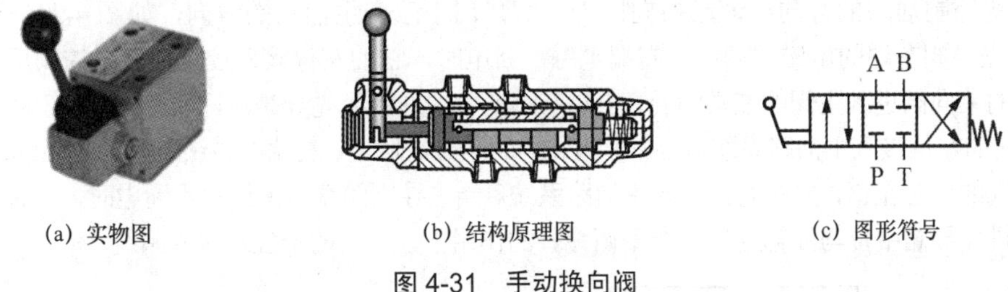

(a) 实物图　(b) 结构原理图　(c) 图形符号

图 4-31　手动换向阀

③ 电磁换向阀。电磁换向阀是利用电磁铁的通电吸合与断电释放，直接推动阀芯而控制液流方向的方向控制阀，如图 4-32 所示。阀的两端各有一个电磁铁和一个对中弹簧 4，阀芯 3 在常态时处于中位。当右端电磁铁通电吸合时，衔铁 1 通过推杆 2 将阀芯 3 推至左端，换向阀就在右位工作；反之，左端电磁铁通电吸合时，换向阀就在左位工作。

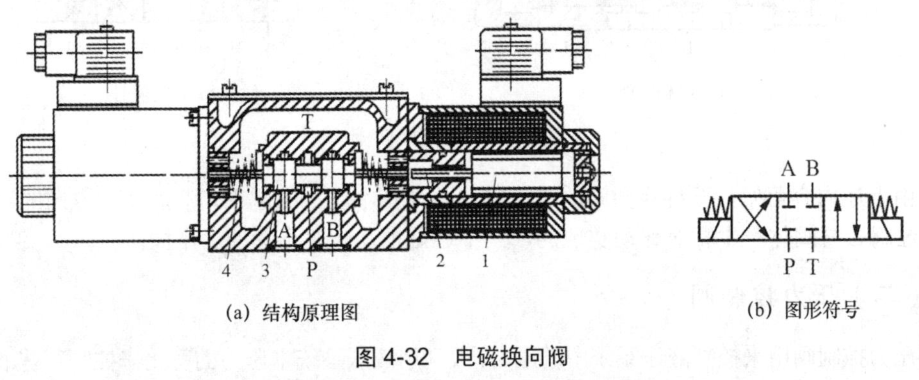

(a) 结构原理图　(b) 图形符号

图 4-32　电磁换向阀

1—衔铁　2—推杆　3—阀芯　4—弹簧

④ 液动换向阀。液动换向阀是利用控制油路的压力油来改变阀芯位置的换向阀，如图 4-33 所示。阀芯由其两端密封腔中油液的压力差来移动。阀芯两端分别接通控制油口 K_1 和 K_2。当 K_1 接通压力油、K_2 接通回油时，阀芯在其两端压力差作用下右移，P 与 A 相通，B 与 T 相通；当 K_2 接通压力油、K_1 接通回油时，阀芯在其两端压力差作用下左移，P 与 B 相通，A 与 T 相通；当 K_1 和 K_2 都接通回油时，阀芯在两端弹簧的作用下处于中位，P 油口封闭，A、B、T 三油口相通。液动换向阀结构简单，动作可靠，换向平稳，由于压力油液可以产生很大的推力，故可用于高压大流量的液压系统中。

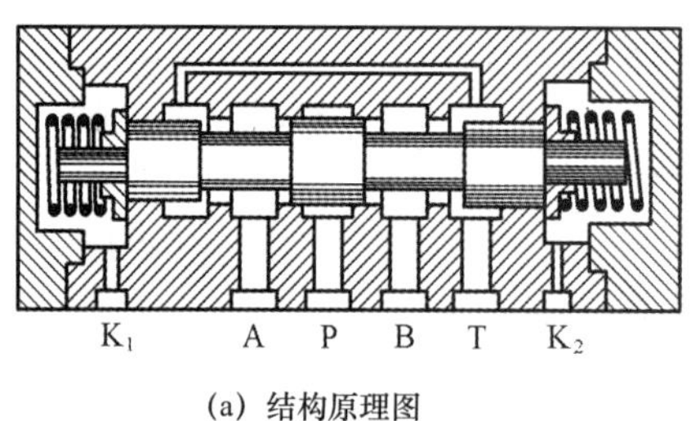

(a) 结构原理图

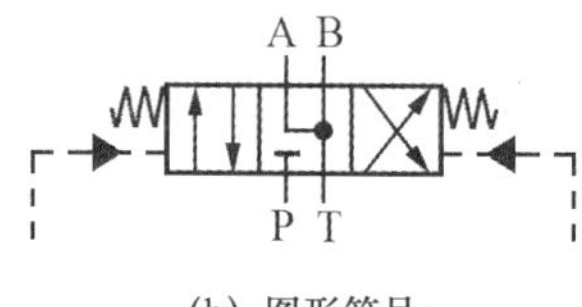

(b) 图形符号

图 4-33　液动换向阀

⑤ 电液换向阀。电液换向阀由电磁换向阀和液动换向阀组成。电磁换向阀为先导阀，用于改变控制油路的方向；液动换向阀为主阀，用于改变主油路的方向，如图 4-34 所示。

当先导阀左端的电磁铁通电、右端电磁铁断电时，它的左位接入控制油路，控制压力油推开左边的单向阀进入主阀的左端油腔，主阀右端油腔的油液经先导阀流回油箱，这时主阀的阀芯右移，它的左位接入主油路系统。当先导阀右端的电磁铁通电、左端电磁铁断电时，情况则相反，这时主阀的阀芯左移，主阀右位接入主油路系统。当先导阀两端电磁铁都不通电时，主阀两端油腔都通过先导阀中位与油箱连通，在平衡弹簧的作用下，主阀的中位也接入系统。

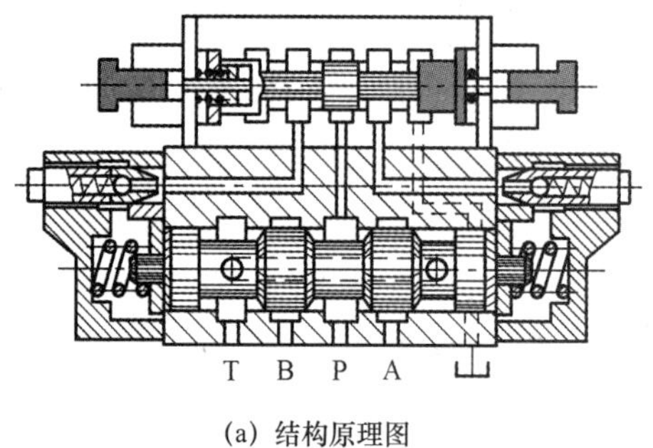

(a) 结构原理图

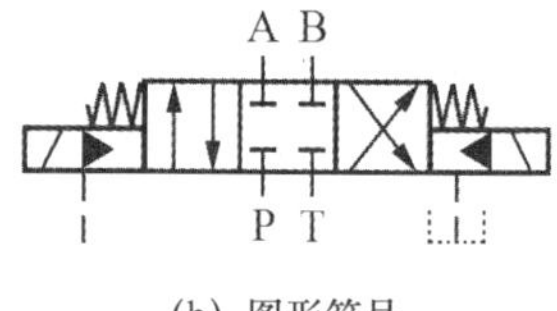

(b) 图形符号

图 4-34　电液换向阀

由上述内容可知，五种换向阀的工作原理并没有本质上的区别，油液流动方向的切换都是通过阀芯与阀体产生相对移动实现的，只不过是推动阀芯移动的力不同。

（二）压力控制阀

压力控制阀用来控制液压系统中的压力，或利用液压系统中压力的变化来控制某些液压元件的动作。常用的压力控制阀有溢流阀、减压阀和顺序阀。

1. **溢流阀**

溢流阀的主要功用是控制和调整液压系统的压力，以保证系统在一定压力或安全压力下工作。

（1）溢流阀的结构原理

溢流阀有直动式溢流阀和先导式溢流阀两种结构。

4-12 溢流阀

① 直动式溢流阀。图 4-35 所示为锥阀式（还有球阀式和滑阀式）直动式溢流阀。当进油口 P 从系统接入的油液压力不高时，锥阀芯 2 被弹簧 3 紧压在阀体 1 的阀口上，阀口关闭。当进口油压升高到能克服弹簧阻力时，便推开锥阀芯 2 使阀口打开，油液就由进油口 P 流入，再从出油口 T 流回油箱（溢流），进油压力也就不会继续升高。当通过溢流阀的流量变化时，阀口开度即弹簧压缩量也随之改变。但在弹簧压缩量变化甚小的情况下，因锥阀芯在液压力和弹簧力作用下保持平衡，故可认为溢流阀进口处的压力基本保持为定值。拧动调压螺钉 4 改变弹簧预压缩量，便可调整溢流阀的溢流压力。

这种溢流阀因进口压力油直接作用于阀芯，故称为直动式溢流阀。直动式溢流阀一般只能用于低压或小流量处。这是因为控制较高压力或较大流量时，需要安装刚度较大的硬弹簧，不但手动调节困难，而且阀口开度（弹簧压缩量）略有变化便会引起较大的压力波动而不稳定，所以系统压力较高时，就需要采用先导式溢流阀。

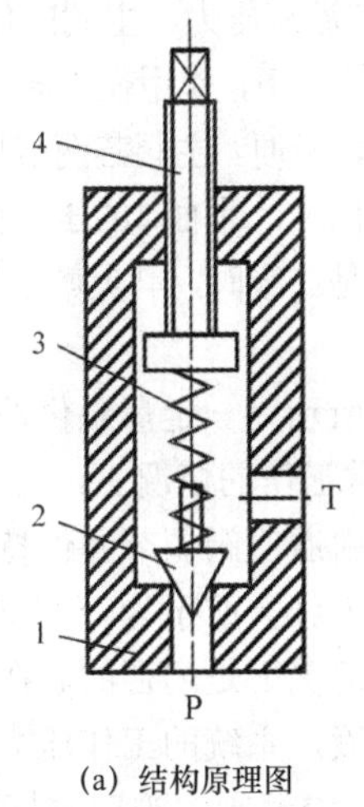

(a) 结构原理图

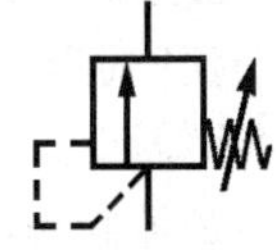

(b) 图形符号

图 4-35 直动式溢流阀

1—阀体 2—锥阀芯 3—弹簧 4—调压螺钉 P—进油口 T—出油口

② 先导式溢流阀。图 4-36 所示为一种板式连接的先导式溢流阀。先导式溢流阀由先导阀和主阀两部分组成。先导阀就是一个小规格的直动式溢流阀，而主阀阀芯是一个具有锥形端部、中间开有阻尼小孔 R 的圆柱筒。油液从进油口 P 进入，经阻尼小孔 R 到达主阀弹簧腔，并作用在先导阀 1 阀芯上（一般情况下，外控口 X 是堵塞的）。当进油压力不高时，液压力不能克服先导阀的弹簧阻力，先导阀口关闭，阀内无油液流动。这时，主阀 2 阀芯因前后腔油压相同，故被主阀弹簧压在阀座上，主阀口也关闭。当进油压力升高到先导阀弹簧的预调压力时，先导阀口打开，主阀弹簧腔的油液流过先导阀口，并经阀体内的通道和出油口 T 流回油

箱。这时，溢液流过阻尼小孔 R，产生压力损失，使主阀阀芯两端形成了压力差。此压力差产生一个向上的液压力，主阀阀芯在此液压力作用下克服弹簧阻力向上移动，使进油口 P、出油口 T 连通，达到溢流稳压的目的。拧动先导阀 1 的调压螺钉，便能调整溢流压力。更换不同刚度的调压弹簧，便能得到不同的调压范围。

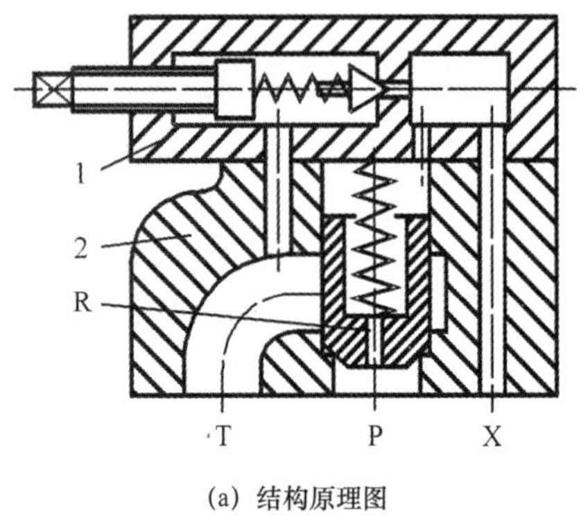

(a) 结构原理图

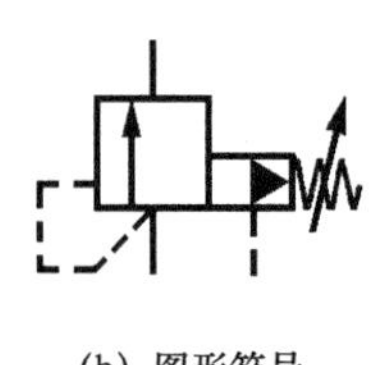

(b) 图形符号

图 4-36　先导式溢流阀

1—先导阀　2—主阀　X—外控口　R—阻尼小孔　P—进油口　T—出油口

在先导式溢流阀中，先导阀的作用是控制和调节溢流压力，主阀的作用是溢流。先导阀因为只用来泄油，其阀口直径较小，即使在较高压力的情况下，作用在锥阀芯上的液压力也不是很大，因此调压弹簧的刚度不必很大，压力调整也就比较轻便。主阀芯两端均受油压作用，主阀弹簧只需很小的刚度，当溢流量变化引起弹簧压缩量变化时，进油口的压力变化不大，故先导式溢流阀的稳压性能优于直动式溢流阀。但先导式溢流阀是二级阀，其灵敏度低于直动式溢流阀。

（2）溢流阀的应用

① 作溢流阀，使系统压力恒定。图 4-37（a）所示为一定量泵供油系统，与执行元件并联一个溢流阀，可起到溢流稳压的作用。在系统正常工作的情况下，溢流阀的阀口是常开的，进入液压缸的流量由节流阀调节，系统的工作压力由溢流阀调节并保持恒定。

② 作安全阀，对系统起过载保护作用。图 4-37（b）所示为一变量泵供油系统，与执行元件并联一个溢流阀，溢流阀阀口在系统正常工作情况下是闭合的。在此系统中，液压缸需要的流量由变量泵本身调节，系统中没有多余的油液，系统的工作压力取决于负载的大小。只有当系统的压力超过预先调定的最大工作压力时，溢流阀的阀口才打开，使油液流回油箱，系统压力不再升高，因而可以防止系统过载，起到安全保护作用。此时，溢流阀称为安全阀。

③ 作背压阀，改善执行元件运动的平稳性。在液压系统的回油路上接一个溢流阀，可造成一定的回油阻力即背压。背压的存在可以提高执行元件运动的平稳性。此时，溢流阀称为背压阀。

④ 用先导式溢流阀对系统实现远程调压或使泵卸荷。机械设备液压系统中的泵、阀通常都组装在液压站上，为使操作人员就近调压方便，可按图 4-37（c）所示，在控制工作台上安装一远程调压阀，并将其进油口与安装在液压站上的先导式溢流阀的外控口相连。这相当于给先导式溢流阀除自身先导阀外，又加接了一个先导阀。远程调压阀可对先导式溢流阀的溢流压力实现远程调压。显然，远程调压阀所能调节的最高压力不得超过先导式溢流阀自身先导阀的调定压力。此液压系统中，先导式溢流阀的外控口与油箱连通时，其主阀芯在进

口压力很低时即可迅速抬起，使泵卸荷，以减少能量损耗。

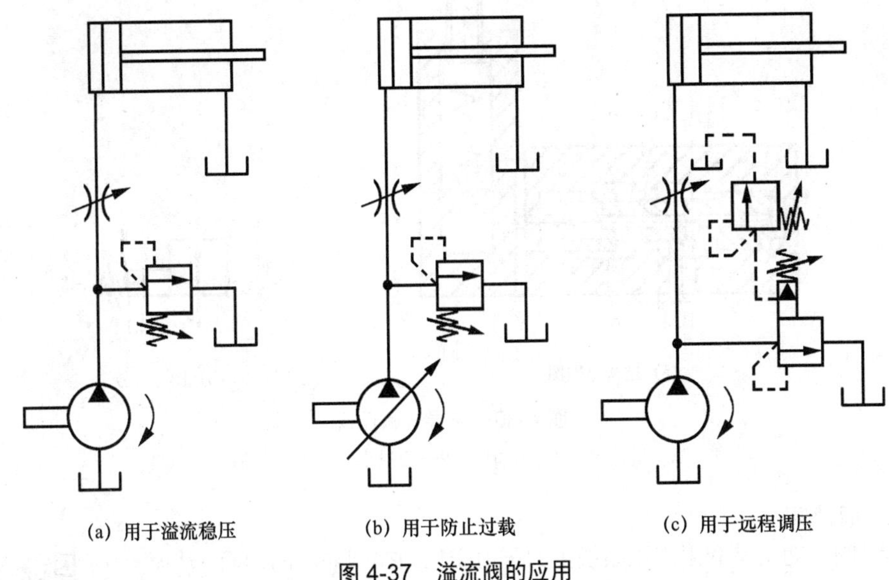

(a) 用于溢流稳压　(b) 用于防止过载　(c) 用于远程调压

图 4-37　溢流阀的应用

2. 减压阀

减压阀可以用来减压、稳压，将较高的进口压力降为较低而稳定的出口压力。减压阀的工作原理是依靠压力油通过缝隙（液阻）降压，使出口压力低于进口压力，并保持出口压力为一定值。缝隙越小，压力损失越大，减压作用就越强。

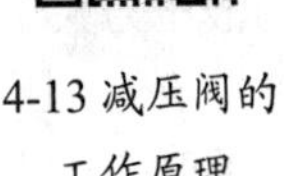

4-13 减压阀的工作原理

减压阀按照功能不同分为定值减压阀、定差减压阀和定比减压阀三种，其中最常用的是定值减压阀。通常所称的减压阀即为定值减压阀。定值减压阀也有直动式和先导式两种结构。图 4-38 所示为先导式减压阀。压力油从阀的进油口 A 流入，经过缝隙减压以后，压力 p_1 降低为 p_2，再从出油口 B 流出。当出口压力 p_2 大于调整压力时，先导阀锥阀芯就被顶开，主滑阀右端油腔中的部分压力油便经锥阀阀口及泄油口 Y 流入油箱。由于主滑阀阀芯内部阻尼小孔 R 的作用，滑阀右端油腔中的压力降低，阀芯失去平衡而向右移动，因而缝隙 δ 减小，减压作用增强，使出口压力 p_2 降低至调整的数值。当出口压力 p_2 小于调整压力时，其作用过程与上述过程相反。减压阀出口压力的稳定数值可以通过先导阀的调压螺钉来调节。

先导式减压阀与先导式溢流阀相比较，最主要的区别如下所述。

① 减压阀利用出口液压力与弹簧力平衡，保持出口压力恒定；而溢流阀则利用进口液压力与弹簧力平衡，保持进口压力恒定。

② 减压阀的进、出油口均有压力，所以弹簧腔的泄油需从外部单独接回油箱（即外泄型）；而溢流阀的泄油可沿内部通道经回油口流回油箱（即内泄型）。

③ 在常态下，减压阀阀口常开，进、出油口互通；而溢流阀阀口常闭，进、出油口不通。

④ 减压阀一般串联于系统，而溢流阀一般并联于系统。

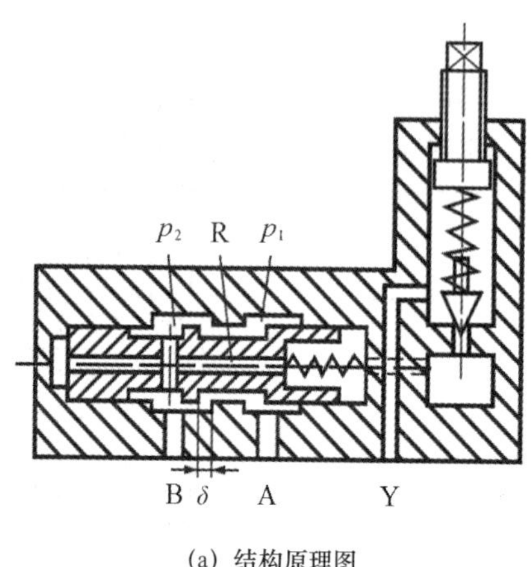

（a）结构原理图

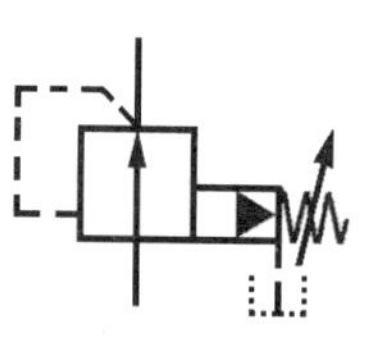

（b）图形符号

图 4-38　先导式减压阀

A—进油口　B—出油口　R—阻尼小孔　Y—泄油口

3. 顺序阀

顺序阀的功用是利用液压系统中的压力变化来控制油路的通断，从而实现某些液压元件按一定的顺序动作。顺序阀也有直动式和先导式两种结构。此外，根据控制油路的不同，顺序阀又可以分为内控式和外控式两种。

4-14 顺序阀的工作原理

图 4-39 所示为一种直动式内控顺序阀。压力油由阀的进油口 A 经阀体 4 和下盖 7 的小孔流到控制活塞 6 的下方，使阀芯 5 受到一个向上的液压力作用。当进口压力较低时，阀芯在弹簧 2 的作用下处于下部位置，这时进油口 A 与出油口 B 不通。当进口压力增大到预调的数值以后，阀芯底部受到的液压力大于弹簧力，阀芯上移，进、出油口连通，压力油就从顺序阀流过。顺序阀的开启压力可以用调压螺钉 1 来调节。在此阀中，控制活塞的直径很小，因而阀芯受到的液压力不大，可以使阀在较高的压力下工作（可达 7MPa）。

顺序阀的进、出油口均有压力，所以它的弹簧腔泄油需从上盖 3 上的泄油口 Y 单独接入油箱，这是它区别于溢流阀的一个重要标志。图 4-39（a）中控制活塞下方的控制压力油经内部通道直接来源于阀的进口，这种控制方式的顺序阀称为内控顺序阀。若将图中所示阀的下盖转过 180° 安装，并打开外控口 X 的螺堵，接通外控油路，就成了外控顺序阀。

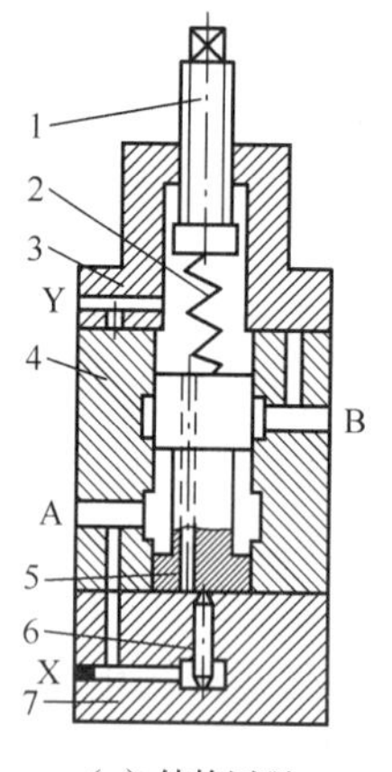

（a）结构原理

（b）图形符号

图 4-39　直动式内控顺序阀

1—调压螺钉　2—弹簧　3—上盖　4—阀体　5—阀芯　6—控制活塞　7—下盖　A—进油口　B—出油口　X—外控口　Y—泄油口

（三）流量控制阀

流量控制阀是液压系统中的调速元件，其调速原理是依靠改变阀口的通流截面积来控制液体的流量，以调节执行元件的运动速度。通过流量控制阀的液流流量决定了进入执行元件的液体流量，会直接影响执行元件的运动速度。常用的流量控制阀有节流阀和调速阀两种。

1. 节流阀

4-15 节流阀工作原理

图 4-40 所示为一种普通节流阀。压力油从进油口 A 流入，经过阀芯下部的轴向三角形节流槽，再从出油口 B 流出。拧动阀上方的调节螺钉，可以使阀芯做轴向移动，从而改变阀口的通流截面积，使通过的流量得到调节。

通流量不仅与通流截面积有关，而且与阀口前后的压力差及液压油的黏度有关。在实际使用中，一方面由于执行元件的工作负载经常变化，导致节流阀前后的压力差变化；另一方面由于油温变化，会导致油的黏度变化，使通过节流阀的流量也经常发生变化，难以保证工作部件运动速度平稳，因此节流阀通常只能调速，不能稳速。节流阀常用于对速度稳定性要求不高的场合。

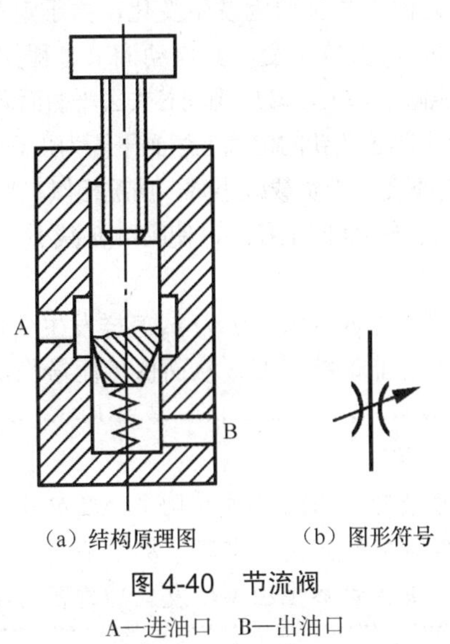

（a）结构原理图　　（b）图形符号

图 4-40　节流阀

A—进油口　B—出油口

2. 调速阀

对于运动平稳性要求较高的液压系统，通常采用调速阀，如图 4-41 所示。调速阀是由减压阀 1 和节流阀 2 串联而成的组合阀。这里所用的减压阀是指定差减压阀，定差减压阀和节流阀串联在油路里，可以使节流阀前后的压差保持不变，从而使通过节流阀的流量也保持不变。因此，调速阀既可以用来调节速度，又可以稳定执行元件的运动速度。

调速阀的进口压力 p_1 由液压系统的溢流阀调定，工作时基本保持恒定。进口压力 p_1 经过定差减压阀的阀口 h 后降为 p_2，然后压力油经节流阀流出，其压力变为 p_3，压力为 p_3 的压力油又经反馈通道 a 作用到减压阀的上腔 b。节流阀前的压力为 p_2 的压力油经通道 e 和 f 进入减压阀的 d 腔和 c 腔。减压阀阀芯在弹簧力、压力 p_2 和 p_3 产生的液压力的作用下处于某一平衡位置。因弹簧刚度较低，且工作过程中减压阀阀芯位移较小，可以认为弹簧力基本保持不变，故节流阀两端压力差$\Delta p = p_2 - p_3$也基本保持不变，从而保证了通过节流阀的流量稳定。

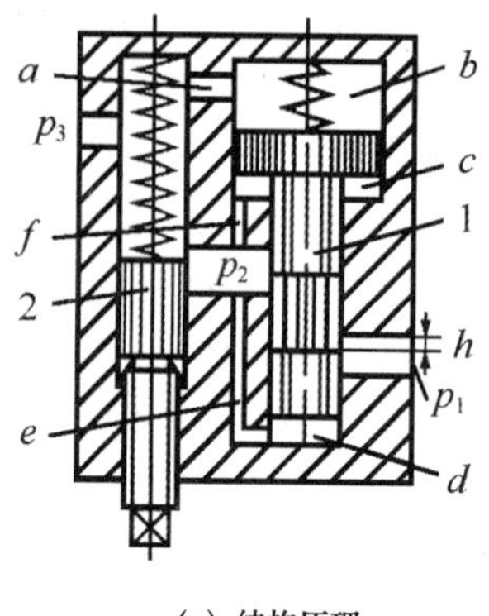

(a) 结构原理

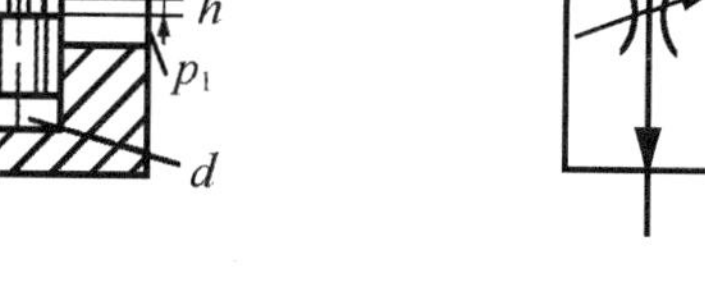

(b) 图形符号

4-16 调速阀的工作原理

图 4-41 调速阀

1—减压阀 2—节流阀

若调速阀的进、出口压力由于某种原因发生变化，由于定差减压阀的自动调节作用，仍能使节流阀两端压力差$\Delta p = p_2 - p_3$保持不变，其自动调节过程如下所述。

当负载增大时，压力p_3也随之增大，减压阀阀芯失去平衡而向下移动，使阀口h增大，减压作用减小，使压力p_2增大，直至阀芯在新的位置上达到平衡为止。也就是说p_3增加时，p_2也增加，其压力差$\Delta p = p_2 - p_3$基本保持不变；当负载减小时，情况相似。当调速阀进口压力p_1增大时，p_2也在这一瞬时增大，阀芯因失去平衡而向上移动，使阀口h减小，减压作用增强，又使p_2减小，故$\Delta p = p_2 - p_3$仍保持不变。

总之，无论调速阀的进口压力p_1、出口压力p_3怎样发生变化，由于定差减压阀有自动调节作用，因此节流阀前后压差总能保持不变，从而保持流量稳定。

知识拓展

李向宾，装配钳工高级技师，2016年享受国务院特殊津贴，善于处理液压系统疑难杂症。他研发出的平衡补偿双向锁阀门，彻底解决了平衡千斤顶安全阀频繁开启，产生液体喷射现象的技术难题，成为世界上独家研发成功的密封设备。

四、液压辅助元件

液压辅助元件也是液压系统的基本组成部分之一。常用的液压辅助元件包括蓄能器、过滤器、压力表、压力表开关、阀类连接板、油箱、油管和管接头等。

1. 蓄能器

4-17 囊式蓄能器的工作原理

蓄能器是储存压力油的一种容器。蓄能器在液压系统中的主要作用是在短时间内供应大量压力油，补偿泄漏，以保持系统压力，消除压力脉动与缓和液压冲击等。

蓄能器的类型主要有充气式、重锤式和弹簧式三种。后两种由于存在体积大、容量小、压力低和不灵敏等缺陷，已很少采用。充气式蓄能器按结构又可以分为活塞式蓄能器、囊式蓄能器和隔膜式蓄能器等类型。图 4-42 所示为三种充气式蓄能器的图形符号。活塞式蓄能器利用活塞把压力油与压缩气体上下隔开。其优点是结构简单、寿命长；缺点是活塞有惯性，密封处有摩擦损失，反应不够灵敏。囊式蓄能器利用气囊把压力油与惰性气体隔开，能有效地防止气体进入压力油中。气囊用有弹性的特殊耐油橡胶制成。其优点是气囊惯性小，响应快，容易维护，所以应用范围非常广泛；缺点是气囊及壳体制造困难，容量较小。隔膜式蓄能器利用隔膜把压力油与气体上下隔开。其优点是体积小、质量轻、反应灵敏；缺点是充气压力有限，容量小。

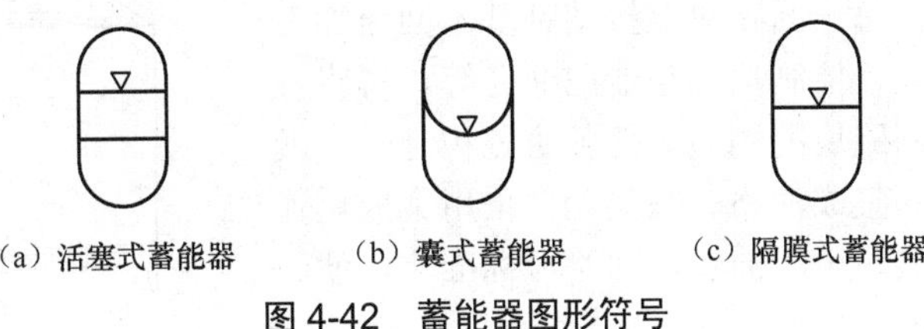

图 4-42　蓄能器图形符号

2. 过滤器

在液压系统中，保持油液的清洁是十分重要的。油液中的脏物会引起运动零件划伤、磨损甚至卡死，还会堵塞阀和管道小孔，影响系统的工作性能并造成故障。因此，需用过滤器对油液进行过滤。过滤器可以安装在液压泵的吸油管路或输出管路上，以及重要元件的前方。一般情况下，液压泵的吸油口装粗过滤器，液压泵的输出管路与重要元件前方装精过滤器。

过滤器按滤芯的材料和结构形式不同，可分为网式、线隙式、烧结式和纸芯式等四种类型。网式过滤器（也称滤网）用铜丝网包在骨架上制成滤芯。它结构简单，通油性能好，清洗方便，但过滤效果差，一般作粗滤之用。线隙式过滤器用铝线（或铜线）绕在筒形骨架的外部制成滤芯，依靠铝线（或铜线）间的微小间隙滤除混入液体中的杂质。它结构简单，通油能力也较大，过滤精度比网式过滤器高，但不易清洗，多作为回油过滤器。烧结式过滤器的滤芯一般由金属粉末压制后烧结而成，靠其颗粒间的微孔滤除混入液体中的杂质。它制造简单，能承受高压，耐腐蚀性能好，过滤精度高，适用于精滤。其缺点是通油能力较低，压力损失较大，堵塞后清洗比较困难。纸芯式过滤器的滤芯用微孔滤纸装在壳体内制成。它过滤精度高，但易堵塞，无法清洗，必须经常更换滤芯，故一般用于精滤，与其他过滤器配合使用。图 4-43 所示为过滤器的图形符号。

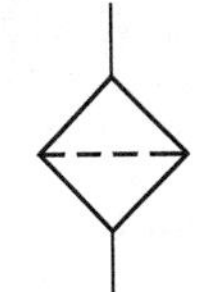

图 4-43　过滤器图形符号

3. 压力表和压力表开关

压力表用于测量和观察系统的压力，以便对压力进行控制和调整。压力表开关用于切断或接通压力表和油的通道。压力表开关的通道很小，有阻尼作用，测压时可减轻压力表的急剧跳动，防止压力表损坏。在无须测压时，用它切断油路，亦保护了压力表。

4. 阀类连接板

在各种设备的液压传动系统中，板式连接的阀类元件应用较为普遍。采用板式连接时，需要专门的连接板。常用的阀类连接板有油路板和集成块两种形式。

（1）油路板

目前，应用较多的有两种结构的油路板。一种用两块平板，在其中一块上铣槽代替各元件间的连接油管，然后将两个结合面磨光，用环氧树脂黏接并用螺钉拧紧。这种结构的工艺

性较好，但往往因黏接不可靠而使油路之间有害地串通起来，同时检修也非常困难。另一种结构是在一个较厚的平板上钻很多深孔，形成各元件间的必要通路。这种结构使用可靠，应用较为普遍，但工艺性较差。

（2）集成块

集成块连接目前应用相当广泛。图 4-44 所示是用集成块连接的组装图形。这种连接方式的特点是采用通用化的集成回路块，在每一回路块上按某种基本回路加工出压力油孔、回油孔、控制油孔和泄漏油孔等，再将各种阀类元件固定在回路块的侧面。把各块叠积起来，就组成整个液压系统的集成油路。阀类元件采用集成块连接的优点是结构紧凑，少用油管，回路可标准化，便于设计和制造。

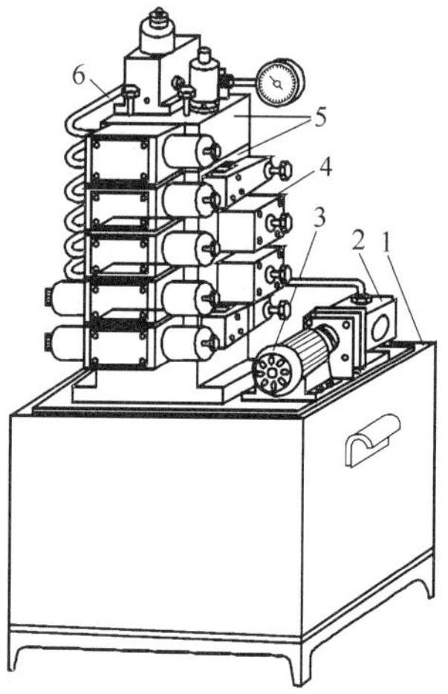

图 4-44　集成块连接

1—油箱　2—液压泵　3—电动机
4—阀　5—回路块　6—油管

5. 油箱

油箱除了用来储油以外，还起到散热及分离油中杂质和空气的作用。汽车液压系统一般采用单独油箱，汽车在修理设备中一般可利用设备底座作为油箱，这样可使结构紧凑。

6. 油管和管接头

油管和管接头是各液压元件组成液压系统时必需的连接和输油元件。液压传动中常用的油管有钢管、铜管、橡胶软管、尼龙管和塑料管等。固定的液压元件间的油管常用钢管和铜管连接；有相对运动的液压元件之间一般采用软管连接；在液压系统回油路中，可用尼龙管或塑料管连接。

1. 常用蓄能器有哪几种类型？过滤器又有哪几种类型？
2. 油箱的主要功用是什么？

任务实施

一、汽车发动机润滑系统机油泵的类型及工作原理分析

图 4-8 所示发动机润滑系统采用的机油泵是外啮合齿轮泵，其结构示意图如图 4-45 所示。泵体有吸油口和压油口两个油口。当发动机工作时，凸轮轴上的驱动齿轮带动机油泵的传动齿轮，使固定在主动齿轮轴上的主动齿轮旋转，从而带动从动齿轮做反方向的旋转，将机油从吸油腔沿齿隙与泵壁送至压油腔。这样，吸油腔处便形成低压而产生吸力，把底壳内的机油吸进油腔。机油泵出口的机油有一定的压力，使机油通过机油滤清器，然后进入主油道以及各个需要润滑的零部件（活塞、气门、凸轮轴等）。由于主、从动齿轮不断地旋转，因此机油不断地被压送到需要润滑的零部件。

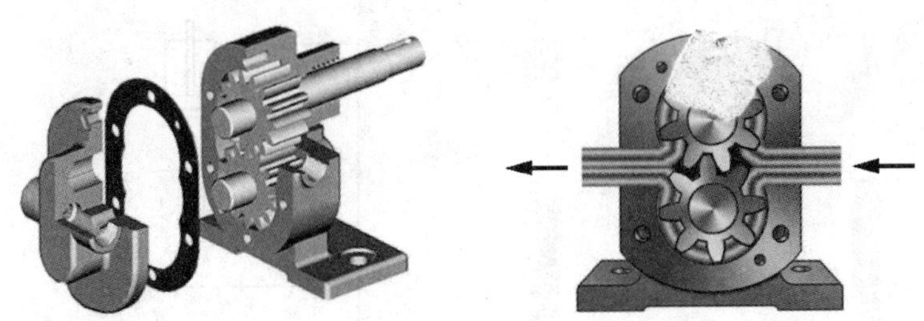

图 4-45　外啮合齿轮机油泵结构示意图

二、汽车发动机润滑系统采用的液压元件分析

1. 汽车发动机润滑系统采用安全阀控制机油泵的压力

机油泵必须在发动机各种转速下都能供给足够数量的机油，以维持足够的机油压力，保证发动机的润滑。机油泵的供油量与其转速有关，而机油泵的转速又与发动机转速成正比。因此，在设计机油泵时，应使其在低速时有足够大的供油量。但是，在高速时机油泵的供油量明显偏大，机油压力也显著偏高。另外，在发动机冷启动时，机油黏度大，流动性差，机油压力也会大幅度升高。为了防止油压过高，应在润滑油路中设置安全阀（溢流阀）。通常，安全阀装在机油泵或机体的主油道上。当安全阀安装在机油泵上时，如果油压达到规定值，则安全阀开启，多余的机油返回机油泵进口。如果安全阀安装在主油道上，则当油压达到规定值时，多余的机油经过安全阀流回油底壳。

2. 汽车发动机润滑系统采用的其他液压元件

发动机润滑系统采用的其他液压元件还有以下几种。

① 油底壳（起油箱的作用）。它用来储存润滑油，在大多数发动机上，还起到为润滑油散热的作用。

② 机油滤清器（起过滤器的作用）。它用来过滤润滑油中的杂质、磨屑、油泥及水分等杂物，使送到各润滑部位的润滑油都是干净清洁的。

③ 机油过滤器。多为网式过滤器，能滤掉润滑油中粒度大的杂质，其流动阻力小，串联安装于机油泵进油口之前。

④ 主油道。主油道直接在缸体与缸盖上铸出，用来向各润滑部位输送润滑油。

⑤ 机油泵吸油管。其通常带有收集器，浸在机油中，作用是避免油中大颗粒杂质进入润滑系统。

任务三　液压基本回路

任务引入

液压双柱汽车举升机（见图 4-46）适用于举升轻型汽车，是进行汽车装配、冲洗及维修等工作的机具。那么，液压双柱汽车举升机的工作原理是怎样的？液压双柱汽车举升机的液压系统包含了哪几个液压基本回路？

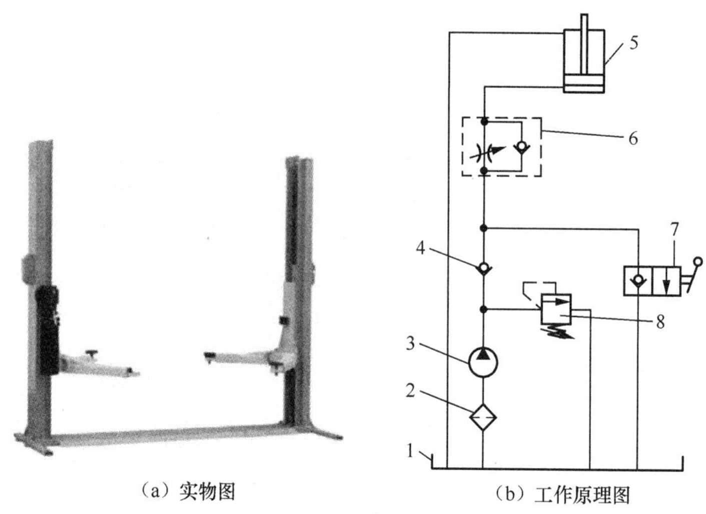

（a）实物图　　（b）工作原理图

图 4-46　液压双柱汽车举升机

1—油箱　2—过滤器　3—液压泵　4—单向阀　5—单杆活塞式液压缸　6—单向节流阀　7—换向阀　8—溢流阀

任务分析

液压双柱汽车举升机的液压系统是由一些液压元件通过合理的有机结合形成的液压油路，其通过控制液压油路中油液的流向，实现轻型汽车的举升工作，并保证举升的稳定性和平顺性。

学习目标

素质目标

1. 强化创新意识，增强创新思维。
2. 弘扬精益求精的工匠精神。

知识目标

1. 阐明不同液压基本回路的类型。
2. 概述不同液压基本回路的应用特点。

能力目标

能够正确分析液压双柱汽车举升机的液压基本回路的作用。

相关知识

液压基本回路是用液压元件组成并能完成特定功能的典型回路。任何一种液压系统，无论如何复杂，实际上都是由一些液压基本回路组成的。不同机械可根据其工作要求，选用几个不同的基本回路构成完整的液压系统。常用的液压基本回路按其功能可分为方向控制回路、压力控制回路和速度控制回路三大类。

一、方向控制回路

液压系统的执行元件经常要启动、停止和改变运动方向，这就需要控制系统油液接通、截止或换向的回路，具有这样功能的回路称为方向控制回路。

方向控制回路的主要功能是通过控制系统油液的接通、截止或换向，实现系统执行元件的启动、停止或换向。方向控制回路主要是方向控制阀的应用。方向控制回路主要包括换向回路和锁紧回路，前者主要用于控制执行元件的运动方向，后者主要用于实现执行元件的停止和启动。

4-18 换向阀换向回路

1．换向回路

换向回路通常利用换向阀改变油液的流动方向，从而实现执行元件运动方向的改变。运动部件的换向多采用电磁换向阀来实现。

图 4-47 所示是利用限位开关控制三位四通电磁换向阀动作的换向回路。按下启动按钮，左端电磁铁通电，液压缸活塞向右运动，当碰上限位开关 2 时，右端电磁铁通电、左端电磁铁断电，换向阀切换到右位工作，液压缸右腔进油，活塞向左运动。当碰上限位开关 1 时，左端电磁铁通电、右端电磁铁断电，换向阀切换到左位工作，液压缸左腔进油，活塞又向右运动。这样往复变换换向阀的工作位置，就可自动变换活塞的运动方向。当两端电磁铁都断电时，换向阀处于中位，活塞停止运动。这种换向回路结构简单，使用方便，但是电磁换向阀动作快，换向时冲击力大，换向精度低，不宜频繁换向。因此，采用电磁换向阀的换向回路适用于低速、轻载和换向精度要求不高的场合。

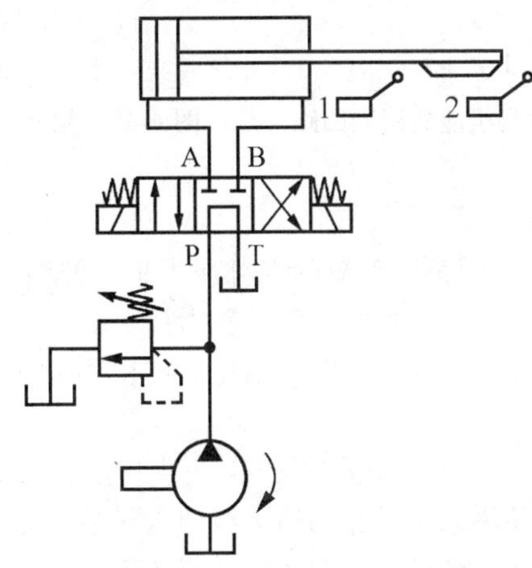

图 4-47　限位开关控制换向回路

1、2—限位开关

2．锁紧回路

锁紧回路可以使执行元件停止在其行程的任一位置上，并防止其在外力作用下窜动或爬行，以提高系统的工作精度及防止事故发生。

（1）用三位四通换向阀中位滑阀机能的锁紧回路

图 4-48 所示是用 M 型中位滑阀机能的锁紧回路。当两端电磁铁都断电时，三位四通电磁换向阀处于中位状态，液压泵输出油液经换向阀（P→T）实现卸荷。这时，液压缸的进、出油口被换向阀的 A、B 口堵阻，使两腔油液无法流动。由于油液的不可压缩性，故即使有外力作用，也无法使活塞左右移动，于是活塞被闭锁。这种锁紧回路，也可采用 O 型中位滑阀机能来实现。由于换向阀存在较大的泄漏，锁紧功能较差，故只能用于锁紧时间短，且要求不高的工作场合。

（2）用液控单向阀的锁紧回路

图 4-49 所示是用液控单向阀的锁紧回路。在液压缸两腔的油路上都设置一个液控单向阀。当

三位四通电磁换向阀处于中位时，液压泵停止向液压缸供油，液压缸停止运动。此时，两个液控单向阀将液压缸两腔油液封闭在里面，使液压缸闭锁。由于液控单向阀的锥阀关闭得十分严密，因此其密封性能好，即使在外力作用下，活塞也不至于移动，能长时间地将活塞准确地锁紧在停止位置上。由于液控单向阀中的单向阀采用座阀式结构，密封性好，极少泄漏，故其有“液压锁”之称。

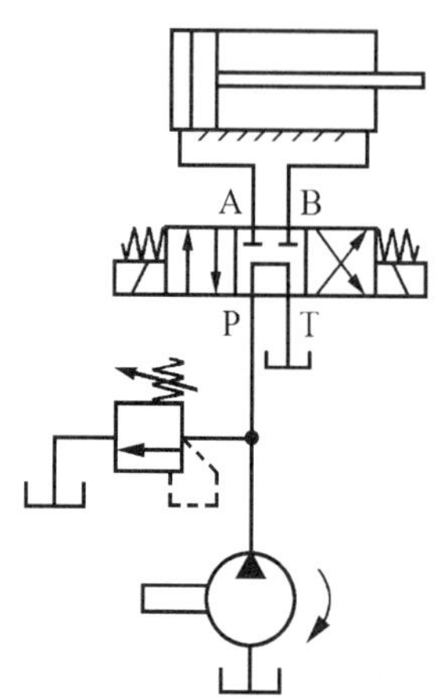

图 4-48　用 M 型中位滑阀机能的锁紧回路

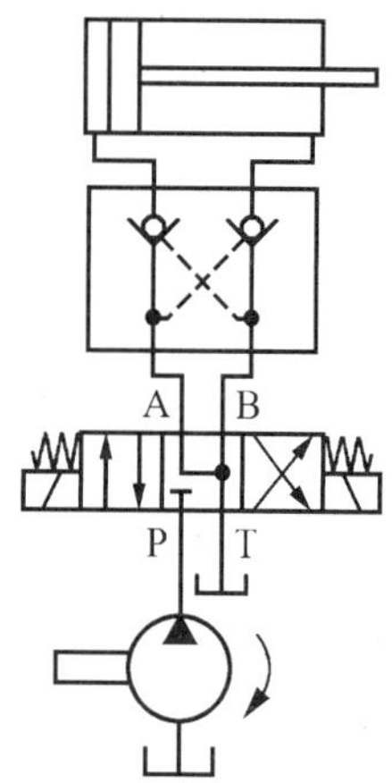

图 4-49　用液控单向阀的锁紧回路

二、压力控制回路

液压系统需要对整体压力或某一部分的局部压力进行控制，以适应执行元件对力的要求，能实现这样功能的回路称为压力控制回路。压力控制回路主要是压力阀的应用。压力控制回路包括调压回路、卸荷回路、保压回路、增压回路和平衡回路。

1. 调压回路

调压回路的作用是使系统的压力与负载相适应，并保持稳定，或是为了安全而限定系统的最高压力。图 4-50 所示是一种使用三个溢流阀的多级调压回路。主溢流阀 1 的外控口通过三位四通电磁换向阀 4 分别连接溢流阀 2 和 3，使系统有三种压力调定值。换向阀左位接入回路时，系统压力由阀 2 调定；换向阀右位接入回路时，系统压力由阀 3 调定；换向阀在中位时，系统压力由主溢流阀 1 调定。此系统中，溢流阀 2 和 3 的调整压力必须低于主溢流阀 1 的调整压力，否则将不起调压作用。

4-19 多级调压回路的工作原理

2. 卸荷回路

在液压系统短时间停止工作期间，一般不关闭电动机，这是因为频繁启闭对电动机和液压泵的寿命有严重影响。但若让液压泵在溢流阀调定压力下回油，又造成很大的能量浪费，使油温升高，系统性能下降。为此，应设置卸荷回路解决上述矛盾。所谓卸荷，即液压泵的功率损耗接近于零的运转状态。图 4-51 所示为用 M 型中位滑阀机能的三位四通电磁换向阀使液压泵卸荷的回路。当换向阀在中间位置时，液压泵可通过换向阀直接连通油箱，这种卸荷方法比较简单。可以看出，用中位滑阀机能 H 型三位四通换向阀也可用来使液压泵卸荷。

4-20 卸荷回路-利用换向阀

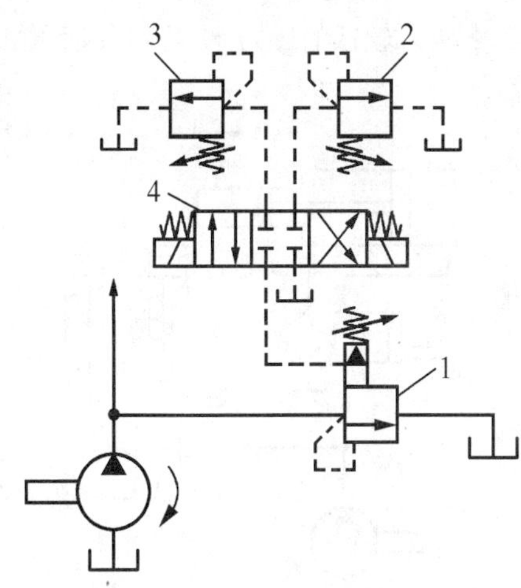

图 4-50　多级调压回路

1—主溢流阀　2、3—溢流阀　4—三位四通电磁换向阀

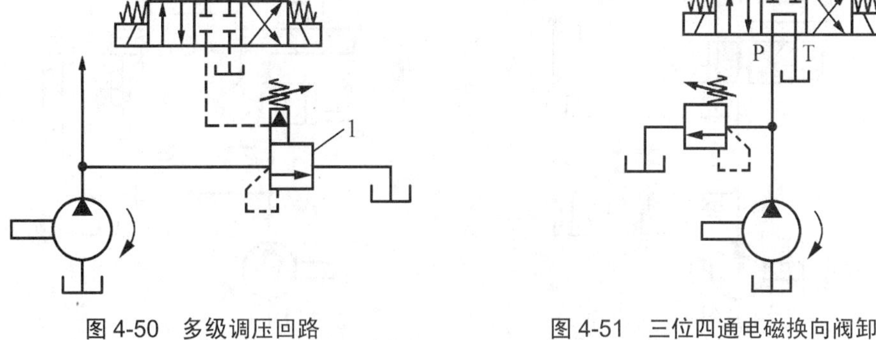

图 4-51　三位四通电磁换向阀卸荷回路

3. **保压回路**

有些机床液压装置在工作过程中要求油路系统保持一定的压力，这时要采用保压回路。在定量泵系统中设置溢流阀，使油路保持一定的压力，这是常用的一种保压方法。但是，这种回路的效率较低，一般用于液压泵流量不大的场合。图 4-52 所示为用蓄能器保持夹紧液压缸压力的回路。在液压缸实现夹紧的过程中，蓄能器 1 充油蓄能，当系统的压力升高到一定的数值时，外控顺序阀 2 被打开，液压泵卸荷。这时，单向阀 3 将压力油路和卸荷油路隔开，由蓄能器输出压力油补偿系统的泄漏，以保持夹紧液压缸的压力。保压回路在使液压缸保压的同时，使液压泵卸荷，外控顺序阀作卸荷阀用，因此能量使用合理，具有较高的效率。

4-21 保压回路-利用蓄能器

4. **增压回路**

增压回路是用来使液压系统局部工作压力大于液压泵供油压力的回路。增压的方法很多，图 4-53 所示是采用增压器的增压回路。增压器 1 由大、小两个液压缸 A 和 B 组成，A 缸中的大活塞和 B 缸中的小活塞用一根活塞杆连接。当扳动手柄使换向阀左位接入回路时，液压油进入 A 缸左腔，推动大、小活塞一起向右运动。图中补油箱 2 的作用是当工作缸 3 回程时，油液可以通过单向阀进入液压缸 B 的右腔，以补充工作缸 3 在工作时管路中的泄漏。

4-22 增压回路-利用增压器

如果不计摩擦和压力损失，则作用在大活塞左端的液压作用力 F_{pA} 和作用在小活塞右端的液压作用力 F_{pB} 分别为

$$F_{pA}=pA_A$$

$$F_{pB}=p_BA_B$$

式中，p 为液压泵供油压力；A_A 为大活塞的作用面积；p_B 为液压缸 B 的压力；A_B 为小活塞的作用面积。

由于大、小活塞用一根活塞杆连接为一体，所以 $F_{pA} = F_{pB}$，则

$$pA_A=p_BA_B$$

因为 $A_A > A_B$，所以 $p_B > p$，即液压泵向液压缸 A 输入较低的压力 p，可以使液压缸 B 取得较高的压力 p_B。

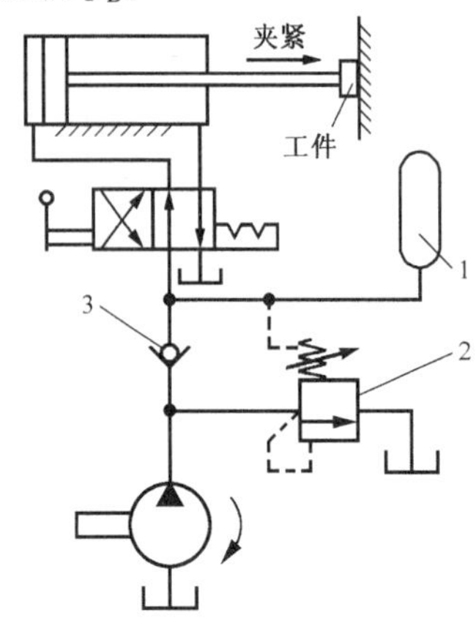

图 4-52　采用蓄能器的保压回路

1—蓄能器　2—外控顺序阀　3—单向阀

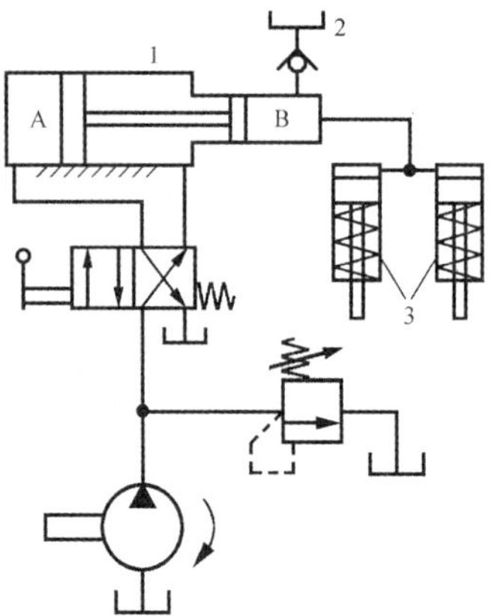

图 4-53　采用增压器的增压回路

1—增压器　2—补油箱　3—工作缸

5. 平衡回路

为了防止立式液压缸及其工作部件在悬空停止期间因自重而自行下滑，或在下行运动中由于自重而造成失控超速的不稳定运动，可设置平衡回路。

4-23 单向顺序阀的平衡回路

图 4-54（a）所示为采用单向顺序阀的平衡回路。在立式液压缸的下腔串接一单向顺序阀，可防止液压缸因自重而自行下滑。调节单向顺序阀的开启压力，使其稍大于立式液压缸下腔的背压。活塞下行时，由于回路上存在一定背压支承重力负载，活塞将平稳下落。但由于顺序阀的泄漏，运动部件在悬停过程中不能较长时间地保持准确停位，故这种回路适用于工作负载固定且对活塞要求不高的场合。图 4-54（b）所示为采用液控单向阀的平衡回路。回路上的单向节流阀用于保证立式液压缸活塞下行运动的平稳性。其中节流阀的设置是必要的，若无此阀，运动部件下行时会因自重而超速运动，使缸上腔出现真空，导致液控单向阀关闭，待压力重建后才能再打开，这会造成下行运动时断时续和强烈振动的现象。这种回路简单、停位可靠。

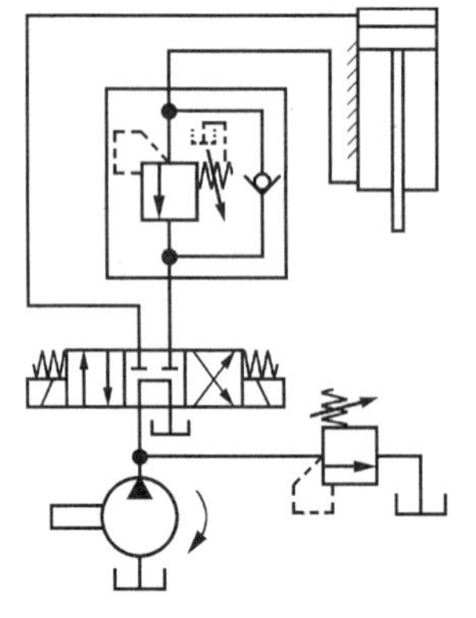

(a) 采用单向顺序阀的平衡回路

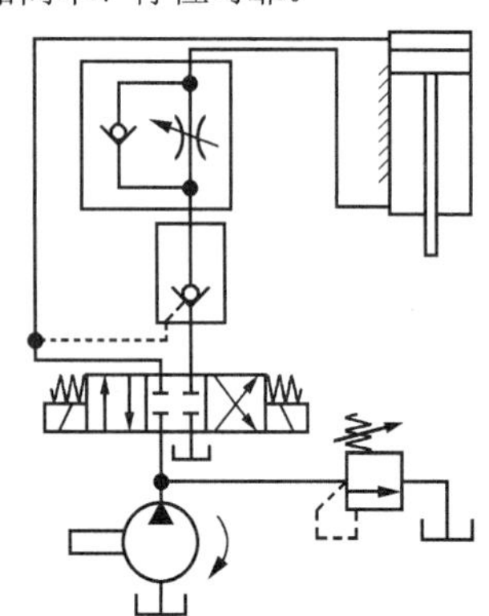

(b) 采用液控单向阀的平衡回路

图 4-54　平衡回路

三、速度控制回路

在液压系统中，调速是为了满足执行元件对工作速度的要求，因此是系统的核心问题。能够满足速度调节和稳定要求的液压回路称为速度控制回路。速度控制回路主要包括节流调速回路、容积调速回路和容积节流调速回路三种。下面介绍前两种速度控制回路，第三种是前两种的组合。

1．节流调速回路

节流调速回路由定量泵、节流阀、溢流阀和执行元件等组成，它利用改变节流阀阀口的通流截面积来控制流入（或流出）执行元件的流量，以调节其运动速度。

节流调速回路按节流阀安装位置的不同可分为进油路节流调速回路（见图 4-55）、回油路节流调速回路（见图 4-56）和旁油路节流调速回路三种。

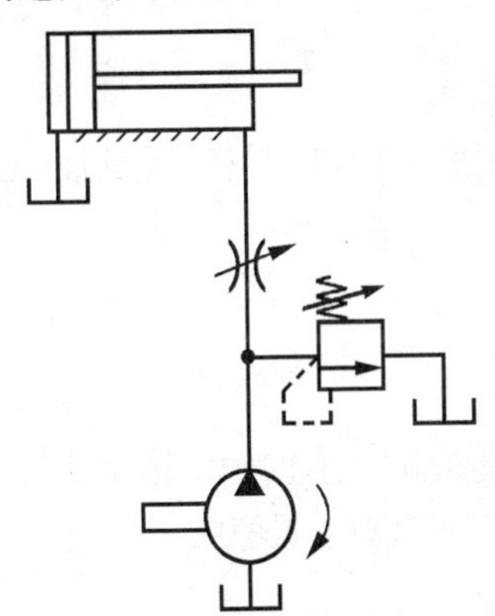

图 4-55　进油路节流调速回路

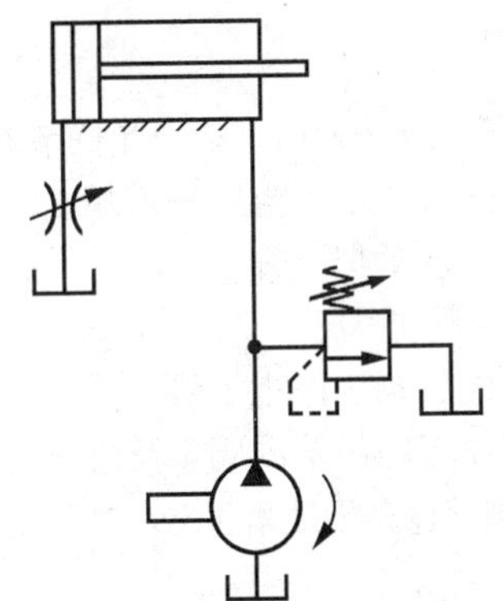

图 4-56　回油路节流调速回路

4-24 进油路节流调速回路

4-25 回油路节流调速回路

2．容积调速回路

用变量泵或变量马达实现调速的回路称为容积调速回路。根据变量泵和变量马达组合形式的不同，容积调速回路分为变量泵调速回路、变量马达调速回路和变量泵-变量马达调速回路三种，如图 4-57 所示。图 4-57（a）中变量泵输出的压力油全部进入液压缸中，推动活塞运动。调节泵的输出流量，即可调节活塞运动的速度。系统中的溢流阀起安全保护作用，在系统过载时才打开溢流。图 4-57（b）中定量泵输出的压力油全部进入液压马达，输入流量是不变的。若改变液压马达的排量，则可调节液压马达的输出转速。图 4-57（c）所示回路，是上述两种回路的组合，调速范围较大。

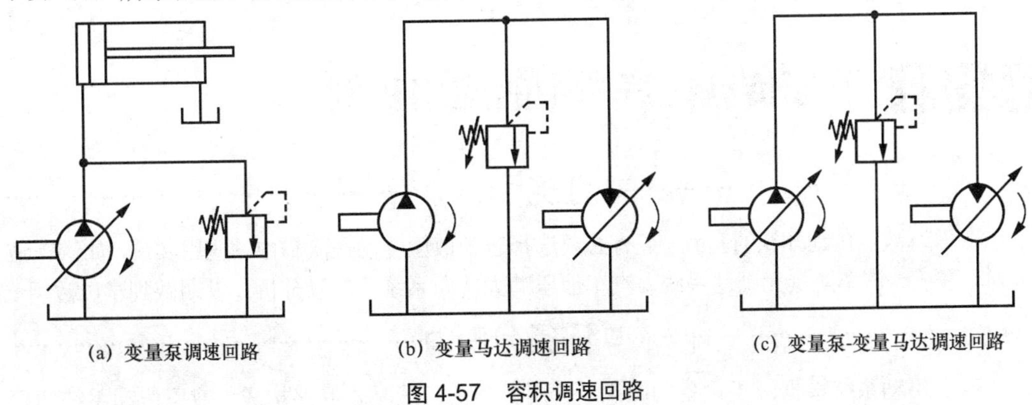

图 4-57　容积调速回路

知识拓展

潘红波，武进工匠，多年致力技术攻关和产品研发。在重点攻克高精度液压阀类及其他精密小零件关键制造技术及产品量产过程中，他完成研发刀具、工装、设备改造与优化项目 100 多项工作，降低刀具成本 40%左右，产品效率提升 50%左右。

任务实施

一、液压双柱汽车举升机的工作原理分析

图 4-46（b）所示为液压双柱汽车举升机液压系统工作原理图，其工作原理如下所述。

1. 活动架上升

换向阀 7 置左位。

进油路：过滤器 2→液压泵 3→单向阀 4→单向节流阀 6 中的单向阀→单杆活塞式液压缸 5 下腔。

回油路：单杆活塞式液压缸 5 上腔→油箱 1。

此时，活塞杆上移，活动架上升。

2. 活动架停止

换向阀 7 置左位，液压泵 3 停止工作。

单杆活塞式液压缸 5 下腔由单向阀 4 及换向阀 7 中的单向阀封闭，单杆活塞式液压缸 5 上腔回油。同时，举升机制动器处于锁紧状态，举升机活动架在任意位置停止。

3. 活动架下降

换向阀 7 置右位，液压泵 3 停止工作。同时，举升机制动器处于松开状态。

在活动架及载荷重力作用下，单杆活塞式液压缸 5 下腔的压力油通过单向节流阀 6 中的节流阀进入换向阀 7 右位，然后流回油箱 1。

此时，活塞杆下移，活动架下降。

二、液压双柱汽车举升机的液压基本回路分析

由以上分析可知，液压双柱汽车举升机液压系统油路中包含以下三种基本回路。

① 换向回路。由换向阀 7 组成，控制单杆活塞式液压缸 5 中的活塞杆的上升、下降及停止。

② 节流调速回路。由单向节流阀 6 组成，控制活动架的下降速度。

③ 单级调压回路。由溢流阀 8 组成，调定液压系统的工作压力。

任务四 液压传动在汽车中的应用实例

任务引入

在学习液压传动知识的基础上，有必要选择若干液压传动在汽车中的应用实例，如汽车液压制动系统、汽车防抱死制动系统、汽车液压助力转向系统等加以分析，以期做到学以致用。

任务分析

液压传动系统根据液压设备的要求，选用适当的液压基本回路构成。液压传动系统的原

理一般用原理图来表示。在液压传动系统原理图中，各个液压元件及它们之间的连接与控制方式，均按国家标准规定的图形符号画出。

学习目标

素质目标

1．强化严谨细致的工作态度。

2．强化精益求精的工匠精神。

知识目标

1．说明不同液压元件的功能。

2．阐明不同液压基本回路的组成和作用。

能力目标

1．能够正确阅读不同液压传动系统的原理图。

2．能够正确分析不同液压传动系统的工作原理。

相关知识

分析液压传动系统，主要是读液压传动系统原理图，其方法和步骤如下所述。

1．了解液压传动系统的任务、工作循环，应具备的性能和需要满足的要求。

2．查阅系统原理图中所有液压元件及其连接关系，分析它们的作用及其所组成的回路功能。

3．分析系统油路，了解系统的工作原理与特点。

任务实施

一、汽车液压制动系统的工作原理分析

汽车液压制动系统（鼓式制动器）如图 4-58 所示，主要由制动踏板、推杆、制动主缸、油管、制动轮缸和制动器等组成。制动器分为固定件与旋转件。制动蹄通过支承销固定于制动底板上不动，为固定件；制动鼓则通过螺栓与车轮连接，随车轮旋转，为旋转件。由此可见，若要车轮制动，只要使制动鼓停止转动即可。

鼓式液压制动系统的工作原理如下所述。

汽车行驶不制动时，所有机件处于安装的原始位置。制动蹄与制动鼓之间保持一定的间隙，制动鼓随车轮自由转动而不受阻碍。

当汽车行驶制动时，踩下制动踏板，通过推杆和主缸活塞，使主缸内的油液产生一定压力后流入轮缸，进而推动轮缸活塞，使两制动蹄绕支承销转动，上端向两边张开而使其摩擦片压紧在制动鼓的内圆面上。不旋转的制动蹄就对旋转的制动鼓产生一个摩擦力矩 M_μ，其方向与车轮旋转方向相反。这时，制动鼓将该力矩传到车轮。由于车轮与路面间的附着作用，故车轮对路面作用一个向前制动力 $\boldsymbol{F}_\mu$，同时，路面也对车轮作用一个向后的反作用力，即制动力 $\boldsymbol{F}_B$。制动力 $\boldsymbol{F}_B$ 由车轮经车桥和悬架传给车架及车身，迫使汽车减速或停车。

当放松制动踏板时，在复位弹簧作用下，两个制动蹄向中间收拢，迫使轮缸的油液流回主缸，制动蹄与制动鼓又恢复了原来的间隙，从而制动作用解除。

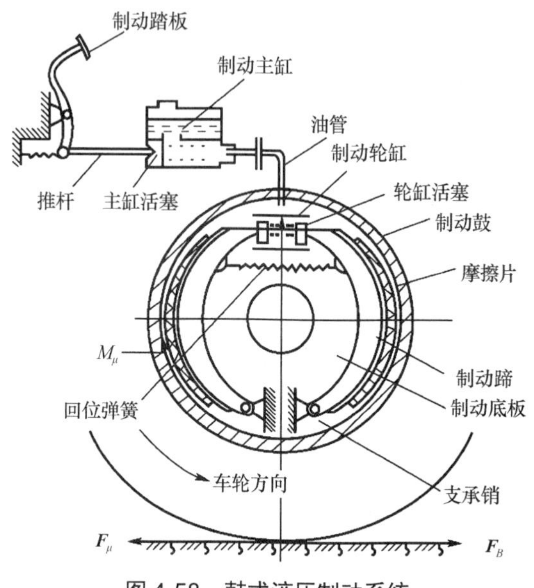

图 4-58　鼓式液压制动系统

二、汽车防抱死制动系统压力调节装置的工作过程分析

汽车防抱死制动系统（ABS）中的制动压力调节装置是 ABS 中电子控制电路的执行元件，根据电子控制器的指令（电信号）及时调节制动管路中的液压。

图 4-59 虚线框中所示为每个制动轮缸 7 配两个二位二通电磁换向阀的 ABS 制动压力调节装置，由常开电磁换向阀 2、常闭电磁换向阀 3、蓄能器 4、液压泵 5 和单向阀 6 组成。ABS 工作过程，实际上是“增压→保压→减压”的一个循环工作过程，如下所述。

1. 增压阶段

制动时，通过助力器和制动总泵（图中均未标出）建立制动压力。此时，常开电磁换向阀 2 打开，常闭电磁换向阀 3 关闭，制动压力进入制动轮缸 7，车轮转速迅速降低，直到 ABS 电子控制单元通过转速传感器识别出车轮有抱死的倾向为止。

2. 保压阶段

ABS 电子控制单元通过转速传感器得到的信号识别出车轮有抱死倾向时，即向液压控制单元发出控制信号关闭常开电磁换向阀 2。此时，常闭电磁换向阀 3 仍然关闭，制动轮缸 7 中的压力保持不变。

3. 减压阶段

在制动压力保持不变后，控制单元还不断检测车轮转速信号，若判断出车轮仍有抱死倾向时，ABS 电子控制单元立即向液压控制单元发出控制信号打开常闭电磁换向阀 3，启动液压泵 5 工作，制动液从制动轮缸 7 经常闭电磁换向阀 3、蓄能器 4、液压泵 5、单向阀 6 被送回到制动主缸 1，制动轮缸 7 中的压力降低，制动踏板微量顶起，车轮抱死程度降低，车轮转速开始上升。

为了取得最佳的制动效果，当车轮达到一定转速后，ABS 电子控制单元再次发出信号，使常开电磁换向阀 2 打开，常闭电磁换向阀 3 关闭，进入增压阶段。随着制动压力增加，车轮再次被制动和减速。

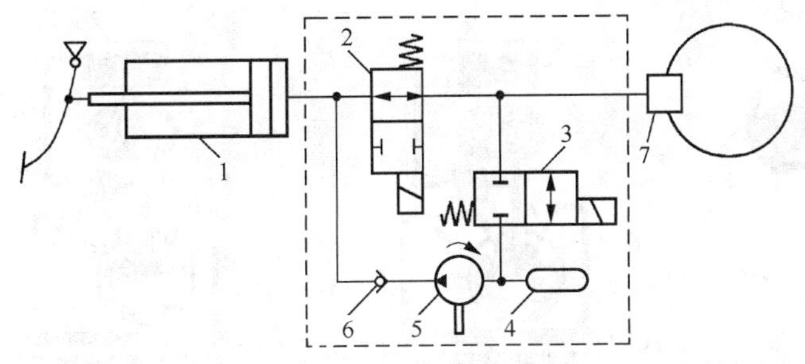

图 4-59　ABS 制动压力调节装置

1—制动主缸　2—常开电磁换向阀　3—常闭电磁换向阀　4—蓄能器

5—液压泵　6—单向阀　7—制动轮缸

由此可见，ABS 的工作过程实际上就是车轮被“抱死→松开→抱死→松开”的循环工作过程，它可以使车辆始终处于临界抱死的间隙滚动状态，有效地克服车辆紧急制动时的跑偏、侧滑、甩尾，防止车身失控等情况的发生。

三、汽车液压助力转向系统的工作原理分析

汽车液压助力转向系统是一个密闭循环系统，由转向助力泵给液压油提供动力，转向泵则由发动机曲轴通过皮带轮带动。液压助力转向系统的结构如图 4-60（a）所示，主要由转向控制阀 1、活塞 2、齿条 3、储油罐 4、齿轮泵 5、溢流阀 6 和工作缸 7 等组成。转向控制阀阀芯通过弹力扭杆与转向盘相连。活塞边缘与工作缸内壁形成良好密封，将工作缸分为左右两个互不相通的密封腔。齿条与活塞连接成一整体，随活塞左右运动，并将此运动传给转向横拉杆 8，最终使车轮实现转向。

汽车液压助力转向系统的工作原理如下所述。

车辆直线行驶时，转向控制阀阀芯处在中间位置，如图 4-60（b）中 A 标记所示。从齿轮泵 5 泵入的油液分别通过阀体和阀芯纵槽和槽间形成的两边相等的间隙，流入工作缸 7 的左、右两腔，当两腔的油液压力达到相等的一定值后，油液便经溢流阀 6 流回到储油罐 4，形成长流式油液循环。由于工作缸 7 左、右两腔的油液压力相等，因此活塞保持中间位置，即车轮保持直线行驶方向。

车辆转向时，转向控制阀阀芯在转向盘的作用下转过一定角度，如图 4-60（c）所示。此时，进油管与工作缸右腔的油管相通，而工作缸左腔的油管与回油管相通。因此，工作缸右腔进油，压力增加；工作缸左腔回油，压力降低，即活塞右边受到的压力增大，而左边受到的压力减小，因此，活塞受到向左的液压力，帮助车轮实现转向。

当转向盘转动后停在某一位置时，阀体随转向螺杆在液压力和扭杆弹力的作用下，沿转向盘转动方向旋转一个角度，使之与阀芯的相对角位移量减小，左、右油腔油液压差减小，但仍有一定的助力作用，使助力扭矩与车轮的回正力矩相平衡，车轮即维持在某一转角位置上。

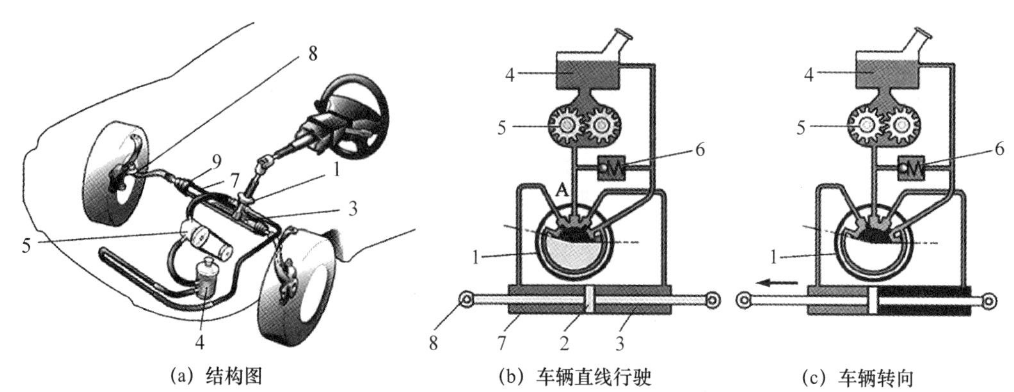

（a）结构图　（b）车辆直线行驶　（c）车辆转向

图 4-60　汽车液压助力转向系统

1—转向控制阀　2—活塞　3—齿条　4—储油罐　5—齿轮泵　6—溢流阀

7—工作缸　8—转向横拉杆　9—防尘套

项目五 汽车工程材料

工程材料是现代工业生产支柱之一，是汽车制造的基础，汽车工业的发展在很大程度上要依赖于工程材料的发展。一方面，汽车的性能、寿命、安全性、经济性、舒适性的不断提高，促进了材料科学的迅速发展；另一方面，随着材料科学的发展，高性能、环保、节能的新型材料不断地应用于汽车制造，又促进了汽车工业的发展。因此，工程材料已成为汽车实现高性能的基础与载体。

任务一 汽车常用材料主要性能分析

任务引入

汽车发动机曲轴用于动力输出，并带动其他部件运动；汽车发动机活塞承受气体压力，并通过活塞销传给连杆驱使曲轴旋转；汽车齿轮主要分装在变速器和差速器中，汽车上发动机的动力均通过齿轮传给车轴，推动汽车行驶。由于汽车发动机曲轴、发动机活塞、汽车齿轮（见图 5-1）的使用工况不同，因而，对其的性能要求也就不同。那么，汽车发动机曲轴、发动机活塞、汽车齿轮主要应具备的性能有哪些呢？

图 5-1 汽车发动机曲轴、发动机活塞、汽车齿轮

任务分析

不同的汽车零件由于使用工况不同，所承受载荷的性质不同，对其的性能要求也就不同。只有了解材料的主要性能，才能在汽车零件设计和加工制造过程中正确地选择和使用材料（本任务主要介绍金属材料的性能）。

学习目标

素质目标

1. 强化责任意识和安全意识。
2. 树立严谨细致、认真负责的工作态度。

知识目标

1. 阐明金属材料的力学性能指标的含义。
2. 概述金属材料的工艺性能指标类型与含义。

能力目标

1. 能够分析汽车发动机不同零件的使用工况。
2. 能够根据不同零件的使用工况进行性能分析。

相关知识

金属材料的主要性能包括使用性能和工艺性能。使用性能指金属材料在正常工作时应具备的性能，它决定了金属材料的应用范围、使用的可靠性和寿命，包括力学性能、物理性能和化学性能。工艺性能指金属材料在冷、热加工过程中应具备的性能，它决定了金属材料的加工方法，包括铸造性能、锻造性能、焊接性能和切削加工性能。

一、金属材料的使用性能

（一）力学性能

金属材料在外力的作用下所表现出来的特性，称为金属材料的力学性能，其主要指标有强度、塑性、硬度、冲击韧性和疲劳强度等。上述指标既是选材的重要依据，又是控制、检验材料质量的重要参数。金属材料受外力作用时，会发生尺寸与形状的改变，这种外力称为载荷，尺寸和形状的改变称为变形。载荷与变形的关系可用试验的方法测定。

拉伸试验是金属力学试验中最基本的试验。拉伸试验通常在室温下，选用具有代表性的常用材料（低碳钢或铸铁）制成拉伸试验试样，在拉伸试验机（见图 5-2）上进行。拉伸试验（GB/T 228.1—2010）采用低碳钢圆形横截面比例试样，如图 5-3 所示。其中，d_0 称为试样直径，L_0 称为试样原始标距，L_c 称为试样平行长度。

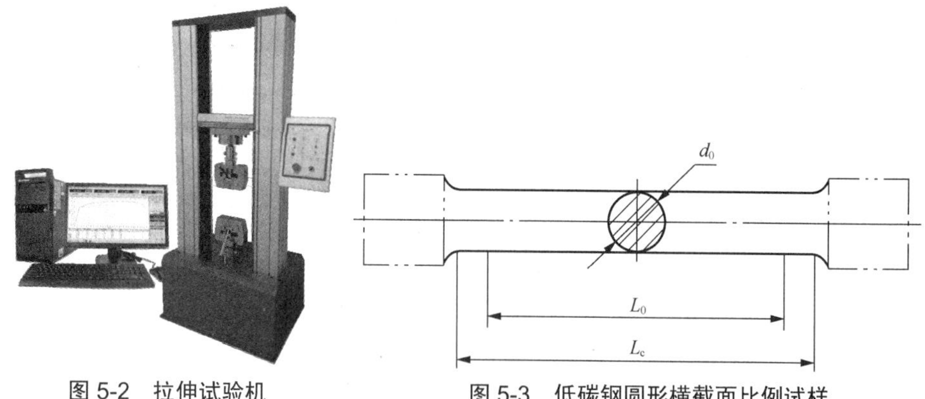

图 5-2　拉伸试验机　　图 5-3　低碳钢圆形横截面比例试样

试验时，将试样两端夹在拉伸试验机上，然后开动拉伸试验机，在试样上慢慢施加拉力 $\boldsymbol{F}$，直到试样被拉断为止。在拉伸过程中，试验机上的绘图仪能自动绘出所加拉力 $\boldsymbol{F}$ 与试样标距延伸ΔL 之间的关系曲线，称为拉伸图或力-延伸曲线。由于拉伸图与拉伸试样的几何尺寸有关，因此为消除试样几何尺寸的影响，将纵坐标的拉力 $\boldsymbol{F}$ 除以试样原始横截面积 S_0 得到

应力 σ（应力定义为单位面积上的内力），将横坐标的延伸ΔL 除以试样的原始标距（原始长度）L_0 得到应变 e（应变定义为瞬间长度与原始长度的差与原始长度之比），从而得到能反映材料力学性能的拉伸应力-应变曲线（σ-e 曲线），如图 5-4 所示。

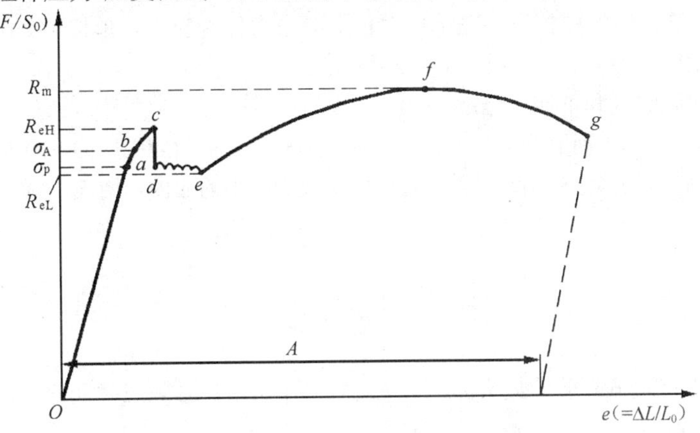

图 5-4　低碳钢试样的拉伸应力-应变曲线

从图 5-4 中可以看出，整个拉伸过程大致可分为 6 个阶段。

① 弹性变形阶段（曲线 Oa 段）。Oa 段试样发生的是弹性变形，变形完全可逆，即卸除拉力，试样将恢复到原始长度，应力与应变呈线性关系，即符合胡克定律。曲线的 a 点是应力与应变保持线性关系的最高点，该点处的应力 σ_p 称为理论比例极限。

② 滞弹性变形阶段（曲线 ab 段）。ab 段试样发生的仍是弹性变形，变形仍然可逆，但弹性变形滞后发生，而且是非线性的，应力与应变不呈线性关系，此阶段相对很短。b 点的应力 σ_A 称为理论滞弹性极限。

③ 屈服前微塑性变形阶段（曲线 bc 段）。bc 段试样开始出现连续的均匀微小塑性变形，此阶段也相对很短，而且不容易与滞弹性变形阶段准确区分开。

④ 屈服变形阶段（曲线 cde 段）。cde 段试样塑性屈服变形不连续，在试样的表面可以看到滑移线。c 点为不连续屈服的开始，从 c 点到 d 点为第一条滑移线。由于突然发生塑性延伸，其延伸速率超过试验机施加的位移速率，因而使力下降，应力减小。使之从 c 点降到 d 点。de 段为下屈服区，此区间内，滑移线从一个源或几个源扩展至整个平行长度范围，同时力也呈现小的波动。e 点为屈服阶段结束点，该点标志着光滑硬化阶段的开始。c 点的应力 R_{eH} 称为"上屈服强度"，在 de 段范围内的最低应力 R_{eL} 称为"下屈服强度"。

⑤ 均匀塑性变形阶段（曲线 ef 段）。进入 ef 段，随着变形量的不断增加，试样呈现强化，称为"应变硬化"。表现为 ef 段曲线光滑而单调地上升，但在宏观上试样变形均匀。这是由于应变硬化使微小缩颈扩散不能形成局部化缩颈所致。f 点为最大拉力点，这一点正是拉伸缩颈开始点，也称为拉伸失稳点。f 点对应的应力最高，称为抗拉强度 R_m。

⑥ 局部塑性变形阶段（曲线 fg 段）。拉伸达到最高点时，试样最弱横截面中心处附近产生微小裂纹，并很快扩展，导致试样几何软化，使该处横截面的有效承载面积减小，应力也因此进一步升高，使变形集中于缩颈（见图 5-5）处。而力很快下降，直至到达 g 点试样断裂。

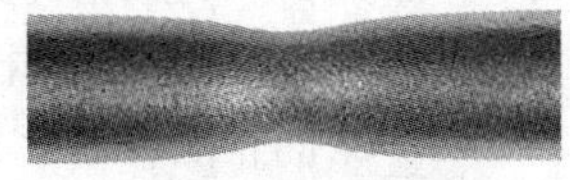

图 5-5　缩颈现象

通过拉伸应力-应变曲线可测定材料的强度与塑性。

1．**强度**

强度是材料在载荷作用下抵抗塑性变形和断裂的能力。抵抗载荷的能力越大，则强度越高。

材料受到载荷作用会发生变形，同时在材料内部产生一个抵抗变形的内力，其大小和载荷（外力）相等，但方向相反。在单位面积上的内力称为应力，单位为Pa（帕），即N/m^2，工程上常用MPa（兆帕），$1MPa = 10^6Pa = 1N/mm^2$。

（1）上屈服强度和下屈服强度

由图5-4可知，上屈服强度为力首次下降前的最大力值对应的应力，用R_{eH}（单位为MPa）表示；下屈服强度为不计初始瞬时效应时屈服阶段中最小的应力，用R_{eL}（单位为MPa）表示。

$$\begin{cases} R_{eH} = \dfrac{F_{eH}}{S_0} \\ R_{eL} = \dfrac{F_{eL}}{S_0} \end{cases}$$

式中，F_{eH}为力首次下降前的最大力，N；F_{eL}为不计初始瞬时效应时屈服阶段中的最小力，N；S_0为试样的原始横截面积，mm^2。

屈服强度R_e是具有屈服现象材料特有的强度指标。当金属材料在拉伸试验过程中没有明显屈服现象发生时，应测定“规定塑性延伸强度R_p”。

（2）抗拉强度

抗拉强度是指试样在屈服阶段之后所能抵抗的最大应力，用R_m（单位为MPa）表示。

$$R_m = \frac{F_m}{S_0}$$

式中，F_m为试样在屈服阶段之后所能抵抗的最大力，N；S_0为试样的原始横截面积，mm^2。

抗拉强度的物理意义是表征材料对最大均匀变形的抗力，表征材料在拉伸条件下所能承受最大力的应力值，它是设计和选材的主要依据之一，是工程技术上的主要强度指标。

工程上所用的金属材料不仅希望具有较高的屈服强度、抗拉强度值，而且希望具有一定的屈强比（屈服强度/抗拉强度）。屈强比越小，零件的安全可靠性越高；屈强比越大，材料强度的有效利用率越高。

2．**塑性**

塑性是材料在载荷作用下产生塑性变形而不断裂的能力。材料断裂前的塑性变形越大，表示它的塑性越好；反之则表示其塑性越差。常用的塑性性能指标是断后伸长率和断面收缩率。

（1）断后伸长率

断后伸长率是指试样断裂后的断后伸长量和原始标距的百分比，用A表示。

$$A = \frac{L_u - L_0}{L_0} \times 100\%$$

式中，L_0为试样的原始标距，mm；L_u为试样的断后标距，mm。

通常，把$A \geqslant 5\%$的材料称为塑性材料，$A < 5\%$的材料称为脆性材料。

（2）断面收缩率

断面收缩率是指试样断裂后其横截面积的最大缩减量与原始横截面积的百分比，用符号Z表示。

$$Z = \frac{S_0 - S_u}{S_0} \times 100\%$$

式中，S_0为试样的原始横截面积，mm^2；S_u为试样拉断后的最小横截面积，mm^2。

断面收缩率与试样尺寸无关，所以它能比较确切地反映材料的塑性。

材料的 A 或 Z 值越大，表示材料的塑性越好。塑性直接影响零件的成形加工及使用。例如，钢的塑性较好，能通过锻造成形；而灰铸铁塑性极差，不能进行锻造。金属材料经塑性变形（屈服）后能得到强化，因此塑性好的零件超载时，仍有强度储备，比较安全。

3. **硬度**

硬度是材料抵抗局部变形，特别是塑性变形、压痕或划伤的能力。因此，硬度也可以看作是材料对局部塑性变形的抗力。

硬度是衡量材料性能的一个综合性能指标。通常材料硬度越高，耐磨性越好，强度也越高。硬度检测试验方法很多，常用的有布氏硬度试验法、洛氏硬度试验法和维氏硬度试验法。

（1）布氏硬度

布氏硬度的测定是在布氏硬度试验机上进行的，布氏硬度试验（GB/T 231.1—2018）原理如图 5-6 所示。对一定直径 D 的碳化钨合金球施加试验力 $\boldsymbol{F}$ 压入试样表面，经规定保持时间后，卸除试验力，测量试样表面压痕的直径。

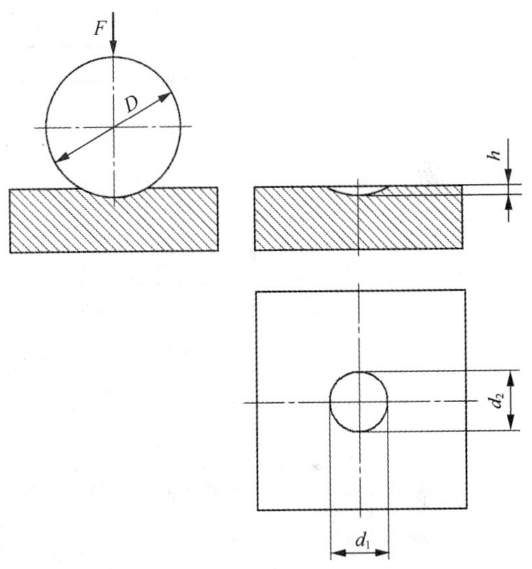

图 5-6　布氏硬度试验原理图

布氏硬度与试验力除以压痕表面积的商成正比，用符号 HBW 表示。压痕被看作是卸载后具有一定半径的球形，压痕的表面积通过压痕的平均直径 d 和压头直径 D 按下面公式计算得到。

$$d = \frac{d_1 + d_2}{2}$$

$$h = \frac{D - \sqrt{D^2 - d^2}}{2}$$

$$\mathrm{HBW} = 0.102 \frac{2F}{\pi D(D - \sqrt{D^2 - d^2})}$$

式中，d 为压痕平均直径，mm；d_1、d_2 为在两相互垂直方向测量的压痕直径，mm；h 为压痕深度，mm；D 为球形压头直径，mm；F 为所加试验力，N。

布氏硬度值标注方法为在布氏硬度符号 HBW 前面注明硬度数值。例如，500HBW 表示测得的布氏硬度值为 500。

布氏硬度试验的优点是数据准确、稳定，数据重复性强。缺点是压痕较大，易损伤零件表面，不能测量太薄、太硬试样的硬度。这种方法常用来测定退火钢、正火钢、调质钢、铸铁及非铁金属的硬度。

（2）洛氏硬度

洛氏硬度试验是目前应用最广泛的硬度检测试验方法，洛氏硬度试验（GB/T 230.1—2018）原理如图 5-7 所示。将顶角为 120° 的金刚石圆锥体压头按照两级试验力压入试样表面，初试验力 $\boldsymbol{F}_0$ 加载后，测量初始压痕深度。随后施加主试验力 $\boldsymbol{F}_1$，增加至总试验力 $\boldsymbol{F}$（$=F_0+F_1$）。经规定保持时间后，卸除主试验力 $\boldsymbol{F}_1$，保持初试验力 $\boldsymbol{F}_0$ 时，测量最终压痕深度。洛氏硬度根据最终压痕深度和初始压痕深度的差值 h 及常数 N 和 S 通过下式计算得出，用符号 HR 表示。

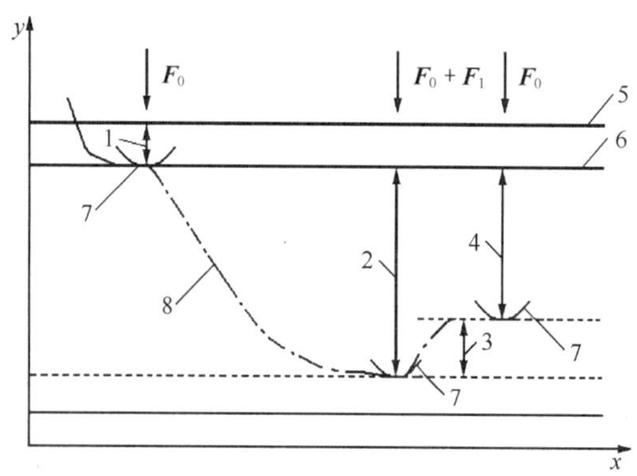

图 5-7　洛氏硬度试验原理图

x—时间　y—压头位置　1—初试验力下的压入深度　2—主试验力引起的压入深度
3—卸除主试验力后的弹性回复深度　4—残余压痕深度　5—试样表面
6—测量基准面　7—压头位置　8—压头深度相对时间的曲线

$$\mathrm{HR}=N-\frac{h}{S}$$

式中，N 为给定标尺的全量程常数；S 为给定标尺的标尺常数，mm；h 为残余压痕深度，mm。

GB/T 230.1—2018 规定了 15 种标尺的金属材料洛氏硬度和表面洛氏硬度的试验方法。常用的洛氏硬度标记有 HRA、HRC、HRD 三种。它们均用顶角为 120° 的金刚石圆锥体为压头，采用的初试验力 F_0 大小都为 98.07N，总试验力 F 大小分别为 588.4N、1471N 和 980.7N，全量程常数 N 为 100，标尺常数 S 为 0.002mm。其中，HRC 应用最广。

洛氏硬度值标注方法为在洛氏硬度符号 HR 前面注明硬度数值。例如，52HRC 表示洛氏硬度值为 52。

洛氏硬度试验可以用于测试硬度很高的材料，操作简便迅速，而且压痕很小，几乎不损伤工件表面。但由于压痕小，硬度值的代表性就差些。

以上两种硬度试验相比较，洛氏硬度试验比布氏硬度试验更加简便，洛氏硬度值可直接读出。布氏硬度压痕大，不适于成品检验，但硬度值的可重复性好。洛氏硬度的压痕小，可重复性较差，但可用于成品检验，故经常用于热处理后成品零件的性能检验。

（3）维氏硬度

维氏硬度的试验原理与布氏硬度的试验原理基本相同。维氏硬度试验（GB/T 4340.1—2009）

原理如图 5-8 所示。将顶部两相对面夹角 α 为 136° 的正四棱锥体金刚石用一定的试验力 F（≥49.3N）压入试样表面，保持规定时间后，卸除试验力，测量试样表面压痕对角线长度。

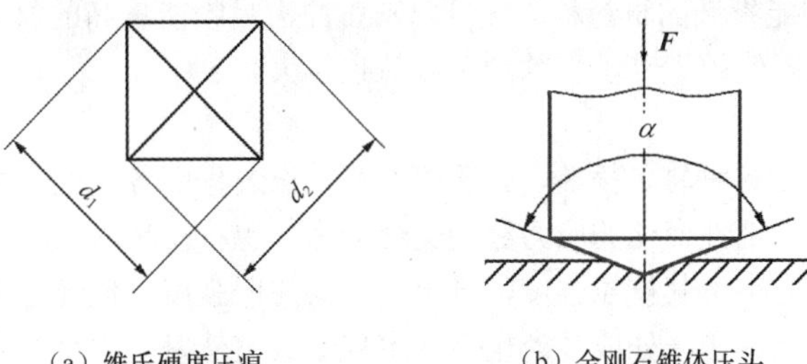

（a）维氏硬度压痕　（b）金刚石锥体压头

图 5-8 维氏硬度试验原理图

维氏硬度与试验力除以压痕表面积的商成正比，用符号 HV 表示。压痕被视为具有正方形基面并与压头角度相同的理想形状。

$$\mathrm{HV} \approx 0.1891\frac{F}{d^2}$$

式中，F 为所加试验力，N；d 为两压痕对角线长度 d_1 和 d_2 的算术平均值，mm。

维氏硬度值标注方法为在维氏硬度符号 HV 前面注明硬度数值。例如，640HV 表示测得的维氏硬度值为 640。

维氏硬度试验所测得的压痕轮廓清晰，数值较准确，测量范围广，采用较小的压力即可测量硬度高的薄件（如硬质合金、渗碳层、渗氮层），而不至于将被测件压穿。

4. 冲击韧性

机械设备中有很多零件要承受冲击载荷的作用。对于承受冲击载荷的零件不能只以强度和硬度指标来衡量，这是因为一些强度较高的金属在冲击载荷的作用下往往也会发生断裂。因此，对于这些机械零件和工具，还必须考虑金属材料的冲击韧性。

冲击韧性（简称韧性）是材料在冲击载荷的作用下断裂前吸收变形能量的能力。夏比冲击试验是一种常用的评定金属材料韧性指标的动态试验方法。

夏比摆锤冲击试验（GB/T 229—2007）原理示意图如图 5-9 所示。将规定几何形状的缺口（V 型或 U 型）试样置于试验机两支座之间，缺口背向打击面放置，用摆锤一次打击试样，测定试样的吸收能量 K。由于大多数材料冲击值随温度变化，因此试验应在规定温度下进行。当不在室温下试验时，试样必须在规定条件下加热或冷却，以保持规定的温度。

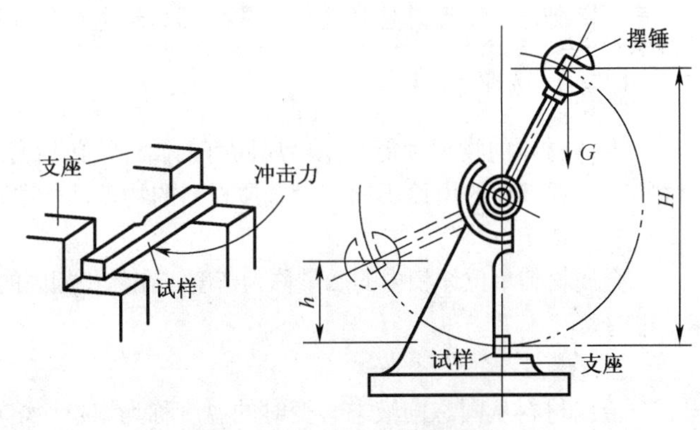

图5-9 冲击试验原理示意图

冲击吸收能量 K 的大小直接在试验机的刻度盘上读出。V 型缺口试样和 U 型缺口试样的冲击能量分别用 KV 和 KU 表示。用 KV 和 KU（J）除以试样缺口处的截面积 S（cm^2），即得到冲击韧度，用α_K表示，其单位为 J/cm^2。与 K 相比，α_K 没有明确的物理意义，只是一种数学表达方法。所以，现在多用冲击吸收能量 K 作为材料韧性的判断依据。

一般把冲击吸收能量低的材料称为脆性材料，冲击吸收能量高的材料称为韧性材料。冲击吸收能量或冲击韧度值越大，承受的冲击载荷也越大。

5. *疲劳强度*

许多机械零件，如各种轴、齿轮、弹簧等，在工作过程中各点的应力随时间做周期性的变化，这种随时间做周期性变化的应力称为交变应力（也称循环应力）。在交变应力作用下，虽然零件所承受的应力小于其抗拉强度，甚至小于其屈服强度，但经过多次循环后，在没有明显的外观变形时，零件在一处或几处也会产生裂纹或突然发生完全断裂。金属材料在交变应力或应变作用下产生裂纹或失效，材料性能的变化过程称为疲劳。金属材料在疲劳状态下，在一处或几处产生裂纹或突然发生完全断裂的过程，称为疲劳断裂（或疲劳破坏）。疲劳断裂与静载荷下断裂不同，无论是脆性材料还是塑性材料，疲劳断裂都是突然发生的，常常会造成严重事故，具有很大的危险。

疲劳强度是衡量金属疲劳的指标。金属材料在无限多次交变载荷作用下而不破坏的最大应力，称为疲劳强度（或疲劳极限）。实际上，金属材料并不可能做无限多次交变载荷试验。一般试验（GB/T 4337—2015）规定，钢在经受 10^7 次交变载荷、有色金属或某些高强度钢经受 10^8 次交变载荷的作用下不产生断裂时的最大应力称为疲劳强度。当施加的交变应力是对称循环应力时，所得的疲劳强度用 σ_{-1} 表示。

金属材料的疲劳受材料本身的材质、零件表面的质量、零件的形状和尺寸、表面残余应力、工作条件等因素的影响。预防金属材料疲劳的方法有提高疲劳强度、设计合理结构和执行使用时间等。减少材料内部缺陷，降低零件表面粗糙度，提高零件表面加工质量，零件表面采取强化处理（如渗碳、渗氮、表面淬火、喷丸等），可以有效地提高疲劳强度。设计零件结构时要避免尖角、缺口、截面突变等，防止应力集中形成疲劳裂纹，导致疲劳断裂。严格执行机械使用时间也能预防金属材料疲劳。

知识拓展

1912 年，豪华轮船泰坦尼克号葬身海底。1985 年，科学家通过对打捞上来的泰坦尼克号船板进行研究，发现钢板中含有大量硫，含硫高的钢板虽然强度很大，但韧性很差，特别是在低温时呈脆性，这是酿成泰坦尼克号沉没悲剧的重要细节。

（二）物理性能

金属材料的物理性能是指金属固有的属性，包括密度、熔点、导热性、导电性和热膨胀性等。机械零件的用途不同，对金属材料的物理性能要求也有所不同。

1. *密度*

金属材料单位体积内的质量称为密度。在体积相同的情况下，金属材料的密度越大，其质量也越大。

2. *熔点*

金属材料从固态向液态转变时的温度称为熔点。熔点高的金属称为难熔金属，可用来制造耐高温零件；熔点低的金属称为易熔金属，可用来制造熔断丝和防火安全阀等零件。

3. **导热性**

金属材料传导热量的性能称为导热性。金属的导热性以银为最好，铜、铝次之。导热性好的金属散热也好，因此在制造散热器、热交换器与活塞等零件时，要选用导热性好的金属材料。

4. **导电性**

金属材料传导电流的性能称为导电性。金属的导电性以银为最好，铜、铝次之。导电性好的金属，如纯铜、纯铝适于作导电材料；导电性差的金属，如铁铬铝合金适于作电热元件。

5. **热膨胀性**

金属材料随温度变化而膨胀、收缩的特性称为热膨胀性。在实际工作中要考虑热膨胀性的场合很多，例如，轴与轴瓦之间要根据热膨胀性来控制其间隙尺寸；测量工件的尺寸时，要注意热膨胀性的影响，以减小测量误差。

（三）化学性能

化学性能是指金属材料在常温或高温条件下抵抗外界介质对其化学侵蚀的能力。化学性能主要包括耐腐蚀性、抗氧化性和化学稳定性等。

1. **耐腐蚀性**

金属材料在常温下抵抗氧、水蒸气及其他化学介质腐蚀破坏作用的能力称为耐腐蚀性。腐蚀对金属材料的危害很大，它不仅使金属材料本身受到损伤，严重时还会使金属零部件遭到破坏，引起重大的伤亡事故。因此，提高金属材料的耐腐蚀性，对于节约金属、延长金属材料的使用寿命具有现实的经济意义。

2. **抗氧化性**

金属材料在加热时抵抗氧化作用的能力称为抗氧化性。金属材料的氧化随温度的升高而加速。例如，钢材在铸造、锻造、热处理、焊接等热加工过程中，氧化比较严重，这不仅造成材料过量的损耗，也会形成各种缺陷。因此，在加热时，常在工件的周围提供一种还原或保护气体，以避免金属材料的氧化。

3. **化学稳定性**

化学稳定性是金属材料的耐腐蚀性和抗氧化性的总称。金属材料在高温下的化学稳定性称为热稳定性。在高温条件下工作的零部件，需要选择热稳定性好的材料来制造。

二、金属材料的工艺性能

金属材料的工艺性能是指材料加工成形的难易程度。工艺性能往往是由物理性能、化学性能和力学性能综合作用所决定的，不能简单用一个物理参数来表示。按照加工工艺的不同，工艺性能可分为铸造性能、锻造性能、焊接性能和切削加工性能等。

1. **铸造性能**

铸造性能是指金属材料在铸造生产中表现出的工艺性能。

2. **锻造性能**

锻造性能是指金属材料在经受压力加工时，获得合格零件的难易程度。

3．焊接性能

焊接性能是指金属材料对焊接成形的适应性，也就是在一定的焊接工艺条件下，金属材料获得优质焊接接头的难易程度。

4．切削加工性能

切削加工性能是指金属材料被切削加工的难易程度。工件材料硬度过高，则刀具易磨损、寿命短，甚至不能切削加工；硬度过低，则容易粘刀，且不易断屑，加工后表面粗糙。所以，硬度过高或过低、韧性过大的材料，其切削加工性能较差。

1．在制造散热器与活塞等零件时，要选用什么性能好的金属材料？

2．金属材料的工艺性能包括哪些？

任务实施

一、汽车发动机曲轴的主要性能分析

1．汽车发动机曲轴的使用工况

汽车发动机曲轴的作用是输出动力，并带动其他部件运动。曲轴在工作中受到弯曲、扭转、剪切、冲击等交变应力的作用。曲轴的形状极不规则，其上的应力分布极不均匀，曲轴轴颈与轴承还发生滑动摩擦。曲轴的失效形式是疲劳断裂和轴颈严重磨损。

2．汽车发动机曲轴的性能要求

根据曲轴的工况及失效形式，分析曲轴的主要性能要求如下。

① 具有高的强度、一定的冲击韧性，以抵抗冲击载荷。

② 具有足够的弯曲和扭转疲劳强度，以抵抗弯曲和扭转载荷。

③ 具有足够的刚度，以抵抗曲轴磨损变形。

④ 轴颈表面具有高的硬度和耐磨性。

二、汽车发动机活塞的主要性能分析

1．汽车发动机活塞的使用工况

汽车发动机活塞在高温、高压、高速、润滑不良的条件下工作。活塞直接与高温气体接触，瞬时温度可达2500K以上，而散热条件又很差，所以活塞工作时温度很高。活塞顶部承受气体压力很大，特别是做功行程压力最大，汽油机可达3～5MPa，柴油机可达6～9MPa，这就使得活塞产生冲击，并承受侧压力的作用。活塞在气缸内以很高的速度（8～12m/s）往复运动，且速度在不断地变化。这就产生了很大的惯性力，使活塞受到很大的附加载荷。活塞在这种恶劣的条件下工作会产生变形并加速磨损，还会产生附加载荷和热应力，同时受到燃气的化学腐蚀作用。

2．汽车发动机活塞的性能要求

根据活塞的工况，分析活塞的主要性能要求如下。

① 要有足够的强度，以抵抗不同载荷。

② 要有足够的刚度，以抵抗变形磨损。

③ 导热性好，耐高压、耐高温，以适应恶劣的工作条件。

④ 耐腐蚀性好，以抵抗燃气的化学腐蚀。

⑤ 重量轻，尽可能减小往复惯性力。

三、汽车齿轮的主要性能分析

1. 汽车齿轮的使用工况

汽车齿轮主要分装在变速器和差速器中，汽车发动机的动力均通过齿轮传给车轴，推动汽车运行。齿轮在变速器中可改变速比，在差速器中可增加扭矩和调节转速。汽车齿轮的齿根受到很大的交变弯曲应力；换挡、启动或啮合不均时，齿部受一定的冲击载荷，齿面相互滚动或滑动接触，产生很大的接触应力及摩擦力。

2. 汽车齿轮的性能要求

根据齿轮的工况，分析齿轮的主要性能要求如下。

① 齿面有足够的硬度，以抵抗齿面磨损、点蚀、胶合以及塑性变形等。

② 齿心有足够的强度和较好的韧性，以抵抗齿根折断和冲击载荷。

③ 有良好的加工工艺性能，使之便于加工且提高其力学性能。

任务二 铁碳合金

任务引入

钢和铸铁都是以铁和碳为主要元素组成的合金，统称为铁碳合金。不同成分的铁碳合金，在不同温度下具有不同的组织类型，不同的组织类型具有不同的性能。即使是同一成分的金属材料，通过不同的加工处理工艺，改变材料内部组织结构，也可以导致其性能发生极大的变化，这说明金属材料的性能不仅取决于化学成分，也取决于其内部组织结构。研究铁碳合金的成分、温度和组织三者之间关系的图形，称为铁碳合金相图，它是掌握铁碳合金性能的依据。那么，铁碳合金的基本组织包含哪些？力学性能如何？铁碳合金相图在选材方面和热处理工艺方面的应用如何？

任务分析

铁碳合金相图是通过试验的方法建立起来的，它是研究铁碳合金的工具，是研究钢和铸铁成分、温度、组织和性能之间关系必备的理论基础，也是制定各种热加工工艺的依据。所以，掌握铁碳合金相图，对于掌握金属材料的性能，利用各种工艺手段改变金属材料的性能，后续学习热处理知识和制定钢铁材料的热加工工艺具有重要的指导意义。

学习目标

素质目标

1. 树立科学的世界观。
2. 强化责任意识，激发担当精神。

知识目标

1. 解释金属同素异晶转变的原因。
2. 说出铁碳合金的基本组织。

能力目标

1. 能够根据铁碳合金相图进行选材。
2. 能够阐明不同碳含量对钢的性能的影响。

相关知识

一、金属的晶体结构与同素异晶转变

1. 金属的晶体结构

（1）晶体和非晶体

固态物质根据其原子排列特征，可分为晶体和非晶体两类。晶体内部的原子按一定的几何规律做周期性排列；非晶体内部的原子杂乱无序、无规律地堆积在一起。晶体有一定的熔点，其性能随组织结构的改变而改变；非晶体没有一定的熔点，其性能在各个方向上是相同的。

自然界中，除了少数物质如普通玻璃、沥青、石蜡等外，绝大多数固态无机物都是晶体。

（2）晶格和晶胞

实际晶体中的各类质点（包括原子、离子、电子等）虽然都是在不停地运动着，但在讨论晶体结构时，常把构成晶体的原子看成是一个个固定的小球。这些原子小球按一定的几何形式在空间紧密堆积，如图 5-10（a）所示。为了便于描述晶体内部原子排列的规律，将每个原子视为一个几何质点，并用一些假想的几何线条将各质点连接起来，从而形成一个空间几何格架。这种抽象的用于描述原子在晶体中排列方式的空间几何格架称为晶格，如图 5-10（b）所示。由于晶体中原子做周期性规则排列，因此可以在晶格内取一个能代表晶格特征的、由最少数目的原子排列成的最小结构单元来表示晶格，称为晶胞，如图 5-10（c）所示。晶胞各棱边的长度 a、b、c 及各边之间的相互夹角 α、β、γ 称为晶胞的 6 个参数。各棱边的长度 a、b、c 称为晶格常数或点阵常数。

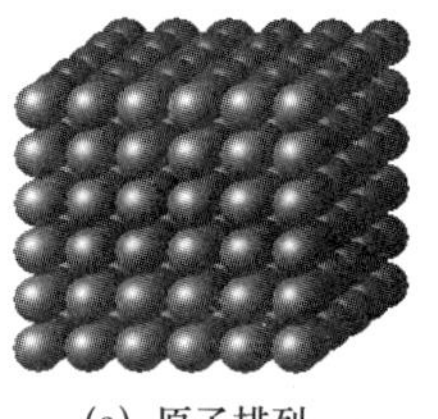
（a）原子排列

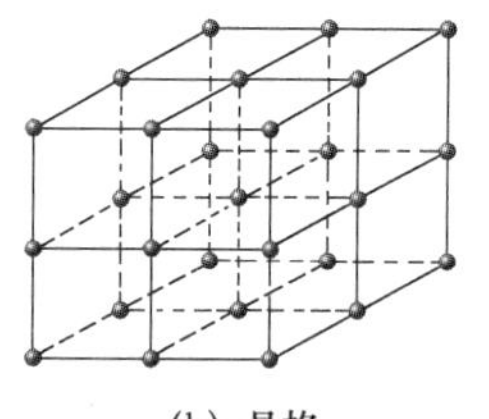
（b）晶格

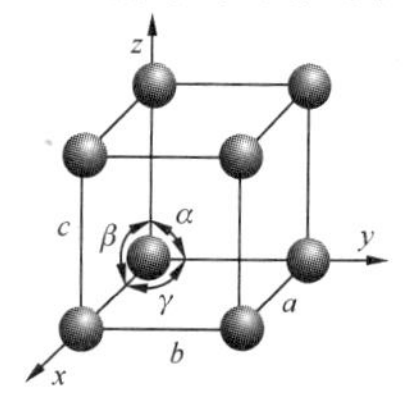

（c）晶胞表示方法

图 5-10　原子排列、晶格与晶胞示意图

（3）三种典型的金属晶体结构

根据晶体晶胞中原子排列规律的不同，可以将晶格基本类型划分为 14 种。而金属只占有其中最简单的三种，即体心立方晶格、面心立方晶格、密排六方晶格。

体心立方晶格如图 5-11 所示，体心立方晶胞中的原子数为 2 个。属于这种晶格类型的金属有 α-Fe、Cr、W、Mo、V 等。面心立方晶格和密排六方晶格分别如图 5-12 和图 5-13 所示，每个晶胞中分别含有 4 个和 6 个原子。属于面心立方晶格类型的金属有 γ-Fe、Cu、Al、Ag、Ni、Pb 等，属于密排六方晶格类型的金属有 Mg、Zn、Be 等。

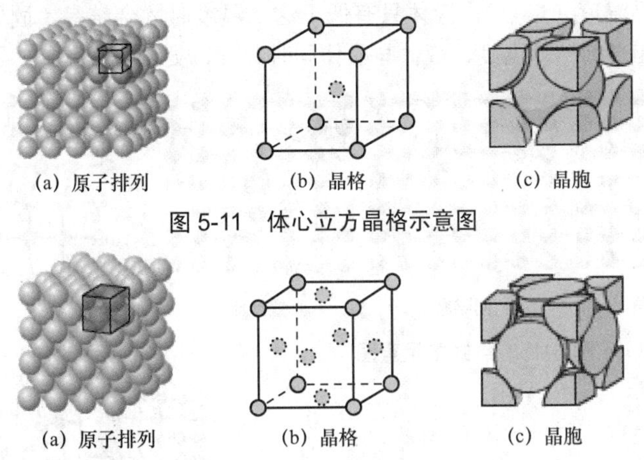

(a) 原子排列　(b) 晶格　(c) 晶胞

图 5-11　体心立方晶格示意图

(a) 原子排列　(b) 晶格　(c) 晶胞

图 5-12　面心立方晶格示意图

（4）实际金属的晶体结构

晶体内部的晶格位向完全一致的晶体称为单晶体。实际使用的金属材料都是由许多晶格位向不同的微小晶体组成的。每个小晶体都相当于一个单晶体，内部的晶格位向是一致的，而小晶体之间的位向却不相同，这种外形呈多面体颗粒状的小晶体称为晶粒。晶粒与晶粒之间的界面称为晶界。由许多晶粒组成的晶体称为多晶体，如图 5-14 所示，实际金属就是多晶体。

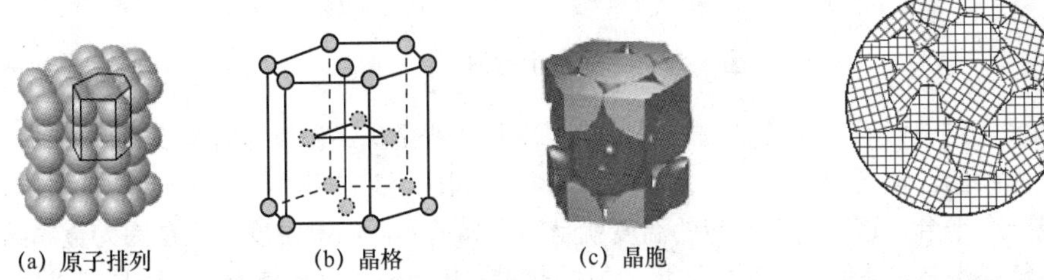

(a) 原子排列　(b) 晶格　(c) 晶胞

图 5-13　密排六方晶格示意图

图 5-14　实际金属晶体结构

实际金属中，晶粒内部的原子排列并不理想，其内原子的排列也只是大体上一致，其中不一致的原子排列称为晶体缺陷。晶体缺陷按形状不同可分三类，即点缺陷、线缺陷和面缺陷。

① 点缺陷。点缺陷的不规则区域在空间三个方向上的尺寸都很小，主要是空位、间隙原子、置换原子，如图 5-15 所示。点缺陷破坏了原子的平衡状态，引起周围晶格产生畸变，阻碍原子的移动，必须施加更大的外力，从而使强度、硬度提高，塑性、韧性下降。

② 线缺陷。线缺陷的不规则区域在一个方向的尺寸很大，在另外两个方向的尺寸都很小，主要是位错，即晶体中某处有一列或若干列原子发生有规律的错排现象，如图 5-16 所示。以位错线为中心的管道区周围晶格都发生了畸变，从而阻碍位错的运动，使材料的强度提高。

③ 面缺陷。面缺陷是指二维尺度很大，而第三维尺度很小的缺陷。面缺陷主要是晶界和亚晶界，如图 5-17 所示。晶界相互交错，原子排列紊乱，常温下对晶体的滑动起阻碍作用，从而使晶粒变小，即晶界多的材料的强度、硬度高。

2. 金属的结晶

（1）结晶的基本概念

物质由液态转变为固态的过程称为凝固。通过凝固形成晶体，则又称为结晶。晶体物质

都有一个平衡结晶温度（熔点），液体只有低于这一温度时才会结晶，固体高于这一温度时才能发生熔化。在平衡结晶温度，液体与晶体同时共存，处于平衡状态。

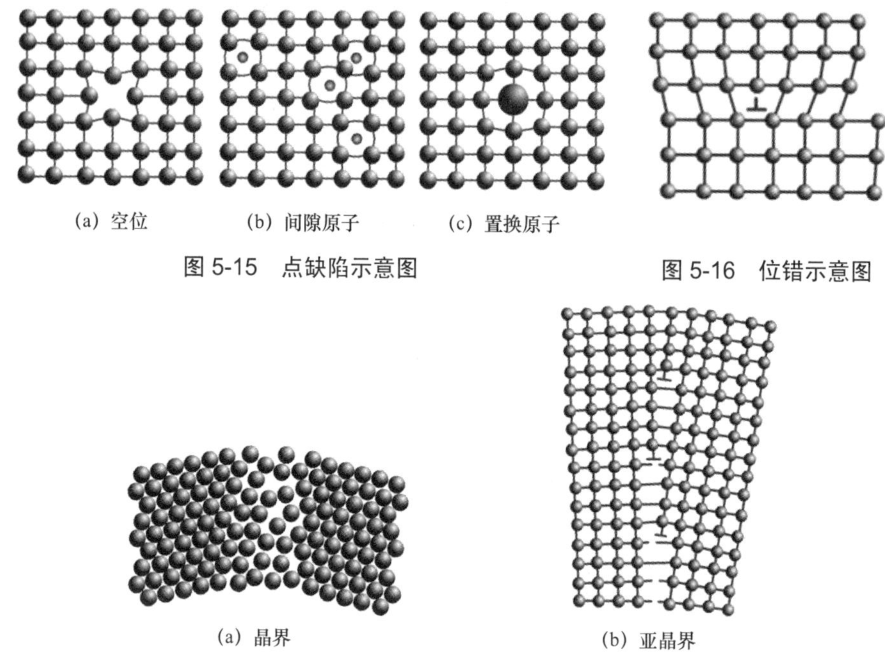

（a）空位　（b）间隙原子　（c）置换原子

图 5-15　点缺陷示意图

图 5-16　位错示意图

（a）晶界　（b）亚晶界

图 5-17　面缺陷示意图

纯金属的实际结晶过程可用冷却曲线来描述。冷却曲线是描述温度随时间变化的曲线，是用热分析法测绘的。从图 5-18（a）的冷却曲线可以看出，液态金属冷却到某一温度时，在曲线上出现一个平台，这个平台对应的温度就是纯金属的实际结晶温度。这是因为金属结晶时释放出了结晶潜热，补偿了此时向环境散发的热量，从而使温度保持恒定。结晶完成后，温度继续下降。试验表明，纯金属的实际结晶温度 T_1 总是低于平衡结晶温度 T_0（理论结晶温度或熔点），如图 5-18（b）所示，这种现象叫作过冷。实际结晶温度 T_1 与平衡结晶温度 T_0（熔点）的差值ΔT称为过冷度。液体冷却速度越大，ΔT越大。从理论上说，当散热速度无限小时，ΔT趋于 0，即实际结晶温度与平衡结晶温度趋于一致。

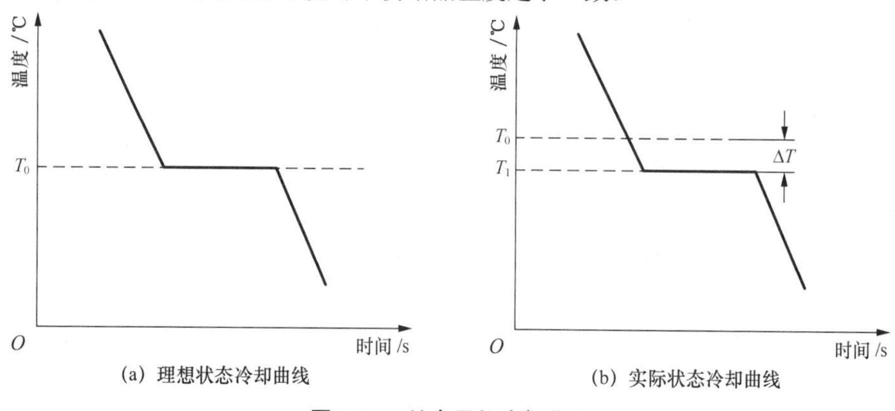

（a）理想状态冷却曲线　（b）实际状态冷却曲线

图 5-18　纯金属的冷却曲线

（2）金属的结晶过程

试验证明，结晶是晶体在液体中从无到有（晶核形成）、由小变大（晶核长大）的过程。

① 晶核的形成。在从高温冷却到结晶温度的过程中，液体内部在一些微小体积范围内原子由不规则排列向晶体结构的规则排列逐渐过渡，即随时都在不断产生许多类似晶体中原子排列的原子小集团。这些小集团的特点是尺寸较小、极不稳定、时聚时散；温度越低，尺寸越大，存在的时间越长。这种不稳定的原子排列小集团，是结晶中产生晶核的基础。当液体被过冷到结晶温度以下时，某些尺寸较大的原子小集团变得稳定，能够自发地成长，即成为结晶的晶核。这种只依靠液体本身在一定过冷度条件下形成晶核的过程称为自发形核。

在实际生产中，金属液体内常存在各种固态的杂质微粒。金属结晶时，依附于这些杂质的表面形成晶核比较容易，这种依附于杂质表面而形成晶核的过程称为非自发形核。非自发形核在生产中所起的作用更为重要。

② 晶核的长大。在冷却速度较小的情况下，纯金属晶体主要以其表面向前平行推移的方式长大，如图 5-19（a）所示。当冷却速度较大，特别是存在杂质时，晶体与液体界面的温度会高于近处液体的温度，这时金属晶体往往以树枝状方式长大，如图 5-19（b）所示。

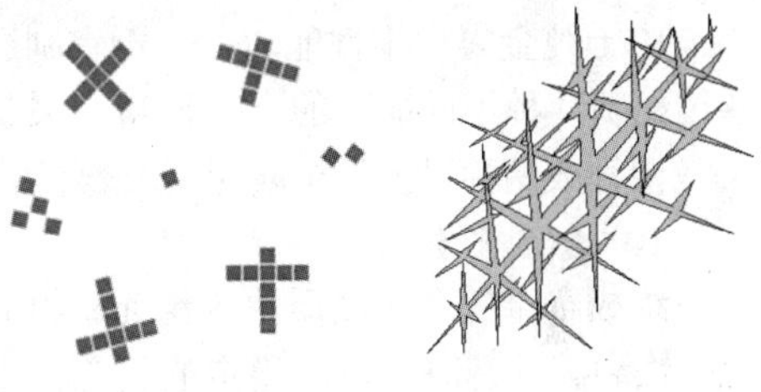

(a) 平面方式　　(b) 树枝状方式

图 5-19　晶核长大方式

实际金属结晶主要以树枝状方式长大。当第一批晶核形成后，液体中的原子便不断地向晶核沉积长大，与此同时又有新的晶核生成并长大，形核与长大这两个过程同时进行，直至每个晶核长大到互相接触，而每个长大的晶核也就成为一个晶粒。

3．金属的同素异晶转变

大多数金属结晶后，直至冷却到室温，其晶格类型都将保持不变。但有少数几种金属元素结晶后，在固态下不同温度范围内，将呈现出不同的晶格类型，铁就是其中之一。

金属元素在固态下温度变化时晶格类型的变化，称为同素异晶转变。纯铁是具有体心立方和面心立方两种晶格的同素异晶体，如图 5-20 所示。液态纯铁在 1538℃结晶，得到具有体心立方晶格的 δ-Fe，继续冷却到 1394℃时发生同素异晶转变，δ-Fe 转变为面心立方晶格的 γ-Fe，再继续冷却到 912℃时又发生同素异晶转变，γ-Fe 转变为体心立方晶格的 α-Fe。如继续冷却，晶格的类型将不再发生变化。

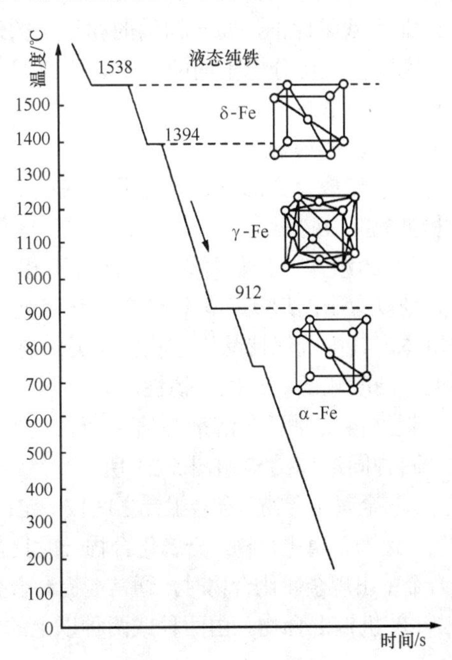

图 5-20　纯铁的同素异晶转变

纯铁的结晶过程同样遵循结晶的一般规律，有一定的平衡转变温度（相变点），转变时需要过冷，转变过程也是由晶核的形成和晶核的长大来完成的。但是，由于纯铁的同素异晶转变在固态下发生，原子扩散困难，因此比液态金属结晶需要更大的过冷度。为了区别于由液态转变为固态的初次结晶，常将同素异晶转变称作二次结晶或重结晶。

金属的同素异晶转变为热处理提供基础，钢能够进行热处理，就是因为铁能够在固态下发生同素异晶转变。

知识拓展

1812 年，拿破仑远征俄罗斯，大量士兵被冻死，原因竟是冬装上的锡制纽扣消失不见无法系扣所致。金属锡有白锡、灰锡、脆锡三种同素异晶体，低温环境会变脆，甚至直接变成粉末而消失。因此，对于任何问题，我们都要透过现象看本质，要树立科学的世界观。

二、合金的晶体结构

由于纯金属力学性能较差，不宜制造机械零件、工具和模具等工件，因此实际生产中常通过配制各种不同成分的合金材料，来获得所需的力学、物理和化学等方面性能。

两种或两种以上的金属元素，或金属和非金属元素组成的具有金属性质的物质，称为合金。

1. 合金的组元

组成合金的基本物质称为组元。组元大多是元素，如铁碳合金（碳钢、铸铁）的主要组元是铁和碳，有时也可将稳定的化合物作为组元。

化学成分是决定合金材料性能的基本因素之一，黄铜、碳钢相互之间的性能迥然不同，碳钢和铸铁之间性能差异也很大。即使是相同化学成分的合金材料，其性能也可以有显著区别，因为合金组元的相互作用可构成不同的相。

2. 相和组织

“相”是金属或合金中具有相同化学成分、相同结构并以界面相互分开的各个均匀的组成部分。合金可能由同一种相构成，也可能由不同的几种相构成。一般常把固态下的相统称为固相，而液体状态下的相称为液相。金属与合金的一种相在一定条件下可以变为另一种相，叫作相变。

在不同条件下，同一物质的相结构的形状、大小和分布可发生改变。根据显微镜下各相的形态特征又可分成不同的组织。“组织”是指用肉眼或借助于放大镜、显微镜能观察到的材料内部的形态结构。

3. 合金的组织

根据构成合金的各组元之间相互作用的不同，固态合金的组织可分为固溶体、金属化合物和机械混合物三类。

① 固溶体。合金两组元在液态下相互溶解、结晶时，其中一组元保持原有晶格，另一组元则以原子的形式均匀地分布在该组元的晶格中，形成成分、性能均匀的固态合金，称为固溶体。其中能保持晶格结构的组元，称为溶剂；晶格结构消失的组元，称为溶质。固溶体强度、硬度较低，塑性、韧性较好。

根据溶质原子在溶剂晶格中所占位置不同，固溶体可分为置换固溶体和间隙固溶体两类，两种固溶体结构如图 5-21 所示。

② 金属化合物。合金组元之间按一定比例相互作用而生成的一种新的具有金属特性的固态物质，称为金属化合物。金属化合物一般具有复杂的晶体结构（见图 5-22），其熔点高，硬而脆。当合金中出现金属化合物时，通常能提高合金的强度、硬度和耐磨性，但会降低塑性和韧性。

③ 机械混合物。由两种或两种以上的固溶体和金属化合物所构成的混合物称为机械混合

物。机械混合物的性能介于固溶体和金属化合物之间，即强度、硬度较高，塑性、韧性较好。

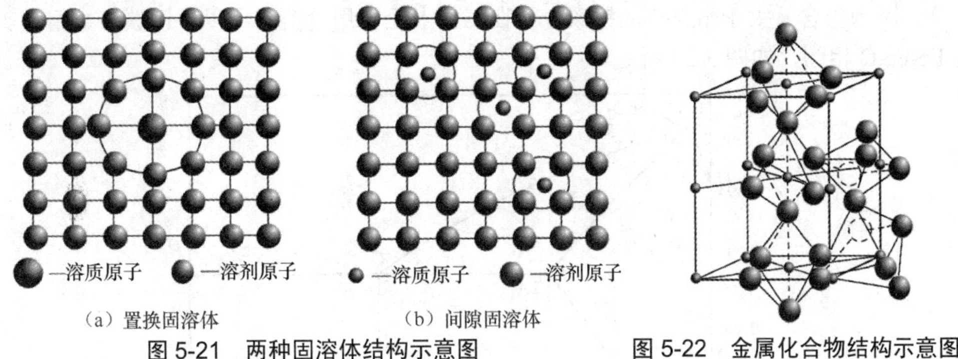

（a）置换固溶体　　（b）间隙固溶体

图 5-21　两种固溶体结构示意图　　图 5-22　金属化合物结构示意图

三、铁碳合金的基本组织

在铁碳合金中，铁与碳可以形成化合物 Fe_3C，碳也可以溶解在铁中形成固溶体，或形成化合物与固溶体的机械混合物。因此，在铁碳合金中会出现以下几种基本组织。

1. 铁素体

碳溶于 α-Fe 中所形成的固溶体称为铁素体，用符号 F 表示。碳在 α-Fe 中的溶解度极小，在 727℃时的最大溶碳量为 0.0218%（质量分数，下同）。随着温度的降低，碳在 α-Fe 中的溶解度逐渐减小，室温时降至 0.006%。铁素体的强度、硬度很低，但它具有良好的塑性和韧性。

2. 奥氏体

碳溶于 γ-Fe 中所形成的固溶体称为奥氏体，用符号 A 表示。碳在 γ-Fe 中的溶解度比在 α-Fe 中大得多，在 727℃时的溶碳量为 0.77%，而在 1148℃时可达 2.11%。奥氏体具有良好的塑性和较低的变形抗力。绝大多数钢种在高温下进行压力加工和热处理时，都要求在奥氏体区内进行。

3. 渗碳体

渗碳体是铁和碳的化合物，分子式为 Fe_3C，碳含量为 6.69%。渗碳体的硬度高（大于 800HBW），脆性大，塑性和冲击韧度几乎等于零，在钢中起强化作用。碳含量越高，渗碳体所占比重越大，其强度、硬度越高，塑性、韧性越差。

4. 珠光体

铁素体和渗碳体组成的机械混合物称为珠光体，用符号 P 表示。由于珠光体是硬的渗碳体片和软的铁素体片片层相间组成的混合物，故其力学性能介于两者之间。珠光体的平均碳含量为 0.77%，它的强度较好，硬度适中，并具有一定的塑性。

5. 莱氏体

奥氏体和渗碳体组成的机械混合物称为莱氏体，用符号 L_d 表示。由于奥氏体在 727℃时转变为珠光体，所以，727℃以下的莱氏体由珠光体和渗碳体组成，通常称为低温莱氏体，用符号 L'_d 表示。莱氏体的性能和渗碳体相似，硬度很高（约 700HBW），塑性极差。

在铁碳合金中一共有三个相，即铁素体、奥氏体和渗碳体。但奥氏体一般仅存在于高温下，所以室温下，所有的铁碳合金中只有两个相，就是铁素体和渗碳体。

四、铁碳合金相图

铁碳合金相图是表示在极其缓慢冷却（或加热）的情况下，不同成分的铁碳合金在不同温度时所具有的组织或状态的图形。目前，常用的铁碳合金相图是碳含量为0～6.69%的合金部分，因为碳含量大于6.69%的铁碳合金在工业上无使用价值，所以，铁碳合金相图实际上是Fe-Fe_3C相图，如图5-23所示。

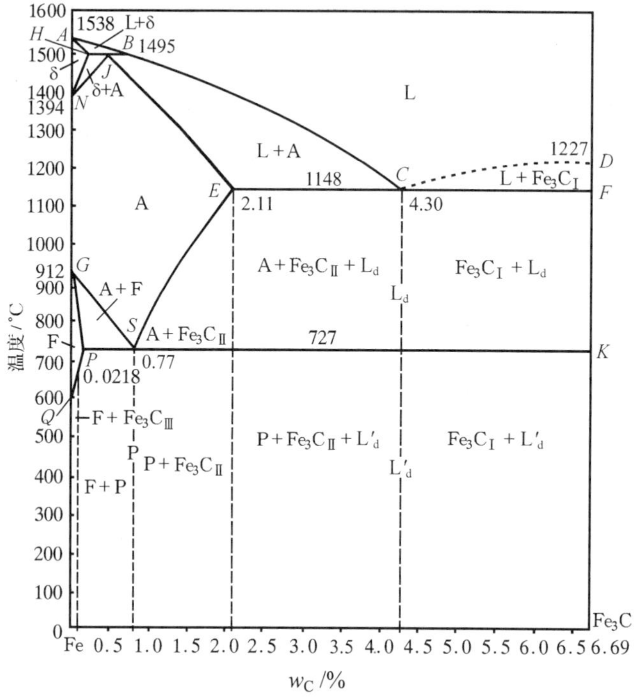

图 5-23　Fe-Fe_3C 相图

1. 铁碳合金相图中的特性点

Fe-Fe_3C相图中主要特性点的温度、碳含量及含义，见表5-1。

表 5-1　Fe-Fe_3C 相图中的主要特性点

点的符号	温度/℃	碳含量	含　义
A	1538	0	纯铁熔点
B	1495	0.53%	包晶反应液态合金的浓度
C	1148	4.3%	共晶点
D	1227	6.69%	渗碳体的熔点（计算值）
E	1148	2.11%	碳在γ-Fe中的最大溶解度点
G	912	0	α-Fe与γ-Fe同素异晶转变点
P	727	0.0218%	碳在α-Fe中的最大溶解度点
S	727	0.77%	共析点

2. 铁碳合金相图中的特性线

Fe-Fe_3C 相图中的特性线都是铁碳合金组织发生转变的临界线，它们的物理意义如下所述。

① ACD 线即液相线。合金冷却到此线开始结晶，在此线以上是液态区（用 L 表示）。在 AC 线以下，从液体中结晶出奥氏体，在 CD 线以下，结晶出渗碳体（又称一次渗碳体，即 Fe_3C_I）。

② $AHJECF$ 线即固相线。合金冷却到此线全部结晶为固态，此线以下为固态区。在液相线与固相线之间为合金的结晶区域。这个区域内液体与固体并存，$BJEC$ 区域内为液体和奥氏体，CFD 区域内为液体和渗碳体。

③ $AHJE$ 线。碳含量小于 2.11%的合金完成结晶，全部转变为奥氏体。

④ GS 线又称 A_3 线。它是冷却时奥氏体开始析出铁素体的转变线，也是加热时铁素体转变为奥氏体的终了线。

⑤ ES 线又称 A_{cm} 线，是碳在 γ-Fe 中溶解度随温度变化的曲线。此线以下奥氏体开始析出渗碳体（又称二次渗碳体，即 Fe_3C_{II}）。

⑥ ECF 线称为共晶线。合金冷却到此温度线（1148℃）时，在恒温下发生共晶转变，从液体中同时结晶出奥氏体和渗碳体的机械混合物，即莱氏体。凡是碳含量超过 2.11%的铁碳合金，在 ECF 线上均发生共晶转变。

⑦ PSK 线称为共析线，又称 A_1 线。合金冷却到此线发生共析转变，奥氏体均转变为珠光体。

五、铁碳合金的分类

根据铁碳合金相图，按碳含量（用 w_C 表示）和室温下显微组织不同，将铁碳合金分为三类。

1. 工业纯铁

$w_C \leqslant 0.0218\%$，显微组织为铁素体＋三次渗碳体（极少，一般可忽略不计）。

2. 钢

$0.0218\% < w_C \leqslant 2.11\%$，按室温显微组织又分为以下几种。

① 亚共析钢：$0.0218\% < w_C < 0.77\%$，组织为珠光体+铁素体。

② 共析钢：$w_C = 0.77\%$，组织为珠光体。

③ 过共析钢：$0.77\% < w_C \leqslant 2.11\%$，组织为珠光体+二次渗碳体。

3. 白口铸铁

$2.11\% < w_C < 6.69\%$，按室温显微组织又分为以下几种。

① 亚共晶白口铸铁：$2.11\% < w_C < 4.3\%$，组织为珠光体+二次渗碳体+低温莱氏体。

② 共晶白口铸铁：$w_C = 4.3\%$，组织为低温莱氏体。

③ 过共晶白口铸铁：$4.3\% < w_C < 6.69\%$，组织为一次渗碳体+低温莱氏体。

工程实践中 $w_C > 1.5\%$的钢几乎没有应用，所以通常将碳素钢按 w_C 的高低进行分类，见表 5-2。

表 5-2　工程实践中钢的分类

类　别	低碳钢	中碳钢	高碳钢
w_C	0.0218%～0.25%	0.25%～0.6%	0.6%～1.5%

由上述分析可知，不同成分的铁碳合金，室温组织不同。低碳钢的组织多为铁素体，强度、硬度较低，而塑性、韧性很高。随着碳含量的增加，钢的组织中铁素体不断减少，而珠光体不断增加，导致强度、硬度提高，而塑性、韧性下降。当钢的碳含量增加至 0.9%时，其

组织大多数是珠光体，且有尚未成为网状的渗碳体作为强化相，使其强度达到最大值。随着碳含量的继续增加，钢的组织中网状渗碳体不断增加，使其硬度继续提高，而强度、塑性、韧性一起下降。为了保证钢具有足够的强度、硬度，又有一定的塑性、韧性，钢中的碳含量一般不超过1.4%。

钢的性能主要取决于碳含量，碳含量越低，钢的强度和硬度越低、塑性和韧性越好；碳含量越高，钢的强度和硬度越高、塑性和韧性越差。因此，低碳钢的塑性、韧性好，但强度、硬度低，焊接性能好。中碳钢的强度较高，塑性、韧性也较好，具有较好的综合力学性能。高碳钢硬而脆，塑性、韧性也差。

1. 低碳钢、中碳钢和高碳钢是如何划分的？
2. 碳含量对钢的性能有什么影响？

任务实施

一、铁碳合金的基本组织及其力学性能

1. 铁素体

铁素体的强度、硬度很低，但具有良好的塑性和韧性。

2. 奥氏体

奥氏体具有良好的塑性和较低的变形抗力。

3. 渗碳体

渗碳体的硬度高、脆性大，塑性和冲击韧度几乎等于零，在钢中起强化作用。

4. 珠光体

珠光体的力学性能介于铁素体和渗碳体之间。

5. 莱氏体

莱氏体的性能和渗碳体相似，硬度很高（约700HBW），塑性极差。

二、铁碳合金相图在选材方面的应用

$Fe\text{-}Fe_3C$ 相图反映了铁碳合金组织和性能随成分的变化规律。因此，可以根据零件的工作条件和性能要求合理地选择材料。

① 桥梁、船舶、车辆及各种建材，需要塑性、韧性好的材料，可选用低碳钢。

② 对工作中承受冲击载荷和要求较高强度的各种机械零件，需要强度和韧性都比较好的材料，可选用中碳钢。

③ 制造各种切削工具、模具及量具时，需要高的硬度、耐磨性，可选用高碳钢。

④ 对于形状复杂的箱体、机器底座等，可选用熔点低、流动性好的铸铁材料。

三、铁碳合金相图在热处理工艺方面的应用

由 $Fe\text{-}Fe_3C$ 相图可知，铁碳合金在固态加热或冷却过程中均有相的变化。所以，钢可以进行有相变的退火、正火、淬火和回火等热处理。此外，奥氏体有溶解碳和其他合金元素的

能力，而且溶解度随温度的提高而增加，这就是钢可以进行渗碳和其他化学热处理的原因。

任务三 汽车典型零件热处理

任务引入

汽车发动机曲轴轴颈处要求有高的硬度和耐磨性；汽车齿轮要求齿面具有足够的硬度，同时齿心具有较好的韧性。为达到使用要求，曲轴、齿轮必须进行热处理。那么，曲轴和齿轮采用了哪些热处理工艺？其作用如何？

任务分析

热处理是汽车零部件在制造过程中的重要工序，对发挥金属材料的潜力、改善零件的使用性能、提高产品质量、延长产品使用寿命具有极其重要的意义。具有对汽车典型零件选择合适热处理工艺的能力，有利于后续相关知识的学习，并可为相关专业课的学习奠定基础。

学习目标

素质目标

1. 提升创新意识，增强创新思维。
2. 弘扬劳模精神。

知识目标

1. 阐明热处理的工艺过程和作用。
2. 说出汽车典型零件的热处理方法。

能力目标

1. 能够对不同汽车典型零件选择合适的热处理工艺。
2. 能够阐明调质处理的应用场合与原因。

相关知识

目前，汽车工业中大约80%的零件要进行热处理，而刀具、模具、量具、轴承等几乎 100%要进行热处理。热处理只改变材料的组织和性能，而不改变其形状和尺寸。此外，热处理还能改善毛坯的工艺性能，为后续工序做准备，以利于各种冷、热加工。

热处理是将钢铁材料在固态下以适当的方式进行加热、保温和冷却，以获得所需组织和性能的工艺过程。钢的热处理工艺曲线如图 5-24 所示。

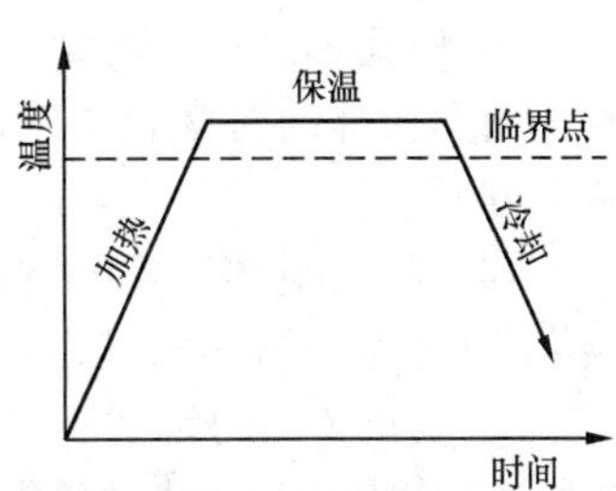

图 5-24 钢的热处理工艺曲线

一、钢的热处理的组织改变原理

1. 钢在加热时的转变

加热是热处理的第一道工序。钢加热的目的是为了获得奥氏体。奥氏体是钢在高温状态时的组织，其强度及硬度高，塑性良好。

（1）钢的相变点（临界点）

大多数热处理工艺首先要将钢加热到相变点（临界点）以上，目的是获得单一奥氏体。共析钢、亚共析钢和过共析钢分别被加热到 *PSK* 线、*GS* 线和 *ES* 线以上温度才能获得单相奥氏体组织。为了方便，常把 *PSK* 线称为 A_1 线；*GS* 线称为 A_3 线；*ES* 线称为 A_{cm} 线。每条线上每一合金的相变点，相应地用 A_1、A_3、A_{cm} 表示，都是平衡相变点（理论临界温度）。但在实际热处理时，加热和冷却都不可能是非常缓慢的，因此，组织转变都要偏离平衡相变点，即加热时要过热，冷却时要过冷。为了区别于平衡相变点，通常将加热时的相变点用 Ac_1、Ac_3 和 Ac_{cm} 表示；而冷却时的相变点用 Ar_1、Ar_3 和 Ar_{cm} 表示。图 5-25 所示为各相变点在 Fe-Fe_3C 相图上的位置示意图。

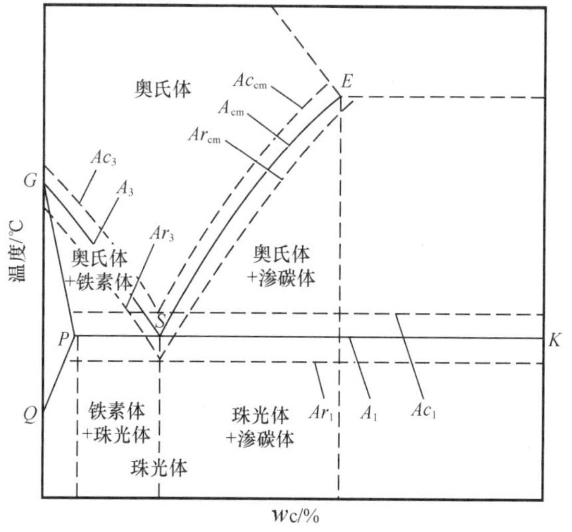

图 5-25　加热和冷却时各相变点的位置

（2）奥氏体的形成

任何成分的钢加热到 Ac_1 点以上时，都要发生珠光体向奥氏体的转变过程（奥氏体化）。下面以共析钢为例，来分析奥氏体化过程。

共析钢加热到 Ac_1 或 Ac_1 以上时，便会发生珠光体向奥氏体的转变，转变过程遵从结晶的普遍规律。奥氏体的形成过程可分四个阶段，如图 5-26 所示。

(a) 形核

(b) 长大

(c) 剩余渗碳体的溶解

(d) 奥氏体均匀化

图 5-26　共析钢中奥氏体形成过程示意图

① 奥氏体晶核的形成。奥氏体的晶核优先形成于铁素体和渗碳体的相界面上。

② 奥氏体晶核的长大。奥氏体晶核形成后逐渐长大，晶核的长大依靠与其相邻的铁素体向奥氏体的转变和渗碳体的不断溶解来完成。这样，奥氏体晶核向渗碳体和铁素体两个方面长大。

③ 剩余渗碳体的溶解。在奥氏体形成过程中，当铁素体完全转变成奥氏体后，仍有部分渗碳体尚未溶解。这部分剩余的渗碳体随着保温时间的延长，不断向奥氏体中溶解，直至全部消失。

④ 奥氏体的均匀化。当剩余渗碳体全部溶解后，奥氏体中的碳浓度仍然是不均匀的，在原渗碳体处比原铁素体处的碳含量要高一些。因此，需要继续延长保温时间，依靠碳原子的扩散，使奥氏体的成分逐渐趋于均匀。

2. 保温阶段的目的

热处理加热后的保温阶段，不但可以使零件内外温度均匀和转变完全，而且可以获得成分均匀的奥氏体，以便钢冷却后获得良好的组织和性能。

3. 钢在冷却时的转变

冷却是热处理的关键工序，钢热处理后的性能取决于奥氏体经冷却转变后所获得的组织，而冷却方式和冷却速度与奥氏体的组织转变有直接关系，见表 5-3。

表 5-3　冷却方式与冷却速度

冷却方式	随炉缓冷	空冷	油冷	水冷
冷却速度	10℃/min	10℃/s	150℃/s	600℃/s
所得硬度/HRC	12	26	41	63

共析钢冷却转变后所获得组织的形成温度和硬度，见表 5-4。

表 5-4　共析钢冷却转变后所获得组织的形成温度和硬度

组织名称	表示符号	形成温度/℃	硬度/HRC
珠光体	P	A_1～650	＜20
索氏体	S	650～600	20～35
托氏体	T	600～550	35～40
贝氏体	$B_{上}$	550～350	40～45
	$B_{下}$	350～230	45～55
马氏体	M	230 以下	55～65

珠光体、索氏体与托氏体三者均属珠光体类型组织，强度较高，硬度适中，有一定的塑性。三种组织无本质区别，只是形态上有粗细之分，珠光体比较粗，索氏体比珠光体细，托氏体更细。因此，其界限也是相对的。

上贝氏体与下贝氏体形态不同，所以性能也不同。上贝氏体强度、塑性、韧性较差，工业上无使用价值；下贝氏体有较高的强度、较好的塑性和韧性，是理想的热处理组织。

马氏体的性能与钢中的碳含量有关，碳含量不同所得到的马氏体的形态不同，从而性能上会产生差异。当碳含量大于 1.0%时，形成的马氏体性能硬而脆；当碳含量小于 0.2%时，形成的马氏体有较好的强韧性。

二、钢的热处理

机械零件的形状和尺寸、性能要求、所用钢材的多样化，决定了钢的热处理工艺方法的多样化。通过适当的热处理，可以充分发挥钢的潜力，提高钢的力学性能，延长零件的使用寿命，消除铸、锻、焊等加工所引起的内应力和各种缺陷，为以后工序做准备。

根据热处理的作用不同，热处理一般可分为预备热处理和最终热处理。预备热处理的作用是消除加工所造成的某些缺陷，或为以后的切削加工和最终热处理做准备。最终热处理的作用是使钢件得到使用要求的性能。

根据目的和工艺方法的不同，热处理一般可分为普通热处理和表面热处理。

5-1 典型零件的热处理过程

（一）普通热处理

1. 退火

根据钢的化学成分和钢件类型的不同，退火工艺可分为完全退火、球化退火、去应力退火和再结晶退火等。

（1）完全退火

完全退火又称重结晶退火，一般简称为退火。完全退火工艺是将亚共析钢加热到 Ac_3 以上 30～50℃，保温一定时间后，随炉缓慢冷却（或埋入砂中或石灰中冷却）至 500～600℃，然后在空气中冷却的退火工艺。

完全退火可以达到细化晶粒的目的。在退火的加热和保温过程中，还可以消除加工造成的内应力，而缓慢冷却又可避免产生新的内应力。由于冷却缓慢，能得到接近平衡状态的组织，故钢的硬度较低。完全退火一般适用于中碳钢和低碳钢的锻件、铸钢件，有时也可用于焊接件。

（2）球化退火

球化退火工艺是将钢件加热至 Ac_1 以上 20～30℃，保温一定时间，再足够缓慢地冷却至 Ar_1 以下 20℃左右，然后炉冷至 600℃左右，再出炉空冷的退火工艺。

球化退火主要用于过共析钢，其目的是把过共析钢的片状珠光体和网状渗碳体组织转变为球状珠光体，从而改善钢的切削加工性能，并减小最终热处理时工件变形和开裂的倾向。

（3）去应力退火

去应力退火又称低温退火。去应力退火工艺一般是将钢件加热至低于 Ac_1 以下某一温度（一般为 500～650℃），保温足够时间，然后随炉冷却至 200～300℃出炉空冷的退火工艺。

去应力退火的目的是消除铸件、锻件、焊接件等的残余内应力，使这些零件在以后的加工和使用过程中不易产生变形。

（4）再结晶退火

再结晶退火也是一种低温退火。再结晶退火工艺是将冷变形后的钢件加热到再结晶温度以上 100～200℃，保温后空冷的退火工艺。

再结晶退火用于处理冷轧、冷拉、冷压等发生加工硬化的钢件。

2. **正火**

正火是将钢件加热到 Ac_3（亚共析钢）或 Ac_{cm}（过共析钢）以上 30～50℃，保温后从炉内取出，在空气中冷却的一种热处理工艺。

正火的目的与退火相似，主要区别是正火加热温度比退火高，冷却速度比退火快。因此，同样的工件正火后的强度、硬度比退火后的高。

低碳钢经过正火处理后的强度和硬度虽与退火处理后的差不多，但正火是在炉外空冷，不占用设备，生产率也高，所以低碳钢多采用正火来代替退火。至于中、高碳钢正火后的硬度可能过高，不利于切削加工，为了降低硬度，便于加工，则应采用退火处理。图 5-27 所示是几种退火工艺和正火工艺的加热温度范围示意图。

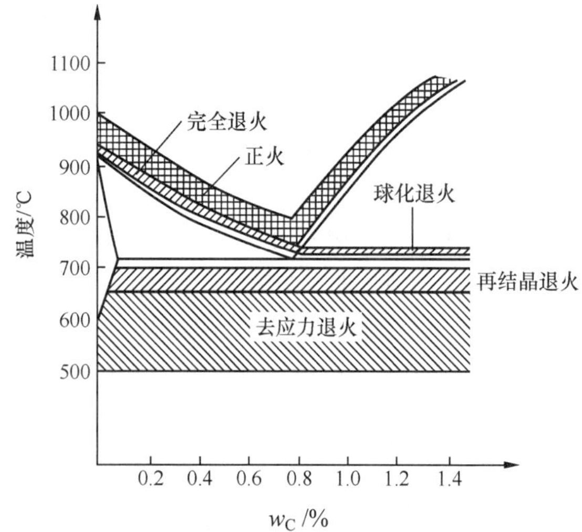

图 5-27　碳钢的各种退火和正火的加热温度范围

3. 淬火

淬火是将钢件加热到 Ac_3 或 Ac_1 以上 30～50℃，保温一定时间后，在水、盐水或油等介质中快速冷却，从而获得马氏体或贝氏体组织的一种热处理工艺。

淬火的主要目的是提高钢的强度、硬度，使钢强化，然后和不同回火处理相配合，获得所需要的力学性能。

淬火工艺有两个概念应加以重视和区分：一个是淬硬性，是指钢经淬火后能达到的最高硬度。淬硬性主要取决于钢中的碳含量，钢中碳含量高，则淬硬性好；另一个是淬透性，是指钢在淬火时获得淬硬层深度的能力。淬硬层越深，淬透性越好。淬透性取决于钢的化学成分（碳含量及合金元素含量）和淬火冷却方法，如加入锰、铬、镍、硅等合金元素可提高钢的淬透性。钢的淬硬性和淬透性是合理选材和确定热处理工艺的两项重要指标。

由于钢在淬火时的冷却速度快，工件会产生较大的内应力，特别容易引起工件的变形和开裂，因此，淬火后的工件一般不能直接使用，必须及时进行回火处理。

4. 回火

回火是把淬火后的钢件重新加热到 Ac_1 线以下，保温一段时间，再以适当的冷却速度冷却到室温的一种热处理工艺。

回火的目的：一是为了消除因淬火冷却速度过快而产生的内应力，防止工件变形和开裂，并减小脆性；二是为了获得所需要的组织和性能。回火可使淬火组织趋于稳定，使工件获得适当的硬度、稳定的尺寸和较好的综合力学性能等，故回火总是在淬火后进行。

淬火钢回火的性能与回火的加热温度有关，强度和硬度一般随回火温度的升高而降低，塑性和韧性则随回火温度的升高而提高。根据回火温度的不同，回火可分为低温回火、中温回火和高温回火。

（1）低温回火

低温回火（加热温度 150～250℃）后得到的组织为回火马氏体，材料硬度为 58～64HRC。

低温回火可减小工件的内应力，降低脆性，保持高的硬度和耐磨性，适用于要求硬度高、耐磨性好的零件，如各种工具（刀具、量具、模具）、滚动轴承等。

为了提高精密零件与量具的尺寸稳定性，可在 100～150℃进行长时间（可达数十小时）的低温回火。这种处理方法称为时效处理或尺寸稳定化处理。

（2）中温回火

中温回火（加热温度 350～500℃）后得到的组织为回火托氏体，材料硬度为 35～45HRC。

中温回火可显著减小工件的淬火应力，使工件具有高的弹性和屈服强度，并具有一定的塑性和韧性，主要用于处理各种弹簧、发条及锻模等。

（3）高温回火

高温回火（加热温度 500～650℃）后得到的组织为回火索氏体，材料硬度为 25～35HRC。

高温回火基本可消除淬火应力，使工件获得较高的强度和韧性。通常把淬火加高温回火的操作称为调质处理，它是应用最广泛的一种热处理工艺。

调质处理广泛用于要求具有较好综合力学性能的重要零件，如齿轮、连杆、螺栓、曲轴、丝杠等，也可作为某些精密零件，如量具、模具等的预备热处理。

1. 退火、正火、淬火、回火处理有什么区别？
2. 淬火后的回火处理分为哪几类？它们分别适用于哪些工件？

（二）表面热处理

5-2 认识钢的表面热处理

某些在冲击载荷、交变载荷及摩擦条件下工作的机械零件，如曲轴轴颈、凸轮轴、齿轮等，其表层承受较高的应力。因此，要求工件表层具有高强度、硬度、耐磨性及疲劳强度，而心部要具有足够的塑性和韧性。为了达到上述性能要求，生产中广泛应用表面淬火和化学热处理。

1. 表面淬火

表面淬火是对钢的表面快速加热至淬火温度，并立即以大于临界冷却速度（获得马氏体组织的最小冷却速度）的速度冷却，使表层强化的热处理工艺。

5-3 钢的表面淬火原理

表面淬火不改变钢表层的成分，仅改变表层的组织，且心部组织不发生变化。生产中广泛应用的表面淬火方法有感应加热表面淬火和火焰加热表面淬火两种。

（1）感应加热表面淬火

利用感应电流通过工件所产生的热效应，对工件表面进行局部加热，并立即进行快速冷却的工艺，称为感应加热表面淬火。

感应加热表面淬火基本原理如图 5-28 所示。将工件放在铜管绕制的感应圈内，当感应圈通以一定频率的电流时，感应圈内部和周围产生同频率的交变磁场，于是工件中相应产生了自成回路的感应电流。由于“趋肤效应”的作用，产生的感应电流主要集中在工件表层，使工件表面迅速加热到淬火温度，随即喷水冷却，使工件表层淬硬。

感应加热表面淬火用于中碳钢和中碳低合金结构钢齿轮、轴类等，也可应用于高碳钢、低合金钢制造的工具和量具等。经感应加热表面淬火的工件，表面不易氧化、脱碳，变形小，淬火层深度易于控制，一般高频感应加热表面淬火淬硬层深度为 0.5～2mm，表面硬度比普通淬火高 2～3HRC。此外，这种热处理方法生产效率高，易于实现生产机械化，在汽车生产中广泛用于齿轮、轴类的热处理。

（2）火焰加热表面淬火

使用乙炔-氧焰或煤气-氧焰，将工件表面快速加热到淬火温度，立即喷水冷却的淬火方法，称为火焰加热表面淬火。

火焰加热表面淬火的基本原理如图 5-29 所示。火焰加热表面淬火的淬硬层深度为 2～6 mm，适用于大型工件的表面淬火，如大模数齿轮等。这种表面淬火所用设备简单，投资少。但是加热温度不易掌握，淬火质量稳定性差。

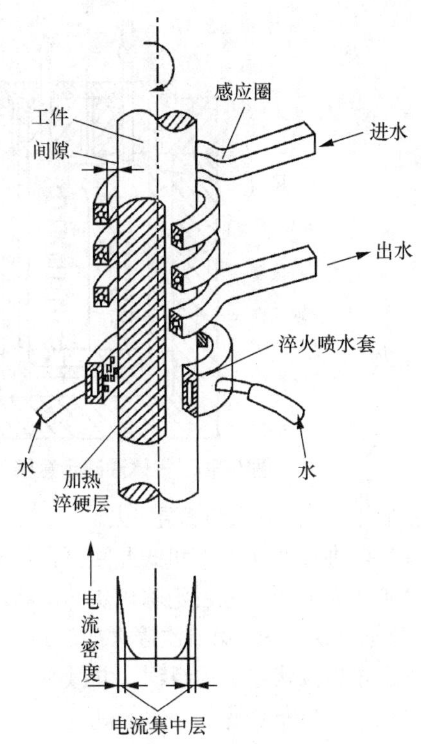

图 5-28　感应加热表面淬火示意图

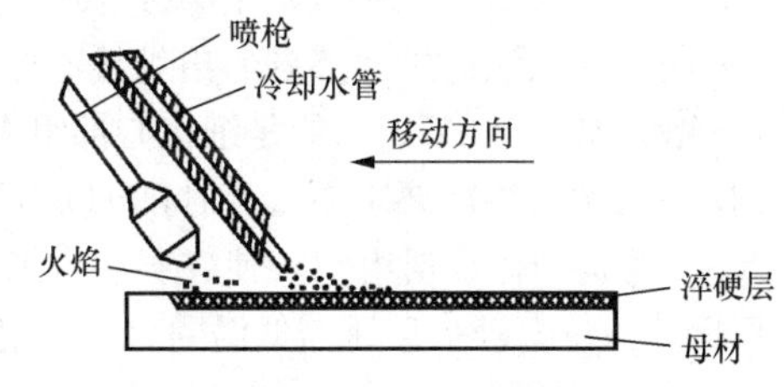

图 5-29　火焰加热表面淬火示意图

2. 化学热处理

钢的化学热处理是将工件置于一定的活性介质中保温，使一种或几种元素渗入工件表层，以改变其化学成分，从而使工件获得所需组织和性能的热处理工艺。

5-4 钢的化学热处理原理

化学热处理的目的主要是为了表面强化和改善工件表面的物理、化学性能，即提高工件的表面硬度、耐磨性、疲劳强度、热硬性和耐腐蚀性等。

化学热处理一般以渗入的元素来命名，如渗碳、渗氮、碳氮共渗（氰化）、渗硫、多元共渗等。无论哪种化学热处理，渗入各种元素的过程都有以下三个基本过程。

① 分解：由化学介质分解出能够渗入工件表面的活性原子。

② 吸收：活性原子由钢的表面进入铁的晶格中形成固溶体，甚至形成化合物。

③ 扩散：渗入的活性原子由表面向内部扩散，形成一定厚度的扩散层。

（1）钢的渗碳

渗碳是将工件置于含碳的介质中，加热到高温（900～950℃），使碳原子渗入表层的过程，其目的是使低碳工件的表面层增碳，改善表层的热处理性能。增碳后的工件表面层经淬火和低温回火后，获得较高的硬度、耐磨性和疲劳强度。渗碳适用于低碳非合金钢和低碳合金钢，渗碳后的钢又称为渗碳钢，常用于汽车齿轮、活塞销、套筒等零件。一般低碳非合金钢经渗碳淬火后表层硬度可达 60～64HRC，心部为 30～40HRC。

根据采用的渗碳剂的不同，渗碳可分为气体渗碳、液体渗碳和固体渗碳三种。气体渗碳的渗碳层质量好，渗碳过程易于控制，生产率高，劳动条件好，易于实现机械化和自动化，适于成批或大批量生产。目前生产中广泛采用气体渗碳。

气体渗碳是将工件置于密封的渗碳炉中（见图 5-30），加热到 900～950℃，通入渗碳气体（如煤气、石油液化气、丙烷等）或易分解的有机液体（如煤油、甲苯、甲醇等），在高温下通过反应分解出活性碳原子，活性碳原子渗入高温奥氏体中，并通过扩散形成一定厚度的渗碳层。渗碳的时间主要由渗碳层的深度决定，一般保温 1h，渗碳层厚度增加 0.2～0.3mm。

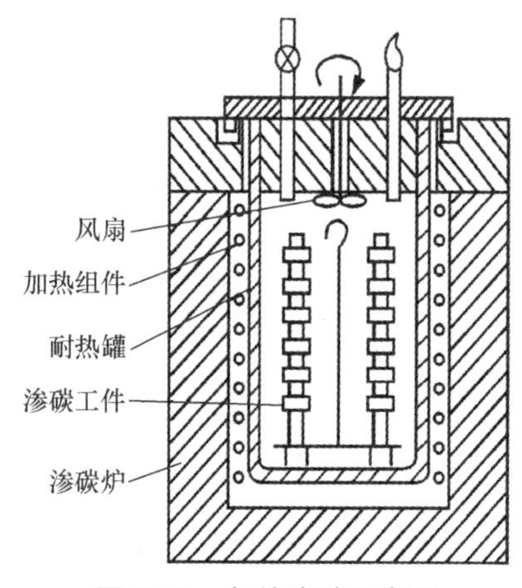

图 5-30　气体渗碳示意图

工件渗碳后，必须进行淬火和低温回火。渗碳淬火工艺常采用以下三种。

① 直接淬火法：工件渗碳后出炉，经预冷直接淬火和低温回火。

② 一次淬火法：工件渗碳后出炉缓冷，然后重新加热，进行淬火和低温回火。

③ 两次淬火法：工件渗碳后出炉缓冷至室温后，再进行两次淬火和低温回火。第一次淬火加热到 850～900℃，目的是细化心部组织，改善心部的性能，同时消除表层的网状渗碳体组织。对心部的性能要求不太高时，可以用正火代替第一次淬火。第二次淬火加热到 750～800℃，目的是细化表层组织，使表层获得细片状马氏体和粒状渗碳体组织，并减少表面的残余奥氏体数量。淬火后还需低温回火，以消除淬火应力，降低脆性。

（2）钢的渗氮

将氮原子渗入工件表层的过程称为渗氮（氮化），目的是在工件表面层形成金属氮化物，以提高其硬度、耐磨性、疲劳强度、热硬性和耐腐蚀性。常用的渗氮方法主要有气体渗氮、液体渗氮及离子渗氮等。

气体渗氮是将工件置于通入氨气的炉中，加热至 500～600℃，使氨分解出活性氮原子，渗入工件表层，并向内部扩散形成氮化层。

与渗碳相比，渗氮处理有以下特点。

① 渗氮工件的表面硬度较高，可达 69～72HRC。

② 渗氮温度较低，并且渗氮件一般不再进行其他热处理（如淬火等），因此工件变形很小。渗氮后工件的疲劳强度可提高 15%～35%。

③ 渗氮层具有高耐腐蚀性，这是由于氮化层是由致密的、耐腐蚀的氮化物所组成，能有效地防止某些介质（如水、过热蒸气、碱性溶液等）的腐蚀作用。

渗氮虽有上述特点，但由于其工艺复杂，生产周期长，成本高，氮化层薄而脆，不宜承受集中的重载荷，并需要专用的氮化用钢，故只用于要求高耐磨和高精度的零件，如精密机床的丝杠、镗床主轴、重要的阀门等。

知识拓展

陈运杰，2022 年全国五一劳动奖章获得者。他常年奋战在生产第一线，攻克无数技术难题，不断开展技术改造和技术革新，带领团队完成了汽车真空泵转子粉末冶金感应淬火等多个有难度的热处理项目。

任务实施

一、汽车发动机曲轴采用的热处理工艺及其作用

汽车发动机曲轴采用调质处理和表面淬火（或渗氮处理）。采用调质处理使材料具有较高的综合力学性能，以适应弯曲、扭转、剪切、冲击等交变应力的作用；曲轴轴颈表面再进行表面淬火（高频淬火）或渗氮处理，目的是提高轴颈表面硬度及耐磨性，进而可承受较高的工作应力。

二、汽车齿轮采用的热处理工艺及其作用

汽车齿轮采用渗碳处理或调质处理。采用渗碳处理的作用是提高齿轮表层的硬度、耐磨性和疲劳强度，采用调质处理使齿轮获得较高的强度和韧性，即具有较好的综合力学性能，进而满足齿轮齿面具有足够的硬度、同时齿心具有较好的韧性的性能要求。

任务四　汽车典型零件选材

任务引入

在零件产品的设计与制造过程中，合理地选择和使用材料是一项十分重要的工作。在材料选取过程中，不仅要考虑材料的使用性能是否能够适应零件的工作条件，使零件经久耐用，还要求材料具有较好的工艺性能和经济性，以便提高零件的生产率，降低成本，减少消耗等。那么，汽车典型零件（气缸体、气缸盖、活塞、活塞销、曲轴、连杆、气门、齿轮）是如何进行选材的？具体选用的是哪些材料？

任务分析

汽车中每个零件的选材都要满足该零件工作时的要求（使用性能、工艺性能和经济性），具有为汽车典型零件进行选材的能力，是进行汽车设计、加工制造及相关专业课程学习的重要基础。

学习目标

素质目标

1．培养节约意识和环保意识。

2．强化创新意识，增强创新思维。

知识目标

1．说明黑色金属材料的分类、性能、用途和牌号。

2．概述有色金属材料、非金属材料和复合材料的分类和用途。

能力目标

1．能够阐明汽车零件的选材原则。

2．能够对汽车典型零件进行选材。

相关知识

用来制造汽车零件的材料主要分为金属材料、非金属材料和复合材料三大类。随着科学技术的飞速发展，现代汽车制造材料的构成发生了较大的变化，目前正在向轻量化、节能化和环保化发展。为了迅速、准确地识别零件材料，必须掌握材料的分类、性能、用途和牌号。

一、金属材料

金属材料是汽车工业应用的主要材料。一辆汽车由三万余个零件组成，这些零件80%都是金属材料制成的，而金属材料中又以钢铁材料的用量为最多。

金属材料分为黑色金属材料和有色金属材料。通常，工业上将铁、铬和锰及这三种金属的合金，尤其是铁碳合金，称为黑色金属；除这三种金属（合金）以外的金属（合金），称为有色金属。

5-5 认识金属材料

（一）黑色金属材料

1. 钢

钢是以铁为主要元素，碳含量小于 2.11%，并含有其他元素的铁碳合金。其中碳素钢（也称碳钢）价格低廉，工艺性能好，力学性能能够满足一般工程和机械制造的使用要求，是工业生产中用量最大的金属材料。但随着科学技术和工业的发展，对钢的要求也越来越高，为了提高钢的性能，在碳素钢中有目的地加入某些合金元素，得到合金钢。与碳素钢相比，合金钢经过合理的加工处理后能够获得较高的力学性能，有的还具有耐热、耐酸、抗锈蚀等特殊物理、化学性能。但其价格较高，某些加工工艺性能较差，某些专用钢只能应用于特定工作条件，因此应正确选用各类钢材，合理制定其冷、热加工工艺，以达到提高效能、延长寿命、节约材料、降低成本、实现良好经济效益的目的。

（1）碳素钢中的常存杂质元素及对碳素钢性能的影响

实际应用中的碳素钢除含有铁、碳两个主要元素外，还含有少量的杂质元素，如硫（S）、磷（P）、硅（Si）、锰（Mn）等，它们对碳素钢的性能有一定影响。

① 硫的影响。硫（S）是有害元素，常以硫化铁形式夹杂于钢中。当温度达800～1000℃时，硫化铁会熔化使钢变脆，因而在进行焊接或热加工时，有可能引发热裂纹，称为钢的热脆。此外，硫还会降低钢的冲击韧性、疲劳强度、硬度和焊接性能等。

② 磷的影响。磷（P）是有害元素，磷虽然可以提高钢的强度和硬度，但却严重地降低了钢的塑性、韧性和焊接性能，特别是在温度较低时，会促使钢变脆，称为钢的冷脆。

③ 硅的影响。硅（Si）是有益元素，在普通碳素钢中，它是一种强脱氧剂，常与锰共同除氧。适量的硅可以细化晶粒，提高钢的强度。

④ 锰的影响。锰（Mn）是有益元素，在普通碳素钢中，它是一种弱脱氧剂，可提高钢的强度，消除硫对钢的热脆影响，改善钢的冷脆倾向，同时不降低钢的塑性和韧性。

锰还是我国低合金钢的主要合金元素，其含量为0.80%～1.80%。但锰对焊接性能不利，因此含量也不宜过多。

（2）钢的分类

国家标准GB/T 13304—2008《钢分类》对钢的分类做出了具体的规定，标准分为如下两部分。

第一部分规定了按照化学成分对钢进行分类的基本原则，将钢分为非合金钢、低合金钢和合金钢三大类，并且规定了非合金钢、低合金钢和合金钢中合金元素含量的基本界限值。

第二部分规定了非合金钢、低合金钢和合金钢按主要质量等级和主要性能或使用特性分类的基本原则和要求。

根据分类目的的不同，可以按照不同的方法对钢进行分类。本任务按照用途不同，主要介绍结构钢、工具钢和特殊钢的性能、用途、牌号表示方法和牌号实例。

钢的牌号简称钢号，是对每一种具体钢产品所取的名称，是人们了解钢的一种共同语言。本任务中钢的牌号表示方法除铸造碳钢和耐磨钢外均采用国家标准 GB/T 221—2008《钢铁产品牌号表示方法》中的表示方法。

1）结构钢

结构钢是品种较多、用途较广、使用量较大的一类钢。凡用于各种机器零件及各种工程结构的钢都称为结构钢。

① 一般工程结构用钢。

a．碳素结构钢。碳素结构钢的成分特点是碳含量（w_C）较低（0.06%～0.38%），硫含量（w_S）、磷含量（w_P）较高（＜0.05%）。建筑及工程用碳素结构钢（见图 5-31）价格低廉，工艺性能优良，多用于制造一般工程结构及普通机械零件。碳素结构钢通常热轧成扁平成品或各种型材（圆钢、方钢、工字钢、钢筋等），一般不经过热处理，在热轧状态下直接使用。

图 5-31　碳素结构钢

碳素结构钢的牌号由代表屈服强度的汉语拼音首字母“Q”、屈服强度值、钢的质量等级、脱氧方式表示符号等部分按顺序组成。其中，质量等级用 A，B，C，D，E，F，……表示，脱氧方式以 F（沸腾钢）、b（半镇静钢）、Z（镇静钢）、TZ（特殊镇静钢）表示，Z、TZ 通常可以省略。例如，牌号 Q235AF 表示屈服强度为 235 MPa、质量等级为 A 级、脱氧方式为沸腾方式的碳素结构钢。碳素结构钢的牌号有 Q195、Q215、Q235A、Q275D 等。

b．优质碳素结构钢。优质碳素结构钢中只含有少量的有害杂质硫和磷，因此既能保证钢中的化学成分，又能保证钢良好的综合力学性能。优质碳素结构钢（见图 5-32）质量较好，可用于制造较重要的机械零件，一般需经过热处理以后使用，以充分发挥其性能潜力。

图 5-32　优质碳素结构钢

优质碳素结构钢的牌号由两位阿拉伯数字、锰元素符号 Mn（较高锰含量时）、钢材冶金质量、脱氧方式表示符号等部分按顺序组成。以两位阿拉伯数字表示平均碳含量（以万分之几计）；锰含量较高时，加锰元素符号 Mn；钢材冶金质量以 A（高级优质钢）、E（特级优质钢）表示，优质钢不用字母表示；脱氧方式以 F（沸腾钢）、b（半镇静钢）、Z（镇静钢）表示，Z 通常可以省略。例如，牌号 50MnE 表示平均碳含量为 0.48%～0.56%、锰含量为 0.70%～

1.00%、脱氧方式为镇静方式的特级优质碳素结构钢。优质碳素结构钢的牌号有 08、10、15、20、35、45、50、65、70、85、15Mn、25Mn、35Mn、45Mn、50Mn、60Mn、70Mn 等。

c. 低合金高强度结构钢。低合金高强度结构钢是在低碳钢的基础上，加入少量合金元素（合金元素总量一般在 3%以下）而得到的。一般碳含量不超过 0.20%，并加入以锰为主的合金元素。合金元素的加入，细化了钢的晶粒，提高了钢的综合力学性能和热硬性。低合金高强度结构钢（见图 5-33）主要用于制造汽车、桥梁、船舶、锅炉、高压容器、输油输气管道、大型钢结构等。

图 5-33　低合金高强度结构钢

低合金高强度结构钢的牌号表示方法与碳素结构钢相同。例如，牌号 Q355D 表示屈服强度为 355MPa、质量等级为 D 级、脱氧方式为特殊镇静方式的低合金高强度结构钢。低合金高强度结构钢的牌号有 Q355、Q390、Q420、Q460 等。

d. 铸造碳钢。在机械制造中，许多形状复杂、用锻造方法难以生产、力学性能要求比铸铁高的零件，可用铸造碳钢生产。铸造碳钢的铸造性能比铸铁差，铸造工艺复杂。铸造碳钢（见图 5-34）主要用于承受重载、强度和韧性要求较高，且形状复杂的铸件，如大型齿轮、水压机机座等。

铸造碳钢牌号表示方法以国家标准 GB/T 5613—2014《铸钢牌号表示方法》为准。即铸造碳钢牌号由“ZG”和两组数字表示。“ZG”是“铸钢”两字汉语拼音的第一个大写正体字母，第一组数字表示屈服强度值，第二组数字表示抗拉强度值，单位均为 MPa。两组数字间用“－”隔开。例如，牌号 ZG200－400 表示屈服强度为 200MPa、抗拉强度为 400MPa 的铸造碳钢。

图 5-34　铸造碳钢

② 渗碳钢。渗碳钢通常是指经渗碳处理、淬火+低温回火后使用的钢。渗碳钢的成分特点是低碳，碳含量一般为 0.10%～0.25%，低碳含量保证了淬火后零件心部有足够的塑性和韧性。渗碳钢经渗碳处理后，工件表层获得高碳回火马氏体和碳化物，硬度一般为 58～64HRC，心部具有良好的塑性和韧性。

渗碳钢一般为低碳的优质碳素结构钢与合金结构钢，也可分别称为碳素渗碳钢与合金渗碳钢。合金渗碳钢（见图 5-35）主要用于制造承受强烈冲击载荷和摩擦磨损的机械零件，如汽车中的变速器齿轮，内燃机上的凸轮轴、活塞销等。

图 5-35　合金渗碳钢

碳素渗碳钢的牌号表示方法与优质碳素结构钢相同。例如，牌号 20 表示平均碳含量为 0.17%～0.24%的碳素渗碳钢。碳素渗碳钢的牌号有 10、15、20、25 等。

合金渗碳钢（合金结构钢）的牌号由两位阿拉伯数字、合金元素含量、钢材冶金质量等部分按顺序组成。以两位阿拉伯数字表示平均碳含量（以万分之几计）；合金元素含量，以化学元素符号及阿拉伯数字表示。数字表示合金元素平均含量（以百分之几计）；钢材冶金质量以 A（高级优质钢）、E（特级优质钢）表示，优质钢不用字母表示。例如，牌号 25Cr2MoVA 表示平均碳含量为 0.22%～0.29%、铬含量为 1.50%～1.80%、钼含量为 0.25%～0.35%、钒含量为 0.15%～0.30%的高级优质合金渗碳钢。合金渗碳钢的牌号有 20Cr、20MnV、20CrV、20CrMn、20CrMnTi、20CrNi4 等。

③ 调质钢。调质钢是指经调质后使用的钢。调质钢的成分特点是中碳，碳含量一般为 0.30%～0.50%。调质钢调质处理后，具有高强度、高韧性相结合的综合力学性能。

调质钢一般为中碳碳素钢和中碳合金结构钢，也可按化学成分分为碳素调质钢和合金调质钢。合金调质钢中的主要合金元素是 Cr、Ni、Mn、Si、Mo、B 等，主要作用是改善热处理性能。合金调质钢（见图 5-36）主要用于制造在重载荷作用下，同时又受冲击载荷作用的一些重要零件，如汽车、拖拉机、机床等的齿轮、轴类件、连杆、高强度螺栓等，它是机械结构用钢的主体。

碳素调质钢的牌号表示方法与优质碳素结构钢相同。例如，牌号 45 表示平均碳含量为 0.42%～0.50%的碳素调质钢。碳素调质钢的牌号有 30、35、40、45、50 等。

图 5-36　合金调质钢

合金调质钢的牌号表示方法与合金结构钢相同。例如，牌号 40MnB 表示平均碳含量为 0.37%～0.44%、锰含量为 1.10%～1.40%、硼含量为 0.0005%～0.0035%的优质合金调质钢。合金调质钢的牌号有 40Cr、40MnB、42CrMo、30CrMnSi、40CrNiMo、40CrMnMo 等。

④ 弹簧钢。弹簧钢是专用结构钢。弹簧钢的成分特点是中高碳，碳含量一般为 0.50%～0.90%。弹簧钢的热处理一般是淬火后中温回火，获得回火托氏体组织。弹簧类零件在冲击、振动和周期性扭转、弯曲等交变应力下工作，因此应具有高的屈服强度和屈强比，还应具有足够的疲劳强度和冲击韧性。

弹簧钢按化学成分可分为碳素弹簧钢（碳含量一般为 0.60%～0.90%）和合金弹簧钢（碳含量一般为 0.50%～0.70%）。合金弹簧钢主要合金元素有 Si、Mn、Cr 等，其主要作用是提高弹簧钢的淬透性。弹簧钢（见图 5-37）主要用于制造各种弹簧等弹性元件。

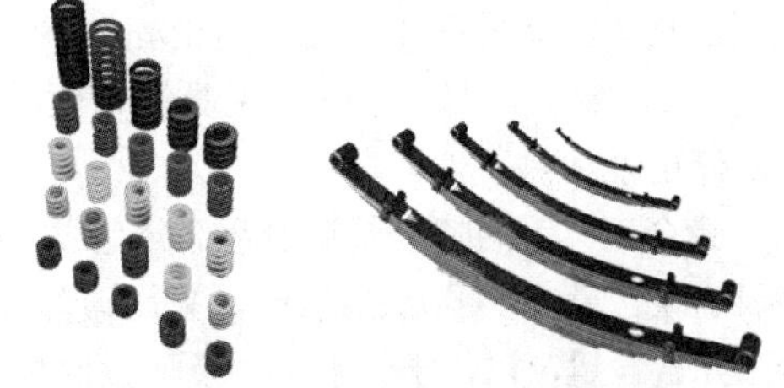
图 5-37　弹簧钢

碳素弹簧钢的牌号表示方法与优质碳素结构钢相同。例如，牌号 65Mn 表示平均碳含量为 0.62%～0.70%、锰含量为 0.90%～1.20%、脱氧方式为镇静方式的优质碳素弹簧钢。碳素弹簧钢的牌号有 65、70、80、85、65Mn、70Mn 等。

合金弹簧钢的牌号表示方法与合金结构钢相同。例如，牌号 60Si2Mn 表示平均碳含量为 0.56%～0.64%、硅含量为 1.60%～2.00%、锰含量为 0.70%～1.00%的优质合金弹簧钢。合金弹簧钢的牌号有 55SiMnVB、55CrMn、55SiCr、55SiCrV、56Si2MnCr、60Si2Mn、60CrMn、60CrMnB、60CrMnMo、60Si2Cr、60Si2CrV、60Si2MnCrV 等。

⑤ 滚动轴承钢。滚动轴承钢的成分特点是高碳，碳含量一般为 0.95%～1.15%。主要合金元素是 Cr，其作用是提高淬透性以及形成合金渗碳体，提高硬度和耐磨性。加入 Si、Mn、V 等元素可进一步提高淬透性，用于制造大型轴承。滚动轴承钢的最终热处理是淬火后低温回火，组织为极细的回火马氏体、均匀分布的细粒状碳化物及微量的残余奥氏体，硬度为 61～65HRC。

滚动轴承钢（见图 5-38）主要用于制造滚动轴承的内、外套圈以及滚动体。此外，还可用于制造某些模具、量具等。

滚动轴承钢的牌号由表示符号“G”、合金元素铬符号“Cr”及其含量（以千分之几计）、其他合金元素含量等部分按顺序组成。其他合金元素含量以化学元素符号及阿拉伯数字表示。数字表示合金元素平均含量（以百分之几计）。例如，牌号 GCr15 表示平均碳含量为 0.95%～1.05%、铬含量为 1.40%～1.65%的滚动轴承钢。滚动轴承钢的牌号有 GCr9、GCr15、GCr15SiMn 等。

2）工具钢

工具钢是指用于制造各种工具的钢。工具钢按化学成分不同可分为碳素工具钢、合金工具钢和高速工具钢三类。

① 碳素工具钢。碳素工具钢碳含量在 0.70%以上，属于高碳钢。其生产成本较低，加工性能良好。碳素工具钢（见图 5-39）用于制作低速、手动刀具及常温下使用的工具、模具、量具。

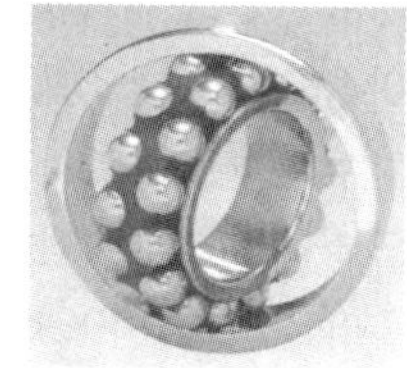

图 5-38 滚动轴承钢

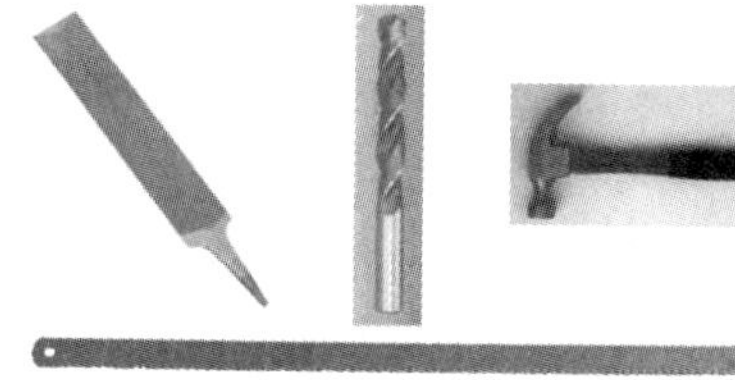

图 5-39 碳素工具钢

碳素工具钢的牌号由表示符号“T”、阿拉伯数字、锰元素符号 Mn（较高锰含量时）、钢材冶金质量等部分按顺序组成。阿拉伯数字表示平均碳含量（以千分之几计）；较高锰含量时，加锰元素符号 Mn；钢材冶金质量以 A 表示高级优质碳素工具钢，优质钢不用字母表示。例如，牌号 T8Mn 表示平均碳含量为 0.80%～0.90%、锰含量为 0.40%～0.60%的碳素工具钢。碳素工具钢的牌号有 T7、T8、T8Mn、T9、T10、T10A、T11、T12、T13 等。

② 合金工具钢。与碳素工具钢相比，合金工具钢的硬度和耐磨性更高，而且还具有更好的淬透性和热硬性。

合金工具钢的牌号通常由两部分组成。第一部分：平均碳含量小于 1.00%时，采用一位数字表示碳含量（以千分之几计）。平均碳含量不小于 1.00%时，不标明碳含量数字。第二部分：合金元素含量，以化学元素符号及阿拉伯数字表示。数字表示合金元素平均含量（以百分之几计）。具体表示方法为：平均含量小于 1.50%时，牌号中仅标明元素，一般不标明含量；平均含量为 1.50%～2.49%，2.50%～3.49%，3.50%～4.49%，……时，在合金元素后相应写成 2，3，4，……，低铬（平均铬含量小于 1.00%）合金工具钢，在铬含量（以千分之几计）前加数字“0”。例如，牌号 9SiCr 表示平均碳含量为 0.85%～0.95%，硅、铬含量均小于 1.50%的合金工具钢。

合金工具钢常用来制作各种刃具、量具和模具。

a．刃具钢。刃具钢（见图 5-40）用于制作各种刀具。9SiCr、9Cr2 是常用的刃具钢，主要用于制作形状较复杂的低速切削工具，如丝锥、板牙、铰刀等。

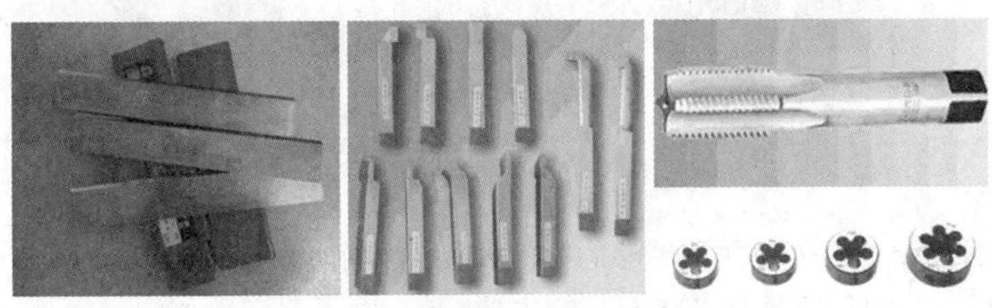

图 5-40　刃具钢

b．量具钢。量具钢（见图 5-41）要求有高的硬度和耐磨性，经热处理后不易变形，而且要有良好的加工工艺性能。常用的牌号有 SiMn 和 CrWMn。

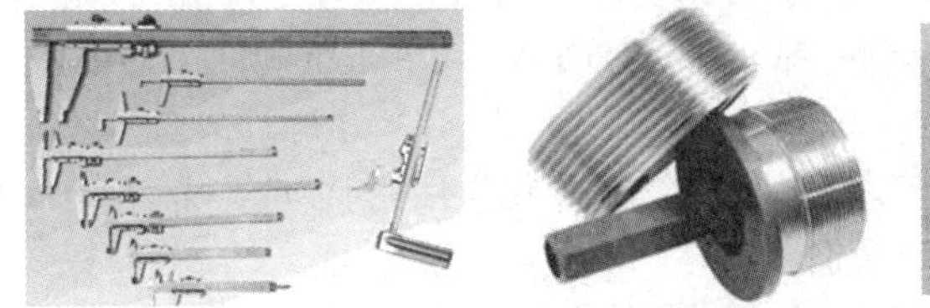

图 5-41　量具钢

c．模具钢。模具钢（见图 5-42）按使用要求可分为热作模具钢和冷作模具钢。热作模具钢是用来制作热态下使金属成形的模具，它具有很好的耐热疲劳性、高的强度和较好的韧性，常用的牌号有 5CrNiMo 和 5CrMnMo。冷作模具钢用来制作冷态下使金属成形的模具，它具有高的硬度、耐磨性和一定的韧性，并要求热处理变形小，常用的牌号有 Cr12、Cr12W、Cr12MoV 和 9Mn2V 等。

图 5-42　模具钢

③ 高速工具钢。高速工具钢（简称高速钢）是一种含钨、钼、铬、钒等合金元素较多的钢，它的平均碳含量在 1.00%左右。由于高速工具钢在空气中冷却也能淬硬，故又称风钢。由于它的刃可以磨得很锋利、很白亮，故又称为锋钢或白钢。

高速工具钢（见图 5-43）的成分特点是碳含量高，加入大量的 W、V、Mo 及较多的 Cr，其中 W、Mo、V 主要提高热硬性及耐磨性，Cr 主要提高淬透性。高速工具钢按化学成分可分为钨系高速工具钢和钨钼系高速工具钢。

高速工具钢的热处理特点主要是淬火加热温度高（1200℃以上），以及回火时温度高（560℃左右）、次数多（三次）。三次回火后的硬度可从淬火后的 62HRC 提高到 63～64HRC。

图 5-43　高速工具钢

高速工具钢有较高的热硬性及足够的强度、韧性和耐磨性，是目前制造钻头、铰刀、铣刀、螺纹刀具和齿轮刀具等复杂形状刀具的主要材料。

高速工具钢的牌号由合金元素含量、钢材冶金质量等部分按顺序组成。在牌号头部一般不标明表示碳含量的阿拉伯数字。合金元素含量，以化学元素符号及阿拉伯数字表示。数字表示合金元素平均含量（以百分之几计）；钢材冶金质量以 A（高级优质钢）、E（特级优质钢）表示，优质钢不用字母表示。例如，牌号 W18Cr4V 表示平均钨含量为 18%，铬含量为 4%且含钒的钨系高速工具钢。高速工具钢的牌号有 W18Cr4V、W6Mo5Cr4V2、W9Mo3Cr4V 等。

3）特殊钢

特殊钢是指用特殊方法生产，具有特殊物理、化学性能或力学性能的钢。工业上的特殊钢主要包括不锈钢、耐热钢和耐磨钢。

① 不锈钢。不锈钢中的主要合金元素是铬和镍。铬与氧化合，可以在钢表面形成一层致密的氧化膜，保护钢免受进一步氧化。铬含量不低于 12%时，才能使不锈钢具有良好的耐腐蚀性能。不锈钢（见图 5-44）适用于制造化工设备、医疗器械等。

不锈钢的牌号由化学元素符号和表示各元素符号的阿拉伯数字组成。用两位或三位阿拉伯数字表示碳含量最佳控制值（以万分之几或十万分之几计）；合金元素含量以化学元素符号及阿拉伯数字表示，数字表示合金元素平均含量（以百分之几计）。具体表示方法同合金工具钢牌号的第二部分。不锈钢的牌号有 06Cr19Ni10、10Cr17Mo、022Cr12 等。

图 5-44　不锈钢

② 耐热钢。耐热钢是在高温下抗氧化并具有较高强度的钢。其中常含有较多铬和硅，以保证钢具有高的抗氧化性和高温下的力学性能。耐热钢（见图 5-45）适用于制造在高温条件下工作的零件，如内燃机气阀、加热炉管道等。耐热钢的牌号表示方法与不锈钢相同。耐热钢的牌号有 22Cr21Ni12N、42Cr9Si2、40Cr10Si2Mo、45Cr14Ni14W2Mo 等。

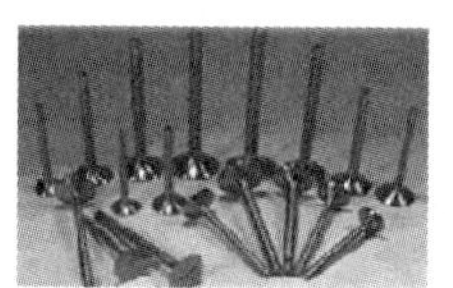

图 5-45　耐热钢

③ 耐磨钢。耐磨钢主要是指高锰钢。其平均碳含量高于 1.00%，平均锰含量为 13%左右。耐磨钢具有在强烈冲击下抵抗磨损的性能。其机械加工困难，大多铸造成形。耐磨钢（见图 5-46）主要用来制作坦克和拖拉机履带、推土机挡板、挖掘机齿轮等。

图 5-46　耐磨钢

耐磨钢牌号表示方法采用国家标准 GB/T 5613—2014《铸钢牌号表示方法》中的表示方法。耐磨钢牌号用代号和化学成分表示。代号用“铸钢”代号“ZG”后加表示特殊性能“磨”的第一个大写正体字母“M”表示，即耐磨钢代号为“ZGM”。碳含量以及合金元素符号和含量排列在耐磨钢代号“ZGM”之后。以一组（两位或三位）阿拉伯数字表示名义碳含量（以万分之几计）；在名义碳含量后面排列各主要合金元素符号，在元素符号后用阿拉伯数字表示合金元素名义含量（以百分之几计）。

例如，牌号 ZGM120Mn13Cr2 表示碳名义含量为 1.20%、锰名义含量为 13%、铬名义含量为 2%的高锰耐磨钢。

1. 碳素钢中存在哪些杂质元素？它们对力学性能有什么影响？
2. 碳素结构钢与优质碳素结构钢在性能上有什么区别？

2. 铸铁

铸铁是碳含量大于 2.11%，并含有较多硅、锰、硫、磷等元素的多元铁碳合金。工业上常用的铸铁碳含量一般为 2.50%～4.00%。由于铸铁具有良好的铸造性能、吸振性、切削加工性能及一定的力学性能，并且价格低廉、生产设备简单，因此在机械零件材料中占有很大的比重，广泛用来制作各种机架、底座、箱体、缸套等形状复杂的零件。

碳在铸铁中的存在形式有石墨和碳化物两种。根据碳在铸铁中存在形式的不同，铸铁可分为以下三种。

（1）白口铸铁

普通白口铸铁中的碳几乎全部以碳化物的形式存在，其断口呈亮白色。由于有大量硬而脆的渗碳体，故普通白口铸铁硬度高、脆性大，难以切削加工。工业上极少直接用它制造机械零件，而主要将其用作炼钢原料或可锻铸铁零件的毛坯。

（2）麻口铸铁

麻口铸铁组织中既存在石墨，又有莱氏体，属于灰口铸铁和白口铸铁之间的过渡组织，断口处有黑白相间的麻点。其性能硬而脆，难以切削加工，故工程中也很少直接用它制造机械零件。

（3）灰口铸铁

普通灰口铸铁中的碳除了微量溶于铁素体外，几乎全部以石墨的形式存在，其断口呈灰色。它是工程中应用最广泛的铸铁，工程铸铁指的就是灰口铸铁。

一般来说，钢和铸铁具有同样的基体，而且铸铁中硅、锰的含量均较钢高，故铸铁的基体性能优于钢。但实际上铸铁的力学性能却比钢要差许多，可见，铸铁的力学性能差并非是基体的原因，而是由石墨造成的。石墨自身的性能特点是软而脆，抗拉强度极低（R_m<20MPa），硬度

低，塑性接近于 0。铸铁可视为布满裂纹的钢，因此基体的性能被大大削弱。这种削弱主要体现在两个方面，一是缩减作用，二是割裂作用。缩减作用是指基体上分布的石墨根本没有承载能力，相当于孔洞，从而减少了基体的有效承载面积。割裂作用是指在石墨片边缘形成的缺口，会造成应力集中，其应力的峰值远远超过了平均应力，促使材料从尖角处局部开裂并迅速扩展，形成了脆性断裂。由于石墨的作用，使得基体的强度利用率仅为 30%～50%，这就是铸铁抗拉强度低、脆性大的根本原因。相比之下，割裂作用对铸铁的削弱作用远比缩减作用大得多。

铸铁的力学性能与其中石墨的数量、大小、形状和分布密切相关。石墨越多、越粗大、分布越不均匀或呈方向性，对基体的割裂越严重，其力学性能就越差。

工程铸铁中的石墨有四种形状，如图 5-47 所示。石墨形状对铸铁基体的割裂作用从大到小的顺序为片状＞蠕虫状＞团絮状＞球状。

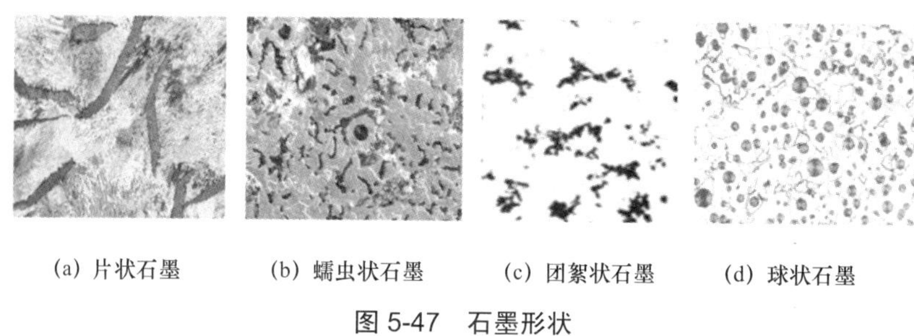

(a) 片状石墨　(b) 蠕虫状石墨　(c) 团絮状石墨　(d) 球状石墨

图 5-47　石墨形状

根据铸铁中石墨形状的不同，工程铸铁（灰口铸铁）又分为灰铸铁、可锻铸铁、蠕墨铸铁和球墨铸铁四种。本任务主要介绍这四种铸铁的石墨形状、性能、用途、牌号表示方法和牌号实例。铸铁牌号表示方法均以国家标准 GB/T 5612—2008《铸铁牌号表示方法》为准。

① 灰铸铁。灰铸铁中的碳主要以片状石墨形式存在，断口呈灰色，它在工业生产中应用最为广泛。

汽车工业中常用的灰铸铁为珠光体灰铸铁，即在珠光体基体上分布着片状石墨。由于片状石墨对铸铁基体的割裂作用最大，加之其缩减作用，使得灰铸铁的抗拉强度、疲劳强度都很低，塑性、冲击韧度几乎为零。当基体组织相同时，石墨越多、片越粗大、分布越不均匀的灰铸铁，其抗拉强度越低。可见，片状石墨对灰铸铁的性能具有决定性的影响。

石墨虽然降低了铸铁的力学性能，但却使铸铁获得了许多钢所不及的优良性能。例如，由于石墨本身具有润滑作用，且它从铸铁表面脱落后留下的孔洞具有储存润滑油的能力，故而铸铁有良好的耐磨性；由于石墨组织松软，能够吸收振动，因而铸铁也有良好的减振性。另外，石墨相当于零件上的许多小缺口，使工件加工形成的切口作用相对减弱，故铸铁的缺口敏感性低；铸铁在切削加工时，石墨的润滑和断屑作用使灰铸铁有良好的切削加工性能。

灰铸铁的熔点比钢低，流动性好，在凝固过程中析出了比容较大的石墨，减小了收缩率，故具有良好的铸造性能，能够铸造形状复杂的零件，如汽车发动机的气缸体、气缸盖、排气管、离合器外壳、变速器外壳、制动鼓、制动盘、机床床身等，如图 5-48 所示。

灰铸铁的牌号由“HT”和一组数字表示。“HT”是“灰铁”两字汉语拼音的第一个大写正体字母，其后的一组数字表示抗拉强度值，单位为 MPa。例如，牌号 HT250 表示抗拉强度为 250MPa 的灰铸铁。灰铸铁的牌号有 HT100、HT150、HT200、HT225、HT250、HT275、

HT300、HT350 等。

② 蠕墨铸铁。蠕墨铸铁中的碳主要以蠕虫状石墨形式存在于铸铁中，石墨形状介于片状石墨和球状石墨之间，类似于片状石墨，但片短而厚，头部较圆，形似蠕虫。

(a) 重型机床床身（HT250）

(b) 大型船用柴油机气缸体（HT300）

图 5-48　灰铸铁实例

蠕墨铸铁的力学性能介于相同基体组织的灰铸铁和球墨铸铁之间，其强度、韧性优于灰铸铁，铸造性能和热传导性、耐疲劳性及减振性与灰铸铁相近；减振能力、铸造性能优于球墨铸铁。

目前，蠕墨铸铁在欧美等汽车工业发达的国家已得到广泛应用，主要用来制造柴油机气缸体、气缸盖、气缸套、排气管、制动盘、制动鼓等汽车铸件，如图 5-49 所示。

(a) 柴油机气缸

(b) 制动鼓

(c) 阀门

图 5-49　蠕墨铸铁实例

蠕墨铸铁的牌号由“RuT”和一组数字表示。“RT”是“蠕铁”两字汉语拼音的第一个大写正体字母，“u”是“蠕”字拼音的第二个小写正体字母，用来区别于与其相同代号的铸铁名称，其后的一组数字表示抗拉强度值，单位为 MPa。例如，牌号 RuT400 表示抗拉强度为 400MPa 的蠕墨铸铁。蠕墨铸铁的牌号有 RuT300、RuT350、RuT400、RuT450、RuT500。

③ 可锻铸铁。可锻铸铁中的碳主要以团絮状石墨形式存在，它是由白口铸铁经长时间高温石墨化退火而得到的一种铸铁。由于可锻铸铁中的石墨呈团絮状，对基体的割裂作用较小，因此它的力学性能比灰铸铁高，塑性和韧性好，但可锻铸铁并不能进行锻压加工。“可锻”仅表示它具有一定的塑性，其强度比灰铸铁高，但铸造性能比灰铸铁差。

可锻铸铁按热处理后显微组织不同分为两类。一类是黑心可锻铸铁和珠光体可锻铸铁，黑心可锻铸铁组织主要是铁素体（F）基体和团絮状石墨；珠光体可锻铸铁组织主要是珠光体（P）基体和团絮状石墨。另一类是白心可锻铸铁，白心可锻铸铁组织决定于断面尺寸，小断面的以铁素体（F）为基体，大断面的表面区域为铁素体（F）、心部为珠光体（P）和退火碳。可锻铸铁的基体组织不同，其性能也不同。黑心可锻铸铁具有较高的塑性和韧性，而珠光体可锻铸铁具有较高的强度、硬度和耐磨性。

黑心可锻铸铁用于冲击、振动和扭转载荷的零件，常用于制造汽车后桥、弹簧支架、低压阀门等。珠光体可锻铸铁则用于制造曲轴、连杆、轮轴、活塞环等。白心可锻铸铁由于可锻化退火时间长而较少应用。

可锻铸铁的牌号由“KTH”或“KTZ”或“KTB”和两组数字表示。“KTH”“KTZ”“KTB”分别表示“可铁黑”“可铁珠”“可铁白”三字汉语拼音的第一个大写正体字母。第一组数字表示抗拉强度值，单位为 MPa；第二组数字表示断后伸长率值，单位为%，两组数字间用“－”表示。例如，牌号 KTH350－10 表示抗拉强度为 350MPa、断后伸长率为 10%的黑心可锻铸铁；牌号 KTZ 650－02 表示抗拉强度为 650 MPa、断后伸长率为 2%的珠光体可锻铸铁。可锻铸铁的牌号有 KTH 300－06、KTH 330－08、KTH 350－10、KTH 370－12、KTZ 450－06、

KTZ 500－05、KTZ 650－02、KTB 360－12、KTB 400－05、KTB 450－07、KTB 550－04 等。

④ 球墨铸铁。球墨铸铁中的碳以球状石墨形式存在，它是浇铸前在熔化的铸铁中加入一定量的球化剂（稀土镁合金）和孕育剂（硅铁或硅钙合金）获得的。

球墨铸铁是一种性能优良的铸铁，其强度、塑性和韧性等力学性能远远超过灰铸铁而接近于普通碳素钢，同时又具有一系列灰铸铁的优良性能，如良好的铸造性能、耐磨性、切削加工性能和低缺口敏感性等。

强度低的球墨铸铁，由于塑性、韧性较好，经常用于铸造承受冲击、振动的零件，如汽车底盘类零件等。强度高的球墨铸铁，由于其耐磨性较好，经常用于铸造载荷大、受力复杂的零件，如内燃机曲轴、气缸套、连杆、凸轮轴、后桥壳、差速器壳、机床主轴等，如图 5-50 所示。

(a) 核燃料储存运输容器（QT350-22）

(b) 曲轴

图 5-50　球墨铸铁实例

球墨铸铁的牌号用“QT”和两组数字表示。“QT”是“球铁”两字汉语拼音的第一个大写正体字母。第一组数字表示抗拉强度值，单位为 MPa；第二组数字表示断后伸长率值，单位为%，两组数字间用“－”表示。例如，牌号 QT400－18 表示抗拉强度为 400MPa、断后伸长率为 18%的球墨铸铁。球墨铸铁的牌号有 QT 350－22、QT 400－18、QT 450－10、QT 500－7、QT 550－5、QT 600－3、QT 700－2、QT 800－2、QT 900－2 等。

为了满足工业生产的各种特殊性能要求，向上述铸铁中加入某些合金元素，可得到具有多种性能的合金铸铁。

知识拓展

红旗 H9 的底盘采用了 100%轻量化材料，整车副车架与连杆结构均采用全铝材质，打造出了极致轻量化的“全铝底盘”。汽车轻量化关系到车辆的节能、减排、安全、成本等问题，对世界能源、自然资源和环境具有深刻的影响。

（二）有色金属材料

除了铁、铬和锰及这三种金属的合金等黑色金属外，为了使汽车轻量化，很多有色金属在汽车上也获得了广泛的应用，如铝、铜、锌、钛、镁及其合金和轴承合金。

1．铝与铝合金

纯铝的密度为 2.72g/cm^3，熔点为 660℃，是一种导电、导热性好，塑性好，强度、硬度低的金属。由于铝表面能生成一层极致密的氧化铝膜，阻止铝继续氧化，故铝在空气中具有良好的耐腐蚀能力，主要用作导电材料或制造耐腐蚀零件。

铝中加入适量的铜、镁、硅、锰、锌等元素即构成了铝合金。它具有足够的强度、较好的塑性和良好的耐腐蚀性，且多数可经热处理强化。

根据成分及加工成形特点，铝合金可分为变形铝合金和铸造铝合金两大类。变形铝合金具有较高的强度和良好的塑性，可通过压力加工制成各种半成品，可以焊接。铸造铝合金有良好的铸造性能，可以铸成各种形状复杂的零件，但塑性差，不宜进行压力加工。

铝合金在汽车上的实际应用有活塞、气缸体、气缸盖、散热器、轮辋、保险杠、全铝合金车身及外板（与全钢车身相比质量减轻45%）、轿车的悬架系统、变速器壳体（如桑塔纳、奥迪、夏利等轿车的变速器壳体）、装饰件等。

2. 铜与铜合金

纯铜外观呈紫红色，又称紫铜。它具有良好的导电和导热性能、极好的塑性和较好的耐腐蚀性，但力学性能较差，不宜用来制造结构零件，常用来制造导电材料和耐腐蚀元件。

由于纯铜力学性能较差，生产中常用铜合金制造机械零件。铜合金按加入元素不同可分为黄铜、白铜和青铜。

以锌为主要合金元素的铜合金称为黄铜。黄铜色泽美观，有良好的耐腐蚀性及机械加工性能。黄铜中锌的含量为20%～40%，随着锌含量的增加，黄铜强度增加而塑性下降。黄铜可以铸造，也可以压力加工。黄铜一般用于制造耐腐蚀和耐磨零件，如阀门、子弹壳、机油泵衬套、螺栓、管件、螺母、弹簧及轴套等。以镍为主要合金元素的铜合金称为白铜。白铜具有较高的强度和塑性。由铜和镍组成的白铜为普通白铜，在普通白铜中加入锌、锰和铁等的铜合金称为特殊白铜。白铜主要用于制造船舶仪器零件、化工机械零件和医疗器械中的关键零件。

除黄铜和白铜外，其余的铜合金统称为青铜。铜锡合金称为锡青铜，其余青铜称为无锡青铜。锡青铜有很好的力学性能、铸造性能、耐腐蚀性和减摩性，是一种很重要的减摩材料。它主要用于制造摩擦零件和耐腐蚀零件，如蜗轮、轴瓦、衬套等。无锡青铜通常作为锡青铜的代用材料使用。铝青铜是无锡青铜中用途最广泛的一种，其强度高、耐磨性好，且具有受冲击时不产生火花的特点，主要用来制造各种弹性元件、高强度零件、耐磨零件、轴承、轴瓦、齿轮、摩擦片、蜗轮等。

3. 锌与锌合金

纯锌的密度为7.14g/cm^3，呈蓝白色，熔点为419.5℃。在室温下，纯锌较脆；100～150℃时，变软；超过200℃后，纯锌又变脆。锌的化学性质活泼，在常温下的空气中，表面会生成一层薄而致密的碱式碳酸锌膜，可阻止进一步氧化。当温度达到225℃后，锌剧烈氧化。锌主要用于钢铁、冶金、机械、电气、化工、轻工、军事和医药等领域。

锌合金是在锌中加入铝、铜、镁的锌基合金。纯锌的强度和硬度不高，但加入铝、铜等合金元素后，其强度和硬度均大为提高，尤其是锌铜钛合金，其综合力学性能已接近或达到铝合金、黄铜、灰铸铁的水平。

目前，锌合金可用于制造汽车上的汽油泵壳、机油泵壳、变速器壳、车门手柄、刮水器电动机、减速器壳体、安全带扣和内饰件等。

4. 钛与钛合金

纯钛的密度约为4.54g/cm^3，呈银灰色，熔点约为1668℃，耐腐蚀性比不锈钢还好，抗拉强度为300～700MPa，韧性与钢铁相当。其缺点是成本高，加工性能差，切削加工、焊接、表面处理都较困难。

为了提高钛在室温时的强度和在高温下的耐热性等，加入Al、Mo、V、Mn、Cr、Fe等合金元素，得到钛合金。

钛及钛合金是很有发展前途的新型金属材料，世界各国正在开发低成本高性能的新型钛合金。我国钛金属的矿产资源丰富，蕴藏量居世界前列，目前已形成了较完整的钛金属生产工业体系。钛合金已用于制造发动机零件及轴、轮盘类等在高温、重载下工作的零部件。

5．镁与镁合金

纯镁在金属中较轻，密度为 1.74g/cm^3，约为铝的 2/3、铁的 1/4.5，呈银白色，熔点约为 650℃。镁的加工性能比铝好，延展性好，有优良的减振性，但耐腐蚀性比铝差，力学性能较低。

镁中加入铝、锌、锰、铈、钍以及少量锆或镉等元素即构成了镁合金。目前，使用最广泛的是镁铝合金，其次是镁锰合金和镁锌锆合金。在汽车上，镁合金主要应用于离合器壳、内饰罩板、座椅支架、变速器手柄、变速器壳、车轮轮毂、凸轮轴盖等零件的制造，其加工方法主要是压铸。

6．轴承合金

轴承合金是用来制造滑动轴承的特定材料。对轴承合金的要求是摩擦系数小、耐磨性好、抗压强度高、导热性好等。轴承合金主要包括锡基轴承合金（锡基巴氏合金）和铅基轴承合金（铅基巴氏合金）两类。

二、非金属材料

全球汽车工业正在向节能化、环保化发展，降低油耗是汽车发展的要求。因此，汽车上非金属材料的应用越来越广泛。汽车常用的非金属材料主要有塑料、橡胶、玻璃、摩擦材料和陶瓷材料等。

（一）塑料

塑料是一种以有机合成树脂为主要组成的高分子材料，它通常可在加热、加压的条件下被塑造或固化成形，得到所需要的固体制品。

汽车上常用的工程塑料有聚丙烯（PP）、聚乙烯（PE）、聚苯乙烯（PS）、ABS 塑料、聚酯酰胺、聚甲醛、聚碳酸酯、酚醛树脂等。

在汽车上，采用聚乙烯制造汽油箱。聚乙烯油箱与金属油箱相比，具有良好的稳定性，冲撞时不产生火花，因此不会发生燃烧爆炸；设计自由度大，可充分利用空间；质量较小，可比金属油箱轻 1/3～1/2；耐腐蚀性好；成形工艺简单、价廉。

（二）橡胶

橡胶是一种在使用温度范围内处于高弹性状态的高分子材料，它是以生胶为原料，加入适量的配合剂，经硫化以后而得到的。

1．橡胶的品种

① 天然橡胶。天然橡胶材料是指以天然橡胶为生胶制成的橡胶材料，代号为 NR。天然橡胶属于通用橡胶，它具有优良的特性。

② 合成橡胶。由于资源数量的限制，天然橡胶的产量远远不能满足工业生产的需要，因而合成橡胶得到了发展。合成橡胶的种类繁多，主要分为通用合成橡胶和特种合成橡胶。

③ 再生胶。再生胶是将硫化胶的边角废料和废旧橡胶制品经过粉碎、化学物理方法加工后，去掉硫化胶的弹性，恢复塑性和黏性，可以重新再硫化的橡胶。

2．橡胶制品在汽车中的应用

汽车橡胶制品主要分布在汽车车身、传动、转向、悬挂、制动和电气仪表等系统内。

（1）汽车轮胎

汽车轮胎是汽车上橡胶用量最大的橡胶零件。制造轮胎的主要材料有生胶（包括天然橡胶、合成橡胶、再生胶）、骨架材料（即纤维材料、人造丝、尼龙、聚酯纤维、玻璃纤维、钢丝等）以及炭黑等。轮胎的外胎普遍使用天然橡胶、丁苯橡胶、顺丁橡胶等。内胎一般用气密性好的材料来制造，如丁基橡胶。由于天然橡胶的综合性能优于合成橡胶，所以高级汽车轮胎多使用天然橡胶。

（2）密封制品

汽车上使用的橡胶密封制品主要包括密封条、油封、皮碗、防尘套、胶管、胶带、减振块等。

① 密封条。密封条在汽车上的用量很大，每辆汽车要用十几种密封条，其数量达 20 多件，质量达 10kg 以上。我国目前普遍使用三元乙丙橡胶密封条。

② 油封。油封和 O 形圈是汽车上用的品种和数量最多的密封件，是汽车上最重要的密封件。丁腈橡胶、硅橡胶、丙烯酸酯橡胶、聚氨酯橡胶、氟橡胶及聚四氟乙烯是制造油封普遍使用的材料。

③ 皮碗。皮碗也是一种密封元件，常用在往复轴和缸的密封中。制动皮碗采用丁腈橡胶、丁苯橡胶、天然橡胶、三元乙丙橡胶等材料制作。

④ 防尘套。防尘套有直筒形和变截面波纹形等几种。防尘套采用氯丁橡胶、丁腈橡胶、三元乙丙橡胶复合并用，可以达到较高的使用寿命。

⑤ 胶管。每辆汽车中所用的胶管有几十种，所用的橡胶材料有天然橡胶、丁腈橡胶、三元乙丙橡胶、氯丁橡胶、丙烯酸酯橡胶等。

⑥ 胶带。车用胶带主要是 V 带。通常 V 带有三种，即包布 V 带、切割 V 带及多楔 V 带，以切割 V 带为多。常用的胶带胶种是丁腈橡胶和氯丁橡胶。

⑦ 减振块。减振块主要用在汽车发动机、底盘上，用来防止和降低汽车行驶中的振动和噪声。一辆车上减振块的用量最多可达 15kg 左右，使用的材料有天然橡胶、丁腈橡胶、聚氨酯橡胶等。

（三）玻璃

玻璃是汽车上具有重要功能的外装饰件。在现代汽车中，玻璃不仅仅是一种功能性外装件，而且还兼顾了保证开阔视野、良好的乘坐环境、降低空气阻力和美观等多种功能。

1. 钢化玻璃

钢化玻璃是普通玻璃经过高温淬火处理的特种玻璃，即将普通玻璃加热到一定温度后，迅速冷却进行特殊钢化处理。其具有很高的温度急变抵抗能力，强度也较高。钢化玻璃在受到冲击破碎后，碎片小而无棱角，不会造成对人体的伤害。但这种玻璃在破碎前会产生很多裂纹，在光线的漫射作用下，会变得模糊不清，如果用于汽车风窗玻璃，此时会阻碍驾驶员视线，易造成事故，因此，钢化玻璃仅作为汽车后风窗玻璃和侧窗玻璃。

2. 夹层玻璃

夹层玻璃又称安全玻璃，它是由两片以上的平板类玻璃经聚乙烯缩丁醛塑料衬片黏合而成的，具有较高的强度。夹层玻璃在受到破坏时，会产生辐射状或同心圆形裂纹，碎片不易脱落，且不影响透明度，不产生折光现象。夹层玻璃常用于汽车的风窗玻璃，许多国家已制定相关法规，规定轿车的风窗必须安装夹层玻璃。

3. 防爆玻璃

防爆玻璃是一种特制玻璃，具有较大的抗冲击强度及透光性好、耐寒、耐热等特点。当遇到爆炸或弹击时，玻璃可能完好无损；即使玻璃已有破损，子弹也不易穿透，玻璃碎片也不会脱落伤人。防爆玻璃主要用于防弹车。

4. 中空玻璃

中空玻璃是用胶黏法将双层或多层平板玻璃黏结在一起，使玻璃之间形成中空的一种特殊玻璃。由于中间充以干燥的空气，因而中空玻璃具有隔声、隔热、保温、不结霜、不产生凝结水以及吸收紫外线的作用，在高档客车的侧窗上有着十分广泛的应用。

5. 防水玻璃

防水玻璃表面上涂覆了一层化学耐久性优异的含氟薄膜。这种薄膜不会影响玻璃原来的颜色与光泽，有效使用寿命可达 3～5 年。在汽车行驶时，水滴落到涂有这种薄膜的玻璃上后，会在风压的作用下迅速滚落，车内的人像和物像不会映到风窗玻璃上而影响驾驶员的视线。

6. 防雾玻璃

在夹层玻璃和钢化玻璃表面涂覆一层碱性的有机薄膜，可以制成防雾玻璃。水在这种薄膜上可以均匀展开，不会结霜或成雾，寒冷地区的车辆使用这种玻璃十分必要。

7. 特种风窗玻璃

近年来，许多高档轿车采用热反射膜玻璃作为风窗玻璃，这种玻璃的表面涂有金属氧化物，可以防止车内的热量向车外传递，以保持车内的温度。

1. 黄铜和青铜在轿车上可分别用来制造什么零件？
2. 汽车上常用的玻璃有哪些？分别适用于哪些场合？
3. 哪种玻璃用于汽车风窗，为什么？

（四）摩擦材料

汽车摩擦材料主要由增强材料、黏结材料及填充材料等组成。它主要用于汽车制动减速、停车制动系统，主要用来制造汽车制动摩擦片、汽车离合器摩擦片及手制动摩擦片等。

（五）陶瓷材料

陶瓷材料是用天然或合成化合物经过成形和高温烧结制成的一类无机非金属材料。它具有高熔点、高硬度、高耐磨性、耐氧化等优点。

汽车用陶瓷材料大致可分为功能陶瓷材料和结构陶瓷材料。

1. 功能陶瓷材料

功能陶瓷材料主要用于汽车传感器，如倒车报警系统上的超声波传感器，利用的是其绝缘性、介电性、压电性、半导体特性、磁性等。此外，功能陶瓷材料还可用于各种执行元件、陶瓷加热器、导电材料、显示装置等。

2. 结构陶瓷材料

结构陶瓷材料具有良好的综合性能（高温强度、高耐腐蚀性、高耐磨性、低膨胀系数、好的隔热性及低密度），因此用它来替代耐热合金能大幅度地提高热机效率，降低能耗，节约贵重金属，达到轻量化效果。

用氮化硅陶瓷材料制成的陶瓷纤维活塞替代铝合金活塞，可以有效防止因热膨胀系数大而产生的“冷敲热拉”现象。用结构陶瓷代替高强度合金制造涡轮增压发动机、燃气轮机、绝热发动机，可以将发动机的工作温度提高到1300℃以上，热效率提高30%以上。结构陶瓷的质量相对较轻，节能效果非常显著，同时还能减少环境污染，节约钢材等金属材料。但因为结构陶瓷材料性能的再现性和可靠性差，不能确保大量生产的稳定性，同时陶瓷加工困难，质脆，稍有缺陷就容易破裂，并且有成本较高等缺点，所以目前还没有得到广泛应用。

三、复合材料

复合材料是指由两种或多种不同性能的材料用某种工艺方法合成的多相材料。复合材料既保持组成材料各自的特性，又具有复合后的新特性，其性能往往超过组成材料的性能。

1．复合材料的种类

复合材料按性能分为功能复合材料和结构复合材料；按基体分为非金属基复合材料和金属基复合材料；按增强剂的种类和形状分为颗粒增强复合材料、层状增强复合材料、纤维增强复合材料等。目前使用最多的是纤维增强复合材料。

2．复合材料的性能特点

（1）复合材料的优点

复合材料的优点有比强度高、比模量高、强度高、质量轻、抗疲劳性能好、减振能力强、耐高温性能好、断裂安全性好、化学稳定性好，还具有一些特殊性能，如隔热性、特殊的电磁性能等。

（2）复合材料的缺点

复合材料的缺点有断后伸长率较小，抗冲击性低，横向拉伸和层间抗剪强度较低，成本比其他工程材料高，工艺成形方法尚需改进等。

3．复合材料在汽车中的应用

（1）纤维增强塑料复合材料（FRP）的应用

FRP是汽车轻量化的重要材料。目前，利用FRP制作的汽车零部件有车身外板零件挡泥板、行李箱盖、散热器前装饰护栅、车顶盖、保险杠、侧密封、下盖板、车厢后围板的装饰、前照灯壳体；发动机室内的蓄电池槽、气缸盖罩、轴承盖；驾驶室内的仪表板芯、仪表罩壳等。

（2）纤维增强金属基复合材料（FRM）的应用

FRM具有较高的比强度和比刚性，制成同等强度的零件时，可减少质量，提高耐热性等热学性能，使制件具有优良的导热性和导电性，提高耐磨性。FRM材料在汽车上常用来制造活塞环、连杆、气缸体、活塞销等。

（3）颗粒增强金属基复合材料（PRM）的应用

PRM是目前应用范围最广、开发前景最好的一种金属基复合材料。这类复合材料的金属基大多采用密度较低的铝、镁和铁合金，以便提高复合材料的比强度和比模量。PRM材料主要用于汽车发动机气缸活塞、喷油嘴部件、制动装置等。

四、汽车典型零件选材

（一）汽车典型零件选材原则

汽车零件的选材首先必须遵循一般工程材料的选择原则。一般工程材料的选择原则包括使用性能原则、工艺性能原则和经济性原则。

1. 使用性能原则

材料的使用性能主要是指材料在正常工作时应具备的性能，包括力学性能、物理性能和化学性能。满足使用性能是保证零件完成规定功能的必要条件。在大多数情况下，使用性能是选材首要考虑的问题。

2. 工艺性能原则

材料的工艺性能是指材料加工成形的难易程度，包括铸造性能、锻造性能、焊接性能和切削加工性能。在选材时，同使用性能相比较，材料的工艺性能一般处于次要地位，但在某些特殊情况下，工艺性能也可成为选材考虑的主要依据。

3. 经济性原则

材料的经济性原则是选材的根本原则。采用便宜的材料，把总成本控制至最低，取得最大的经济效益，使产品在市场上具有竞争力，始终是零件设计的重要任务之一。材料的成本为直接成本，在产品的总成本中占有相当比重。在以强度为主要指标选材时，常常根据强度和成本来比较材料。

（二）汽车典型零件选材

1. 气缸体和气缸盖

气缸体是发动机的骨架和外壳，在气缸体内外安装着发动机的主要零部件。气缸体在工作中承受扭转、弯曲，以及螺栓预紧力等的载荷作用。因此，气缸体必须有足够的强度，尤其要具有足够的刚度，以减小变形，保证尺寸的稳定性。另外，气缸体还要具有良好的铸造性能和切削加工性能。气缸体常用的材料是灰铸铁和铝合金。其中，铝合金的刚度相对较差，强度相对较低，故除了某些发动机为减轻重量选用铝合金外，一般多选用灰铸铁作为气缸体材料。

气缸盖主要用来封闭气缸，构成燃烧室。其承受着高温、高压、机械载荷和热载荷的作用。由于温度高、形状复杂、受热不均匀，气缸盖上热应力很多，严重时可能造成缸盖变形，甚至出现裂纹。因此，气缸盖应选用导热性好、高温机械强度高、能承受反复热应力、铸造性能好的材料来制造。目前，气缸盖常用的材料有两种，一种是灰铸铁或合金铸铁，另一种是铝合金。

2. 活塞

根据本项目任务一任务实施中汽车发动机活塞的使用工况可知，活塞在高温、高压、高速、润滑不良的条件下工作。活塞受热严重，顶部承受气体压力大，在气缸内产生很大的惯性力，受到很大的附加载荷。又因为活塞的散热条件差，所以现代汽车发动机不论是汽油机还是柴油机，均广泛采用铝合金活塞，只在极少数汽车发动机上采用铸铁或耐热钢活塞。铝合金的突出优点是密度小，在同样强度的情况下，铝合金比钢铁材料轻许多。因此，采用铝合金制作的活塞在工作过程中产生的惯性小，对高速内燃机的减振和降低内燃机的比质量有重要意义。此外，质量较轻的铝合金活塞运动时，对缸壁的侧压力和冲击力也较小，可以减小活塞组与缸壁以及活塞销的摩擦力，并降低它们的磨损量。铝合金的另外一个优点是导热性好。工作时，活塞表面温度比铸铁表面温度低，而且活塞顶部的积炭也较少。因此，活塞材料常采用铝合金。

3. 活塞销

活塞销与活塞相同，均在高温、高压、高速、润滑不良的条件下工作，承受着交变载荷作用。因此，活塞销材料应有足够的刚度和强度，足够的承受面积和耐磨性，还要表硬内韧、表面耐磨，同时具有较高的疲劳强度和冲击韧性。活塞销材料一般选用15、20低碳钢或20Cr、

20CrMnTi 等低碳合金钢。

4. **曲轴**

汽车发动机中的曲轴与连杆、轴承连接，形状与受力复杂、应力集中严重。曲轴各轴颈在很高的比压下，以很大的相对速度在轴承中发生滑动摩擦。根据本项目任务一任务实施中汽车发动机曲轴的使用工况，要求曲轴材料具有高的强度、一定的冲击韧性、足够的疲劳强度和足够的刚度，并具有高的硬度和耐磨性。因为，（中碳）调质钢具有良好的综合力学性能，对应力集中敏感性较小；球墨铸铁的强度、塑性和韧性等力学性能远远超过灰铸铁而接近于普通碳素钢，同时又具有一系列灰铸铁的优良性能，如良好的铸造性能、耐磨性、切削加工性能和低缺口敏感性等；所以，曲轴材料一般选用 45、40Cr、42CrMo 等调质钢和 QT600-3、QT700-2、QT800-2、QT900-2 等球墨铸铁。

5. **连杆**

连杆是汽车发动机中的重要构件，它连接着活塞和曲轴，在工作时，承受着惯性力、拉压应力和弯曲应力作用。因此，连杆材料应具有较高的强度和抗疲劳性能，同时又具有足够的刚度和冲击韧性。连杆材料一般选用 45、40Cr、40MnB 等调质钢。

6. **气门**

气门的主要作用是开、闭进气道和排气道。气门在工作时，需要承受较高的机械载荷和热载荷，同时承受较大的冲击载荷。气门经常出现的故障有气门座扭曲、气门头部变形、气门座面积炭。当气门座面积炭时，会引起燃烧废气对气门座面强烈的腐蚀。所以，气门材料应选用耐热、耐腐蚀、耐磨的材料。进、排气门工作条件不同，材料的选择也不同。进气门材料一般选用 40Cr 合金结构钢或 42Cr9Si2、40Cr10Si2Mo 等耐热钢；而排气门材料则选用 40Cr10Si2Mo、45Cr14Ni14W2Mo 等耐热钢。

7. **齿轮**

汽车齿轮主要分装在变速器和差速器中。在变速器中，通过齿轮改变发动机、曲轴和主轴齿轮的传动比；在差速器中，通过齿轮增加扭矩，并调节左右轮的转速。发动机的全部动力，均通过齿轮传给车轴，推动汽车运行。所以，汽车齿轮受力较大，受冲击频繁，其耐磨性、抗疲劳强度、心部强度以及冲击韧性等均应较高。齿轮材料一般选用 20Cr、20CrMnTi 等低碳合金钢，并经渗碳、淬火+低温回火处理，或 40Cr、40MnB 等调质钢。

任务实施

一、汽车典型零件选材原则

汽车典型零件的选材首先必须遵循一般工程材料的选择原则。一般工程材料的选择原则包括使用性能原则、工艺性能原则和经济性原则。

1. **使用性能原则**

材料的使用性能主要是指材料在正常工作时应具备的性能，包括力学性能、物理性能和化学性能。

2. **工艺性能原则**

材料的工艺性能是指材料加工成形的难易程度，包括铸造性能、锻造性能、焊接性能和切削加工性能。

3. 经济性原则

材料的经济性原则是选材的根本原则。

二、汽车典型零件选用的材料

1. 气缸体和气缸盖

气缸体常用的材料是灰铸铁和铝合金两种。其中，铝合金刚度相对较差、强度相对较低，故除了某些发动机为减轻重量选用铝合金外，一般多选用灰铸铁作为气缸体材料。

气缸盖常用的材料有两种。一种是灰铸铁或合金铸铁，另一种是铝合金。

2. 活塞

现代汽车发动机不论是汽油机还是柴油机，均广泛采用铝合金活塞，只在极少数汽车发动机上采用铸铁或耐热钢活塞。

3. 活塞销

活塞销材料一般选用 15、20 低碳钢或 20Cr、20CrMnTi 等低碳合金钢。

4. 曲轴

曲轴材料一般选用 45、40Cr、42CrMo 等调质钢和 QT600-3、QT700-2、QT800-2、QT900-2 等球墨铸铁。

5. 连杆

连杆材料一般选用 45、40Cr、40MnB 等调质钢。

6. 气门

进气门材料一般选用 40Cr 合金结构钢或 42Cr9Si2、40Cr10Si2Mo 等耐热钢；排气门材料则选用 40Cr10Si2Mo、45Cr14Ni14W2Mo 等耐热钢。

7. 齿轮

齿轮材料一般选用 20Cr、20CrMnTi 等低碳合金钢，并经渗碳、淬火+低温回火处理，或 40Cr、40MnB 等调质钢。

项目六 汽车制造技术——金属成形热加工

汽车制造一般从零件的制造开始，然后按一定的技术要求，经过一系列装配工艺，将零件组装成部件直至整车。零件的制造首先要生产出毛坯，然后再经切削加工成为合格的零件。零件的加工过程实际上就是金属材料改变形状的过程，这个过程一般通过金属成形加工来实现。金属材料成形加工分为热加工和冷加工。铸造、锻压和焊接是金属材料成形热加工的三种不同方法，是汽车制造不可缺少的基本加工方法，它们除提供少量的零件成品外，主要是生产毛坯，供切削加工使用。

任务一 铸造

任务引入

汽车零件中，铸件质量约占20%，如发动机气缸体、气缸盖、进排气管、轮毂等。铸造主要包括砂型铸造和特种铸造两类。那么，汽车发动机气缸盖的砂型铸造工艺流程是怎样的？特种铸造在汽车生产中有哪些应用？

任务分析

汽车发动机气缸体、气缸盖、进排气管、轮毂等一般都是铸造而成的。铸造方法常用于制造零件毛坯、制造承受载荷及压应力的结构件，及一些有特殊性能要求的构件。学习铸造知识，有利于了解汽车铸件铸造生产工艺流程。

学习目标

素质目标

1. 培养创新意识，提升创新能力。
2. 弘扬大国工匠精神。

知识目标

1. 概述铸造生产的特点与类型。
2. 阐明铸造生产的生产工艺流程。

能力目标

1. 能够详细阐明汽车发动机气缸盖的砂型铸造工艺流程。
2. 能够概述特种铸造在汽车生产中的应用。

相关知识

一、概述

将合格的液态金属浇注到具有与零件形状、尺寸相适应的铸型型腔中，待其冷却凝固后，获得一定形状的毛坯或零件的生产方法，称为铸造。铸造是人类掌握比较早的一种金属热加工工艺，已有约 6000 年的历史。在机械制造业中，铸造的应用十分广泛。在汽车生产制造过程中，铸造发挥了不可替代的作用。

1. 铸造生产的特点

（1）铸造生产的优点

① 金属一次成形。无论铸件的大小，简单还是复杂，都可一次成形。

② 工艺适应性强，灵活性大。它适应的合金种类多，各种成分、形状和质量的铸件几乎都能适应，且成本低廉。

③ 特别适宜于生产形状复杂、具有复杂内腔的零件毛坯。

④ 对于不宜锻压生产和焊接的材料，铸造生产方法具有独特的优势。

⑤ 适应各种不同的生产规模。根据铸件的合金类型、大小、批量、质量要求等，可选择不同的工艺方法，大批量生产时可实现机械化和自动化生产。

（2）铸造生产的缺点

① 铸件内部常有缺陷（如气孔、缩孔、缩松、夹渣、砂眼和裂纹等），且晶粒粗大，其力学性能通常低于同种材料的锻件。

② 铸造工序较多（尤其砂型铸造），工艺流程难以控制，铸件质量不稳定，废品率较高。

③ 铸件表面较粗糙，尺寸精度不高。

④ 劳动条件较差，劳动强度较大。

铸件通常是毛坯，经过切削加工才能成为零件，但对要求不高或精密铸造方法生产出来的铸件，也可以不经切削加工而直接使用。

2. 铸造方法分类

铸造方法可分为砂型铸造和特种铸造两类。砂型铸造是最基本的铸造方法。

二、金属的铸造性能

铸造性能是指金属在铸造生产中表现出的工艺性能，包括流动性、收缩性、吸气性以及偏析性等，它们是影响铸件质量的主要因素。在常用的金属材料中，灰铸铁和青铜有良好的铸造性能。

1. 流动性

流动性是指熔融合金的流动能力。液态金属充满铸型，获得尺寸精确、轮廓清晰的铸件，取决于其充型能力。充型能力取决于金属液本身的流动性。流动性好，则易于浇出轮廓清晰、薄而复杂的铸件；有利于非金属夹杂物和气体的上浮和排除；易于对铸件的收缩进行补缩。

2. 收缩性

铸造合金在液态、凝固和固态冷却的过程中，由于温度的降低而发生体积减小的现象，称为铸造合金的收缩性。液态收缩和凝固收缩部分得不到补足时，在铸件的最后凝固处，会出现较大的集中孔洞，称为缩孔。分散在铸件内的细小的缩孔，称为缩松。

3. 吸气性

合金在熔炼和浇铸时吸收气体的性能，称为合金的吸气性。合金液所吸收的气体如不能逸出而停留在合金液内，则使铸件产生气孔缺陷。

4. **偏析性**

合金的偏析性是指铸件或铸锭中的各部分化学成分、金相组织不一致的现象。偏析影响铸件的力学性能、切削加工性能和耐腐蚀性能等，严重时可能造成废品。

三、砂型铸造

砂型铸造适用于各种形状、大小、批量及各种合金铸件的生产。目前，大部分铸件都由砂型铸造生产。汽车发动机的气缸体、气缸盖、曲轴、变速器等铸件绝大多数也是采用砂型铸造生产。汽车铸件属于大量流水生产，通常都在机械化、自动化造型生产线上进行。

砂型铸造是指用具有一定性能的型（芯）砂制造铸型，然后将熔化的合格金属液浇注到具有一定形状的砂型型腔中，经冷却凝固后，获得铸件的方法，如图 6-1 所示。当从砂型中取出铸件时，砂型便被破坏，故又称其为一次型铸造。

砂型铸造工艺流程主要包括制模、配砂、造型、造芯、合型、熔炼、浇注、落砂、清理和表面处理等步骤。

1. **造型材料**

型砂与芯砂是用来制造铸型的主要材料，称为造型材料。其质量对铸造生产过程及铸件质量有很大影响。

（1）型砂与芯砂应具备的性能

型砂与芯砂应具备可塑性、一定的强度、良好的透气性和耐火性及一定的退让性。为了制造各种形状的型腔，型砂应具有良好的可塑性。为防止型腔在制造、修理、搬动、浇注时受力破坏，型砂应具有一定的强度。为排出砂型及液体金属中的气体，型砂应有良好的透气性。为防止高温下铸件产生黏砂，型砂应具有一定的耐火性。为使铸件凝固时自由收缩，砂型及砂芯在此时应能自动溃散，即有一定的退让性。

（2）型砂与芯砂的组成

型砂与芯砂通常由原砂（SiO_2）、黏结剂和辅助材料等混合而成。原砂是其中的主要成分，常用石英砂、石英-长砂石、黏土砂等。常用的黏结剂有黏土、水玻璃、树脂等。常用的辅助材料有锯木屑、煤粉、石墨粉和煤油等。

（3）型砂与芯砂的制备

型砂与芯砂的制备通常在混砂机中进行，图 6-2 所示为碾轮式混砂机。制备时，将黏结剂、新砂、旧砂等按一定比例和顺序在混砂机中按要求进行混合。

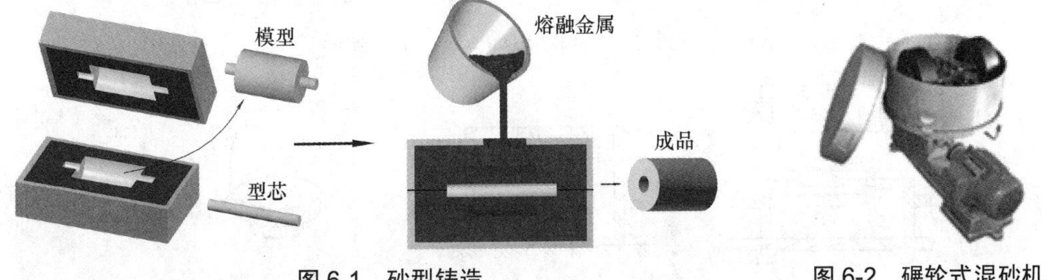

图 6-1　砂型铸造

图 6-2　碾轮式混砂机

2. **模样与芯盒**

模样与芯盒通常由木材、金属或其他材料制成，是砂型铸造中必不可少的工艺装备。模样用来制造铸型型腔，芯盒主要用来形成铸件的内腔或空心部分。模样和芯盒的尺寸、形状根据铸件而定。

模样与芯盒的材料要根据铸件生产批量的大小来选取。如果批量较小，则通常选用木材制造模样和芯盒，采用手工或半机械化方法来制造。如果批量较大，则通常选用金属（铝合金、铜合金等）或塑料等，通过切削加工的方法制造。前者的精度较低，而后者的精度较高。汽车铸件为大批量生产，通常选用金属模样与芯盒。

模样、铸件、零件三者之间存在着一定差别。在尺寸上，铸件等于零件尺寸加上机械加工余量，模样等于铸件尺寸加收缩量（液态金属凝固时的收缩）；在形状上，铸件与模样必须有拔模斜度（便于起模）、铸造圆角（便于造型、避免碰砂）；当铸件上有孔时，模样上设有型芯头，以便型芯的定位与固定。

3. 造型方法

用型砂及模样等工艺装备制造铸型的过程称为造型。造型时，用模样形成铸型的型腔，用型腔形成铸件的外部轮廓。造型过程包括放置模样，填充与紧实型（芯）砂，起模（取出模样），开设浇注系统、通气口，下芯，合型，其中以起模最为关键。

造型方法分为手工造型和机器造型两大类。

6-1 常用手工造型方法 1——整模造型

6-2 常用手工造型方法 2——分模造型

（1）手工造型和造芯

手工造型是用手工完成紧砂、起模、修整、合箱等主要操作的造型过程。其操作灵活，适应性强，工艺设备简单，成本低。手工造型按模样特征可分为整模造型、分模造型、挖砂造型、活块造型、假箱造型和刮板造型；按砂箱特征可分为两箱造型、三箱造型、脱箱造型和地坑造型。

图 6-3 所示为整模造型过程。整模造型的模样是整体的，分型面是平面，铸型型腔全部在半个铸型内，其造型简单，铸件不会产生错型缺陷。常适用于铸件最大截面在一端，且为平面的铸件。图 6-4 所示为分模造型过程。分模造型将模样沿最大截面处分成两半，使型腔位于上、下两个砂箱内。其造型简单省工，常用于最大截面在中部的铸件。

手工造芯时，主要采用芯盒造芯，如图 6-5 所示，它可以造出形状比较复杂的型芯。

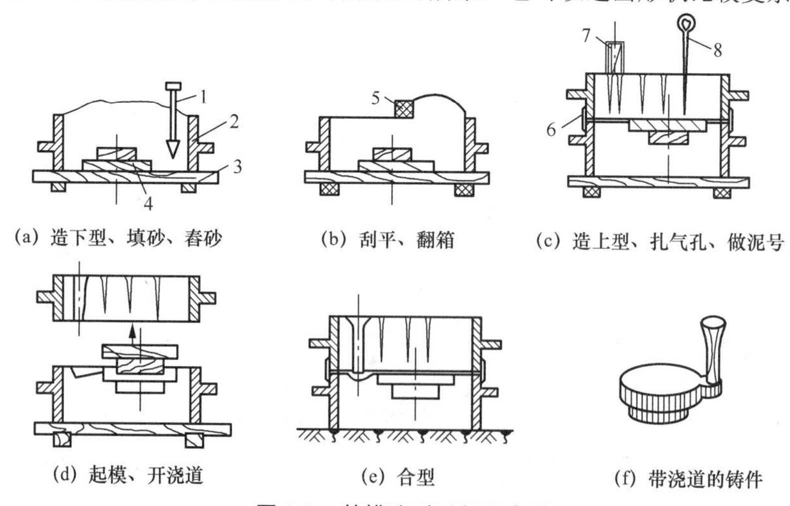

(a) 造下型、填砂、舂砂　(b) 刮平、翻箱　(c) 造上型、扎气孔、做泥号

(d) 起模、开浇道　(e) 合型　(f) 带浇道的铸件

图 6-3　整模造型过程示意图

1—砂冲子　2—砂箱　3—底板　4—模样　5—刮板　6—泥号　7—浇口棒　8—通气针

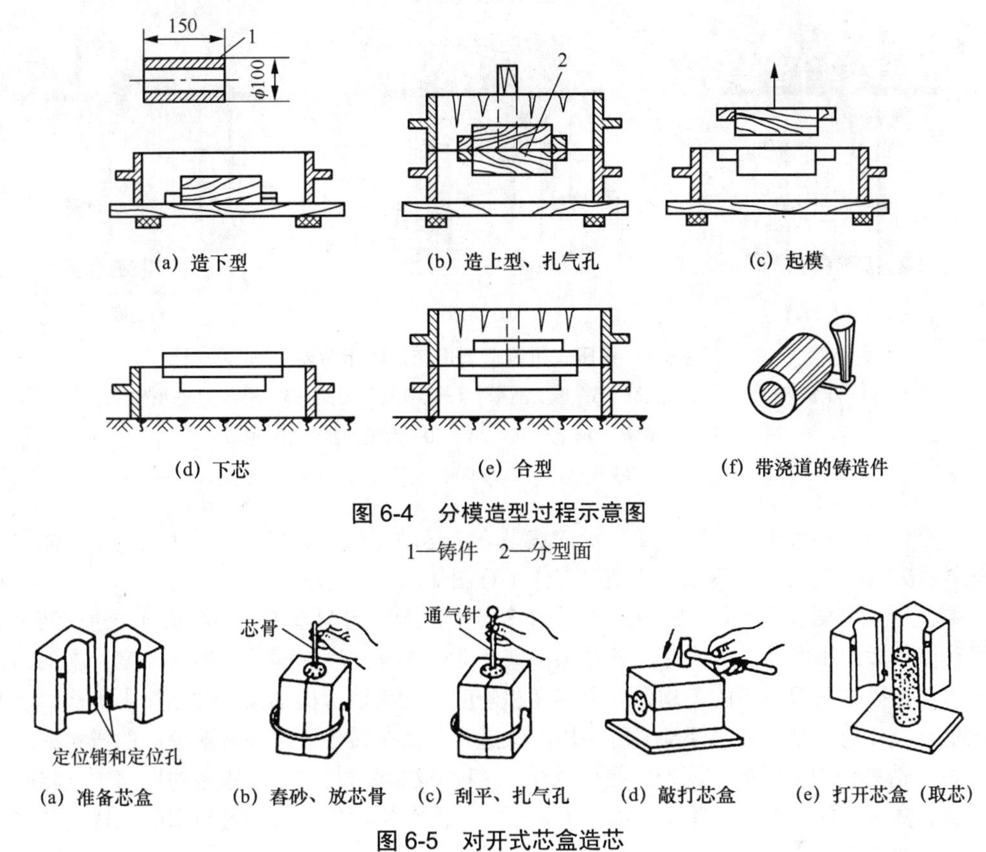

图 6-4　分模造型过程示意图

1—铸件　2—分型面

图 6-5　对开式芯盒造芯

（2）机器造型和造芯

机器造型指用机器全部或至少完成紧砂操作的造型过程。与手工造型相比，机器造型不仅提高了生产率、改善了劳动条件，而且提高了铸件精度和表面质量。但是机器造型所用的造型设备和工艺装备费用高、生产准备时间长，故只适用于中、小铸件成批或大量的生产。汽车铸件的生产都采用机器造型（芯）。目前，常用的机器造型紧砂方式有振压式造型和高压造型两种。

振压式机器造型工艺流程示意图如图 6-6 所示。造型时，把单面模样 5 固定在造型机的工作台（振实活塞 3）上，扣上砂箱 7，填放型砂 6。当压缩空气从振实进气口 9 进入振实活塞 3 底部时，便将其上的砂箱 7 举起一定的高度，此时振实排气口接通。振实活塞 3 连同其上的砂箱 7 在自重作用下复位，完成一次振实。如此反复振击，可使型砂在惯性力作用下被初步紧实。为提高砂箱上层型砂的紧实度，在振实后还应使压缩空气从压实进气口 14 进入压实气缸 1 的底部，压实活塞 13 带动工作台连同砂箱 7 上升，在压头 11 作用下，使型砂受到辅助压实。型砂紧实后，压缩空气推动压力油 15 进入起模油缸 10，四根起模顶杆 12 将砂箱 7 顶起，使型砂 6 与模样 5 分开，完成起模。

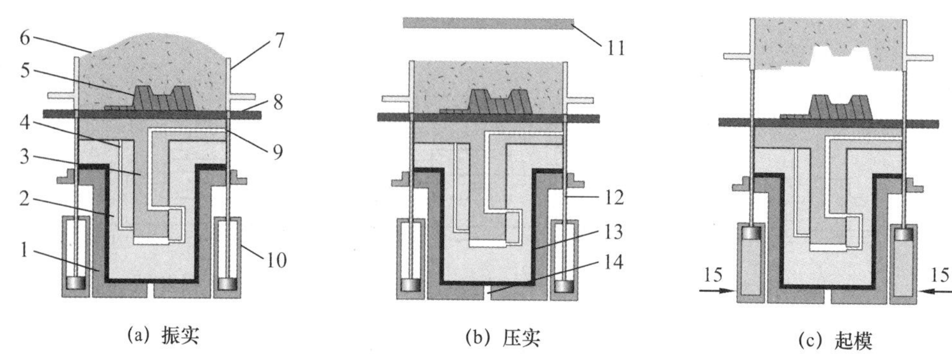

图 6-6　振压式机器造型工艺流程示意图

1—压实气缸　2—振实气缸　3—振实活塞　4—振实排气通路　5—模样　6—型砂
7—砂箱　8—底板　9—振实进气口　10—起模油缸　11—压头
12—起模顶杆　13—压实活塞　14—压实进气口　15—压力油

目前，汽车铸件生产中使用更广泛的造型方法是高压微振造型，即以压实为主、微振为辅的紧实方法。高压浮动多触头造型机工作示意图如图 6-7 所示。

高压浮动多触头造型机的压头分割成许多可上下运动的小方块——触头 4，通过液压缸 5 可获得很大的压实力。压实时，各触头按其下面的模样高度（即受压砂层厚度）施加相应的压力，使砂型获得很高的、均匀的紧实度和硬度。这类造型机都设有微振振击机构，能够适应复杂模样的造型。高压浮动多触头压实法是目前汽车铸件生产中普遍使用的压实方法。

机器造芯采用的紧砂方法通常是射砂法，这种方法利用具有一定压力的压缩空气将芯砂喷射到芯盒内，使之充填并紧实，如图 6-8 所示。汽车铸件生产中普遍使用的机器造芯方法有壳芯、热芯盒、冷芯盒等，芯砂均采用树脂砂。

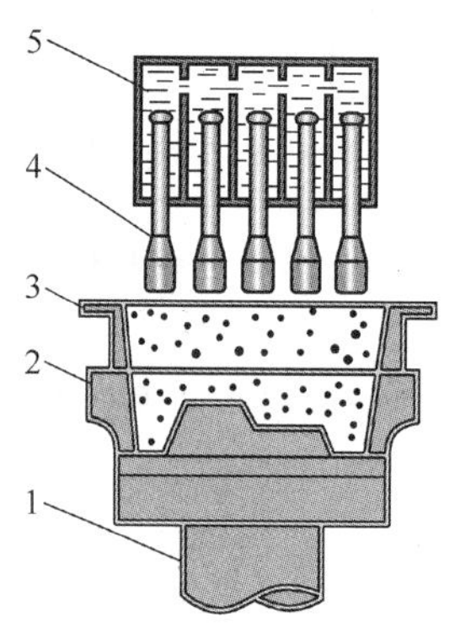

图 6-7　高压浮动多触头造型机工作示意图

1—压实活塞　2—砂箱　3—余砂框
4—触头　5—液压缸

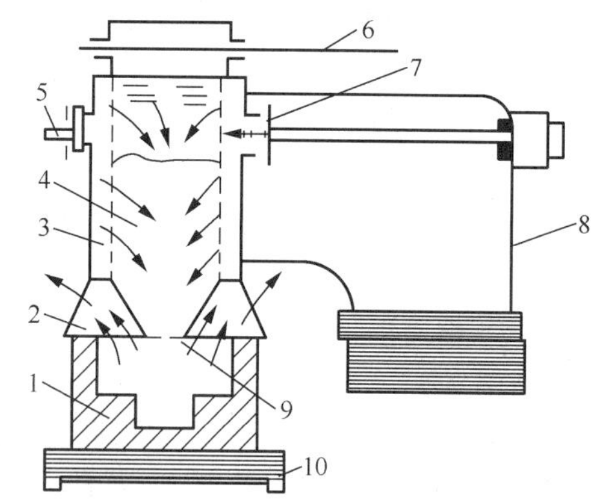

图 6-8　射砂法示意图

1—芯盒　2—射砂头　3—射腔　4—射砂筒　5—排气阀
6—闸板　7—射砂阀　8—储气罐　9—射砂孔　10—工作台

4. 熔化金属和浇注

熔化金属需采用专用熔化设备，如灰铸铁和球墨铸铁用冲天炉或冲天炉+电弧炉或冲天炉+感应电炉的双联熔炼，有色金属常用坩埚炉，铸钢用电弧炉或加感应电炉等。浇注到铸型中的液态金属必须是合格的液态金属，合格主要指的是化学成分和温度要符合技术要求。

将液态金属浇入铸型的过程称为浇注。浇注时应注意浇注温度和浇注速度。浇注时，若浇注温度过低，就会产生浇不足、冷隔、夹渣等缺陷；若浇注温度过高，则金属液吸气多，液体收缩大，又容易产生气孔、缩孔、缩松以及裂纹，同时会使晶粒变粗，铸件力学性能下降。浇注速度应适中，太慢会降低金属液温度，易产生浇不到、冷隔等缺陷；太快会使气体来不及排出而产生气孔，同时由于金属液动压力的增大，增加了对铸型、型芯的冲击，因此会造成型（芯）砂冲落的现象，即冲砂。浇铸速度取决于铸件的大小、壁厚、形状等。一般薄壁件宜用快速浇注，厚壁件宜用“慢→快→慢”的方式浇注。

5. *落砂和清理*

落砂是指用手工或机器使铸件与型砂、砂箱分开的操作。清理是采用铁锤敲击、机械切割或气割等方法清除铸件表面粘砂、型砂、多余金属（包括浇冒口、飞翅和氧化皮）的过程。落砂前铸件要在砂箱中进行适当的冷却（通常 40min 以上）。落砂通常分为人工落砂和机器落砂两种。手工造型的落砂和清理都是手工进行的。而机器造型的落砂是在振动式落砂机上进行的。清砂后的铸件带有飞边、毛刺和浇口残余，可采用砂轮打磨机或在机械化铲磨生产线上去除。

铸件在进行上述处理以后，还需要进行表面处理，防止铸件在使用过程中发生腐蚀。

知识拓展

李凯军，全国劳动模范、2019 年“大国工匠年度人物”。由李凯军操刀完成的复杂模具不计其数，改进创新技术近百项，填补了多项压铸模具制造技术的空白。李凯军用持之以恒、专注执着、精益求精的精神向我们诠释了时代工匠的形象。

四、特种铸造

砂型铸造虽然是应用最普遍的铸造方法，但由于其铸件精度低、表面粗糙度大、内部质量差等缺点，对于一些特殊要求的零件，例如极薄壁件、管子等，常常不能用砂型铸造方法铸出，因此，形成了与砂型铸造不同的一系列铸造方法，即特种铸造，如熔模铸造、金属型铸造、压力铸造、离心铸造和消失模铸造等。每种特种铸造方法，在提高铸件精度和表面质量、改善合金性能、提高劳动生产率、改善劳动条件上，各有自身的特点与优势，但它们也都不是完美的，必须根据零件结构、性能要求、生产批量、设备条件、技术条件等因素综合考虑。

本任务简单介绍汽车生产中常用的特种铸造方法的工艺流程、特点和应用。

1. *熔模铸造*

熔模铸造是先用易熔材料制成蜡模，然后在蜡模上涂挂耐火材料，经硬化之后，再将蜡模熔化，将蜡排出型外的铸造方法。熔模铸造可以获得无分型面的铸型，浇注后即可获得铸件。这种方法也称失蜡铸造或精密铸造，是发展较快的一种特种铸造方法。

6-3 熔模铸造原理

（1）熔模铸造的工艺流程

熔模铸造的工艺流程如图 6-9 所示。

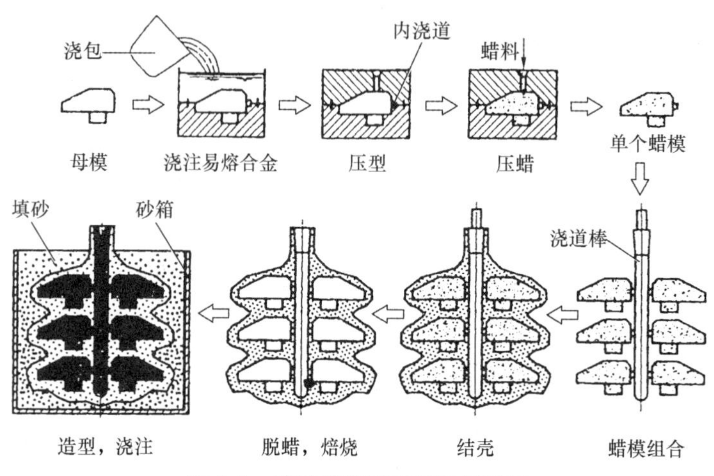

图 6-9　熔模铸造工艺流程示意图

① 压型制造。压型是用来制造蜡模的专用模具。一般用钢、铜或铝经机械加工而成，要求有较高的精度和低的表面粗糙度，主要用于大批量生产。对于小批量生产，为了降低成本，减少生产准备时间，常采用易熔合金、塑料或石膏直接向模样（母模）上浇注而制成压型。

② 蜡模制造。生产中制造蜡模的材料最常用的是 50%石蜡 + 50%硬脂酸（质量分数，下同）的混合料。将蜡料加热至熔融状态，在具有一定压力的压缩空气作用下压入压型内，待冷却后，将其从压型中取出，即得到一个蜡模。用同样的方法，再合型、注蜡，就可生产出许多个蜡模。

③ 蜡模组合。为提高生产率，降低成本，通常将若干个蜡模焊装在一个预先制好的蜡制浇道棒上，制成蜡模组。

④ 结壳。结壳即是制造型壳的过程。首先，将蜡模组浸入涂料中，使涂料均匀地覆盖在蜡模组表面。涂料是由耐火材料（常用石英粉）、黏砂剂（水玻璃、硅溶胶等）搅拌均匀而制成的。然后，在蜡模组上撒上石英砂，将其浸入质量分数为 25%左右的氯化氨水溶液中进行硬化，分解出来的硅溶胶即可将石英砂黏牢。如此重复 5～7 遍，可制成 5～10mm 的耐火型壳。

⑤ 脱蜡。脱蜡第一阶段加热 3～4h，逐步加热到 850～900℃。第二阶段保温 0.5～1h，将包着蜡模的型壳浸入约 90℃的热水中，使蜡料熔化，经浇道上浮，倒掉其中的水，就制得了型壳。

⑥ 焙烧、浇注。为进一步去除型壳中的水分、残余蜡料和其他杂质，浇注前，将型壳送入加热炉内，加热到 850～900℃进行焙烧，保温 0.5～1h，焙烧后将壳型装箱趁热进行浇注。

⑦ 落砂和清理。冷却之后，将型壳打碎取出铸件。然后，去掉浇冒口、清理毛刺，获得铸件。

（2）熔模铸造的特点和应用

熔模铸造具有许多优点。由于铸型精密，没有分型面，型腔表面极光洁，故铸件的精度可达 IT12～IT8，表面粗糙度 *Ra* 值可达 0.8μm，减少了切削加工工作量，实现了少切削或无切削。熔模铸造已成为少切削或无切削加工中最重要的工艺方法。同时，铸型在热态浇注，可以生产出形状复杂的薄壁铸件。由于型壳是由耐火材料制成的，故可以适应各种合金的生产，对于生产高熔点合金及难切削加工合金，更显出其独特的优越性。熔模铸造的生产批量不受限制，除常用于成批、大量生产外，也可用于单件生产。熔模铸造的主要缺点是材料昂贵、工序多、生产周期长，不宜生产大件等。

熔模铸造广泛应用于电气仪表、刀具、航空等制造部门。例如，汽轮机和涡轮发动机的叶片，汽车进排气管、制动泵体、制动盘、轮毂等。图 6-10 所示为熔模铸造汽车零件实例。

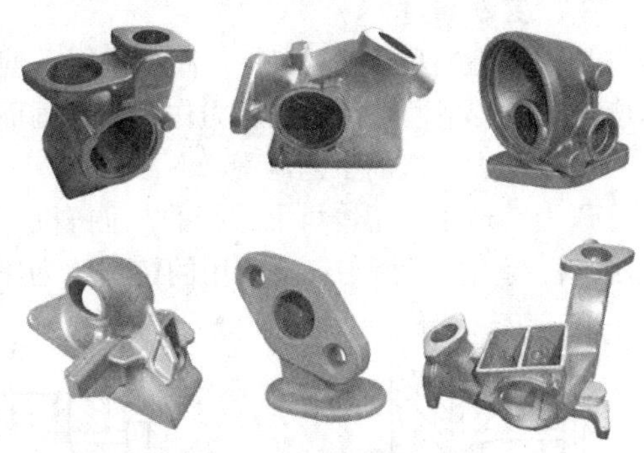
图 6-10　熔模铸造汽车零件实例

2. **金属型铸造**

将液态金属浇注到用金属材料制成的铸型中，获得铸件的铸造方法，称为金属型铸造。由于金属铸型可反复使用许多次，故又称为永久型铸造。

（1）金属型铸造的分类

根据分型面的不同，可把金属型分为垂直分型、水平分型、复合分型等。其中垂直分型的金属型易于开设内浇口和取出铸件，且易于实现机械化，故应用较多。金属型常用灰铸铁或铸钢制成。铸件的内腔可用金属型芯或砂芯制成。

6-4 金属型铸造原理

（2）金属型铸造的工艺流程

金属型铸造的工艺流程如下所述。

① 喷刷涂料。金属型型腔和型芯与高温的金属液直接接触，为了减缓铸件的冷却速度，防止高温金属液流对型壁的直接冲刷，保护金属型和利用涂料层蓄气排气，在金属型型腔和型芯表面必须喷刷涂料。

② 金属型预热。未预热的金属型不能进行浇注，因为金属型导热性好，液体金属冷却时间短，故容易出现冷隔、浇不足、夹渣、气孔等缺陷。未预热的金属型在浇注时，铸型受到强烈的热冲击，应力很大，会降低其寿命。预热温度随合金的种类、铸件结构和大小而定，通常为 200～300℃。

③ 金属型浇注。金属型浇注时，合金的浇注温度和浇注速度必须适当。如果浇注温度太低，将会使铸件产生冷隔、气孔和夹渣等缺陷。金属型的浇注温度比砂型铸造时高，由于金属型的激冷和不透气，因此浇注速度应做到“先慢、后快、再慢”。

（3）金属型铸造的特点和应用

金属型铸造具有许多优点。其可承受多次浇铸，实现了“一型多铸”，便于实现机械化和自动化生产，从而大大提高了生产率。同时，其铸件精度和表面质量比砂型铸造显著提高，从而节省金属和减少切削加工工作量。由于结晶组织致密，其铸件的力学性能得到提高。此外，它可节省许多工序，铸型不用砂，使铸造车间面貌改观，改善了劳动条件，提高了劳动生产率，降低了造型的劳动强度。其主要缺点是金属型制造成本高，周期长，铸造工艺要求严格。

金属型铸造适用的铸件形状和尺寸有着一定的限制，主要用来铸造大批量生产的形状简单的有色金属及其合金铸件，例如飞机、汽车上各类发动机的铝合金活塞、气缸体、气缸盖、油泵壳体、铜合金轴瓦、衬套、轮毂等，有时也用于生产某些铸铁和铸钢件。图 6-11 所示为金属型铸造汽车零件实例。

图 6-11　金属型铸造汽车零件实例

3. *压力铸造*

6-5 压力铸造原理

压力铸造简称压铸，它是在高压作用下使液态或半液态金属以较高的速度充填压铸型型腔，并在压力作用下凝固而获得铸件的方法。

（1）压力铸造的工艺流程

压力铸造是在压铸机上进行的，压铸机一般分为热压室压铸机和冷压室压铸机两大类。压力铸造所用的铸型称为压型。压力铸造的工艺流程如图 6-12 所示。

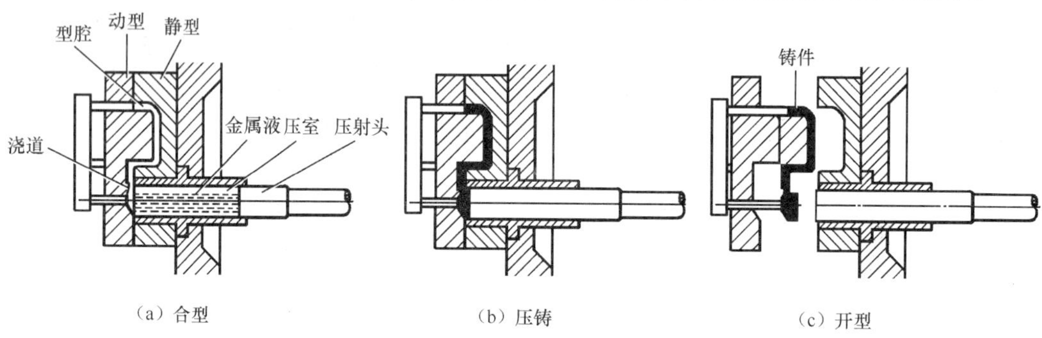

（a）合型 （b）压铸 （c）开型

图 6-12 压力铸造工艺流程示意图

① 合型。用手工或机械将金属液通过压室上的注液孔向压室内注入。

② 压铸。压射头向前推进，将金属液压入型腔中。

③ 开型。当铸件凝固以后，动型左移开型，依靠顶出机构将铸件顶出。

（2）压力铸造的特点和应用

压力铸造具有许多优点。其铸件的精度及表面质量均较其他铸造方法高，因此，压铸件不经机械加工或经少许加工即可使用。其可压铸出形状复杂的薄壁件或镶嵌件，如可铸出极薄件或直接铸出小孔、螺纹等。这是因为压铸型精密，在高压下浇注，极大地提高了合金充型能力。压铸件的强度和硬度均较高。如抗拉强度可比砂型铸造提高 25%～30%。这是因为铸件的冷却速度快，又在高压下结晶凝固，其组织密度大，晶粒细。压铸的生产率均比其他铸造方法高。其生产能力可达 50～150 次/h，最高可达 500 次/h，而且较易实现生产过程的自动化。压力铸造虽然有许多优点，但也有一些缺点，尚待解决。压铸时由于液态金属充填型腔速度快，流态不稳定，故采用一般压铸法，铸件易产生气孔，不能进行热处理。对内凹复杂的铸件，压铸较为困难。高熔点合金（如铜、黑色金属）的压铸型寿命较低。其不适宜小批量生产，主要原因是压铸型制造成本高，压铸机生产效率高，小批量生产不经济。

压力铸造是先进的金属成形方法之一，是实现少切屑、无切屑的有效途径，应用广、发展快。目前，压铸合金不再局限于有色金属的锌、铝、镁和铜，而是逐渐扩大到压铸铸铁件和铸钢件。

压力铸造适用于大批量生产形状复杂的中、小型薄壁非铁合金铸件，如汽车的转向盘骨架、变速器箱体、齿轮箱盖、发动机罩等。图 6-13 所示为压力铸造汽车零件实例。

（a）镁合金转向盘骨架

（b）齿轮箱盖

图 6-13 压力铸造汽车零件实例

4. 离心铸造

离心铸造是将液态金属浇入高速旋转的铸型中，使其在离心力作用下成形并凝固的铸造方法。

（1）离心铸造的分类

离心铸造必须在离心铸造机上进行，根据铸型旋转轴空间位置不同，可分为立式和卧式两大类。立式离心铸造机的铸型是绕垂直轴旋转的，它主要用来生产高度小于直径的圆环铸件。铸件的壁厚取决于浇入的金属量，其内表面呈抛物线状，即在重力作用下，铸件上薄下厚。卧式离心铸造机的铸型是绕水平轴旋转的，它主要用来生产长度大于直径的套类和管类铸件。由于铸件各部分的冷却条件相近，故铸出的铸件壁厚均匀。离心铸造示意图如图 6-14 所示。

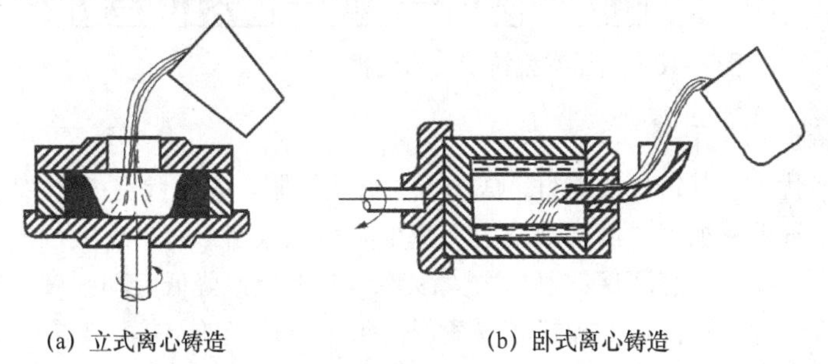

(a) 立式离心铸造　　(b) 卧式离心铸造

图 6-14　离心铸造示意图

6-6 离心铸造原理

（2）离心铸造的特点和应用

离心铸造具有许多优点。其铸件组织致密，无缩孔、缩松、气孔和夹渣等缺陷，力学性能好。铸造中空铸件时，可不用型芯和浇注系统，大大简化了生产过程，节约了金属。在离心力作用下，金属液的充型能力得到提高，可以浇注流动性较差的合金铸件和薄壁铸件。便于铸造双金属铸件，如钢套镶铜轴承等，其结合面牢固、耐磨，可节约贵重合金。离心铸造的缺点是铸件易产生偏析，内孔不准确，内表面较粗糙。

离心铸造主要用于生产各种管、套、环类铸件，如铸铁管、铜套、滑动轴承、双金属钢背铜套、汽车发动机的气缸套、活塞环、叶轮、涡轮等。图 6-15 所示为离心铸造汽车零件实例。

(a) 气缸套　　(b) 活塞环

图 6-15　离心铸造汽车零件实例

5. 消失模铸造

消失模铸造是将与铸件尺寸形状相似的聚苯乙烯泡沫制成的模型黏结组合成模型簇，喷刷耐火涂料并烘干后，埋在干石英砂中振动造型，在负压下浇注，在高温金属液的作用下使聚苯乙烯泡沫模型燃烧汽化，液态金属占据模型位置，凝固冷却后形成铸件的新型铸造方法。消失模铸造在我国称为真空实型铸造，在美国称为消失模或汽化模铸造，在国际上称 EPC 工艺。

（1）消失模铸造的工艺流程

消失模铸造包括实型铸造和负压（真空）实型铸造两种。实型铸造采用的是树脂自硬砂；负压实型铸造采用的是不加任何黏结剂的干砂，同时在负压紧实基础上进行浇注。负压实型铸造的工艺流程，如图 6-16 所示。

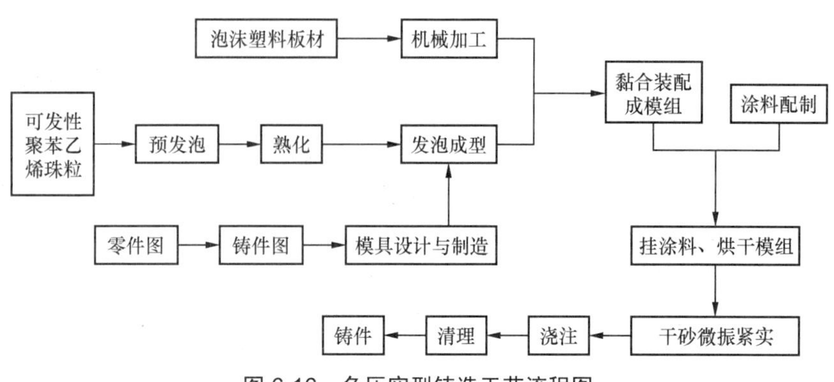

图 6-16　负压实型铸造工艺流程图

（2）消失模铸造的特点和应用

消失模铸造具有许多优点。其铸件质量好，成本低；材质不限，大小皆宜；尺寸精度高，表面光洁，减少清理，节省机械加工；内部缺陷大大减少，组织致密；可实现大规模、大批量生产；可实现自动化流水线，生态环保；可以大大改善作业环境，降低劳动强度，减少能源消耗。但是，消失模铸造对于尺寸大的模样较易变形，须采取适当的措施。

消失模铸造应用广泛，几乎不受铸件结构、尺寸、重量、材料和批量的限制，特别适用于生产形状复杂、难以起模或活块和外型芯较多的铸件。消失模铸造的应用以汽车制造业为主，如灰铸铁发动机箱体等。图 6-17 所示为消失模铸造汽车零件实例。

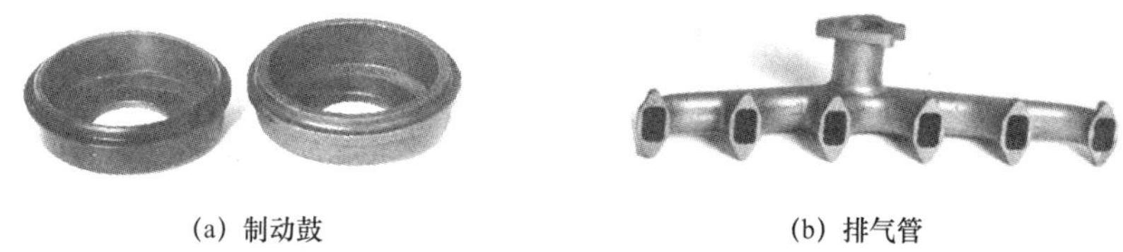

(a) 制动鼓　　(b) 排气管

图 6-17　消失模铸造汽车零件实例

1. 汽车应用的特种铸件方法有哪几种？
2. 为什么金属型铸造未能广泛取代砂型铸造？

任务实施

一、汽车发动机气缸盖的砂型铸造工艺流程分析

汽车发动机气缸盖的砂型铸造工艺流程为：零件图→制作模样与芯盒→造型、造芯→合型→浇注（浇注前先熔炼金属）→落砂、清理→表面处理→合格铸件。砂型铸造后的汽车发动机气缸盖，如图 6-18 所示。

二、特种铸造在汽车生产中的应用

① 汽车进排气管、制动泵体、制动片、轮毂等铸件采用熔模铸造。

② 汽车发动机铝合金活塞、气缸体、气缸盖、油泵壳体、铜合金轴瓦、衬套等铸件采用金属型铸造。

③ 汽车转向盘骨架、变速器箱体、齿轮箱盖等铸件采用压力铸造。

④ 汽车发动机的气缸套、活塞环等铸件采用离心铸造。

⑤ 汽车上形状复杂的发动机箱体、制动鼓、排气管等铸件采用消失模铸造。

图 6-18　汽车发动机气缸盖

任务二　锻压

任务引入

汽车零件中，锻件质量约占 70%，如前轴、曲轴、半轴、齿轮等。锻造主要包括自由锻造和模型锻造两大类。汽车锻件大多采用模型锻造制造。那么，汽车典型锻件前轴的模锻工艺流程是怎样的？汽车车身覆盖件，如发动机罩内板、发动机罩外板、顶盖、车门、翼子板、车身侧围等都是冲压件。那么，汽车典型覆盖件发动机罩内板（见图 6-19）的冲压工艺流程又是怎样的？

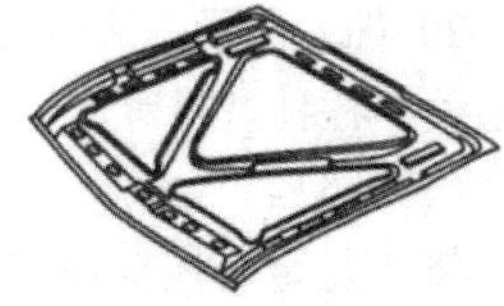

图 6-19　发动机罩内板

任务分析

前轴、曲轴、半轴、齿轮等一般都是锻造而成的，汽车车身覆盖件几乎都是冲压而成的。锻造和冲压合称为锻压，锻压工艺是汽车制造的重要基础工艺。学习锻压知识，有利于了解汽车锻件和汽车冲压件的生产工艺流程。

学习目标

素质目标

1. 培养创新意识，提升创新能力。
2. 弘扬大国工匠精神。

知识目标

1. 说出锻造生产的特点与类型。
2. 阐明冲压成形的工艺流程。

能力目标

1. 能够详细阐明模锻生产工艺流程。
2. 能够详细阐明发动机罩内板的冲压生产工艺流程。

相关知识

一、概述

锻压是固态下金属成形的方法，是在固态下对金属坯料施加外力，使其产生塑性变形，改变尺寸、改变形状并改善性能，用以制造机械零件或毛坯的金属成形方法。大多数金属材料在冷态或热态下均具有一定的塑性。因此，它们可以在室温或高温下进行各种锻压加工。金属锻压加工在机械制造、汽车、拖拉机、仪表、国防等工业中有着广泛的应用。

1. 金属锻压加工的特点

① 锻压加工可使金属获得较细密的晶粒，可压合铸造组织内部的气孔等缺陷，并合理控制金属纤维方向，以使纤维方向与应力方向一致，提高零件的性能。

② 锻压加工可使坯料的形状和尺寸发生改变，而其体积基本不变。

③ 除自由锻造外，其他锻压方法，如模锻、冲压等，都具有较高的劳动生产率。

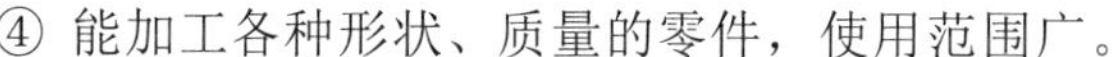

④ 能加工各种形状、质量的零件，使用范围广。

6-7 锻造生产

2. 锻压成形的基本生产方式

（1）轧制

轧制是金属坯料在两个轧辊之间受压变形，从而获得各种截面形状产品的加工方法，如图 6-20（a）所示。通过合理设计轧辊上的各种不同的孔形，可以轧制出不同截面的原材料，如钢板、各种型材等，也可以直接轧制出毛坯或零件。

（2）挤压

挤压是金属坯料在挤压模内受压被挤出模孔，从而获得具有一定截面形状的型材的加工方法，如图 6-20（b）所示。

（3）拉拔

拉拔是金属坯料拉过拉拔模孔，从而获得不同截面形状的型（线）材的加工方法，如图 6-20（c）所示。拉拔主要用来制造各种细线材、棒材、薄壁管材等型材。

（4）自由锻造

自由锻造是在锻造设备的上、下砧铁之间（或只是应用简单的通用性工具）直接使金属坯料发生变形的锻造方法，如图 6-20（d）所示。

（5）模型锻造

模型锻造是在模锻设备上利用锻模使坯料变形而获得锻件的锻造方法，如图 6-20（e）所示。

（6）板料冲压

板料冲压是金属板料在冲模之间受压产生分离或变形的加工方法，如图 6-20（f）所示。由于大多数情况下，板料冲压是在常温下进行的，所以它又称为冷冲压。

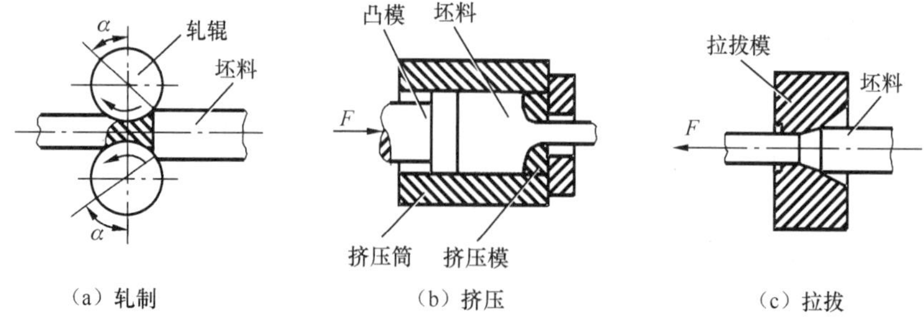

（a）轧制　（b）挤压　（c）拉拔

图 6-20　锻压成形的基本生产方式示意图

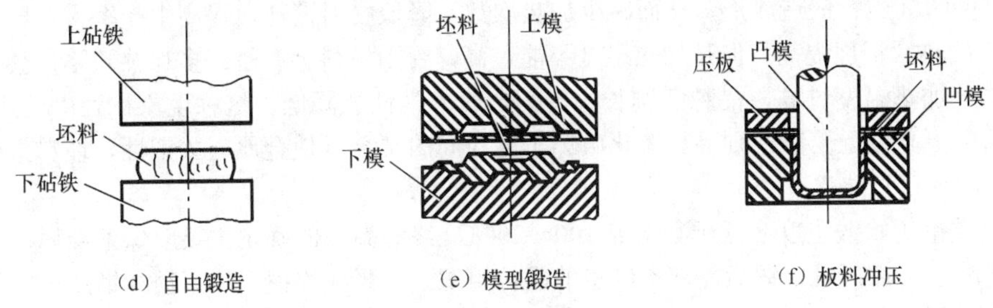

（d）自由锻造　（e）模型锻造　（f）板料冲压

图 6-20　锻压成形的基本生产方式示意图（续）

常见的金属型材、板材、管材、线材等原材料，大多是通过轧制、挤压等方式制成的。自由锻造、模型锻造和板料冲压则是一般机械厂常用的生产方式。

钢制汽车零件的毛坯和汽车车身冲压件是由模型锻造和冲压生产的。凡承受重载荷、工作条件恶劣的机器零件，如汽轮发电机转子、主轴、叶轮、重要齿轮、连杆等，通常需采用锻件毛坯，再经切削加工制成。

二、金属锻压成形工艺基础

1. 金属的锻造性能

金属的锻造性能是指金属材料在经受压力加工时，获得合格零件的难易程度。金属的锻造性能好，表明该金属容易进行锻造加工变形；锻造性能差，表明该金属不宜选用锻造加工成形。

适于锻造的金属材料，必须具有良好的塑性，以便锻造时容易产生塑性变形而不被破坏。即金属材料在锻造时塑性好、变形抗力小（锻造时消耗能量小），则称该金属锻造性能好；反之，则锻造性能差。所以，金属的锻造性能常用金属的塑性和变形抗力来综合衡量。

钢、铝、铜及其合金均具有良好的塑性，可以锻造。铸铁塑性很差，在外力的作用下易裂碎，故不宜锻造。碳钢的塑性随碳含量增加而降低。低碳钢、中碳钢具有良好的塑性，是生产中常用的锻造材料。承受载荷较大或要求具有特殊物理、化学性能的重要零件需用合金钢，合金钢的塑性随合金元素的增多而降低，锻造时易出现锻造缺陷。

2. 坯料的加热和锻件的冷却

用于锻造的金属材料，应具有良好的塑性。但即使是塑性良好的金属材料，如果在常温下锻造成形，也只能得到有限的变形量，而且变形抗力很大，很难达到预期的成形要求，甚至开裂。因此，坯料在锻造前需要先在加热炉中加热，以提高坯料的塑性，降低其变形抗力，使其可以用较小的锻造力而产生较大的塑性变形，且锻造后可获得良好的组织和性能。

（1）锻造加热设备

锻造加热设备主要指的是加热炉。按所用热源的不同，锻造加热炉可分为火焰加热炉和电阻加热炉。火焰加热炉按所用燃料不同，又有煤炉、油炉和煤气炉之分。

（2）锻造温度范围的确定

锻造温度范围是指材料适于锻造的最高温度（称始锻温度）和允许进行锻造的最低温度（称终锻温度）之间的一段温度间隔。

确定锻造温度范围的原则是：保证金属在锻造过程中具有良好的锻造性能，即塑性好、变形抗力小，以及在锻后能获得良好的内部组织。同时，锻造温度范围要尽可能宽一些，以便有充裕的时间进行锻造成形，从而减少加热次数，降低材料消耗，提高生产率。

坯料加热后塑性提高，但是加热温度不能过高，否则坯料会产生许多加热缺陷，甚至成为废品。若加热温度过高，晶粒急剧长大，则金属力学性能降低，这种现象称为“过热”。若加热温度更高接近熔点，则晶界氧化破坏了晶粒间的结合，使金属失去塑性，坯料报废，这一现象称为“过烧”。

一般碳钢的始锻温度应低于其熔点 100～200℃。终锻温度的确定主要应保证金属在锻造前具有足够的塑性，且停锻后能获得细小的晶粒组织。如果在终锻温度下继续锻造，则不仅变形困难，而且易造成坯料开裂或模具、设备的损坏。

（3）锻件的冷却方法

锻件的冷却是保证锻件质量的重要环节。其冷却方法主要有三种。

① 空冷。即在无风的空气中，放在干燥的地面上冷却。

② 坑冷。即在充填有石棉灰、沙子或炉灰等绝热材料的坑中冷却。

③ 炉冷。即在 500～700℃的加热炉中，随炉缓慢冷却。

一般来说，锻件中碳含量、合金元素含量越高，锻件体积越大、形状越复杂，冷却速度应越缓慢，以防止出现硬化、变形甚至裂纹现象。

三、自由锻造

自由锻造简称自由锻，它是利用冲击力或压力使金属坯料在两个砧铁间产生塑性变形，从而获得所需形状和尺寸锻件的锻造方法。自由锻的工艺特点是坯料变形时在水平方向做自由流动，故称为自由锻。

自由锻件的形状与尺寸主要依靠锻造工的操作技术来保证，所以对工人的技术水平要求较高。

1. 自由锻的特点

自由锻的优点：工具简单，通用性好；操作灵活，适应广泛，锻件质量可从几克到几百吨，许多大型零件（水轮机主轴、曲轴等）都是采用自由锻来制坯的。对于大型锻件，自由锻是目前唯一的锻造方法。

自由锻的缺点：金属的消耗较大，同时需要留较大的加工余量，增加了机械加工的工时，不利于降低零件成本；生产率低，工人劳动强度大。因此，自由锻主要应用于单件和小批量生产。

2. 自由锻所用设备

自由锻所用设备根据它对坯料作用力的性质分为锻锤和液压机两大类。锻锤以冲击力使金属坯料变形，液压机则以静压力使金属变形。

生产中使用的锻锤是空气锤和蒸汽-空气锤。空气锤的吨位较小，广泛用于小型锻件的锻造。蒸汽-空气锤的吨位较大，是中小型锻件普遍使用的设备。生产中使用的液压机主要是水压机，它的吨位较大，可以锻造质量达 300t 的锻件。水压机在使金属变形的过程中没有振动，并能很容易达到较大的锻造深度，所以水压机是巨型锻件的唯一成形设备。

3. 自由锻的工序

自由锻的工序可分为基本工序、辅助工序和修整工序三大类。基本工序是使金属产生一定程度的塑性变形，以达到所需形状及尺寸的工艺流程，如镦粗、拔长、冲孔、弯曲、扭转、错移和切割等。生产中常用的基本工序是镦粗、拔长和冲孔，如图 6-21 所示。辅助工序是为了使基本工序操作方便而进行的预先变形，如压钳口、倒棱、压肩等。修整工序是用以减少锻件表面缺陷的工序，如校正、滚圆、表面平整等。

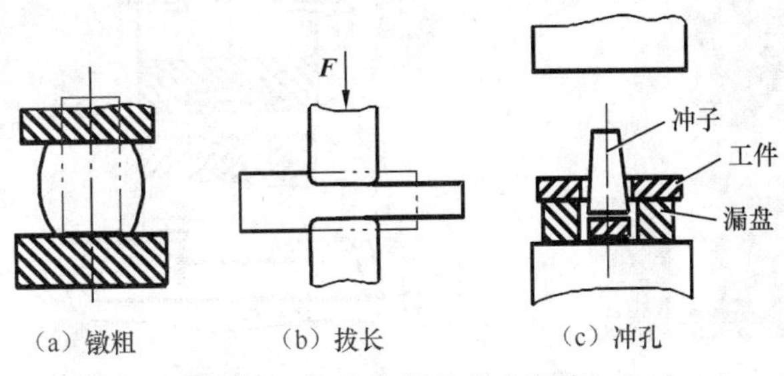

图 6-21　自由锻的基本工序

知识拓展

刘伯鸣，2019 年“大国工匠年度人物”、2020 年全国劳动模范。多年来，他和团队攻克了许多超大、超难锻件，填补了多项国内行业空白，打破了国外技术垄断，为中国在超大锻件制造领域赢得了国际话语权。

四、模型锻造

模型锻造简称模锻，是在高强度金属锻模上预先制出与锻件形状一致的模膛，使坯料在模膛内受压变形而获得锻件的锻造方法。由于模膛对金属坯料流动的限制，因而锻造终了时能得到和模膛形状相符的锻件。

1. 模锻的特点

与自由锻相比，模锻的优点是：锻件的形状和尺寸比较精确，机械加工余量较小，节省加工工时，材料利用率高；可以锻制形状较为复杂的锻件；生产率较高；操作简单，劳动强度低，对工人技术水平要求不高，易于实现机械化；锻件内流线分布更为合理，力学性能高。但是，由于模锻是整体变形，变形抗力较大，受模锻锤吨位的限制，模锻件的质量一般在 150kg 以下。又由于制造锻模成本很高，所以模锻不适合于单件小批量生产，而适合于中小型锻件的大批量生产。

2. 模锻所用设备

模锻按使用设备的不同可分为锤上模锻、胎膜锻、压力机上模锻等，汽车生产中应用的主要是锤上模锻。锤上模锻使用的设备有蒸汽-空气模锻锤、无砧座锤、高速锤等。一般企业中，主要使用蒸汽-空气模锻锤（见图 6-22）。

3. 锤上模锻

图 6-23 所示为锤上模锻工作示意图。锻模（用高强度合金制造的成形锻件的模具）由上、下模组成。上模和下模分别安装在锤头下端和模座上的燕尾槽内，用楔铁紧固。上、下模合在一起，中部形成完整的模膛。为使金属充满模膛，坯料体积比实际锻件体积大，通常在模膛四周设有飞边槽，以增加金属从模膛内流出的阻力，促使金属充满模膛，同时容纳多余的金属。对于具有通孔的锻件，由于不可能靠上、下模的凸起部分把金属完全挤压掉，故终锻后会在孔内留下一薄层金属，称为冲孔连皮。把冲孔连皮和飞边冲掉后，才能得到有通孔的模锻件。

锤上模锻的工艺流程如下所述。

图 6-22　双柱拱式蒸汽-空气模锻锤

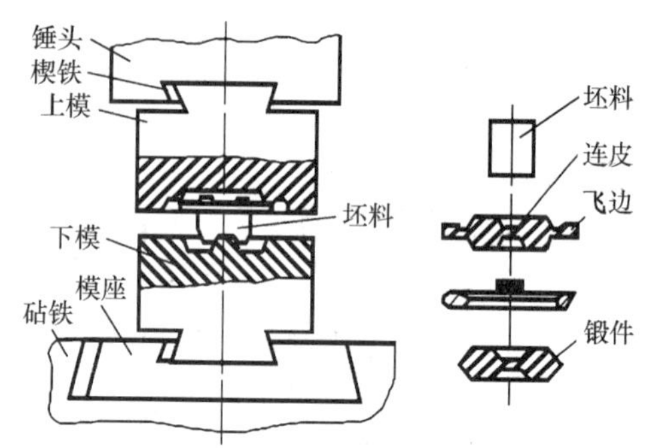

图 6-23　锤上模锻工作示意图

（1）制定模锻工艺和绘制锻件图

对零件图进行工艺分析，按模锻工艺特点制定模锻工艺方案（确定分模面、余量、公差、余块、模锻斜度等），然后绘制锻件图。它是设计和制造锻模、计算坯料以及检查锻件的依据。

（2）锻模设计

根据锻件图设计锻模，送模具制造部门订货加工。

（3）模具调试

用加工完毕的锻模锻出若干个锻件，对照锻件图划线检验，对有问题的部位进行修正。这个过程可能不仅进行一次，应反复进行直到锻出的锻件完全合格为止。调试好的锻模入库备用。

（4）锻模上锤

将调试好的锻模安装到指定的模锻锤上，安装时注意上下模要对正，然后准备模锻。

（5）坯料加热与模锻

将按尺寸下好的坯料装到加热炉里加热到预定温度后取出，送入模锻模膛，按制定的模锻工步（加热后的坯料在锻模的一系列型槽中逐步变形，然后成为锻件，坯料在锻模的每一模膛中的变形过程称为模锻工步。）进行模锻，完成后将锻件取出。

（6）修整

如果锻件的精度要求较高，制成的模锻件还须经过一系列修整工序后才能保证锻件质量。

① 切边和冲孔。刚锻制成的模锻件，一般都带有飞边和连皮，须在压力机上使用切边模将它们切除。

② 校正。在切边和其他工序中都可能引起锻件变形。因此，切边后可在终锻模膛内或专门的校正模内进行校正。

（7）热处理

热处理的目的是消除锻件在锻造过程中产生的过热组织或加工硬化，改善锻件组织和切削加工性能，提高力学性能。锻件热处理一般采用正火或退火工艺。

（8）清理

为了提高模锻件的表面质量，改善模锻件的切削加工性能，模锻件需要进行表面清理（如喷砂法、酸洗法等），去除锻件表面的氧化皮、污垢及其他缺陷（如毛刺）等。

（9）精压

对于要求精度高、表面粗糙度低的模锻件，清理后还应在压力机上精压。

（10）入库

对于形状简单的锻件，由于变形量较小，只需选用终锻工步即可。对于形状复杂的锻件，还需选用制坯、预锻工步，最后在终锻模膛模锻成形。制作好的模锻件，检验合格后入库存放。

图 6-24 所示为弯曲连杆的模锻过程。坯料经过拔长、滚压、弯曲等三个制坯工步，形状已接近于锻件，然后经过预锻和终锻两个模膛，制成带有飞边的锻件。接着进行切边、校正、热处理、表面清理、检验等工序。

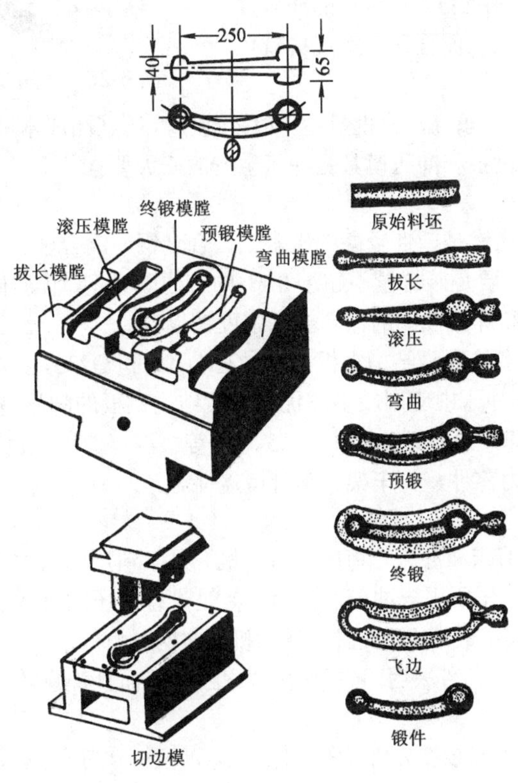

图 6-24　弯曲连杆的模锻过程

1. 模锻适合于什么批量锻件的生产？
2. 模锻模膛为什么要设飞边槽？

五、板料冲压

冲压成形工艺是一种先进的金属加工工艺方法。在工业生产的各个领域中，几乎都有冲压加工产品，特别是在汽车车身的制造中，冲压成形工艺显得尤为重要。图 6-25 所示为汽车车身冲压件分解示意图，用冲压加工方法制作这些覆盖件的优势，是用其他加工方法所不能比拟的。

6-8 板料冲压

1．板料冲压的特点

板料冲压具有以下特点。

① 可冲压出形状复杂的零件，废料较少，材料利用率高。

② 冲压件尺寸精度高，表面粗糙度低，互换性能好。

③ 可获得强度高、刚性好、质量轻的冲压件。

④ 冲压操作简单，工艺流程便于实现机械化、自动化，生产率高。

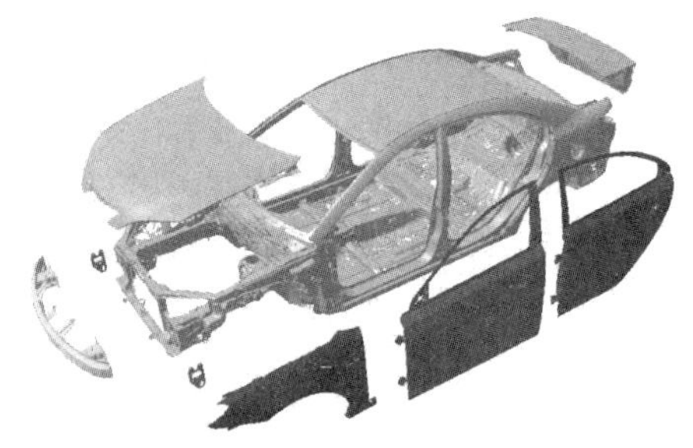
图6-25　汽车车身冲压件分解示意图

⑤ 冲模制造复杂、要求高，大批量生产时才能使冲压产品成本降低。

冲压用板料、冲压设备和冲压模具是冲压生产的三大要素。

2．冲压用板料

冲压所用的原材料通常是塑性较高的碳素钢、合金钢、铜合金、铝合金等的薄板料、条带料。汽车冲压用钢板主要是碳含量不超过0.2%的普通碳素钢、优质碳素结构钢以及汽车专用的具有较高冲压性能和焊接性能的低合金高强度钢板料。

汽车冲压中应用较多的碳素结构钢板的牌号是Q195和Q235，主要用于汽车车身中一些受力不大的冲压件。汽车冲压中应用较多的优质碳素结构钢板的牌号是沸腾钢05F、08F、10F、15F、20F，半镇静钢08b，镇静钢08、10、15、20等。汽车专用钢板主要是Q355和Q390，主要用来冲制汽车的受力零件，如车架、车身覆盖件等。

3．冲压设备

常用的冲压设备有剪床和冲床。剪床（剪板机）是下料用的基本设备，用于将板料切成一定尺寸的条料，以供冲压所用。冲床（压力机）是进行冲压的基本设备。

冲床的类型很多，其中最常用的是曲柄压力机。曲柄压力机按床身形式分为开式和闭式两种，如图6-26所示。汽车覆盖件采用闭式曲柄压力机生产，而且普遍采用自动冲压生产线生产。

4．冲压模具

冲压模具简称冲模，是使板料分离或变形的工具。冲模可分为简单模、连续模及复合模三种。

（1）简单模

冲床在一次冲程中只完成一个工序的模具，称为简单模。落料简单模如图6-27（a）所示。此种模具结构简单，造价低。

（2）连续模

冲床在一次冲程中在模具不同部位上同时完成数道冲压工序的模具，称为连续模。冲孔与落料连续模如图6-27（b）所示。此种模具生产效率高，易于实现自动化，但要求定位精度高，制造比较麻烦，成本也较高。

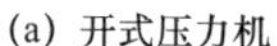
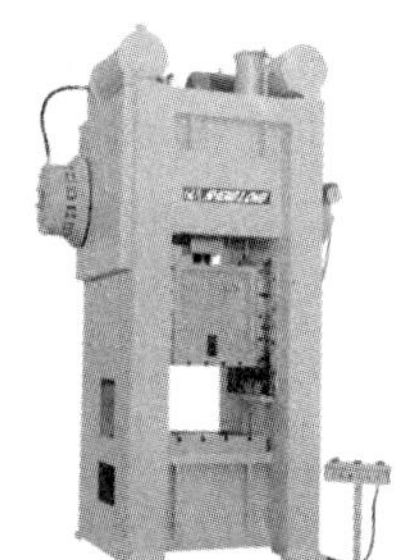
（a）开式压力机　（b）闭式压力机

图6-26　曲柄压力机

（3）复合模

冲床在一次冲程中在模具同一部位上同时完成数道冲压工序的模具，称为复合模。落料与首次拉深复合模如图6-27（c）所示。此种模具精度高，模具复杂，适用于产量大、精度高的冲压件。

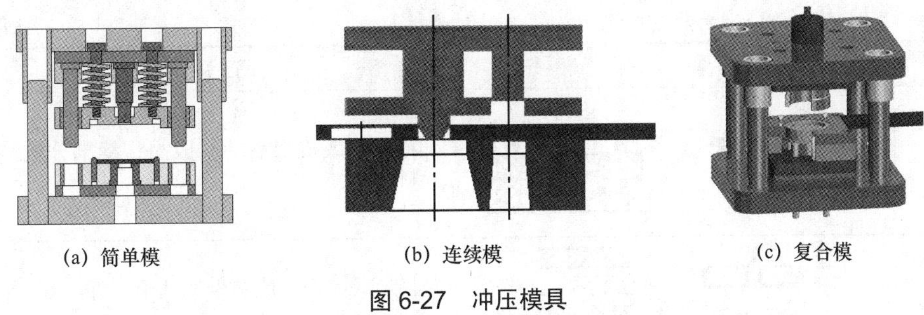

(a) 简单模　　(b) 连续模　　(c) 复合模

图 6-27　冲压模具

5. 冲压工序

由于冲压加工的零件形状、尺寸、精度要求、批量大小、原材料性能等的不同，其冲压方法多种多样。冲压工序按加工性质的不同，可以分为分离工序和变形工序两类。

分离工序使板料或毛坯在冲压过程中，沿一定的轮廓线相互分离，同时冲压零件的分离断面须满足一定的断面质量要求。变形工序使板料或毛坯在不产生破坏的前提下发生塑性变形，从而获得所需求形状及尺寸的零件。

（1）分离工序

分离工序是使板料一部分与另一部分分离的工序，主要有剪切、落料和冲孔等。

6-9 常用分离工序

① 剪切。剪切是将板料一部分沿不封闭的轮廓与另一部分分离的工序，通常用于下料，如在剪床上将大板料或带料切断成适合生产的小板料、条料。

② 落料与冲孔。落料与冲孔都是使板料一部分沿封闭的轮廓与另一部分分离的工序。

落料是为了将工件从原材料中分离出来，落下部分是工件。冲孔是为了在板料上冲出孔洞，落下部分是废料。

常用分离工序见表 6-1。

表 6-1　常用分离工序

工序	图　例	工 序 性 质
剪切		用剪刀或模具切断板材，切断线不封闭
落料	工件 废料	用落料模沿封闭轮廓曲线冲切，冲下部分是工件
冲孔	废料 工件	用冲孔模沿封闭轮廓曲线冲切，冲下部分是废料
切口		在坯料上将板材部分切开，切口部分发生弯曲

续表

工序	图 例	工 序 性 质
切边		将拉深或成形后的半成品边缘部分的多余材料切掉
剖切		将半成品切开成两个或几个工件，常用于成双冲压

（2）变形工序

变形工序是使板料一部分相对于另一部分发生位移而不破裂的工序，主要包括弯曲、拉深、翻边、压筋、胀形和整形等。

① 弯曲。弯曲是改变板料曲线方向的工序，即将平直的板料弯成一定角度和圆弧的工序。为了抵消板料因弹性变形而回弹，弯曲模的角度应比成品的角度略小一定的回弹角。

② 拉深。拉深是将板料加工成开口杯状零件的工序。拉深时，坯料在冲头的作用下被拉入凹模。为了避免坯料被拉裂，冲头及凹模的边缘均应制作成圆角，冲头与凹模之间应留有比板厚稍大的间隙。

6-10 常用变形工序

此外，成品直径与坯料直径也不能相差太大。当一次拉制不易成形时，可采用多次拉深。在多次拉深时，往往需要插入退火工序，以消除前次拉深中所产生的加工硬化现象。

③ 翻边、压筋、胀形。翻边是在带孔的平坯料上，用扩孔的方法获得凸缘的工序。压筋是在平坯料上压出筋条，用以提高平面强度和刚度的工序。胀形是增加半成品中间部分直径的工序，主要用于有直径变化的冲压件。汽车发动机上的带轮，有很多是采用液压胀形制造而成的。

④ 整形。整形是把形状不太准确的工件校正成形的工序。

汽车覆盖件成形一般由落料（或剪切）、冲孔、切口、弯曲、拉深、修边、翻边、胀形、整形等工序按需要排列组合而成，典型结构的覆盖件一般需要 4~6 道工序。

常用变形工序见表 6-2。

表 6-2　　常用变形工序

工序	图 例	工 序 性 质
弯曲		把板料沿直线弯成各种形状
拉深		将板料压制成开口空心工件
内孔翻边		将板料上的孔的边缘翻成竖立边缘

续表

工序	图　例	工 序 性 质
外缘翻边		将工件的外缘翻成圆弧或曲线状的竖立边缘
压筋		在板料或工件上压出筋条、花纹或文字
整形		把形状不太准确的工件校正成形

6. **冲压生产工艺流程**

（1）制定冲压工艺和绘制冲压件图

首先，对零件图进行工艺分析，按冲压工艺特点制定工艺方案。然后，绘制冲压件图。

（2）冲模设计

根据冲压件图设计冲模，送模具制造部门订货加工。

（3）冲模调试

用加工完毕的冲模冲出若干个冲压件，对照冲压件图划线检验，对有问题的部位进行修正。这个过程可能不仅进行一次，应反复进行直到冲出的冲压件完全合格为止。调试好的冲模入库备用。

（4）冲模上机

将调试好的冲模安装到指定的压力机上，安装时要注意上下模对正，然后准备冲压。

（5）下料

按尺寸将卷料或板料剪切下料备用。

（6）冲压加工

冲模将送入的板料冲压成形。

（7）检验入库

制作好的冲压件，检验合格后入库存放。

7. **精密冲裁技术在汽车生产中的应用**

精密冲裁属于无屑加工技术，是在普通冲压技术基础上发展起来的一种精密冲压方法，简称精冲。它能在一次冲压行程中获得比普通冲裁零件尺寸精度高、冲裁面光洁、翘曲小且互换性好的优质冲压零件，并以较低的成本达到改善产品质量的目的。精密冲裁技术的基本要素包括精冲机床、精冲模具、精冲材料、精冲工艺和精冲润滑等。

在汽车（尤其是轿车）上，有许多形状复杂而且精度要求很高的精密冲压件，如果采用普通冲压工艺生产，则很难达到质量要求。如果采用精密冲裁工艺，则可以达到高精度、高效率、低成本的目的。越是复杂的零件，精密冲裁工艺的优越性就越明显。目前，汽车工业已成功采用精密冲裁工艺生产的零件很多，比较有代表性的有座椅调节器上的齿板、齿条等，制动系统的棘轮、棘爪、支承板等，变速器上的各种拨叉，车门玻璃升降器齿板等。

1. 冲压生产的三大要素是什么？
2. 落料与冲孔的区别是什么？

任务实施

一、汽车典型锻件前轴的模锻工艺流程分析

汽车典型锻件前轴的模锻工艺流程为：坯料加热（加热炉）→制坯（自由锻锤）→坯料加热（加热炉）→模锻：弯曲、终锻（模锻锤）→热切飞边（压力机）→校正（油压机）。

二、汽车典型覆盖件发动机罩内板的冲压工艺流程分析

汽车典型覆盖件发动机罩内板的冲压工艺流程为：下料（冲裁）→拉深→切边→冲孔→弯曲整形，如图6-28所示。

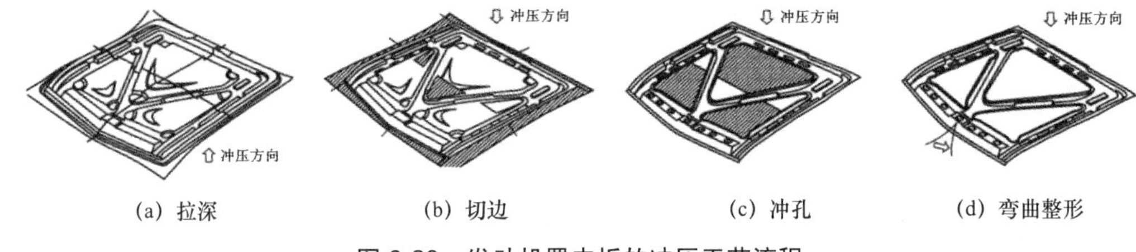

图6-28 发动机罩内板的冲压工艺流程

任务三 焊接

任务引入

汽车车身覆盖件是经冲压而成的，汽车车身冲压件与汽车车身结构件是通过焊接连接成形的。那么，焊接工艺的显著特点是什么？汽车车身装焊主要采用的焊接方法有哪些？

任务分析

焊接工艺是汽车制造四大工艺之一，汽车车身焊接工艺水平直接关系着汽车产品的外观质量和使用性能。学习焊接知识，有利于学生了解汽车车身覆盖件的生产工艺流程。

学习目标

素质目标

1. 培养创新意识，提升创新能力。
2. 弘扬劳模精神。

知识目标

1. 阐明汽车车身装焊的类型与特点。

2．说明金属焊接成形的工艺流程。

能力目标

1．能够阐明汽车车身装焊的焊接方法。

2．能够详细说明激光焊的焊接工艺流程。

相关知识

一、概述

焊接是通过加热或者加压或者两者并用，添加或不加填充材料，使两分离的工件在其接合表面达到原子间的结合，形成永久连接的一种工艺方法。焊接可以用化大为小、化复杂为简单的方法准备坯料，然后用逐次装配焊接的方法，拼小成大、拼简单成复杂。

焊接与铆接相比，具有节省材料、生产效率高、接头性能好、劳动强度小、灵活方便等优点。因此，焊接技术广泛用于制造各种金属构件，如建筑结构、船体、汽车车身及各种压力容器等。此外，焊接也常用于制造机械零件，如重型机械的机架、底座、箱体、轴、齿轮等。

焊接方法的种类很多，按焊接过程特点可分为熔焊、压焊和钎焊三大类。

1．熔焊

熔焊是指将要焊接的工件局部加热至熔化，冷凝后形成焊缝而使构件连接在一起的加工方法。熔焊主要包括电弧焊、气焊、激光焊等。

2．压焊

压焊是指焊接过程中必须要施加压力，可能加热也可能不加热才能完成焊接的方法。其加热的主要目的是使金属软化，靠施加压力使金属产生塑性变形，让原子接近到相互稳固吸引的距离，这一点与熔焊时的加热有本质的不同。压焊主要包括电阻焊、冷压焊、感应焊等。

3．钎焊

钎焊是指将熔点比母材低的钎料加热至熔化，但加热温度低于母材的熔点，用熔化的钎料填充焊缝、润湿母材并与母材相互扩散形成一体的焊接方法。钎焊包括软钎焊和硬钎焊两种。

汽车生产制造中主要用于汽车车身冲压件连接的焊接方法，通常称为汽车车身装焊。由于电阻点焊、气体保护焊、螺柱焊、钎焊、激光焊等焊接方法具有焊接效率高、焊接质量好、易于实现机械化和自动化等诸多优点，因此在汽车车身装焊工艺中得到了十分广泛的应用。

汽车车身制造中常用的焊接方法及典型应用实例见表 6-3。

表 6-3 汽车车身制造中常用的焊接方法及典型应用实例

<table>
<tr><th colspan="4">焊接方法及设备</th><th>典型应用实例</th></tr>
<tr><td rowspan="4">电弧焊</td><td colspan="3">手工电弧焊</td><td>车身厚料零部件</td></tr>
<tr><td colspan="3">TIG 焊</td><td>车身顶盖</td></tr>
<tr><td colspan="3">MIG 焊</td><td>车身顶盖和车身后顶侧板</td></tr>
<tr><td colspan="3">CO_2 气体保护焊</td><td>车身总成</td></tr>
<tr><td>熔焊</td><td colspan="3">激光焊</td><td>车身底板、车身顶盖和侧盖</td></tr>
<tr><td rowspan="4">电阻焊</td><td rowspan="4">点焊</td><td rowspan="2">单点焊</td><td>悬挂式点焊机</td><td>车身总成、车身侧围等分总成</td></tr>
<tr><td>固定式点焊机</td><td>小型板类零件</td></tr>
<tr><td rowspan="2">多点焊</td><td>压床式多点焊机</td><td>车身底板总成</td></tr>
<tr><td>C 形多点焊机</td><td>车门、发动机盖等总成</td></tr>
</table>

续表

焊接方法及设备		典型应用实例
钎焊	锡钎焊	散热器
加压熔焊	螺柱焊	车厢内螺柱

二、金属的焊接性能

金属的焊接性能是指金属材料对焊接成形的适应性，也就是指在一定的焊接工艺条件下，金属材料获得优质焊接接头的难易程度。它包括两个方面的内容：一是工艺性能，即在一定工艺条件下，焊接接头产生工艺缺陷的倾向，尤其是出现裂纹的可能性；二是使用性能，即焊接接头在使用中的可靠性，包括力学性能及耐热性、耐腐蚀性等特殊性能。

金属的焊接性能很大程度上取决于金属材料的本身性质和加工条件。就目前的焊接技术水平而言，工业上应用的绝大多数金属材料都是可以焊接的，只是焊接的难易程度不同而已。随着焊接技术的发展，金属的焊接性能也在改变。一般来说，合金元素含量和碳含量越低，钢的焊接性能越好。故碳素钢的焊接性能好于合金钢，低碳钢的焊接性能好于高碳钢和铸铁。汽车车身之所以选用低碳钢或低合金高强度钢，除了因为其优良的冲压性能外，还因为这些材料具有良好的焊接性能。

三、汽车车身装焊

（一）点焊

电阻焊是利用电流通过接触处及焊件产生的电阻热，将焊件加热到塑性或局部熔化状态，再施加压力形成焊接接头的焊接方法。点焊是电阻焊的一种，主要用于厚度在 4mm 以下薄板冲压壳体结构及钢筋的焊接，在汽车车身自动装焊中应用最广，甚至采用机器人进行焊接。目前，点焊厚度可从 10μm（精密电子器件）至 30mm（钢梁框架），可每次焊一个点或一次焊多个点。

1. 点焊的焊接原理

点焊是利用柱状电极通电加压，在搭接的两焊件间产生电阻热，使焊件局部熔化，形成一个熔核（周围为塑性状态），将接触面焊成一个焊点的一种焊接方法，点焊焊接原理如图 6-29 所示。

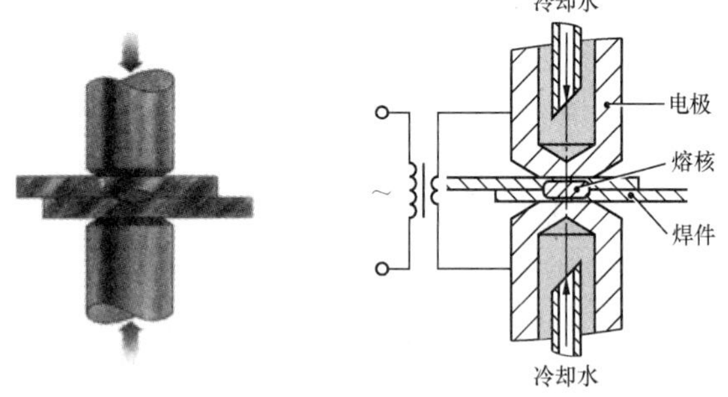

图 6-29　点焊焊接原理示意图

（1）点焊的热源

点焊的热源是电流通过焊接区域产生的电阻热。根据焦耳定律，总发热量 Q 为

$$Q = I^2Rt$$

式中，I 为通过焊接区域的平均电流；R 为两电极间总电阻的平均值；t 为通过焊接电流的时间。

通常，焊接电流 I 和时间 t 都是选定的，而总电阻与很多因素有关，它又是焊件内部热源的基础。焊件本身的电阻产生的电阻热，是形成焊点的主要热源，它对点焊的贡献率可达85%以上。

（2）点焊的焊接工艺循环过程

点焊的焊接工艺循环过程包含预压、焊接、锻压和休止四个步骤，如图6-30所示。

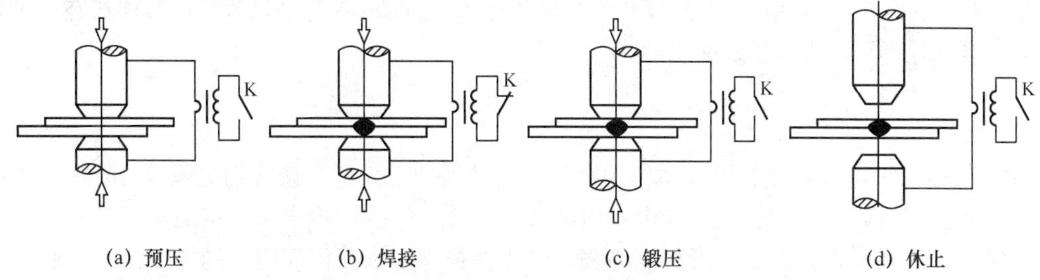

图6-30　点焊的焊接工艺循环过程

① 预压。点焊时，将待焊的板件搭接起来，置于上、下电极之间，然后施加一定的电极压力，将板件压紧。预压的目的是使焊件在焊接过程中接触紧密，为焊接电流的顺利通过创造条件。

② 焊接。闭合开关 K，接通焊接变压器，变压器次级电流经焊机机臂、电极，流至被焊板件。板件本身的内部电阻是形成焊点的主要热源，产生的电阻热将板件迅速加热。因为与板件接触的电极是由导电、导热性能良好的铜合金（如铬锆铜）制成的，且其内部通有循环的冷却水进行冷却，故与电极直接接触的板件表面散热条件好，温度不会升高，而板件与板件之间的接触表面被加热到熔化温度，并逐渐向四周扩大形成一定大小的熔核。

③ 锻压。锻压就是在把焊接电流切断以后，仍保持足够大的电极压力使电极继续对熔核进行挤压使之变形，形成致密的核心，同时熔核冷却结晶形成焊点的过程。

④ 休止。在休止时间内，升起电极，移动板件或电极，准备进行下一个点的焊接。

2. 点焊的特点

① 点焊是在压力作用下通过内部电阻热加热金属而形成焊点的，其冶金过程简单，且加热集中，热影响区域小，易于获得品质优良的焊接接头。

② 与铆接相比，其不需其他金属，结构质量轻，可以达到轻量化、节省能源的目的。

③ 点焊过程机械化、自动化程度高，通用点焊机焊接速度可达60点/min，快速点焊机可达600点/min，可提高生产效率，减轻操作者的劳动强度，适合于自动生产线的要求。

④ 焊接过程中不产生弧光、有害气体及噪声，工人劳动条件好。

3. 点焊的设备

点焊在点焊机上进行，点焊机分为固定式和悬挂式。固定式点焊机主要用来焊接中小件，悬挂式点焊机主要用来焊接较大焊件。

汽车车身有些零部件外形尺寸大，冲压件本身刚度差且易变形，移动不方便，不宜采用固定式点焊机焊接，所以在车身制造中，移动式点焊机得到了广泛的应用。在车身装焊生产企业的焊装生产线上，普遍使用点焊机器人，如图6-31所示。

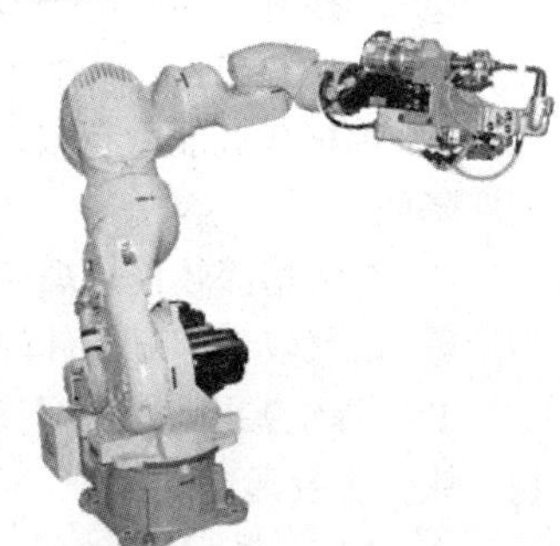

图6-31　点焊机器人

4. 凸焊

凸焊是在一工件的贴合面上预先加工出一个或多个凸点，

使其与另一工件表面相接触并通电加热，然后压塌，使这些接触点形成焊点的电阻焊方法。凸焊是点焊的一种变形，焊接原理与点焊相同。

凸焊主要用于焊接低碳钢和低合金钢的冲压件，板件凸焊最适宜的厚度为0.5～4mm，小于0.25mm时宜采用点焊。随着汽车工业的发展，高生产率的凸焊在汽车零部件制造中获得大量应用。在汽车车身上，一般是将凸焊螺母（有凸点的螺母）焊在薄板上，这样在装配时只需要拧紧螺栓即可，提高了装配工效。

（二）气体保护电弧焊

气体保护电弧焊是利用气体作为电弧介质并保护电弧和焊接区的电弧焊，简称气体保护焊。在焊接过程中，保护气体在电弧周围形成气体保护层，将电弧、熔池与空气隔开，防止有害气体的影响，并保证电弧稳定燃烧。气体保护焊可以获得高质量的焊接接头，通常用于铝、钛等活泼金属的焊接。气体保护焊通常按照电极是否熔化和保护气体不同，分为非熔化极（钨极）气体保护焊（Tungsten Inert-gas Arc Welding，TIG）和熔化极气体保护焊（GMAW），熔化极气体保护焊包括惰性气体保护焊（Metal Inert-gas Arc Welding，MIG）、氧化性混合气体保护焊（MAG）、CO_2气体保护焊等。

1. TIG焊

非熔化极气体保护焊是以纯钨或活化钨作为不熔化电极，以惰性气体（氩气）作为保护气体，利用钨极和焊件之间的电弧使金属熔化而形成焊缝的一种焊接方法。焊接过程中，钨极不熔化，只起导电和产生电弧的作用，通电后在钨极和焊件间产生电弧。焊接时，可以填充焊丝，也可以不填充焊丝。非熔化极气体保护焊，简称TIG焊，又称钨极氩弧焊或钨极惰性气体保护焊。TIG焊焊接原理图如图6-32所示。

TIG焊有以下特点。

① 焊接过程很容易实现机械化和自动化。

② 焊接工艺性能好，即使在小的电流下电弧仍然燃烧稳定，焊接过程无飞溅，焊缝成形美观。

③ 电弧是明弧，容易观察、调节并控制，适用于全位置焊接，是实现单面焊双面成形的理想方法。

④ 惰性气体不与金属发生任何化学反应，也不溶于金属，为获得高质量的焊缝提供了良好条件。

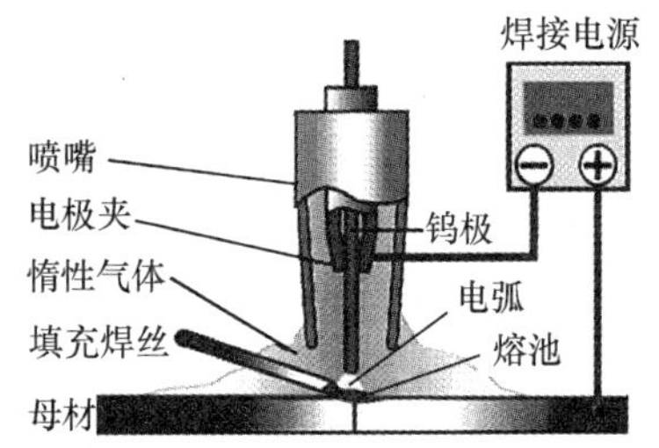

图6-32　TIG焊焊接原理图

⑤ 焊接时气体的保护效果受周围气流的影响较大，需采取防护措施。

⑥ 钨极载流能力有限，过大的电流会使焊接接头的力学性能降低，特别是塑性和冲击韧度降低。

⑦ 焊缝熔深较浅，焊接速度较慢，生产率较低（只适合于焊接薄板和超薄板）。

⑧ 氩气较贵，对焊件的表面要求较高，生产成本较高。

TIG焊主要用来焊接不锈钢与其他合金钢，还可以用来焊接铝、铝合金、镁、镁合金、钛、钛合金及薄壁制件。

2. MIG焊

熔化极惰性气体保护焊是以连续等速送进的可熔化焊丝作为电极，以惰性气体（氩气或氦气）

作为电弧介质，利用焊丝与焊件之间的电弧作为热源熔化焊丝和母材金属，形成熔池和焊缝的一种焊接方法。氩气或氦气用来保护金属熔滴、焊接熔池和焊接区高温金属免受周围空气的有害作用。熔化极惰性气体保护焊，简称 MIG 焊。MIG 焊焊接原理图如图 6-33 所示。

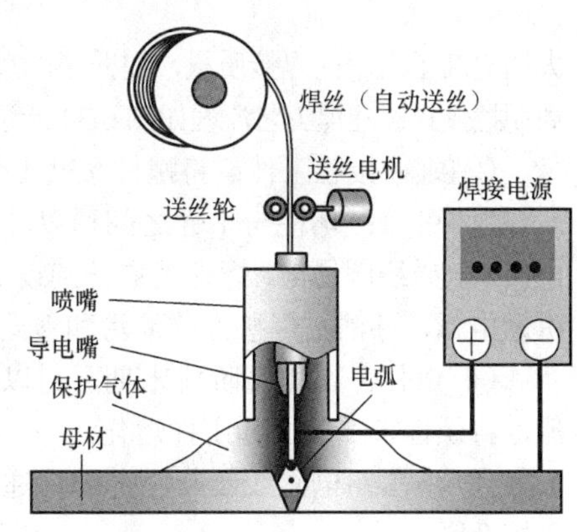

图 6-33　MIG 焊焊接原理图

MIG 焊有以下特点。

① 电弧是明弧，能进行全位置焊接。

② 电弧熔敷率高，焊接速度高。

③ 母材熔深大，生产率高（适合于焊接中厚板）。

④ 焊接操作简单，容易操作和使用。

⑤ 产生的熔渣少，可以降低焊后清理工作量。

⑥ 不采用钨极，成本比 TIG 焊低。

⑦ 焊丝能连续送进得到长焊缝，没有中间接头。

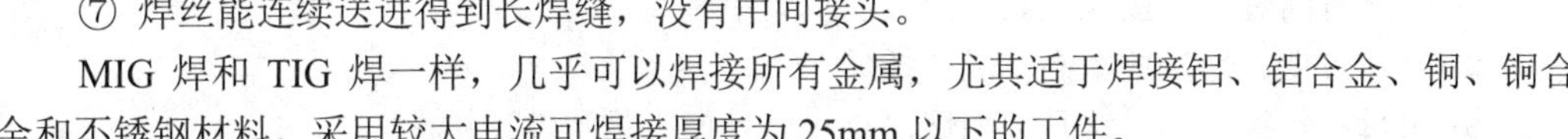
MIG 焊和 TIG 焊一样，几乎可以焊接所有金属，尤其适于焊接铝、铝合金、铜、铜合金和不锈钢材料。采用较大电流可焊接厚度为 25mm 以下的工件。

3. CO_2 气体保护焊

CO_2 气体保护焊是以 CO_2 作为保护气体，以焊丝作为电极，以自动或半自动方式进行的焊接方法。目前常用半自动焊，即焊丝送进靠机械自动进行并保持弧长，由操作人员手持焊炬进行焊接。CO_2 气体在电弧高温下能分解，有氧化性，会烧损合金元素。因此，不能用来焊接有色金属与合金钢。焊接低碳钢和普通低合金钢时，须通过含有合金元素的焊丝进行脱氧和渗合金等冶金处理。

CO_2 气体保护焊有以下特点。

① 成本低。CO_2 气体比较便宜，焊接成本仅是手弧焊的 40%左右。

② 生产率高。其焊丝送进自动化，电流密度大，电弧热量集中，所以焊接速度快。焊后没有熔渣，不需清渣，比手弧焊生产率提高 1～3 倍。

③ 操作性能好。CO_2 气体保护焊的电弧是明弧，可清楚看到焊接过程。它像手弧焊一样灵活，适合全位置焊接。

④ 焊接质量比较好。CO_2 气体保护焊焊缝含氢量低，采用合金钢焊丝，易于保证焊缝性能。

⑤ 焊缝成形质量差，飞溅大，它在焊接过程中产生的烟雾较大，控制不当易产生气孔。

⑥ 设备使用和维修不便，其送丝机构容易出故障，需要经常维修。

CO_2 气体保护焊适用于低碳钢和强度级别不高的普通低合金钢的焊接，主要用于焊接薄板件。单件小批生产和不规则焊缝宜采用半自动方式焊接；大批生产和长直焊缝可用自动方式焊接。

（三）螺柱焊

1. 螺柱焊的焊接原理

螺柱焊是将螺柱或类似的其他金属紧固件（螺栓、螺钉等）一端与板件（或管件）表面接触，通电引弧，待接触面熔化后，给螺柱或类似的其他金属紧固件一定压力完成连接的焊接方法。它兼具熔焊和压焊的特征，是一种加压熔焊。

目前，我国汽车制造业主要应用的螺柱焊是短周期拉弧式螺柱焊，辅以相关的自动控制设备，大幅提高了汽车的焊接质量，提升了汽车品质。短周期拉弧式螺柱焊工艺流程如图 6-34 所示。

① 螺柱接触工件：将螺柱紧贴工件表面。

② 引弧：螺柱与工件之间通以较小的引弧电流，电磁线圈通电，螺柱被提升到设定的高度，引燃电弧，并清洁焊接区的油污和镀层。

③ 熔化：在引弧阶段末期，通以焊接主电流，将螺柱末端表面和工件熔化。

④ 下落：电磁线圈断电，螺柱通过弹簧推入熔合区。

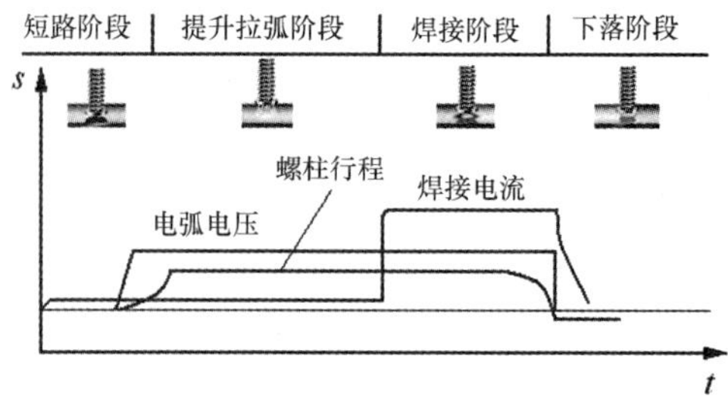

图 6-34　短周期拉弧式螺柱焊工艺流程

⑤ 冷却：电弧电压降为零，焊接电流关断，熔池冷却后凝固成一体，焊枪返回，焊接结束。

2. 螺柱焊的特点

① 焊接时间短，焊接弧度高，焊接能量集中。

② 操作方便，焊接效率高，成本低。

③ 对母材热损伤小，这是因为熔深小，而且接头是塑性连接。

④ 接头没有外部可见的焊脚，不需要进行接头外观质量检查，不会有气孔、裂纹等缺陷。

螺柱焊可替代铆接、钻孔、手工电弧焊和钎焊等连接工艺，可焊接碳钢、不锈钢、铝以及铜及其合金等金属，现在已广泛应用在汽车、船舶制造等领域。我国应用螺柱焊的历史不长，但是随着我国经济的快速发展和制造业水平的不断提高，螺柱焊正被越来越多的国内企业所采用。

（四）钎焊

钎焊是利用熔点比母材低的金属作为钎料，加热将钎料熔化，利用液态钎料润湿母材，填充接头间隙，并与母材相互扩散实现连接的焊接方法。钎焊接头的质量在很大程度上取决于钎料。钎料应具有合适的熔点和良好的润湿性。母材接触面要求洁净，焊接时使用钎焊钎剂（熔剂）。钎剂能去除氧化膜和油污等杂质，保护接触面，并改善钎料润湿性和毛细流动性。

钎焊按钎料熔点的高低分为软钎焊和硬钎焊两类。

1. 软钎焊

软钎焊是钎料熔点在 450℃以下的钎焊。常用钎剂是松香、氯化锌溶液等。软钎焊强度低，工作温度低，主要用于电子线路的焊接。由于钎料常用锡、铅合金，故通称锡焊。

在汽车生产中，软钎焊主要用于焊接汽车散热器。对汽车车身上有密封要求的两块板件之间的缝隙，一般应用钎焊处理，如德国 BMW 公司对轿车的后围与侧围缝隙的处理，采用的就是软钎焊。

2. 硬钎焊

硬钎焊是钎料熔点在 450℃以上的钎焊。硬钎焊接头强度较高，都在 200MPa 以上。常用钎料有铜基、银基和镍基钎料等。常用钎剂有硼砂、硼酸、氯化物、氟化物等。

硬钎焊主要用于受力较大的钢铁和铜合金构件以及刀具的焊接。

（五）激光焊

1. 激光焊的焊接原理

激光焊是以聚焦的激光束作为能源轰击焊件所产生的热量进行焊接的一种高效精密的

焊接方法。焊接时，将激光器发射的高功率密度的激光束聚缩成聚焦光束，用以轰击焊件表面，利用高能量的激光脉冲对材料进行微小区域内的局部加热，激光辐射的能量通过热传导向材料的内部扩散，将材料熔化后形成特定熔池以达到焊接的目的。激光焊焊接原理示意图如图 6-35 所示。

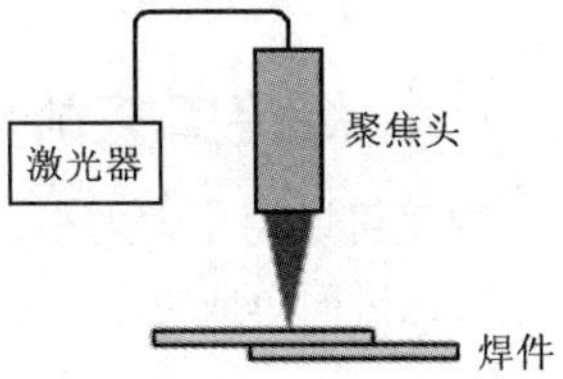

图 6-35　激光焊焊接原理示意图

2. 激光焊的特点

① 激光能量密度大，且激光放出极其迅速，适合于高速加工，能避免热损伤和焊接变形。

② 灵活性较大。激光焊装置不需要与焊件接触，可以焊接一般方法难以接近的接头或无法安置的接焊点，如真空管中电极的焊接。

③ 激光可对绝缘材料直接焊接，对异种金属材料的焊接比较容易，能把金属与非金属焊接在一起，甚至可以焊接塑料。

④ 可通过电子计算机处理，通过反馈控制调节焊接工艺参数，实现自动化激光焊接。

⑤ 可实现激光切割。

激光焊可以达到两块钢板之间的分子结合，通俗而言就是焊接后的钢板硬度相当于一整块钢板，从而将车身强度提升 30%，车身的结合精度同样大大提升。采用激光焊可以减少搭接宽度和一些加强部件，还可以压缩车身结构件本身的体积，减轻车身的质量，有利于汽车的轻量化。

3. 激光焊在汽车生产中的应用

一汽-大众公司的宝来、速腾和迈腾都采用了激光焊工艺，其中迈腾轿车的激光焊缝长达 42m。激光焊还用于全铝车身的装焊。激光焊广泛用于汽车车身装焊，目前普遍使用激光焊机器人进行焊接，如图 6-36 所示。汽车车身顶盖与车身侧板激光焊如图 6-37 所示。

图 6-36　激光焊机器人

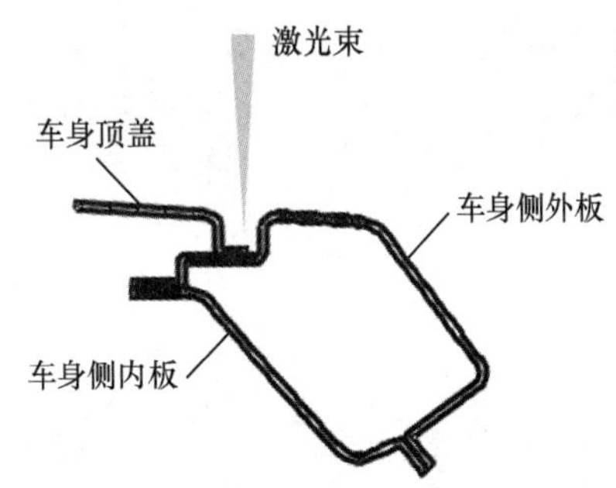

图 6-37　汽车车身顶盖与车身侧板激光焊

知识拓展

高凤林，特种熔融焊接工、全国劳动模范。北斗卫星、导弹、嫦娥月球探测器、载人航天火箭和长征新一代运载火箭的发动机上，都烙印着他的焊接轨迹。几十年的工作中，高凤林刻苦钻研、不断创新，攻克了 200 多项技术难关。

任务实施

一、焊接工艺的显著特点

焊接可以用化大为小、化复杂为简单的方法准备坯料，然后用逐次装配焊接的方法，拼小成大、拼简单成复杂，这是其他工艺难以做到的。

二、汽车车身装焊主要采用的焊接方法

汽车车身装焊主要采用的焊接方法有点焊、气体保护焊、螺柱焊、钎焊和激光焊等。

项目七 汽车制造技术——金属成形冷加工

汽车零件经金属成形热加工后，要进行金属成形冷加工。金属成形冷加工主要是指金属的切削加工。切削加工的主要任务是利用切削刀具，切除从铸造、锻造等热加工方法中生产出来的毛坯上多余的金属材料，使其成为具有一定形状、尺寸精度和表面质量要求的合格的汽车零件。

任务一 金属切削加工基础知识

任务引入

汽车制造中，经铸造得到的气缸体、气缸盖、进排气管、轮毂等，不能直接应用于生产，还需要进行切削加工。经锻压得到的连杆、传动轴、车轮轴、半轴等，也不能直接应用于生产，也需要进行切削加工。那么，什么是切削加工？切削加工包含哪些切削运动？

任务分析

汽车零件经金属成形热加工后，还要对铸造、锻造等热加工方法中生产出来的毛坯进行处理，主要是进行切削加工。切削加工是使用切削工具，在工具和工件的相对运动中，把工件上多余的材料层切除，使工件获得规定的几何参数（形状、尺寸、位置）和表面质量的加工方法。切削加工过程中，刀具与工件之间的相对运动称为切削运动。学习金属切削加工基础知识，有利于掌握合格汽车零件的制造过程。

学习目标

素质目标

1. 培养创新意识，提升创新能力。
2. 弘扬大国工匠精神。

知识目标

1. 说明切削运动和切削用量的概念。
2. 阐明金属切削刀具材料具备的性能。

能力目标

1. 能够详细说明常用切削加工方法。
2. 能够阐明常用切削加工方法的切削运动。

相关知识

一、切削运动和切削用量

1. 零件表面的形成原理及切削运动

（1）零件表面的形成原理

任何表面都可看作是一条线（称为母线）沿着另一条线（称为导线）运动的轨迹。平面是由一根直线（母线）沿着另一根直线（导线）运动而形成的，如图7-1（a）所示。圆柱面和圆锥面是由一根直线（母线）沿着一个圆（导线）运动而形成的，如图7-1（b）、（c）所示。普通螺纹螺旋面是由三角形图形（母线）沿螺旋线（导线）运动而形成的，如图7-1（d）所示。直齿圆柱齿轮的渐开线齿廓表面是由渐开线（母线）沿直线（导线）运动而形成的，如图7-1（e）所示。

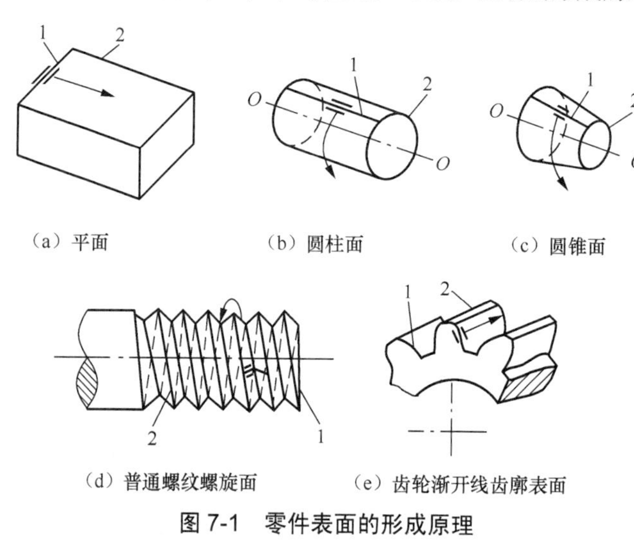

图7-1　零件表面的形成原理

1—母线　2—导线

（2）切削运动

由图7-1可知，要对这些表面进行加工，刀具与工件之间必须有一定的相对运动。在切削加工过程中，刀具与工件之间的相对运动，称为切削运动。根据在切削过程中所起的作用不同，切削运动分为主运动和进给运动。

① 主运动。把多余的金属层切下来所必需的基本运动，称为主运动。一般来说，主运动速度最高，消耗功率最大。

② 进给运动。使金属层不断投入切削的运动，称为进给运动。

金属切削加工方法一般可分为车削加工、铣削加工、钻削加工、镗削加工、刨削加工、磨削加工和齿轮加工等。由于金属切削加工方法的不同，这两种运动的表现形式也不同。图7-2所示是几种主要切削加工的运动形式。

切削过程的主运动只有一个，而进给运动则可能是一个或几个，也可能没有。主运动和进给运动可由刀具和工件分别完成，也可由刀具单独完成。主运动和进给运动可以是旋转运动，也可以是直线运动；有连续的，也有间歇的。

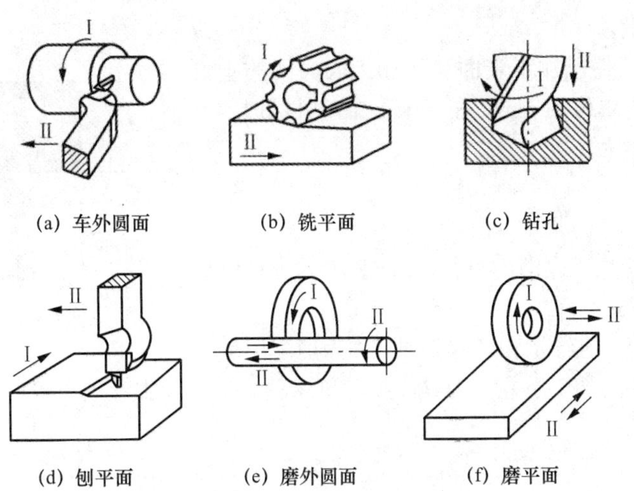

图 7-2　几种主要切削加工的运动形式

Ⅰ—主运动　Ⅱ—进给运动

在切削运动作用下，工件上同时存在三个不断变化的表面，即待加工表面、加工表面和已加工表面，如图 7-3 所示。待加工表面，指需要切去金属层的表面；加工表面，指正在被切削的金属表面；已加工表面，指切削后得到的表面。

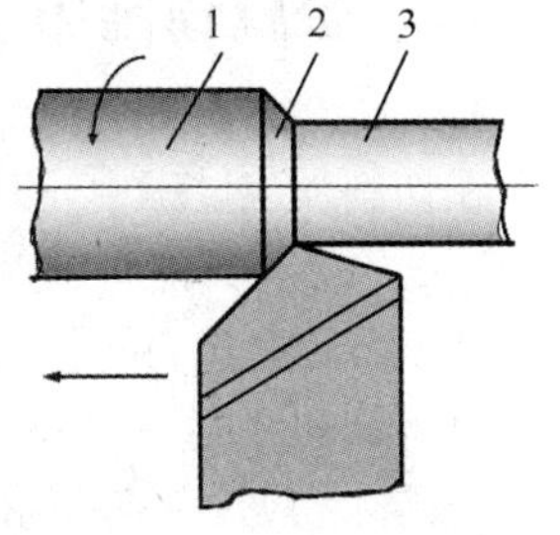

图 7-3　车削工件表面

1—待加工表面　2—加工表面　3—已加工表面

2. 切削用量

切削用量用来衡量切削运动量的大小。在一般的切削加工过程中，切削用量包括切削速度、进给量及背吃刀量。

（1）切削速度

切削速度指主运动的线速度，以 v_c 表示，单位为 m/s。当主运动为旋转运动时，其切削速度可按下式计算

$$v_c = \frac{\pi D n}{60000}$$

式中，D 为切削处工件（或刀具）的直径，mm；n 为工件（或刀具）的转速，r/min。

由上式可知，当已知机床主轴转速（即工件或刀具的转速）n 和工件直径 D 时，可以求出切削速度 v_c；当已知工件直径 D 和切削速度 v_c 时，也可求出机床主轴的转速 n。

（2）进给量

进给量指工件（或刀具）每转一周时，刀具（或工件）沿进给方向移动的距离，以 f 表示。它可以用刀具或工件每转或每行程的位移量来表述和度量。

车削进给量：工件转一周车刀移动的距离（见图 7-4）（mm/r）。

钻削进给量：钻头转一周钻头移动的距离（mm/r）。

刨削进给量：刀具（或工件）往返一次，工件（或刀具）移动的距离（mm/双行程）。

铣削进给量：每齿进给量 f_z（mm/z）、每转进给量 f（mm/r）、进给速度 v_f（mm/min）。

（3）背吃刀量

背吃刀量指工件已加工表面和待加工表面间的垂直距离，以 a_p 表示，单位为 mm。在车床上车削外圆时（见图 7-4），背吃刀量为

$$a_p = \frac{D-d}{2}$$

式中，D 为工件待加工表面的直径，mm；d 为工件已加工表面的直径，mm。

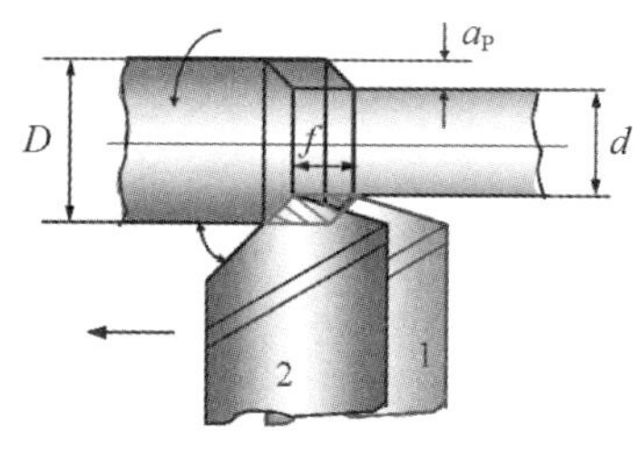

图 7-4　车削工件三要素

上述切削速度、进给量和背吃刀量，称为切削用量三要素。它们与工件的加工质量、刀具磨损、机床动力消耗及生产效率等密切相关。因此，应合理选择切削用量。

知识拓展

胡胜，数控车高级技师，2019 年“大国工匠年度人物”。近年来，胡胜在一系列具有国际先进水平的重点项目中承担关键件、重要件加工 70 多项，攻克了某型装备的波纹管一次车削成形、反射面加工变形等技术难题。

二、金属切削刀具

1. 刀具材料的性能及选用

在切削加工过程中，刀具切削部分是在较大的切削力、较高的切削温度及剧烈的摩擦状态下工作的。刀具能否胜任切削工作，取决于刀具切削部分材料的性能。因此，刀具切削部分材料应满足下列性能要求。

（1）高的硬度

刀具材料应具有较高的硬度，且必须高于被切工件的硬度。其常温硬度，一般在 60HRC 以上。

（2）高的耐磨性

刀具在切削加工过程中，承受剧烈摩擦，容易磨损，故要求耐磨。

（3）高的耐热性

刀具材料在高温下保持硬度、强度和耐磨性的能力叫耐热性，也叫热硬性或红硬性。高温下硬度降低越小，则热硬性越好，它是评定刀具切削部分材料性能优劣的主要指标。

（4）足够的强度和韧性

刀具在切削加工过程中，承受一定冲击和振动，故要求其具有足够的强度和韧性，以承受冲击和振动，而不断裂或崩刃。

（5）良好的工艺性能

7-1 认识金属切削刀具

刀具材料应具有较好的切削加工性能、热处理性能及焊接性能，以便于加工制造。

常用的刀具材料有碳素工具钢、合金工具钢、高速钢、硬质合金及非金属陶瓷材料等，其中应用最多的是高速钢和硬质合金。

高速钢目前主要用于制造各类能承受一定切削速度、形状复杂的刀具，如铣刀、拉刀、齿轮加工刀具等。硬质合金的硬度、耐磨性及耐热性远高于高速钢，

但其抗弯强度和韧性、工艺性不如高速钢，一般不宜用来制造形状复杂的刀具，主要用作车刀、刨刀、铰刀等刀具的镶焊刀片。

2. ***刀具的种类和用途***

（1）车刀

车刀是车削加工使用的刀具。车刀的种类很多，按其用途不同可分为外圆车刀、镗孔车刀、切断刀、螺纹车刀、成形车刀等，常用车刀如图 7-5 所示。

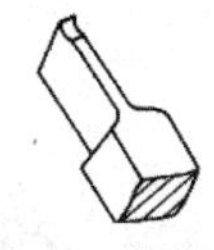

(a) 外圆车刀　(b) 镗孔车刀　(c) 切断刀　(d) 螺纹车刀　(e) 成形车刀

图 7-5　常用车刀

（2）铣刀

铣刀是铣削加工使用的刀具。铣刀种类很多，常用铣刀如图 7-6 所示。图 7-6（a）、（b）的铣刀用来加工平面；图 7-6（c）～（g）的铣刀用于加工各种沟槽；图 7-6（h）的铣刀用于铣角度；图 7-6（i）、（j）的铣刀用于铣成形面。

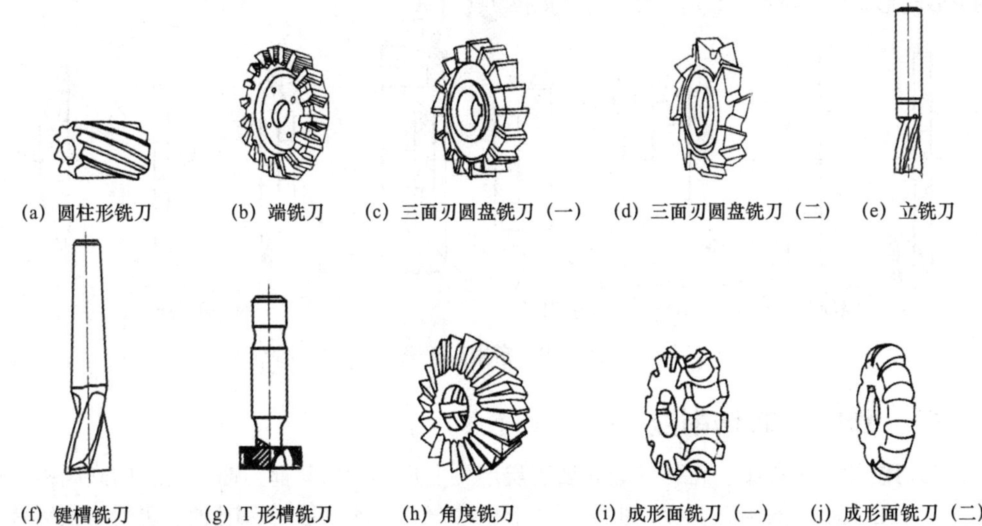

(a) 圆柱形铣刀　(b) 端铣刀　(c) 三面刃圆盘铣刀（一）　(d) 三面刃圆盘铣刀（二）　(e) 立铣刀

(f) 键槽铣刀　(g) T 形槽铣刀　(h) 角度铣刀　(i) 成形面铣刀（一）　(j) 成形面铣刀（二）

图 7-6　常用铣刀

（3）钻头

钻头是钻削加工使用的刀具。钻头种类较多，有中心钻、麻花钻、扩孔钻、深孔钻等，其中常用的是麻花钻。标准麻花钻由柄部、工作部分和颈部组成，锥柄钻头标准麻花钻如图 7-7 所示。

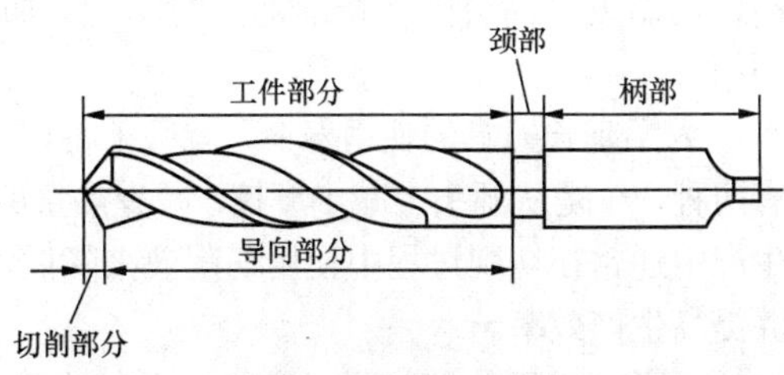

图 7-7　标准麻花钻

（4）刨刀

刨刀是刨削加工使用的刀具。刨刀的形

状及几何参数与车刀相似，常用刨刀如图 7-8 所示。由于刨削是断续切削，刨刀切入工件时受有较大的冲击力，因此，刨刀的刀杆比较粗，而且常制成弯头。

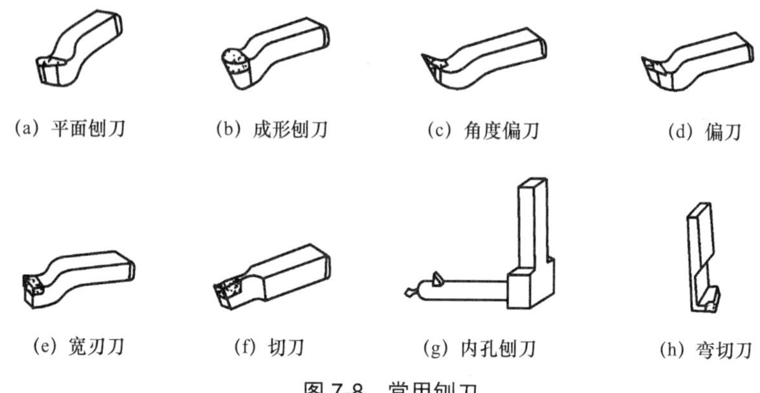

图 7-8　常用刨刀

（5）砂轮

砂轮是磨削工具，它是用颗粒状的磨料与结合剂经高压烧结而成的多孔体。砂轮表面的每个磨粒都相当于一个刀齿。根据磨削加工的需要，砂轮可制成不同的形状和规格。常用的砂轮形状有平板形、碗形、碟形等，如图 7-9 所示。

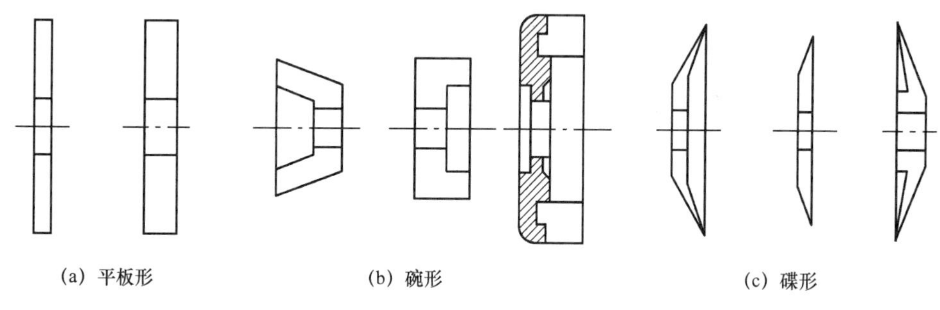

图 7-9　常用砂轮形状

三、切削热和切削液

在切削加工过程中，工件的金属切削层产生变形，切屑与前刀面之间有剧烈摩擦，后刀面与加工表面之间也有摩擦，由这些变形和摩擦产生的热称为切削热。切削热虽然有一大部分被切屑带走，但仍然有相当一部分传给了工件和刀具。传给工件的热量使工件受热变形，严重的甚至烧坏工件表面，影响加工质量。传到刀具上的热量会使刀刃处的温度升高，而温度过高会降低切削部分的硬度，加速刀具的磨损。因此，切削热对切削过程是不利的。

为了延长刀具的使用寿命，就必须将切削区域的温度降到刀具的热硬性温度以下。方法有两种，一是从源头上减小摩擦，减少热量的产生；二是将产生的热量带走。为达到此目的，生产中通常在切削过程中使用切削液来降低切削区域的温度，以提高工件加工表面的质量，并提高生产效率。

目前，常用的切削液一般分为两大类。一类是以冷却为主、润滑为辅的水类切削液，主要包括电解质水溶液（苏打水）、乳化液（乳化油膏加水）等；另一类是以润滑为主、冷却为辅的油类切削液，主要包括矿物油、动植物油、混合油和活化矿物油等。

四、金属切削机床的分类及型号

机床主要是按加工性质和所用刀具进行分类的，目前我国机床分为十二大类，每一大类根据需要又可细分为若干分类，如磨床类分为 1M、2M、3M 三类。除上述基本分类方法外，还可根据其他特性进行分类。机床名称以汉语拼音首字母（大写）表示，并按汉字名称读音，见表 7-1。

表 7-1　　机床分类及代号

机床类型	车床	钻床	镗床	磨床			齿轮加工机床	螺纹加工机床	刨插床	拉床	铣床	特种加工机床	锯床	其他机床
代号	C	Z	T	1M	2M	3M	Y	S	B	L	X	D	G	Q
参考读音	车	钻	镗	磨	二磨	三磨	牙	丝	刨	拉	铣	电	割	其

任务实施

一、切削加工的定义

切削加工是使用切削工具，在工具和工件的相对运动中，把工件上多余的材料层切除，使工件获得规定的几何参数（形状、尺寸、位置）和表面质量的加工方法。

二、切削加工的切削运动

切削加工过程中刀具与工件之间的相对运动，称为切削运动。根据在切削过程中所起的作用不同，切削运动分为主运动和进给运动。

① 主运动。把多余的金属层切下来所必需的基本运动，称为主运动。

② 进给运动。使金属层不断投入切削的运动，称为进给运动。

任务二　常用切削加工方法及设备

任务引入

汽车制造中，气缸体、气缸盖、连杆、传动轴、变速器齿轮轴等零部件的大小不一，形状和结构各异，采用的切削加工方法各不相同。那么，汽车制造常用的切削加工方法有哪些？加工范围是什么？变速器齿轮轴（见图 7-10）采用了哪些切削加工方法？它的加工方案是怎样的？

图7-10　变速器齿轮轴

任务分析

不同的汽车零部件，采用的切削加工方法不同。常用的切削加工方法有车削加工、铣削加工、钻削加工、刨削加工和磨削加工等。这些切削加工方法基本原理有许多相同之处，但由于所用机床和刀具不同，它们的加工范围和加工特点也不同。学习切削加工方法，有利于学生掌握合格汽车零件的加工制造过程。

学习目标

素质目标

1. 培养创新思维，提升创新能力。
2. 弘扬大国工匠精神。

知识目标

1. 阐明常用切削加工方法的加工范围和加工特点。
2. 概述不同零件表面的加工方案。

能力目标

1. 能够设计多种不同外圆表面的加工方案。
2. 能够设计汽车变速器齿轮轴的切削加工方案。

相关知识

一、车削加工

（一）车削加工的范围及其特点

1. 车削加工的范围

在车床上利用工件的旋转运动和刀具的移动进行切削加工的方法，称为车削加工。车削加工主要加工各种回转体表面以及回转体端面，还可进行切断、切槽、车螺纹、钻孔、铰孔、扩孔等。车削加工的尺寸精度可达 IT8～IT7，表面粗糙度 *Ra* 值为 6.3～1.6μm。车削加工范围如图 7-11 所示。

主要的车削加工方法简要介绍如下。

① 车内圆、外圆。车内圆、外圆是车床上最基本的加工方法。工件夹持在卡盘或其他夹具上，对于较长的工件，为增加切削的平稳性，还要采用安装在尾座上的活顶尖顶紧另一端。工件由车床主轴带动旋转，车刀由刀架带动做纵向移动。用这种方法，可以加工光轴、阶梯轴、套类、圆盘类等零件的圆柱面。

② 车端面。车端面时，工件做旋转运动，车刀做横向移动。用这种方法可以加工轴、套、盘类零件的端面。

③ 车环槽和切断。车环槽和切断时，工件做旋转运动，车刀做横向移动。车环槽时，刀具切至工件槽深为止；切断时，刀具切至工件断开为止。

④ 镗孔。镗孔即车内圆。工件做旋转运动，夹持在刀架上的镗刀做纵向移动或横向移动，完成对工件内孔的镗孔加工。

⑤ 钻中心孔、钻孔和铰孔。钻中心孔、钻孔和铰孔时，工件做旋转运动，通过安装在尾座套筒中的中心钻、钻头和铰刀的纵向移动来完成钻、铰的加工。

⑥ 车特形面。对要求不高的特形面，可以同时转动中、小滑板手柄，通过纵、横进给运动的配合来加工出所需要的特形面。对于精度和形状要求较高的特形面，应采用成形车刀（将刀刃磨成与特形面截面形状相符的形状）。工件做旋转运动，成形车刀做纵向移动，就可以车出特形面。

⑦ 车锥面。车锥面常用的方法有采用宽刃车刀车削和转动小滑板车削两种。采用宽刃车刀时，将宽刃车刀的刀刃扳至所需要的角度，工件做旋转运动，车刀做纵向或横向移动，即可车出锥面；转动小滑板，使其转角等于工件圆锥斜角，工件做旋转运动，转动小滑板手柄做手动进给，就可车出需要的锥面。

⑧ 车螺纹。螺纹车刀的刃口形状决定了螺纹截面的形状。车螺纹时，必须严格保证车床主轴转一周，刀架移动一个导程。

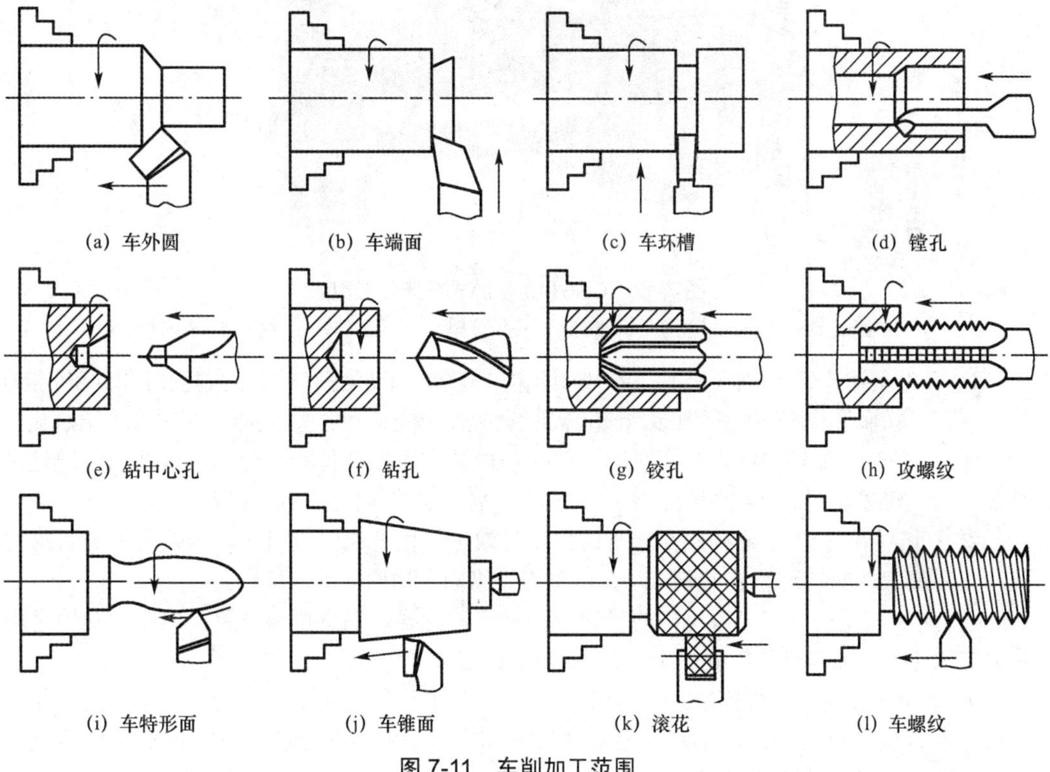

图 7-11　车削加工范围

2. 车削加工的特点

车削加工与其他加工形式相比，有以下几个特点。

① 车削加工是最常见的一种加工形式，主要用于各种内、外旋转表面及其端面的加工，加工范围较大。

② 车削加工的主运动是工件的旋转运动，进给运动是刀具的纵向和横向移动。

③ 一般情况下，车削过程是连续切削，切削力比较稳定，加工比较平稳。

④ 车削加工中，由于切屑和刀具之间的剧烈挤压和摩擦，以及刀具与工件之间的摩擦，产生了大量的切削热，但大部分热量被切屑带走，故一般车削加工可以不使用切削液。

⑤ 车削加工多用于粗加工或半精加工。

（二）车床及车床附件

1. 车床

车床的种类很多，按用途和结构不同，可分为卧式车床、立式车床、转塔车床、落地车床、仿形车床、多刀半自动车床、自动车床等，其中卧式车床应用最为广泛，图7-12所示为CA6140型卧式车床外形图。

图7-12 CA6140型卧式车床外形图

1—主轴箱 2—刀架 3—尾座 4—床身 5—右床腿 6—溜板箱 7—左床腿 8—进给箱

CA6140型卧式车床的加工范围广泛，但其结构较复杂，自动化程度较低，故适用于单件和小批量生产，在工具车间和修配车间使用较多。该机床属普通精度级机床。其主要组成部件和作用介绍如下。

① 主轴箱。主轴箱固定在床身的左侧，箱内装有主轴部件和主运动变速结构，通过调整这些结构可以获得合适的切削速度，主轴的前端可安装夹持工件的装置。

② 刀架部件。刀架部件装在床身的床鞍导轨上，由几层滑板组成，床鞍可沿导轨纵向移动。刀架部件的功用是装夹车刀，并使车刀做纵向、横向或斜向运动。

③ 尾座。尾座装在床身尾部的导轨上，并可沿此导轨调整尾座位置。尾座的功用是用顶尖支承工件，安装钻头等孔加工刀具进行孔加工。

④ 溜板箱。溜板箱固定在床鞍的前侧，功用是把进给箱传来的运动传递给刀架，使刀架做纵向或横向机动进给，车螺纹或实现快速移动。在溜板箱上装有各种操纵柄及按钮，工作时可以方便地操纵机床。

⑤ 进给箱。进给箱固定在床身的左侧，功用是把挂轮传来的旋转运动传给丝杠或光杠，改变被加工螺纹的导程或机动进给的进给量。

此外，床身固定在左床腿和右床腿上。床身、左右床腿都是车床的基本支承件，在床身上安装着车床的各个主要部件，并使它们在工作时保持准确的相对位置。

2. 车床附件

车削加工时，工件和刀具都必须安装在车床的确定位置上。工件的形状、尺寸多种多样，要准确地安装在车床上，必须使用专门的装夹装置。通用的车床装夹装置是卡盘装夹和顶尖装夹。

（1）卡盘装夹

使用卡盘装夹轴类、盘类、套类等工件，十分方便。常用的卡盘有三爪卡盘、四爪卡盘和花盘。

① 三爪卡盘。三爪卡盘如图7-13所示。三爪卡盘通过法兰盘安装在主轴上。三爪卡盘

装夹工件具有自动定心，校正、安装工件简单、迅速等特点，特别适于夹持圆形、等边三角形、正六边形等截面的工件。三爪卡盘的夹紧力小，不能装夹不规则形状的工件和大型工件。

② 四爪卡盘。四爪卡盘如图 7-14 所示。四爪卡盘的四个卡爪互不相关，每个卡爪的后面有一个半瓣内螺纹与调节螺杆啮合，可以独立进行调整。因此，四爪卡盘不但能够装夹圆形截面的工件，还能够装夹截面为长方形、椭圆形的工件。四爪卡盘对工件的夹紧力较大，但校正工件比较麻烦，在单件、小批量生产及大件加工中应用较多。

③ 花盘。花盘如图 7-15 所示。花盘的盘面上有许多长短不同、径向排列的穿通槽，以便用螺栓、压板等将工件压紧在花盘平面上（花盘直接安装在车床主轴上）。花盘适用于装夹加工表面与定位基准面相垂直的不规则工件。但使用时应注意平衡，以减少振动。

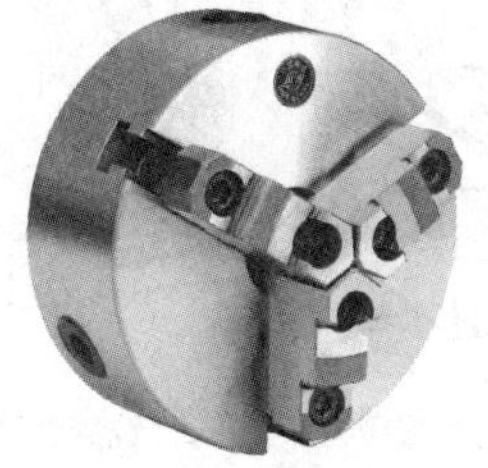

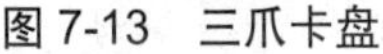

图 7-13　三爪卡盘

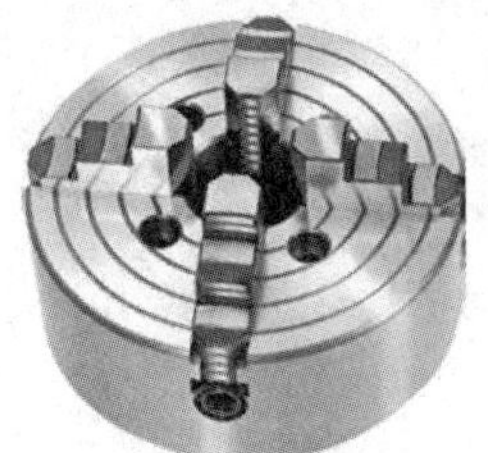

图 7-14　四爪卡盘

图 7-15　花盘

（2）顶尖装夹

7-2 认识顶尖

车削轴类零件时，采用两个顶尖和鸡心夹头来安装工件，如图 7-16 所示。安装工件时，由装在主轴和尾座锥孔的两顶尖顶入工件两端已钻好的中心孔内，予以支持和定位。主轴旋转运动，通过拨盘 2 和鸡心夹头 1 传给工件，带动工件一起旋转。

顶尖分死顶尖和活顶尖两种，如图 7-17 所示。不做旋转运动的顶尖称为死顶尖，而与工件一起旋转的顶尖称为活顶尖。死顶尖定心较准确，刚性好，装夹工件较稳定，但发热多，工件转速高时，可能烧坏顶尖和顶尖孔。使用活顶尖，可以减小顶尖与工件中心孔之间的摩擦，能承受较高的旋转速度。但活顶尖的装配积累误差较大，加之主轴承磨损后，间隙增大，工作时易产生摆动，所以，使用活顶尖的加工精度较低。

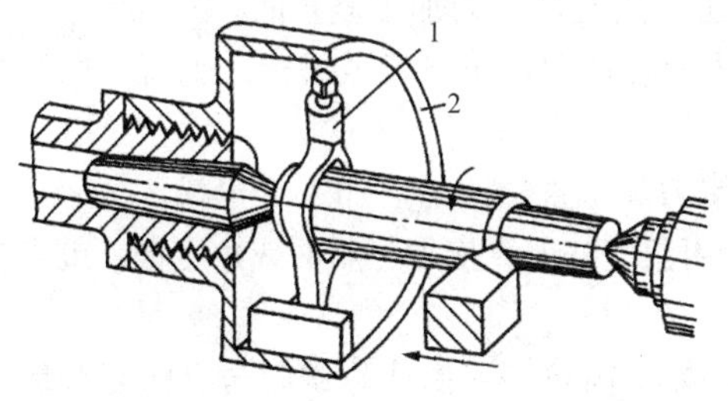

图 7-16　用顶尖和鸡心夹头安装工件

1—鸡心夹头　2—拨盘

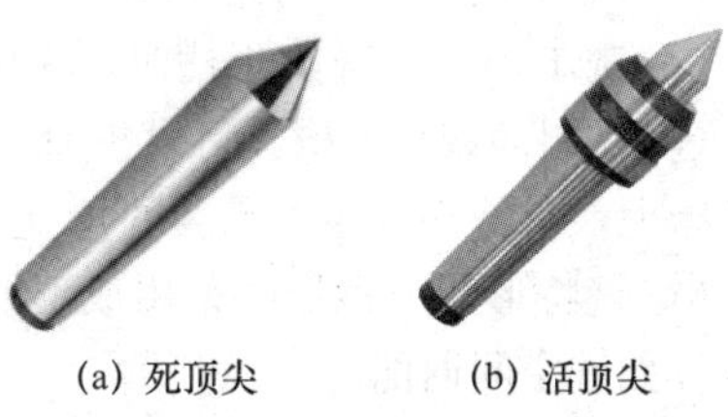

(a) 死顶尖　　(b) 活顶尖

图 7-17　顶尖

1. 车削加工的范围有哪些？
2. 普通车床通用的车床装夹装置有哪些？

二、铣削加工

1. 铣削加工的范围及其特点

（1）铣削加工的范围

用多刃回转刀具在铣床上对平面、台阶面、沟槽、成形表面、型腔表面、螺旋表面进行切削加工的方法，称为铣削加工。铣削加工以铣刀的旋转运动为主运动，以工件相对于刀具的移动为进给运动。铣削加工的尺寸精度可达IT8～IT7，表面粗糙度 *Ra* 值为6.3～1.6μm。

使用不同类型的铣刀可加工出平面、台阶面、各种键槽、V形槽、T形槽、燕尾槽、螺旋槽及切断工件、铣削齿轮和蜗轮齿面等。铣削加工范围如图7-18所示。

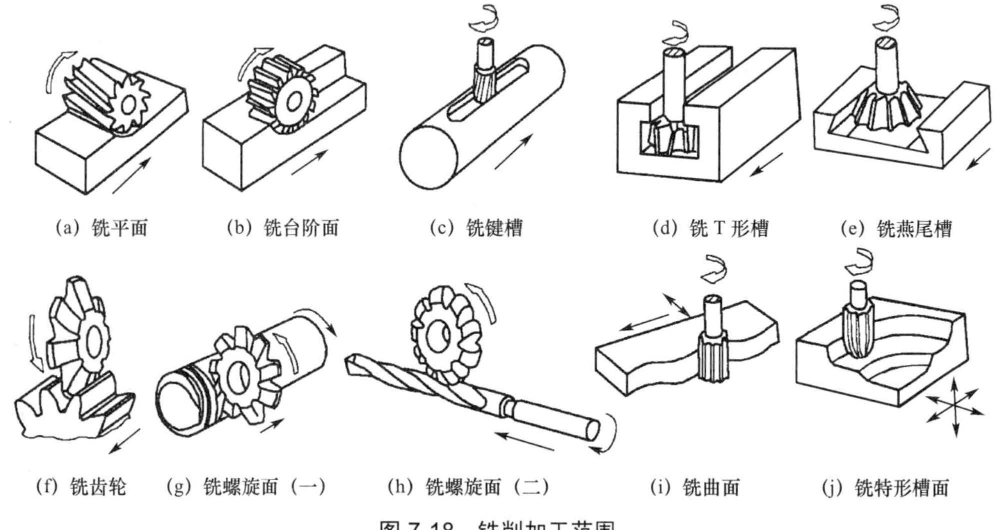

图7-18　铣削加工范围

常见的铣削加工方法简要介绍如下。

① 铣水平面或竖直面。可以在卧式铣床上，用圆柱形铣刀加工水平面；也可以在立式铣床上，用端铣刀加工水平面；在立式铣床上，用圆柱铣刀加工竖直面。

② 铣直槽或键槽。可以在立式铣床上，用圆柱铣刀加工直槽或键槽；也可以在卧式铣床上，用盘形铣刀加工直槽或键槽。

③ 铣T形槽。铣T形槽时，先用T形槽铣刀加工直槽，然后加工T形槽。

④ 铣斜面或角度槽。可以在卧式铣床上，用角度铣刀直接加工斜面或角度槽，或者在立式铣床上，将铣头转至所需要的角度加工斜面。

⑤ 铣特形面。特形面采用成形铣刀铣削，如铣齿轮；或由成形铣刀与机床复合运动而铣成，如铣空间曲面。

（2）铣削加工的特点

铣削加工有以下几个特点。

① 铣削加工主要用于各种平面及沟槽的加工。

② 铣削加工的主运动是铣刀的旋转运动，进给运动是工件相对于刀具的移动。

③ 铣刀为多刃刀具，铣削时每个刀齿周期性断续地参加切削，所以刀刃散热条件好，生产效率较高。

④ 铣削时，刀齿交替切削，产生冲击，且切削厚度是变化的，因而切削力也是不断变化的，使铣刀磨损较快，降低了寿命。

⑤ 铣削加工主要用于粗加工或半精加工。

（3）铣削方式

在铣床上进行铣削加工时，既可以用端铣法，也可以用周铣法。用端铣刀的端面刀齿加工垂直于铣刀轴线的表面，称为端铣法。用圆柱铣刀的圆周刀齿加工零件表面，称为周铣法。周铣法又可分为顺铣和逆铣，如图 7-19 所示。

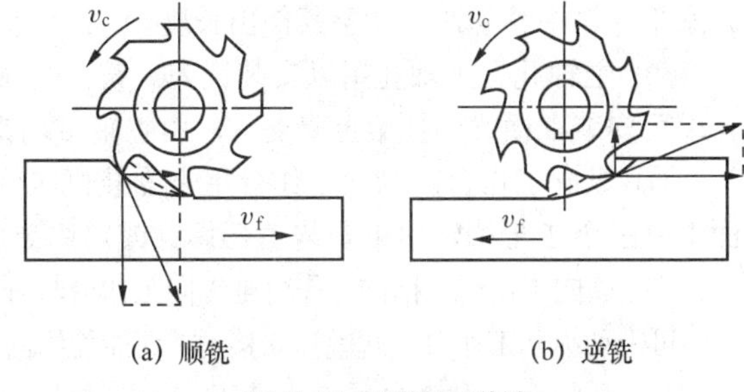

(a) 顺铣　　(b) 逆铣

图 7-19　顺铣和逆铣

顺铣时，铣刀的旋转方向与工件进给方向一致，铣刀作用在工件上的力与工件进给方向相同。由于机床进给机构中的丝杠和螺母之间都存在间隙，会引起工件连同工作台一起沿进给方向窜动，使铣刀受到冲击，甚至会损坏铣刀。因此，当进给丝杠与螺母之间存在较大间隙时，不应该采用顺铣，必须先调整好丝杠和螺母之间的间隙后，才可以采用顺铣。

逆铣时，铣刀的旋转方向与工件进给方向相反，铣刀作用在工件上的力与进给方向相反，进给丝杠和螺母之间总是保持紧密的接触，不会出现以上窜动等不良现象。一般情况下，铣削加工多采用逆铣。

顺铣虽然存在上述缺点，但是与逆铣相比，还有其独特的优点，如消耗功率小，刀刃磨损小，铣削时铣刀一直压在工件上等。在精加工时，顺铣的工作比较平稳，振动小，加工表面粗糙度较小，故在精铣时，有时也采用顺铣。

2．铣床及铣床附件

（1）铣床

铣床的种类很多，根据结构和用途的不同可分为卧式铣床、立式铣床、龙门铣床、仿形铣床和工具铣床，其中最常用的是卧式铣床和立式铣床。

卧式铣床和立式铣床的主要区别在于，安装铣刀的主轴与工作台的相对位置不同。立式铣床具有直立的主轴，主轴轴线与工作台台面垂直。卧式铣床具有水平的轴线，主轴轴线与工作台台面平行。但两者都是以铣刀的旋转运动为主运动，工件或刀具做进给运动。

图 7-20　X62W 型铣床外形图

1—床身　2—横梁　3—主轴孔　4—纵向工作台
5—横向工作台　6—升降台　7—底座
8—主电动机

X62W 型铣床是目前应用较广泛的一种卧式万能升降铣床，其外形如图 7-20 所示。它具有功率大、刚性好、操作方便、工作台纵向行程可以实现自动循环和半自动循环等特点，一般用于单件及成批生产。X62W 型卧式铣床的主要部件及其作用如下。

① 床身。床身用来安装和连接机床其他部件。床身的前面有燕尾形的垂直导轨，供升降台上下移动时使用。床身的后面装有电动机。

② 横梁。横梁用以支承安装铣刀和心轴，以加强铣刀刀杆的强度。横梁可在床身顶部的水平导轨中移动，以调整其伸出长度。

③ 主轴孔。主轴孔用以安装铣刀。铣刀主轴一端是锥柄，以便装入主轴的锥孔中，另一端可安装在横梁的挂架上来支承，由主轴带动铣刀刀杆旋转。

④ 纵向工作台。纵向工作台用来安装机床附件或工件，并带动着它们做纵向移动。台面上有三个 T 形槽，用来安装 T 形螺钉或定位键。三个 T 形槽中，中间一条的精度较高。

⑤ 横向工作台。横向工作台是纵向工作台与升降台中间的一部分。它装在升降台的水平导轨上，可带动纵向工作台一起做横向移动，还能使纵向工作台向左右各转动 45°，以便铣削螺旋槽。

⑥ 升降台。升降台用来支持工作台，并带动工作台上下移动。

⑦ 底座。底座用来支承铣床的全部重量和盛放冷却润滑液，其上放有冷却润滑电动机。

（2）铣床附件

铣床的附件主要有平口钳、回转工作台和分度头等。

① 平口钳。平口钳用来装夹工件，钳口本身精度与底座底面的位置精度较高，底座下还有两个定位键，安装时以工作台的 T 形槽定位。图 7-21 所示为回转式平口钳，可以固定在水平面的任意位置上，因而扩大了其工作范围。

② 回转工作台。回转工作台可以带动安装在它上面的工件旋转，还可以完成分度工作。常用来加工工件的圆弧形边、圆弧形槽、多边形等。回转工作台如图 7-22 所示。

③ 分度头。分度头用于加工多边形工件、花键、齿轮和螺旋槽等。分度头如图 7-23 所示。

图 7-21　回转式平口钳

图 7-22　回转工作台

图 7-23　分度头

1. 在铣床上，能完成哪些工件表面的加工？
2. 什么是顺铣？什么是逆铣？一般采用哪一种进行铣削加工，为什么？

三、钻削、拉削和镗削加工

1. 钻削加工

（1）钻削加工的范围

钻削加工是用钻头或扩孔钻等刀具在工件上加工孔的方法。在钻床上加工时，以钻床主轴的旋转运动为主运动，以主轴的轴向移动为进给运动。钻削加工除用钻头在实心材料上钻孔外，采用不同的刀具还可以进行扩孔、铰孔、攻螺纹、锪沉头孔及锪平面等。钻削加工范围如图 7-24 所示。

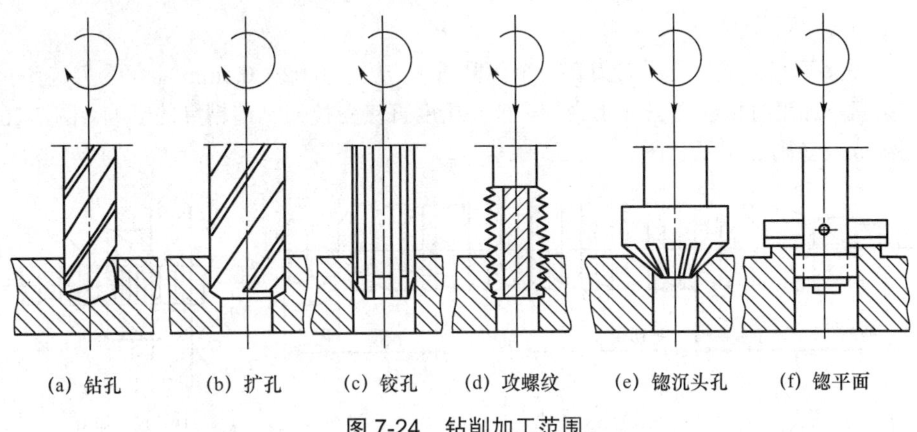

图 7-24 钻削加工范围

（2）钻孔、扩孔和铰孔加工及其特点

① 钻孔。用钻头在实体材料上加工孔的方法称为钻孔。钻孔是一种半封闭式切削，切削变形大，排屑困难，而且难于冷却、润滑，故钻削温度较高。钻削时钻削力较大，钻头容易磨损，生产效率比较低。钻孔的尺寸精度一般为 IT13～IT11，表面粗糙度 *Ra* 值为 50～12.5μm，钻孔主要用于粗加工。在钻孔加工后，常常需要采用扩孔和铰孔进行半精加工或精加工。

② 扩孔。用扩孔钻扩大已有孔的方法称为扩孔。扩孔前的孔可以是钻出的孔，也可以是铸出或锻出的孔。扩孔钻通常有 3～4 个主切削刃及棱带，没有横刃，前、后角沿切削刃变化小，因此扩孔时导向好，轴向力小，切削条件优于麻花钻。扩孔加工余量小，容屑槽浅，扩孔钻头刚性好，所以切削过程比较平稳，加工精度较高。扩孔属于半精加工，扩孔的尺寸精度为 IT11～IT9，表面粗糙度 *Ra* 值为 6.3～3.2μm。

③ 铰孔。用铰刀切除工件孔壁上微量金属层，提高孔尺寸精度和表面质量的方法称为铰孔。铰孔是在钻孔或扩孔之后进行的一种精加工，铰孔的尺寸精度为 IT8～IT7，表面粗糙度 *Ra* 值为 1.6～0.4μm。在车床、铣床、钻床和镗床上都可以铰孔。

铰削加工适于加工钢、铸铁和有色金属材料，不能加工淬火钢和硬度过高的材料。成批生产时，采用铰削加工较为经济；有时为了保证加工质量，单件小批量生产也采用铰削加工。

（3）钻床

在钻床上进行钻削加工时，刀具安装在机床主轴上。钻削的主运动是钻头的旋转运动，进给运动是钻头的轴向直线移动。常用的钻床有摇臂钻床、立式钻床（见图 7-25）、台式钻床等。

图 7-25 钻床

2. 拉削加工

拉削加工是在拉床上用拉刀加工工件的切削加工方法。拉削加工不但可以加工平面和没有障碍的外表面，还可以加工各种形状的通孔。拉削加工只有一个主运动，即拉刀的直线运动。

拉刀是多刀齿刀具，前后刀刃有一个齿升量（一般为 0.02～0.1mm）。每个刀齿负担很小的切削余量，加工时依次切去加工余量。拉孔精度直接受拉刀制造精度的影响。图 7-26 所示为拉刀组成及拉削加工示意图。

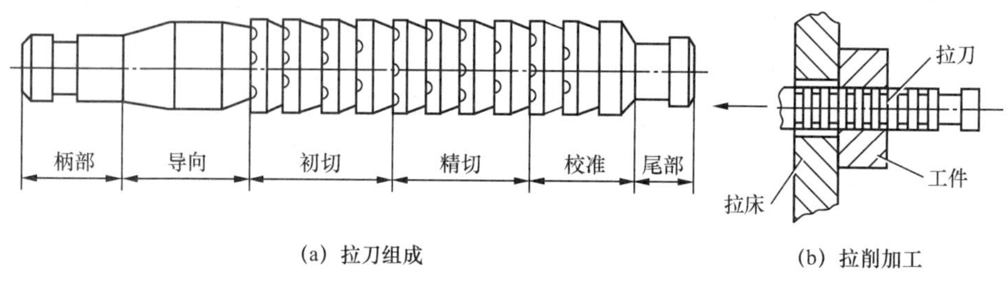

(a) 拉刀组成　　(b) 拉削加工

图 7-26　拉刀组成及拉削加工

拉削加工因拉刀的形状不同，可拉削各种几何形状的内孔。拉削加工直径通常为ϕ10～ϕ100mm，孔深与直径之比为 3～5。拉削时，以预加工孔自身定位，一般预加工采用钻—扩、车削等半精加工工序。一般拉孔的尺寸精度为 IT8～IT7，表面粗糙度 *Ra* 值为 0.8～0.4μm。

3. 镗削加工

（1）镗削加工的范围及其特点

镗削加工是以镗刀旋转为主运动，以工件或镗刀为进给运动的切削加工方法。镗削加工主要在镗床上进行，是最基本的孔加工方法。在镗床上加工孔，不仅可以得到较高的尺寸精度和形状精度，而且容易保证孔的位置精度，因此特别适于加工箱体、机架等结构复杂的零件。一般镗孔的尺寸精度为 IT8～IT7，表面粗糙度 *Ra* 值为 1.6～0.8μm；精细镗时，表面粗糙度 *Ra* 值可达 0.8～0.2μm。

镗削加工主要用于镗孔，还可以铣平面、铣沟槽、钻孔、扩孔、铰孔、车端面、车环形槽、车螺纹等。对于非标准孔、大直径孔、短孔、盲孔，一般也采用镗孔。镗削加工范围如图 7-27 所示。

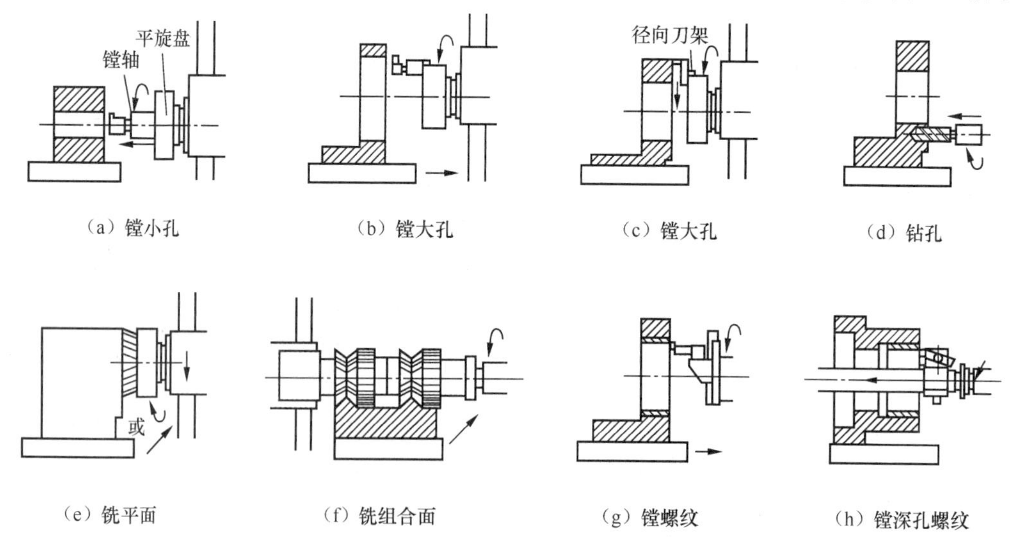

(a) 镗小孔　(b) 镗大孔　(c) 镗大孔　(d) 钻孔

(e) 铣平面　(f) 铣组合面　(g) 镗螺纹　(h) 镗深孔螺纹

图 7-27　镗削加工范围

（2）镗床

常用的镗床有卧式镗床、立式镗床、坐标镗床等，图 7-28 所示为最常用的卧式镗床。加工时，刀具安装在主轴箱 8 的镗轴 4 或平旋盘 5 上，由主轴箱可获得各种转速和进给量。主轴箱可沿着前立柱 7 的导轨上下移动。工件安装在工作台 3 上，可与工作台一起随下滑座 11 或上滑座 12 做纵、横向移动。此外，工作台还可以绕上滑座 12 的圆导轨在水平面内调整至一定角度的位置，以便加工互成一定角度的孔或平面。装在镗轴上的镗刀还可以随镗轴做轴向移动，实现轴向进给或者调整刀具轴向位置。当镗杆或刀杆伸出较长时，可用后立柱 2 上的加工支承 1 来支承其左端，以增加刚性。当刀具装在平旋盘 5 的径向刀架上时，径向刀架带动着刀具做径向进给，完成端面车削。

图 7-28 卧式镗床

1—加工支承 2—后立柱 3—工作台 4—镗轴 5—平旋盘 6—径向导轨

7—前立柱 8—主轴箱 9—尾筒 10—床身 11—下滑座 12—上滑座

1. 钻孔、铰孔一般可达到哪种精度等级及表面粗糙度值？
2. 镗削加工最适合加工哪些表面？

四、刨削加工

1. 刨削加工的范围及其特点

用刨刀对工件做水平相对直线往复运动的切削加工方法，称为刨削加工。根据刀具与工件相对运动方向的不同，刨削可分为水平刨削和垂直刨削两种。水平刨削一般称为刨削，垂直刨削则称为插削。刨削加工的尺寸精度可达 IT8～IT7，表面粗糙度 *Ra* 值为 6.3～1.6μm。采用宽刃精刨时（在龙门刨床上），可以获得较高的精度及较低的表面粗糙度，表面粗糙度 *Ra* 值可达 0.8～0.4μm。

刨削（包括插削）加工主要用于加工各种平面和沟槽，主要包括刨平面、刨竖直面、刨斜面、刨 V 形槽、刨燕尾槽、刨成形表面等。刨削加工范围如图 7-29 所示。

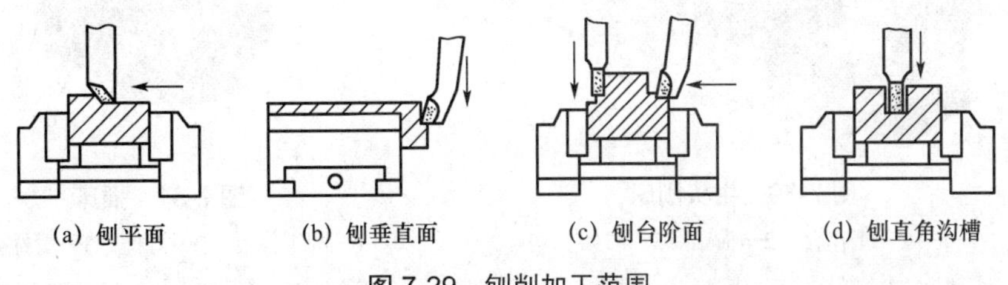

图 7-29 刨削加工范围

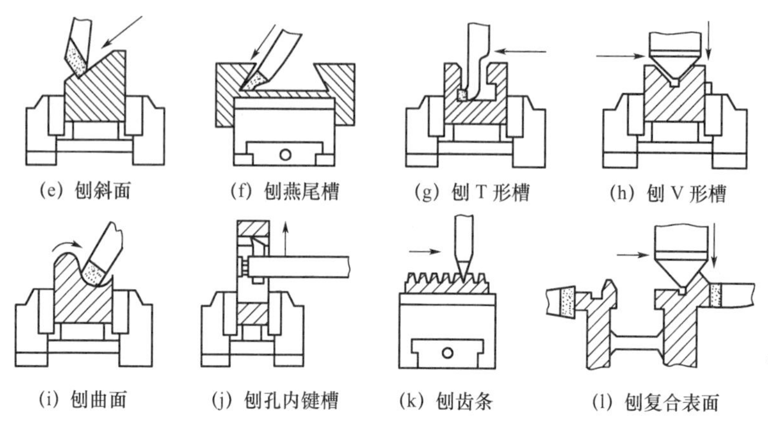

图 7-29　刨削加工范围（续）

在一些机械制造厂，常用刨削来加工平面和沟槽，特别是在单件加工、小批量生产和维修中，刨削使用得很广泛。

2. 刨床及刨床附件

（1）刨床

刨床主要有牛头刨床、龙门刨床、单臂刨床及插床等。

牛头刨床如图 7-30 所示。牛头刨床主要由工作台、横梁、刀架、滑枕、床身、底座等部分组成。刨床的主运动是滑枕的往复运动；进给运动是工作台在横梁导轨上的间歇直线移动。此外，横梁可连同工作台沿床身竖直导轨做升降调整运动；刀架可做一定量的上下移动，并可以偏转一定的角度，以适应背吃刀量的调整和角度的刨削。牛头刨床主要刨削中、小型零件的各种平面及沟槽，适用于单件、小批量生产的工厂及维修车间。

插床又称为立式刨床，如图 7-31 所示。插床主要由床身、滑座、圆工作台、滑枕等部分组成。插床的主运动是滑枕沿立柱导轨的上下往复直线运动；圆工作台可带动工件回转，做周向进给运动；上滑座和下滑座可分别做纵向和横向的进给运动。插床主要用于单件、小批量生产中各种槽（多用于插削内孔键槽）、平面及成形面的加工。

图 7-30　牛头刨床

1—工作台　2—横梁　3—刀架

4—滑枕　5—床身　6—底座

图 7-31　插床

1—圆工作台　2—滑枕　3—滑枕导轨座

4—床身　5—分度装置　6—下滑座　7—上滑座

（2）刨床附件

刨削时，应根据工件形状及尺寸大小，选择不同的装夹方法。在刨床上装夹工件的方法有平口钳装夹和工作台装夹两种。

1. 刨削（包括插削）加工主要用于加工哪些表面？
2. 牛头刨床、插床各适用于什么样零件表面的加工？

五、螺纹加工

螺纹加工一般指用成形刀具或磨具在工件上加工螺纹的方法。螺纹加工方法有车削加工、铣削加工、搓螺纹、磨削加工、攻螺纹和套螺纹等。车削、铣削和磨削螺纹时，工件每转一周，机床的传动链保证车刀、铣刀或砂轮沿工件轴向准确而均匀地移动一个导程。在攻螺纹或套螺纹时，刀具（丝锥或板牙）与工件做相对旋转运动，并由先形成的螺纹沟槽引导着刀具（或工件）做轴向移动。

7-3 认识螺纹的切削加工

1. 车削螺纹

在车床上车削螺纹，可采用成形车刀或螺纹梳刀。用成形车刀车削螺纹，其刀具结构简单，是单件和小批量生产螺纹工件的常用方法，如图 7-32（a）所示。用螺纹梳刀车削螺纹，生产效率高，但刀具结构复杂，只适于中、大批量生产中车削细牙的短螺纹工件。车削螺纹大多数使用单刃车刀加工，因为刀具简单，机床调整方便，故适应性强，应用非常广泛，适用于单件小批量生产，但生产效率较低。

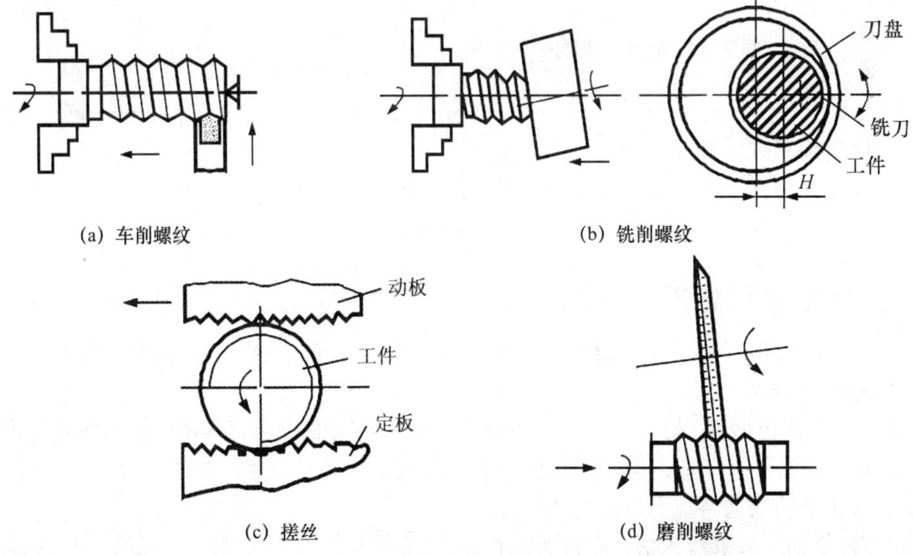

图 7-32　螺纹加工方法

2. 铣削螺纹

铣削螺纹和车削螺纹原理相同，在成批和大批量生产中多用铣削加工螺纹，如图 7-32（b）所示。

铣削加工时，工件只需转一周，同时铣刀（或工件）沿轴向移动一个螺距，即可切出全部螺纹，因此生产效率较高。铣削可以加工靠近轴肩或盲孔底部的螺纹，且不需要退刀槽，但其加工精度较低。

3. 搓制螺纹（搓丝）

在大批量生产中，小型圆柱螺纹零件，多采用搓丝方法，它属于无屑加工，如图7-32（c）所示。搓丝时，定板不动，动板前后移动，工件自动定位，生产效率极高，标准件厂多应用此种加工方法。其加工精度取决于搓丝板的精度及机床的运动精度。搓丝加工精度不高，多适用于连接螺纹加工。

4. 磨削螺纹

精密导向螺纹多采用磨削方法，图 7-32（d）所示为单片砂轮磨削螺纹。其切削金属量很少，切削力很小，散热条件较好，故加工精度较高。磨削螺纹因使用成形砂轮，故砂轮精度直接影响螺纹加工精度，应随时注意砂轮的修整。磨削螺纹生产效率较低，一般应用在淬火后螺纹及高精度螺纹加工中。

5. 攻螺纹和套螺纹

攻螺纹（攻丝）是用一定的扭矩将丝锥旋入工件上预钻的底孔中加工出内螺纹的方法；套螺纹（套丝）是用板牙在棒料（或管料）工件上切出外螺纹的方法。攻螺纹或套螺纹的加工精度取决于丝锥或板牙的精度。丝锥与板牙如图7-33所示。

加工内外螺纹的方法虽然很多，但小直径的内螺纹，只能依靠丝锥加工。攻螺纹和套螺纹可用手工操作，也可用车床、钻床、攻丝机和套丝机操作。

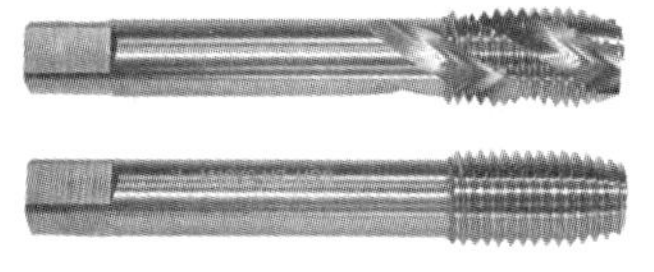

(a) 丝锥

(b) 板牙

图7-33　丝锥与板牙

7-4 认识丝锥

7-5 认识板牙

1. 螺纹加工方法有哪几种？
2. 加工连接螺纹常采用的是哪种方法？为什么？

六、齿轮齿形加工

最常用的齿轮齿形是渐开线齿形，渐开线齿形的加工方法主要有成形法和范成法两种。

1. 成形法加工

成形法（也称仿形法）是用与被加工齿轮齿槽形状相同的成形刀具切削轮齿的加工方法。因其刀具刃形精度不高，加工齿轮的精度一般也较低。

成形法加工的工艺特点有以下几点。

① 设备简单、刀具成本低，适应性较广泛。

② 因每加工一个齿要进行分度，故生产效率低，加工精度不高。

③ 因齿轮齿数不同，同一模数的不同齿形形状不同，致使刀具数量增加，给刀具制造和使用带来不便。

成形法铣齿主要用于单件、小批量生产和修配，用于制造低于 8 级精度（GB/T 10095.1—2008 规定了单个渐开线圆柱齿轮的 0，1，2，……，12 共 13 个精度等级。其中，0 级最高，12 级最低。）的齿轮，齿面的表面粗糙度 Ra 值为 6.3～3.2μm。

成形法铣齿可以加工直齿、斜齿和人字齿圆柱齿轮，也可加工齿条和锥齿轮等。成形法加工直齿齿形，如图 7-34 所示。

图 7-34　成形法加工直齿

2. 范成法加工

范成法（也叫包络法或展成法）是利用齿轮的啮合原理切削轮齿的加工方法。范成法只需一把刀具，就能加工出模数相同而齿数不同的齿轮。范成法具有较高的生产效率和加工精度，齿轮加工机床绝大多数采用范成法。范成法加工包括滚齿、插齿、磨齿和剃齿等。

（1）滚齿

滚齿利用一对交错轴斜齿轮的啮合原理，将其中一个斜齿轮的齿数减少到 1～2 个齿（即形成齿轮滚刀），沿轴向切出齿槽。

滚齿可以加工直齿圆柱齿轮、斜齿圆柱齿轮及蜗轮。滚齿加工直齿圆柱齿轮，如图 7-35 所示。

图 7-35　滚直齿

滚齿加工的工艺特点有以下几点。

7-6 滚齿加工

① 滚齿可以用一把滚刀加工相同模数的所有齿数齿轮，因此，减少了刀具的数量，给刀具制造和使用带来方便。

② 与成形法相比，其齿轮加工精度较高，一般可以加工 7～8 级齿轮，高精度滚齿可达 5～6 级。

③ 由于滚刀切入、切出运动的影响，滚齿不能加工多联齿轮。

（2）插齿

插齿利用一对齿轮啮合的原理，将其中一个齿轮制成刀具（即插刀）进行加工。

插齿可以加工直齿圆柱齿轮、内齿轮，安装专用装置后，可以插削斜齿轮和齿条。插直齿加工直齿圆柱齿轮，如图 7-36 所示。

7-7 插齿加工

插齿加工的工艺特点有以下几点。

① 插齿的主运动与展成运动分开，因此，可以单独提高主运动速度，使齿面精度较滚齿高。

② 插刀制造较滚刀制造方便，但是插刀增加了本身的分齿误差。一般插齿时的齿轮加工精度比滚齿略高些，适用于 7～8 级精度的齿轮加工。

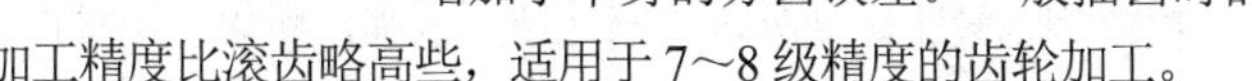

图 7-36　插直齿

③ 插齿可以加工内齿、齿条、多联齿轮，这是滚齿所不能加工的。

滚齿、插齿加工的齿轮如果需要进一步提高精度，可进行磨齿、剃齿。

1. 范成法加工齿轮的精度比成形法加工精度高，对吗？为什么？
2. 哪种齿轮齿形加工方法能加工多联齿轮？

七、磨削加工与光整加工

（一）磨削加工

1. 磨削加工的范围及其特点

在磨床上用磨具（砂轮、砂带、油石、研磨剂等）对工件进行切削加工的方法，称为磨削加工。磨削加工的尺寸精度为IT7～IT6，表面粗糙度 *Ra* 值为0.8～0.2μm；精密磨削时，尺寸精度可达IT5以下，表面粗糙度 *Ra* 值可达0.1～0.008μm，磨削加工一般属于精加工。

（1）磨削加工的范围

磨削加工可以加工各种表面，如外圆面、内圆面、平面、成形面、齿廓面、螺旋面等，还可以刃磨各种刀具。常见的磨削加工形式，如图7-37所示。

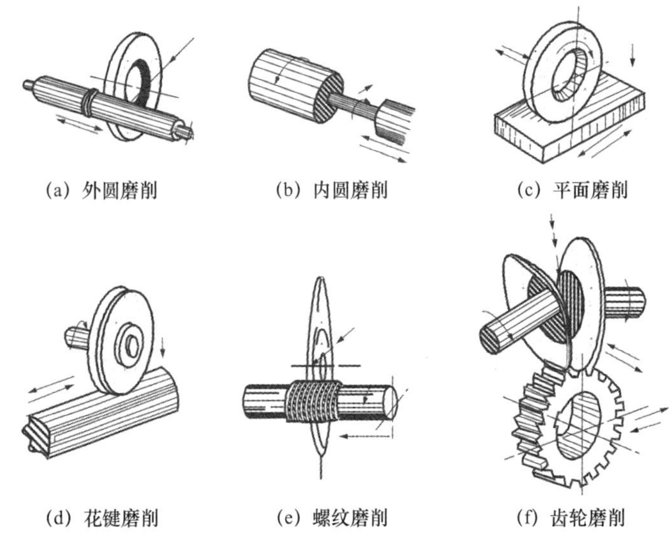

图7-37　常见的磨削加工形式

① 磨削外圆面。磨削外圆面的方法有纵磨法和横磨法两种。

纵磨法磨削外圆时，砂轮高速旋转为主运动，工件旋转并和工作台一起做纵向往复运动，以完成圆周进给和纵向进给运动。每当一次往复行程终了时，砂轮应做周期性的横向进给（最终达到一定的磨削深度），每次磨削深度很小，磨削余量在多次往复运动中磨去。由于每次磨削深度小，因而磨削力小、磨削热少、散热条件好，最后几次行程是无横向进给的光磨行程，直至火花消失为止。纵磨法加工精度高，表面粗糙度也较小。此外，纵磨法适应性强，所以应用较广。

横磨法（又称径向磨削法或切入磨削法）磨削外圆时，工件无纵向进给运动，砂轮以很慢的速度连续地或断续地向工件做横向进给运动，直至把余量全部磨完为止。采用横磨法时，砂轮全部宽度上的磨粒充分地发挥了磨削作用，有利于提高生产效率，但砂轮与工件的接触面积大，磨削力也大，磨削温度高，工件表面容易退火和烧伤。为此，应勤修砂轮并充分地供给切削液。这种方法适合磨削较短的外圆或两侧都有台阶的轴颈，但工件应有足够的刚性。

② 磨削平面。磨削平面可分为卧轴周磨和立轴端磨两种。

周磨是用砂轮的圆周面磨削平面。周磨平面时，砂轮与工件的接触面积很小，排屑和冷却条件较好，所以工件不易产生热变形，而且因砂轮圆周表面的磨粒磨损均匀，故加工质量较高，适用于精磨。

端磨是用砂轮的端面磨削工件平面。磨削时，砂轮与工件接触面积大，冷却液不易注入磨削区内，所以工件热变形大，而且因砂轮端面各点的圆周速度不同，端面磨损不均匀，所以加工精度较低。但其磨削效率高，适用于粗磨。

（2）磨削加工的特点

① 磨削加工能获得很高的加工精度和很小的表面粗糙度。

② 磨削加工能加工硬度很高的材料，如硬质合金、淬火钢等。

③ 因为砂轮表面上无规律地排列着很多磨粒，每个磨粒有很多棱角，每个棱角相当于一个切削刃口，所以整个砂轮相当于一把具有无数切削刃的铣刀，每齿切削量少，切削效率高。

④ 组成砂轮的砂粒几何形状不规则，多数砂粒呈现负前角，且切削速度高、工件材料硬，因此，磨削过程中产生大量的切削热，使磨削温度升高，故磨削需要充分的冷却润滑。

⑤ 磨削过程中，砂轮具有“自锐性”。砂轮的自锐作用是其他切削刀具所没有的。砂轮因磨损而变钝后，磨粒就会破碎，或者圆钝的磨粒从砂轮表面脱落，露出一层新鲜锋利的磨粒。砂轮的这种自行推陈出新，以保持自身锋锐的性能，称为自锐性。

⑥ 磨削加工一般是半精加工、精加工或最终加工工序，故磨削加工往往在很大程度上影响着机械产品的质量。

2. 磨床及磨床附件

（1）磨床

磨床是以砂轮或其他磨具对工件进行磨削加工的机床。平面磨床主要用于平面的磨削加工，平面磨床按工作台形状分为矩台和圆台两类，按砂轮架的主轴分布形式又分为卧轴和立轴两类。平面磨床共有卧轴矩台、卧轴圆台、立轴圆台、立轴矩台四种形式。图 7-38 所示为 M7120D/H 型卧轴矩台平面磨床。

图 7-38 M7120D/H 型卧轴矩台平面磨床

（2）磨床附件

在外圆磨床上，工件一般用前、后顶尖装夹，或用三爪自定心卡盘、四爪单动卡盘、心轴装夹。在平面磨床上，工件的装夹必须借助于装在工作台上的电磁吸盘或精密平口钳实现。

顶尖、三爪自定心卡盘、四爪单动卡盘及心轴装夹的方法与车削中所用的方法基本相同，但磨床所用顶尖都是死顶尖，不随工件一起转动，并且尾座顶尖是靠弹簧推紧力顶紧工件的，这样可以减小安装误差，提高磨削精度。

（二）光整加工

光整加工是指进一步提高零件加工精度和减小表面粗糙度的加工方法，它包括超精加工、珩磨、研磨和抛光等。光整加工必须在精车、精铰、精镗或精磨的基础上进行。

1. 超精加工

用细粒度的磨具对工件施加很小的压力，并做往复振动和慢速纵向进给运动，以实现微量磨削的光整加工方法，称为超精加工（又称超级光磨）。超精加工可在普通车床、外圆磨床上进行，在成批或大批量生产中则宜在专用机床上进行。工作时应充分地加润滑油，以便形成油膜和清洗极细的磨屑。经这种方法加工的工件表面粗糙度 *Ra* 值为 0.1～0.006μm。

2．珩磨

用珩磨工具对工件表面施加一定压力，同时相对工件做旋转和直线往复运动，以切除工件上极小余量的加工方法，称为珩磨。经珩磨后的工件表面，尺寸精度一般可达 IT7～IT6，表面粗糙度 *Ra* 值为 0.2～0.025μm。

3．研磨

用研磨工具和研磨剂，从工件上研去一层极薄表层的加工方法称为研磨。为了磨料能嵌入研磨套的内表面，研磨套的材料应软些。研磨时，先在工具表面涂上一层均匀的研磨剂，将该工具套上工件，并调节好配合的松紧程度，然后让工件旋转，手持研磨工具在轴向往复移动，直至达到研磨的要求为止。

研磨剂是很细的磨料、研磨液和辅助材料的混合剂。常用的有液态研磨剂、研磨膏和固体研磨剂（研磨皂）三种。它主要起研磨、吸附、冷却和润滑作用。经研磨后的工件表面，尺寸精度可达 IT5～IT3，表面粗糙度 *Ra* 值可达 0.1～0.006μm，形状精度也可相应提高。

4．抛光

抛光是利用高速旋转的涂有磨膏的软轮作为工具，对工件表面进行光整加工的方法。磨膏由磨料和油脂（包括硬脂酸、煤油、石蜡等）配制而成。磨料应根据工件材料选取。例如，抛光钢件时用氧化铁粉末及刚玉；抛光铸铁件时用氧化铁粉及碳化硅粉；抛光铝、铜等工件用氧化铬及金刚砂。软轮由毛毡、厚帆布、皮革或棉织物等制成。

工件抛光前应经过磨削、精车或精铣等工序的预加工。经抛光后，前一道工序的加工痕迹去掉，显出光泽表面。抛光表面粗糙度 *Ra* 值可减小到 0.1～0.012μm，但它不能提高加工精度。抛光一般在抛光机或砂带磨床上进行。

知识拓展

洪家光，数控车工、2021 年“大国工匠年度人物”。多年来，洪家光与团队先后完成 200 多项工装工具技术革新，解决了 500 多个生产制造中的难题。无数个高光时刻的背后是巧到极致的技艺，是毫厘之间的精密磨削，是让加工航空发动机叶片的工具再精确一微米，是到一根头发丝二十五分之一的精心雕琢。

八、切削加工新工艺

随着汽车产业的迅速发展，汽车制造技术和制造工艺都有了显著的进步。这里简要介绍两种切削加工新工艺。

1．高速干式切削加工工艺

高速干式切削加工是在无冷却、无润滑油剂的作用下，采用很高的切削速度进行切削加工。它采用很高的切削速度，尽量缩短刀具与工件间的接触时间，再用压缩空气或其他类似的方法移去切屑，以控制工作区域的温度。实践证明，当切削参数设置正确时，切削所产生热量的 80%可被切屑带走。高速干式切削加工已成为各类齿轮制造工艺发展的新趋势。

2．少无屑加工工艺

少无屑加工是指在机械制造过程中用精确成形方法制造零件的工艺。少无屑加工工艺包括精密锻造、冲压、精密铸造、粉末冶金、工程塑料的压塑和注塑等，其中注塑成形在汽车零部件制造中占有十分重要的地位。

九、零件各种表面的加工方案

7-8 认识金属加工的一般过程

机械零件的形状虽然很多，但主要由外圆面、内圆面（孔）、平面和成形面这几种表面组成。因此，只要能对这几种表面进行加工，就基本上能加工出所有的机械零件。零件加工的过程，实质上就是各种表面的加工过程。下面介绍几种表面的加工方案。

1. 外圆表面加工方案

外圆表面加工一般由工件材料、加工精度、表面质量及生产批量等因素所决定。

表 7-2 列出了一般外圆表面的加工方案。

表 7-2　外圆表面加工方案

序　号	加工方案	加工精度	表面粗糙度 *Ra*/μm	工件材料
1	粗车	IT13～IT11	50～12.5	非淬火钢 非铁金属
2	粗车—半精车	IT10～IT9	6.3～3.2	
3	粗车—半精车—精车	IT7～IT6	1.6～0.8	
4	粗车—半精车—精磨	IT7～IT6	0.8～0.4	淬火钢
5	粗磨—精磨	IT6～IT5	0.4～0.2	
6	粗磨—精磨—研磨	IT5～IT3	0.1～0.008	

2. 平面加工方案

平面加工根据其工件形状、尺寸、加工精度及生产批量不同，可以采用各种方法，以取得较好的经济效益。

表 7-3 列出了各种平面加工方法所能达到的加工精度及表面粗糙度。

表 7-3　平面加工方案

序　号	加工方案	加工精度	表面粗糙度 *Ra*/μm	工件材料
1	粗刨—精刨	IT8～IT7	6.3～1.6	铸铁、钢
2	粗刨—精磨	IT7～IT6	3.2～0.8	铸铁、钢
3	粗磨—精磨	IT7～IT6	3.2～0.8	淬火钢
4	粗铣—精铣（拉削）	IT8～IT7	3.2～1.6	铸铁、钢
5	粗铣—精磨	IT7～IT6	3.2～0.8	铸铁、钢
6	粗磨—研磨	IT5～IT4	0.8～0.2	淬火钢

3. 齿轮（成形面）加工方案

齿轮加工方法的确定与齿轮齿形本身的加工精度要求有着十分密切的关系，同时，还要考虑生产批量及工件尺寸大小，应根据条件，适当确定齿轮加工方案。

表 7-4 列出了不同齿轮的加工方案。

表 7-4 齿轮加工方案

序　号	加 工 方 案	加 工 精 度	适 用 条 件
1	滚齿或插齿	8 级及以下	传动精度要求不高的齿轮
2	滚（插）齿—磨齿	5～6 级	传动精度较高的淬硬齿轮
3	滚（插）齿—剃齿、珩齿	4～5 级	未淬硬的高精度齿轮

任务实施

一、汽车制造常用的切削加工方法与加工范围

汽车制造常用的切削加工方法有车削加工、铣削加工、钻削加工、刨削加工和磨削加工等。车削加工主要加工各种回转体表面以及回转体端面；铣削加工用于加工平面、台阶面、沟槽、成形表面、型腔表面和螺旋表面；钻削加工主要用于钻孔，还可以进行扩孔、铰孔、攻螺纹、锪沉头孔及锪平面；刨削加工主要用于加工各种平面和沟槽；磨削加工可以加工各种表面，还可以刃磨各种刀具。

二、汽车变速器齿轮轴的切削加工方法与加工方案

1. 汽车变速器齿轮轴的切削加工方法

图 7-10 所示的汽车变速器齿轮轴主要需要加工外圆面、端面与齿轮，所以采用的切削加工方法包括车削加工、磨削加工和齿轮齿形加工。

2. 汽车变速器齿轮轴的切削加工方案

根据项目五知识可知，汽车变速器齿轮轴一般采用 45 钢，其在工作时，主要传递扭矩、承受交变弯曲应力及一定的冲击载荷，故要求汽车变速器齿轮轴材料有一定的硬度、足够的疲劳强度和较好的韧性、耐磨性，并进行相应的热处理。结合本任务知识，确定变速器齿轮轴的切削加工方案如下。

① 变速器齿轮轴外圆面加工方案：粗车→半精车→淬火→粗磨（→半精磨）→精磨。

原因：此方案最适于加工精度高、表面粗糙度小，且要求淬硬，需将磨削分为粗磨和精磨，才能达到要求的钢件外圆面的加工。

② 变速器齿轮轴齿轮表面加工方案：粗车→滚、剃（或插）齿→渗碳→磨齿。

原因：粗加工用于切除较多的余量；滚、剃（或插）齿是半精加工，用于获得齿轮表面质量；渗碳使变速器齿轮具有较高的综合力学性能；磨齿用于精加工齿形。

任务三 数控加工基础知识

任务引入

汽车零件的加工不仅采用传统的切削加工方法，还采用数控加工技术进行加工。那么，什么是数控加工技术？数控加工中心是高效、高精度的数控机床，可在一次装夹中实现零件的铣、钻、镗、铰、攻螺纹等多工序加工。那么，什么是数控加工中心？

任务分析

数控加工是指在数控机床上，用一种可编程的、由数字和符号实施控制的系统进行自动加工的过程。数控加工技术简称数控（Numerical Control），即采用数字控制的方法对某一工作过程实现自动控制的技术。数控加工中心是一种备有刀库并能自动更换刀具对工件进行多工序加工的数控机床。学习数控加工基础知识，有利于了解数控加工技术在汽车制造中的作用。

学习目标

素质目标

1．培养创新思维，提升创新能力。

2．弘扬劳模精神。

知识目标

1．说明数控加工技术的定义。

2．阐明数控加工中心的定义。

能力目标

1．能够正确区分数控机床与传统机床的区别。

2．能够概述数控加工中心的类型。

相关知识

随着汽车产业的迅速发展，汽车复杂关键零部件的高效、高精度、高稳定性加工成为缩短产品生产周期、提高企业效益和竞争力的有效措施。数控加工技术可实现复杂汽车零部件的快速成形制造。与此同时，数控加工技术中的虚拟制造技术、柔性制造技术、集成制造技术都在现代汽车加工制造业中得到了广泛应用。数控加工技术在汽车零部件生产过程的智能化发展，将成为汽车制造产业的一项发展趋势。

数控是现代机床的核心技术，它赋予机床一个“大脑”，使机床变得越来越“聪明”。数控加工技术已经从被动执行运动指令发展到能够“感知”机床的温度、振动、能耗等工况，并加以调整和控制；能够在线测量工件尺寸、刀具破损和预测刀具寿命，以及防止刀具和运动部件干涉；甚至能够为操作者进行语音导航或发送短信息。

一、数控机床基础知识

数控机床是一种装有程序控制系统的机床，可以按照技术人员事先编好的程序，自动对任何产品和零部件直接进行加工。

（一）数控机床加工的特点

数控机床是一种灵活性极强的、高效能的全自动化加工机床。当变更加工对象时，只需重新编写零件的加工程序，而机床本身不需要进行任何调整。数控机床在加工零件时，刀具和磨具仍然与工件直接接触，仍然对材料进行切削加工，这一点与普通机床的加工并无区别。但在切削运动的控制方式上，数控机床加工则与传统切削加工存在本质上的区别。数控机床主要通过程序来进行生产，在加工过程中不会或很少受到人为的干预。

数控机床加工主要特点：加工零件精度高；生产效率高；适合加工形状复杂的轮廓表面；有利于实现计算机辅助制造；初始投资大，加工成本高。此外，数控机床是技术密集型的机电一体化产品，数控技术的复杂性和综合性加大了维修工作的难度，需要配备素质较高的维修人员和维修装备。

（二）数控机床的组成与工作过程

1. 数控机床的组成

数控机床由计算机数控装置、伺服单元、驱动装置、测量装置、控制面板、控制介质、程序输入输出设备、可编程序控制器（PLC）、机床 I/O 电路和机床本体等部分组成。数控车床外观图，如图 7-39 所示。

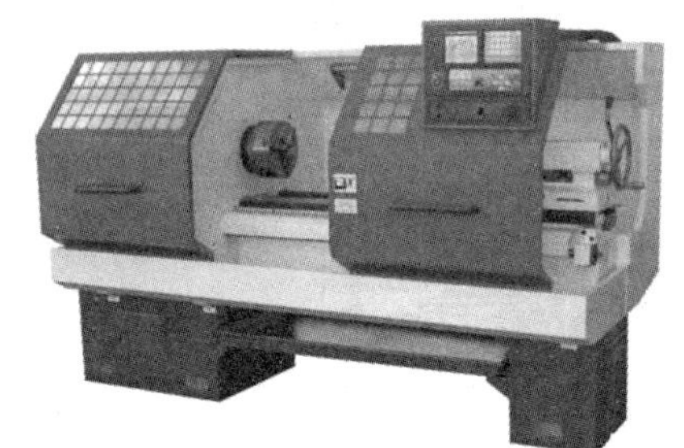

图 7-39　数控车床外观图

2. 数控机床的工作过程

数控机床加工零件时，首先，根据零件加工图样的要求，确定零件机械加工的工艺过程、工艺参数和位移数据。再按编程手册的有关规定，编写零件加工程序单。然后，将加工程序输入到数控装置（键盘输入）。在事先存入数控装置的控制软件支持下，经处理与计算，发出相应的电脉冲信号，通过伺服系统使机床按预定的轨迹运动，对零件进行切削加工。

数控机床的工作过程，如图 7-40 所示。

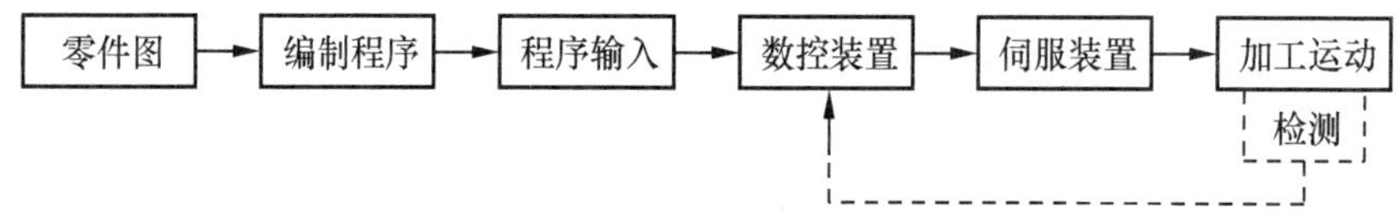

图 7-40　数控机床的工作过程

（三）数控机床的分类

1. 按控制功能分类

（1）点位控制数控机床

点位控制数控机床仅能控制两个坐标轴带动刀具或工作台，从一个点（坐标位置）准确地快速移动到下一个点（坐标位置），然后控制第三个坐标轴进行钻、镗等切削加工。点位控制数控机床具有较高的位置定位精度，在移动过程中不进行切削加工，因此对运动轨迹没有要求。

（2）直线控制数控机床

直线控制数控机床可以控制刀具或工作台以适当的进给速度，从一个点以一条直线准确地移动到下一个点，移动过程中能进行切削加工。其进给速度根据切削条件可在一定范围内调节。

（3）轮廓控制数控机床

轮廓控制数控机床能控制几个坐标轴同时协调运动，即具有多坐标轴联动的能力，使刀具相对于工件按程序规定的轨迹和速度运动，能在运动过程中进行连续切削加工。

2. 按进给伺服系统类型分类

（1）开环数控机床

开环数控机床的开环进给伺服系统没有位置测量反馈装置，信息流是单向的（数控装置

→进给系统），故系统稳定性好。但由于无位置反馈，因此精度（相对闭环系统）不高。

（2）半闭环数控机床

半闭环数控机床的进给伺服系统的位置检测点从驱动电动机或丝杠端引出，通过检测电动机或丝杠旋转角度来间接检测工作台的位移量，而不直接检测工作台的实际位置。其可获得较为满意的精度和速度，被大多数数控机床采用。

（3）闭环数控机床

闭环进给伺服系统的位置检测点，直接检测工作台的实际位置。其精度高，但系统设计和调整困难、结构复杂、成本高，主要用于一些精度要求很高的超精密车床、超精密铣床、加工中心等。

3. 按工艺用途（机床类型）分类

（1）切削加工类数控机床

切削加工类是指具有切削加工功能的数控机床。金属切削机床中常用的有车床、铣床、刨床、磨床、钻床、镗床、插床、拉床、齿轮加工机床等。目前开发的数控机床，品种越分越细。

（2）成形加工类数控机床

成形加工类是指具有通过物理方法改变工件形状功能的数控机床，如数控冲床。

（3）特种加工类数控机床

特种加工类是指具有特种加工功能的数控机床，如数控电火花线切割机床。

（4）其他类型数控机床

其他类型是指一些广义上的数控设备，如数控装配机、数控测量机、机器人等。

二、数控加工中心及分类

数控加工中心是一种备有刀库并能自动更换刀具对工件进行多工序加工的数控机床。通过在刀库上安装不同用途的刀具，数控加工中心可在一次装夹中实现零件的铣、钻、镗、铰、攻螺纹等多工序加工。数控加工中心具有良好的经济效益。数控加工中心（简称加工中心）的分类有多种，下面介绍其中两种分类情况。

1. 按机床主轴布局形式分类

（1）立式加工中心

立式加工中心指主轴轴线为垂直状态设置的加工中心，其结构形式多为固定立柱式，工作台为长方形，无分度回转功能，适合加工只进行单面加工的零件。在其工作台上安装一个水平轴的数控转台后，还可加工螺旋线类零件。图 7-41 所示为一种立式加工中心。立式加工中心的结构简单、占地面积小、价格低。

（2）卧式加工中心

卧式加工中心指主轴轴线为水平状态设置的加工中心，通常都带有可进行分度回转运动的正方形分度工作台。卧式加工中心一般具有 3～5 个运动坐标，常见的是 3 个直线运动坐标（沿 x、y、z 轴方向）加 1 个回转运动坐标（回转工作台）。图 7-42 所示为一种卧式加工中心。卧式加工中心与立式加工中心相比，一般具有刀库容量大，整体结构复杂，体积和占地面积大，价格较高等特点。卧式加工中心更适合加工复杂的箱体类零件。

图 7-41　立式加工中心

图 7-42　卧式加工中心

（3）龙门式加工中心

龙门式加工中心的形状与龙门铣床相似，如图 7-43 所示。其主轴多为垂直设置，带有自动换刀装置和可更换的主轴头附件。其数控装置的软件功能也较齐全，能够一机多用，尤其适用于加工大型或形状复杂的工件。

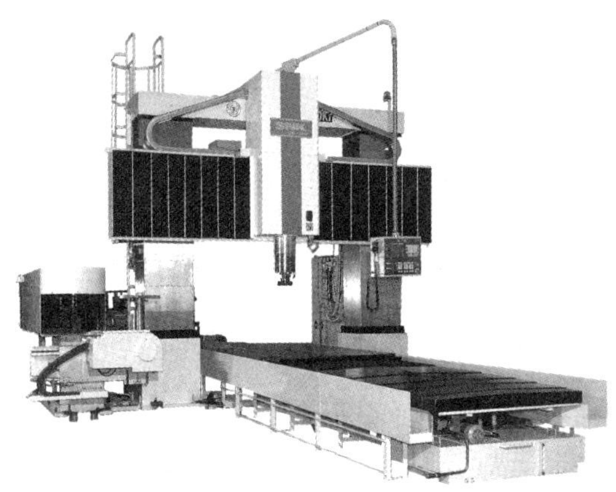
图 7-43　龙门式加工中心

（4）复合加工中心

复合加工中心指立、卧两用加工中心，它既有立式加工中心的功能，又有卧式加工中心的功能。复合加工中心能在工件一次装夹后，完成除安装面外其他 5 个面的加工，降低了工件二次安装引起的形位误差，大大提高了加工精度和生产效率。但是由于复合加工中心存在着结构复杂、造价高、占地面积大等缺点，所以它的使用和生产在数量上还远不如其他类型的加工中心。

2. **按换刀形式分类**

（1）带刀库、机械手的加工中心

带刀库、机械手的加工中心的换刀装置由刀库和机械手组成，换刀机械手完成换刀工作，这是加工中心最普遍采用的形式。

（2）无机械手的加工中心

无机械手的加工中心的换刀是通过刀库和主轴箱的配合动作来完成的。一般是把刀库放在主轴可以运动到的位置，或整个刀库或某一刀位能移动到主轴箱可以达到的位置。刀库中刀的存放位置方向与主轴装刀方向一致。换刀时，由主轴到刀位上的换刀位置直接取走或放回刀具。

（3）转塔刀库式加工中心

一般在小型立式加工中心上采用转塔刀库形式，主要用于孔加工。

三、数控加工技术的发展趋势

20 世纪 90 年代以来，随着计算机技术突飞猛进的发展，数控技术不断综合计算机、控制理论等领域的技术成就，朝着运行高速化、加工高精度化、功能复合化、控制智能化、交互网络化、高柔性化、加工过程绿色化及数控系统开放化等方向发展。

1. 运行高速化

数控机床向高速化方向发展，可充分发挥现代刀具材料的性能，不但可大幅度提高加工效率、降低加工成本，而且还可提高零件的表面加工质量和加工精度。超高速加工技术对制造业实现高效、优质、低成本生产有广泛的适用性。

2. 加工高精度化

高精度化一直是数控机床技术发展追求的目标。高精度加工实际上是高速加工技术和数控机床广泛应用的必然结果。随着计算机硬盘、高精度液压轴承等精密零件的增多，精整加工所需精度已提高到 0.1μm，加工精度进入了亚微米世界。

3. 功能复合化

复合机床的含义是指在一台机床上实现或尽可能完成从毛坯至成品的多种要素加工。采用复合机床进行加工，可以减少工件加工过程中的多次装夹、重新定位、对刀等辅助工艺时间，提高机床利用率。

4. 控制智能化

随着人工智能技术的发展，为了满足制造业生产柔性化、制造自动化的发展需求，数控机床的智能化程度在不断提高。

5. 交互网络化

实现多种通信协议，既能满足单机需要，又能满足柔性制造单元（FMC）、柔性制造系统（FMS）、计算机/现代集成制造系统（CIMS）对基层设备的要求，同时便于形成“全球制造”的基础单元。

6. 高柔性化

柔性是指机床适应加工对象变化的能力。目前，在进一步提高单元柔性自动化加工的同时，数控加工技术正努力向单元柔性化和系统柔性化的方向发展。

7. 加工过程绿色化

随着日趋严格的环境与资源约束，制造加工的绿色化越来越重要。近年来不用或少用冷却液、实现干切削、半干切削、节能环保的机床不断出现，并不断发展。在 21 世纪，绿色制造的大趋势将使各种节能环保机床加速发展，占领更多的世界市场。

8. 数控系统开放化

长期以来，数控系统都是在专有设计的基础上完成的，是一种封闭式的系统。这种封闭体系结构已经不能适应现代化生产的变革，因此，开放式数控系统应运而生。开放式数控系统具有模块化、标准化、平台无关性、可二次开发、适应网络操作等特点。它面向机床厂家和最终用户，使其可以自由地选择数控装置、驱动装置、伺服电机等数控系统的各个构成要素，并可方便地将自己的技术诀窍和特殊应用集成到控制系统中，快速组成不同品种、不同档次的数控系统。

梁兵，数控加工中心高级技师、全国劳动模范。0.005 毫米是头发丝的二十分之一，也是梁兵在数控加工中常见的精度要求。梁兵练成了一套通过手指触摸按压和聆听声音来感知零件之间贴合度的高超技艺。多年来，经过他精加工的零件有上千种，出厂合格率 100%，被大家称为“免检产品”。

任务实施

一、数控加工技术的定义

数控加工技术简称数控，即采用数字控制的方法对某一工作过程实现自动控制的技术。

二、数控加工中心的定义

数控加工中心是一种备有刀库并能自动更换刀具对工件进行多工序加工的数控机床。

项目八 汽车构件力学分析

汽车构件在外力作用下丧失正常工作的效能即为失效。构件失效将导致汽车不能正常工作，甚至可能发生严重的事故。因此，在汽车设计、制造和使用时，必须首先掌握构件的力学分析方法。力学分析包括静力分析和强度分析。静力分析主要根据力的平衡关系对构件进行受力分析，并利用构件的平衡条件计算未知力的大小和确定未知力的方向。强度分析主要研究构件受外力作用后所发生的变形以及内力、应力和强度计算问题。

任务一 汽车构件静力分析

任务引入

汽车发动机活塞连杆组中的连杆在工作时会受到一对外力作用，汽车转向盘转弯时会受到一对力偶作用，连杆与转向盘的受力情况如图 8-1 所示。那么，如何对它们进行受力分析？

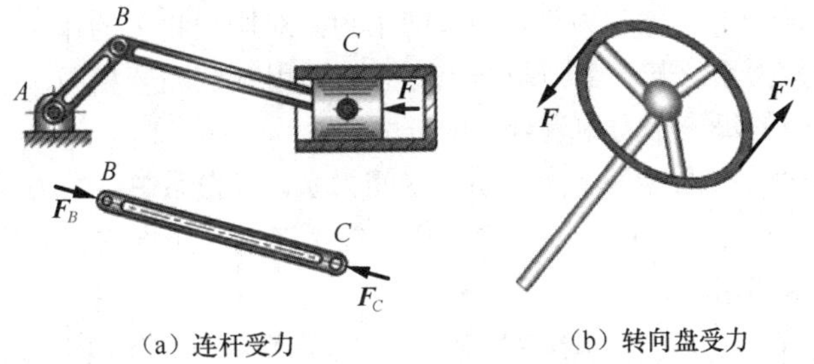

(a) 连杆受力　　(b) 转向盘受力

图 8-1　连杆与转向盘受力示意图

任务分析

汽车的设计和制造都和汽车静力分析密切相关。汽车构件静力分析主要根据力系的简化以及构件在力系作用下平衡的普遍规律，对汽车构件进行受力分析，并进行力学计算。

学习目标

素质目标

1．培养创新思维，强化创新意识。

2．科技自强，增强民族自豪感。

知识目标

1．复述静力学公理内容。

2．阐明构件（物体）受力分析方法。

能力目标

1．能够正确画出构件的受力分析图。

2．能够应用平衡条件求解汽车构件受力问题。

相关知识

一、汽车构件静力分析基础知识

（一）静力分析基本概念

1．力

力是物体间的相互机械作用。力对物体的效应是使物体的运动状态和形状发生改变，前者称为力的运动效应或外效应，后者称为力的变形效应或内效应。

力对物体的效应取决于力的大小、力的方向和力的作用点，即力的三要素。只要力的三要素之一发生改变，则力对物体的效应也随之改变。

力是既有大小又有方向的矢量，如图 8-2 所示，在图上用带有箭头的有向线段表示。线段的长度按一定比例表示力的大小，箭头的指向表示力的方向，线段的起点（或终点）表示力的作用点。

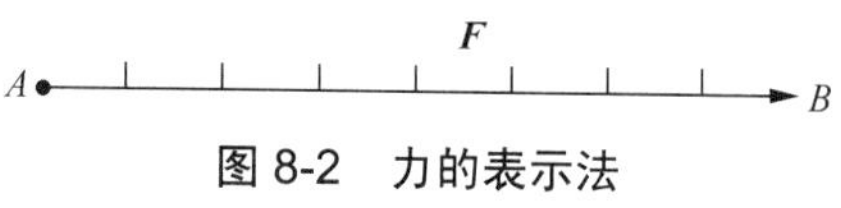

图 8-2　力的表示法

力矢用黑斜体字母表示，如 ***F***、***G***。在国际单位制中，力的单位是牛顿（N）。

作用于刚体上的一群力称为力系。如果两个力系对同一物体的作用效应完全相同，则称这两个力系互为等效力系。若一个力与一个力系的作用效应完全相同，则这个力称为该力系的合力，而该力系中的每一个力称为合力的分力。

力系按作用线是否共面分为平面力系和空间力系。若力系中各个力的作用线均在同一平面内，则称为平面力系；若力系中各个力的作用线不在同一平面内，则称为空间力系。本任务主要讲述平面力系知识。

在平面力系中，若各个力的作用线均汇交于一点，则称该力系为平面汇交力系；若各力的作用线均相互平行，则称该力系为平面平行力系；若为力偶组成的平面力系，则称该力系为平面力偶系；若各力既不完全平行也不完全汇交于一点，则称该力系为平面任意力系，如图 8-3 所示。其中，平面汇交力系和平面力偶系是平面力系中的两个基本简单力系，平面任意力系则是平面力系的一般情形。

将一个复杂力系简化为一个简单力系或一个力的过程，称为力系的简化。

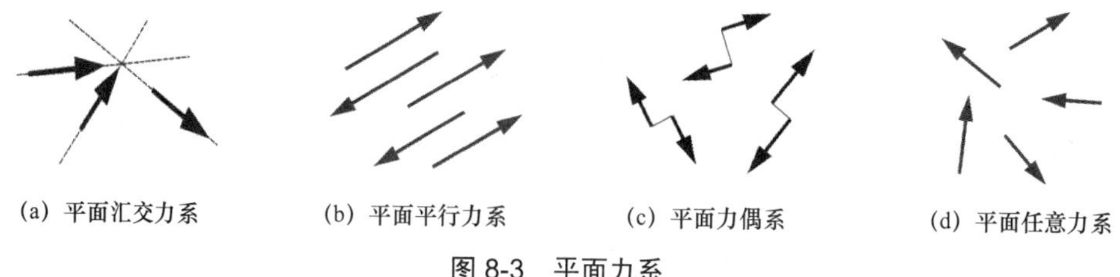

(a) 平面汇交力系　(b) 平面平行力系　(c) 平面力偶系　(d) 平面任意力系

图 8-3　平面力系

2. **刚体**

刚体是指在外力作用下，大小和形状保持不变的物体，刚体是抽象化的理想力学模型。

实际物体在力的作用下都会产生一定的变形，都不是真正的刚体。若物体本身的变化不影响问题的研究，则可将该物体简化为刚体来处理，而忽略物体的体积和形状，这样所得结果仍与实际情况相符合。如图 8-4 所示的齿轮轴，在其运转过程中，齿轮轴的微小弯曲对两端轴承承受力的影响极小，因此在研究齿轮轴的受力时，可忽略轴的变形因素，将齿轮轴看作刚体。

实践证明，在静力分析中把所研究的物体抽象为刚体，不仅是解决工程实际问题所允许的，同时也是认识力学规律所必需的。抽象简化可以使许多工程实际问题的解决更加方便，而且计算结果也足够精确。

但是，在物体变形成为所研究问题的主要因素时，就不能把物体视为刚体，而要将其视为变形体。本任务在对物体进行受力分析时，所研究的物体只限于刚体。

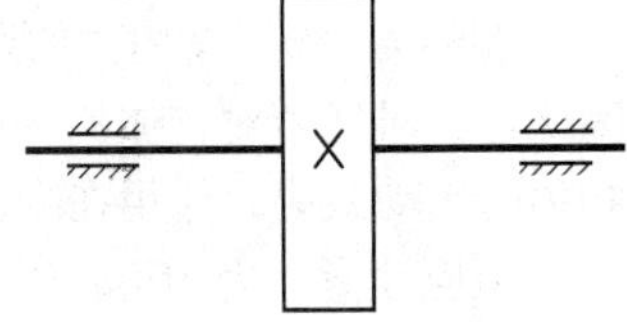

图 8-4　齿轮轴

3. **平衡**

在静力分析中，平衡是指物体相对于地面保持静止状态或做匀速直线运动。例如，静止在地面上的汽车或在直线路面上匀速行驶的汽车，都处于平衡状态。

平衡是相对的，平衡是机械运动的一种特殊形式。平衡的规律远比一般规律简单。在工程中，往往会遇到很多机械零件、部件等物体的平衡问题，需要进行静力分析计算，因此，平衡规律的应用很广泛。

物体处于平衡状态时，作用于该物体上的力系，称为平衡力系。当一个力系满足一定条件时，物体处于平衡状态。物体处于平衡状态的条件，称为力系的平衡条件。

（二）静力学公理

静力学公理是人类对在长期的生活和生产实践中积累的经验进行总结、归纳而提出，又为长期的实践所证实的基本理论。静力学公理概括了力的各种性质，是静力分析的理论基础。

1. **二力平衡公理**

作用在同一刚体上的两个力，使刚体处于平衡状态的必要和充分条件是：这两个力大小相等，方向相反，且作用在同一直线上（简称等值、反向、共线）。

在工程上，不计自重和摩擦力，只受两个力作用而平衡的刚体称为“二力构件”或“二力体”。当构件为杆状时，又习惯称为“二力杆”，如图 8-5 所示 *CD* 杆。根据二力平衡公理，作用于二力杆上的两个力的作用线，必定沿着两个力作用点的连线，且大小相等，方向相反。

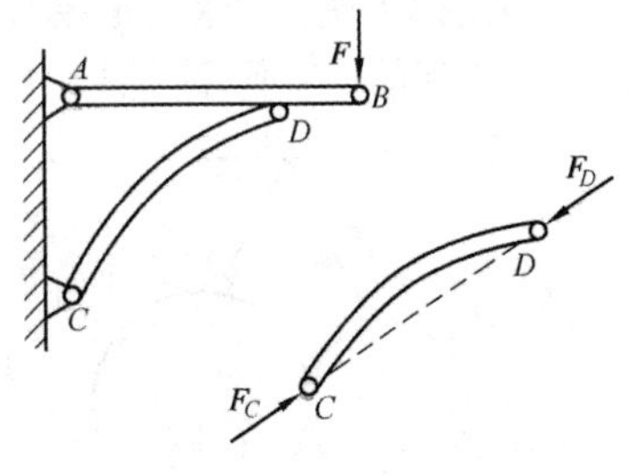

图 8-5　二力构件

2. **加减平衡力系公理**

在作用于刚体的任意力系上，加上或减去一组平衡力系，并不会改变原有力系对刚体的作用效应。加减平衡力系公理是研究力系等效替换的重要依据。

推论：力的可传性原理

作用于刚体上的力可沿其作用线任意移动，而不会改变力对刚体作用的运动效应。如图 8-6 所示，力作用在刚体上点 *A* 和作用在刚体上点 *B* 效果是一样的，图中 $\boldsymbol{F}=-\boldsymbol{F}_1=\boldsymbol{F}_2$。

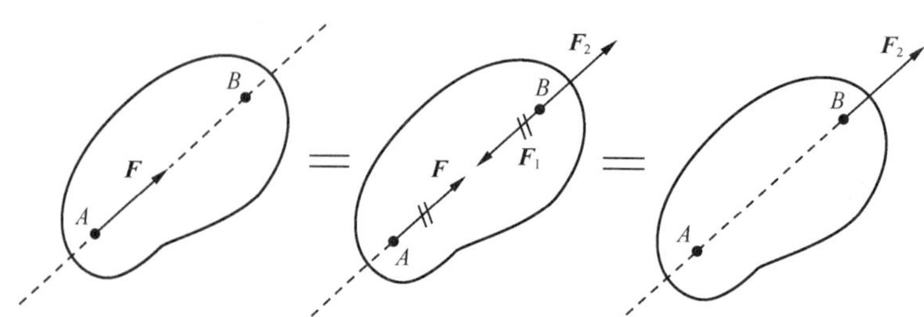

图 8-6　力的可传性原理

在静力分析中，由力的可传性原理可知，力的作用点不是决定力对物体作用效果的要素。因此，在研究力对物体的运动效应时，作用在其上的力可以沿其作用线滑移，而不影响力对物体的运动效应。作用在刚体上的力，其三要素便转化为大小、方向和作用线。

但应注意，力的可传性适用于刚体，不适用于变形体，如图 8-7 所示。

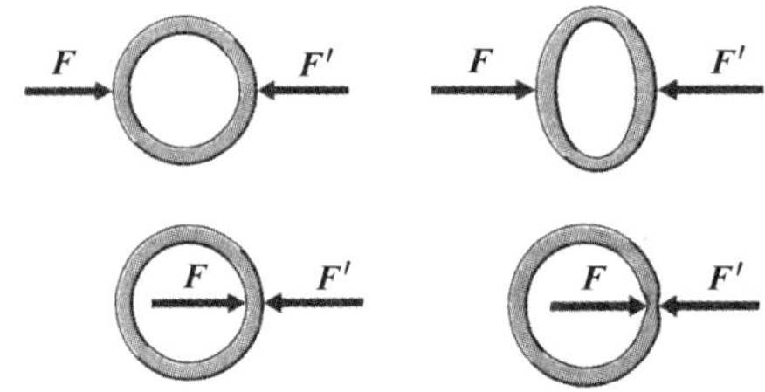

图 8-7　力的可传性原理适用范围

3. *作用力与反作用力定律*

两个物体间的作用力与反作用力总是同时存在的，且大小相等、方向相反、沿同一直线，分别作用在这两个物体上。如图 8-8 所示，球 B 对球 A 的力 $\boldsymbol{F}_N$ 与球 A 对球 B 的力 $\boldsymbol{F}_N'$ 构成了一对作用力与反作用力。

该定律表明，力永远是成对出现的，物体间的作用总是相互的，有作用力就有反作用力。这种物体间的相互作用关系，是分析物体受力时必须遵循的原则。

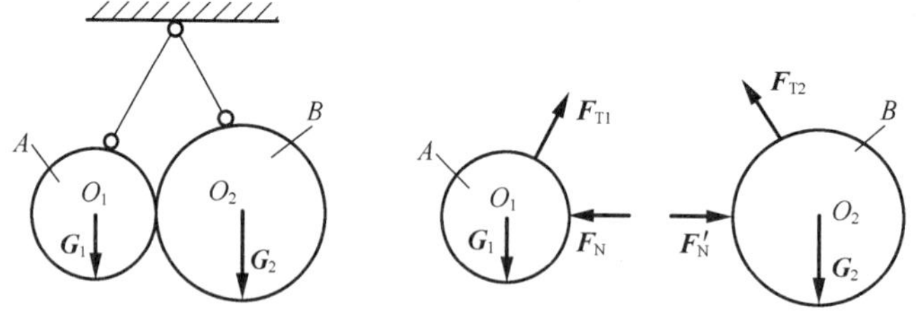

图 8-8　作用力与反作用力

8-1 作用力与反作用力

满足二力平衡条件的两个力作用在同一刚体上，作用力与反作用力分别作用在两个不同物体上。

4. **力的平行四边形法则**

8-2 力的平行四边形法则及案例

作用在物体上同一点的两个力可以合成为一个力（称为合力）。合力的作用点仍在该点，合力的大小和方向由以这两个力为邻边构成的平行四边形的对角线确定，即合力矢等于这两个分力矢的矢量和，如图 8-9 所示，$\boldsymbol{F}_R$ 是 $\boldsymbol{F}_1$、$\boldsymbol{F}_2$ 的合力，矢量表达式为

$$\boldsymbol{F}_R = \boldsymbol{F}_1 + \boldsymbol{F}_2$$

也可另作力三角形，求两汇交力合力的大小和方向（即合力矢），如图 8-10 所示。

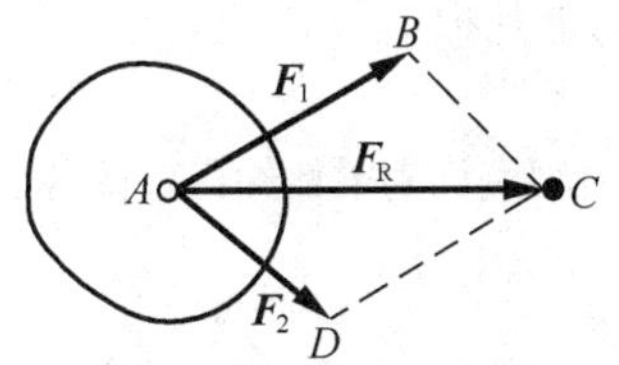

图 8-9　力的平行四边形

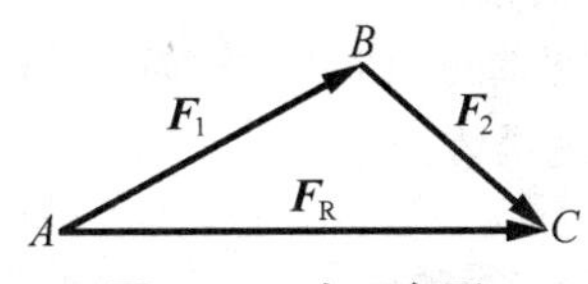

图 8-10　力三角形

画力三角形的方法：自点 A 先画一力 $\boldsymbol{F}_1$，然后再由 $\boldsymbol{F}_1$ 的终端 B 画力 $\boldsymbol{F}_2$，连接 $\boldsymbol{F}_1$ 起端 A 与 $\boldsymbol{F}_2$ 的终端 C，即代表合力 $\boldsymbol{F}_R$。显然，合力 $\boldsymbol{F}_R$ 与画力的顺序无关。由 $\boldsymbol{F}_1$、$\boldsymbol{F}_2$、$\boldsymbol{F}_R$ 组成的三角形称为力三角形。

力的加减是矢量的合成与分解，必须遵循力的平行四边形法则。力的平行四边形法则既是力的合成法则，也是力的分解法则，是较复杂力系简化的基础。

推论：三力平衡汇交定理

当刚体在三个力作用下平衡时，设其中两个力的作用线相交于某点，则第三个力的作用线必定也通过这个点。

（三）受力分析与受力图

1. **约束和约束反力**

力学中通常将物体分为自由体和非自由体两类。凡是能在空间做任意运动的物体称为自由体。例如，空中飞行的飞机、空间站等，均属于自由体，如图 8-11 所示。如果物体受到其他物体对它的限制，从而在某方向不能自由运动，则称其为非自由体。例如，在轨道上行驶的火车、轴承支承的轴等，均属于非自由体，如图 8-12 所示。

图 8-11　自由体

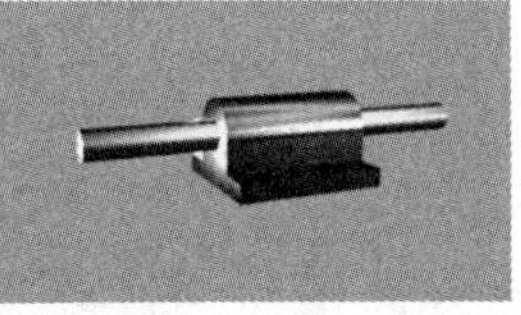

图 8-12　非自由体

对非自由体的某些位移起限制作用的周围物体，称为约束。机器中的零部件及机构中的构件，彼此间都以一定的方式相联系，从而形成各种各样的约束。例如，轴支承在轴承上，

轴承便是轴的约束；火车靠轨道支承，轨道便是火车的约束。

由于约束能限制物体的运动，因此当被约束物体有沿约束所限制方向运动的趋势时，约束必然承受被约束物体的作用力。同时，约束也给物体以大小相等、方向相反的反作用力，称为约束反力或约束力。约束反力属于被动力，是未知的力，它总是作用在约束与被约束物体接触处，方向总是与该约束所限制物体的运动趋势相反。

在静力分析中，除了约束反力，物体还受到主动力作用。凡是能主动引起物体运动状态改变，或有使物体运动状态改变趋势的力，均称为主动力。主动力有时也称载荷，一般都是已知的力或可根据已有条件确定的力，如重力、拉力、推力等。因此，对约束反力的确定，就成为物体受力分析的重点。

8-3 约束和约束力

约束反力与约束性质有关，常见的约束类型有以下几种。

（1）柔体约束

工程上常见的传动带、柔软的绳索和链条等构成的约束称为柔体约束。图 8-13 所示带传动上的传动带即为柔体约束。

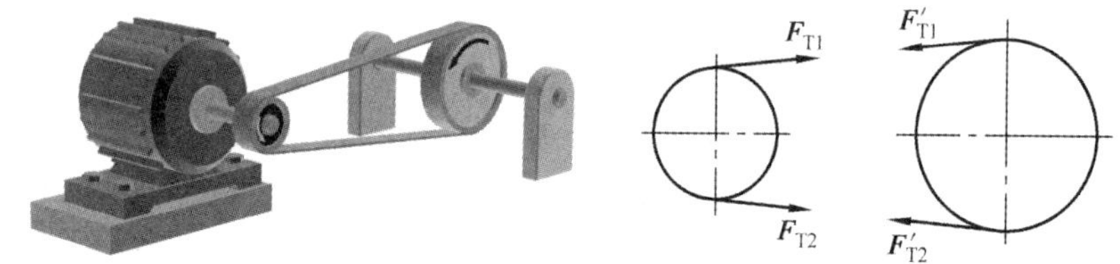

图 8-13 柔体约束

约束特点：柔体约束柔软易变形，只能承受拉力，不能承受压力。所以，柔体约束只能限制物体沿柔体中心线伸长方向的运动，而不能限制其他方向的运动。

约束反力方向：柔体约束的约束反力总是沿着柔体中心线背离被约束物体，作用在与被约束物体的接触点上，这类约束反力常用 $\boldsymbol{F}_\mathrm{T}$ 表示。

（2）光滑接触约束

当两物体直接接触，且表面光滑，接触处摩擦力很小，可略去不计时，这种光滑的平面或曲面构成的约束称为光滑接触约束，如图 8-14 所示。

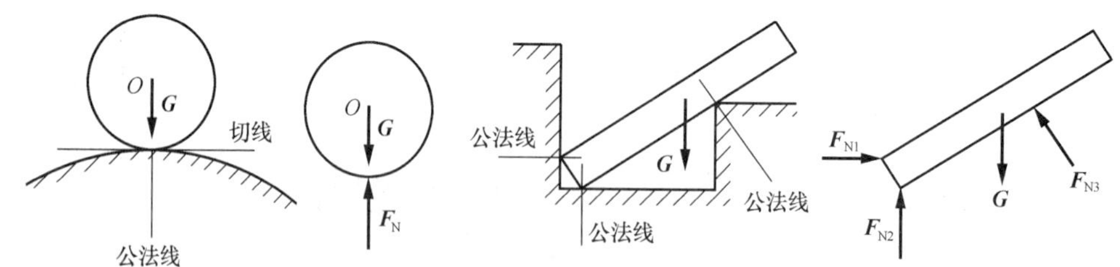

图 8-14 光滑接触约束

约束特点：光滑接触约束不能限制物体离开接触面或沿其他方向的运动，只能限制沿接触面法线方向的运动。

约束反力方向：光滑接触约束的约束反力必通过接触点沿着接触面在该点的公法线，并指向受力物体。这类约束反力也称法向反力，常用 $\boldsymbol{F}_\mathrm{N}$ 表示。

（3）光滑铰链约束

在工程上，常用圆柱销钉将两个具有相同大小圆柱孔的构件连接起来，形成一种可动连接，构成铰链。由铰链构成的约束称为铰链约束。这类约束只能限制构件沿垂直于销钉轴线方向的相对移动，不能限制构件间的相对转动。如图 8-15 所示，物体 A 与物体 B 由圆柱销钉 C 连接，物体 A 与物体 B 的运动受到圆柱销钉 C 的限制，只能转动，不能移动。如果销钉与构件间接触面的摩擦很小，可略去不计，则称该铰链为光滑铰链。

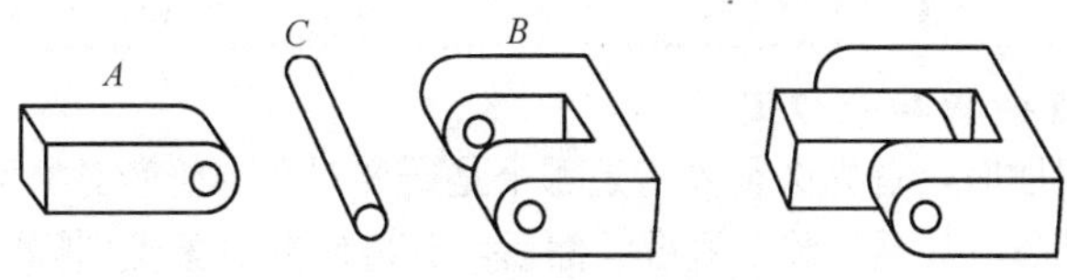

图 8-15　光滑铰链约束

工程上常见的光滑铰链约束有以下三种形式。

① 中间铰链约束。当构成铰链约束的两构件均为活动构件时，这种约束称为中间铰链约束，如图 8-16（a）所示。

约束反力沿着接触点处的公法线方向且通过销轴中心，但接触点的位置不能预先确定，它随主动力方向变化而不同，为计算方便，约束反力用过销轴中心的两个正交的分力 $\boldsymbol{F}_x$、$\boldsymbol{F}_y$ 表示，如图 8-16（b）所示。

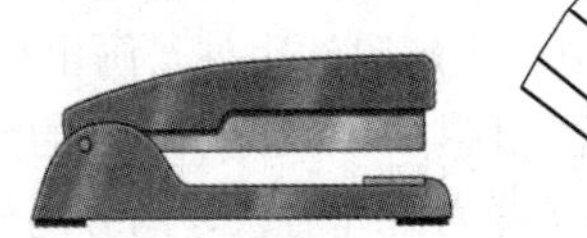

（a）中间铰链约束　（b）中间铰链约束反力

图 8-16　中间铰链约束及其约束反力

② 固定铰链支座。当构成铰链约束的两构件中有一个固定为支座，则这种约束称为固定铰链支座或固定支座，如图 8-17（a）所示。

约束反力沿着接触点处的公法线方向且通过销轴中心，但接触点的位置同样不能预先确定，常用通过销轴中心的两个正交的分力 $\boldsymbol{F}_x$、$\boldsymbol{F}_y$ 表示，如图 8-17（b）所示。

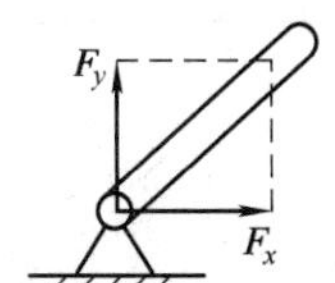

（a）固定铰链支座　（b）固定铰链约束反力

图 8-17　固定铰链支座及其约束反力

③ 活动铰链支座。在固定铰链支座的底部安装辊轴，可使支座沿固定支承面移动，成为活动铰链支座，如图 8-18（a）所示。

这种约束只能限制构件离开和趋向支承面的运动，不能限制构件绕销轴轴线的转动，以及沿固定支承面的移动，其约束反力通过销轴中心，垂直于支承面，指向或背离物体，常用

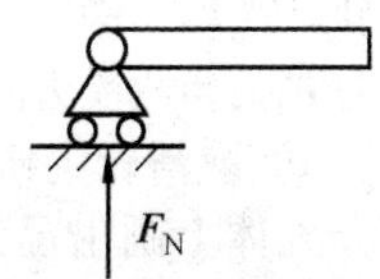

（a）活动铰链支座　（b）活动铰链约束反力

图 8-18　活动铰链支座及其约束反力

$\boldsymbol{F}_{\mathrm{N}}$ 表示，如图 8-18（b）所示。

在工程上，常将固定铰链支座和活动铰链支座配合使用，用来支撑有变形可能的桥梁、轴等，通过活动铰链支座的轴向位移，来适应温差效应引起的变形。

1. 什么是二力构件？其有什么特点？
2. 工程上常见的约束类型有哪些？如何确定约束反力的方向？

2. **物体的受力分析和受力图**

研究静力平衡问题时，首先必须弄清楚哪个是研究对象。研究对象可以是单个物体，也可以是几个物体的组合，甚至是整个系统。然后，分析研究对象受到哪些力的作用。

为了清楚地表示物体的受力情况，常需把研究对象从周围物体中分离出来，单独画出简图，这一过程称为“取分离体”（分离体是解除约束后的自由体）。取分离体后，解除了约束，需用相应的力代替原来的约束对物体的作用，以维持原有的平衡状态，这一过程称为“受力分析”。在分离体简图上相应位置，画出其所受的全部主动力和约束反力，即得到分离体的“受力图”。

正确画出物体的受力图是解决静力学问题的基础，具体步骤如下。

① 确定研究对象，画出分离体。

② 在分离体上，画出全部已知的主动力。

③ 在分离体上解除约束处，画出相应的约束反力。

8-4 物体的受力分析和受力图

例 8-1 画出图 8-19 所示杆 *AB* 的受力图（不计杆重，假设接触面光滑）。

解：以 *AB* 杆为研究对象，画分离体，进行受力分析。在分离体上画出已知的主动力 $\boldsymbol{F}$、*B* 端光滑接触约束反力 $\boldsymbol{F}_{\mathrm{N}B}$，根据三力平衡汇交定理，判定 *A* 端中间铰链约束反力 $\boldsymbol{F}_A$ 的方向，杆 *AB* 受力图如图 8-20 所示。

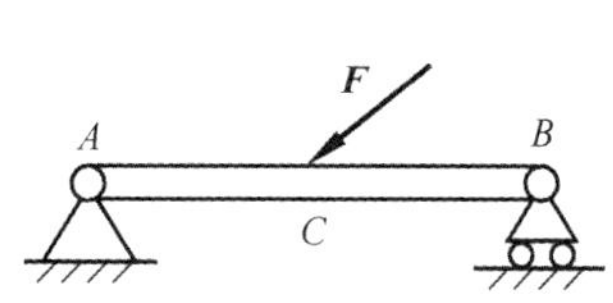

图 8-19 杆 *AB* 的受力

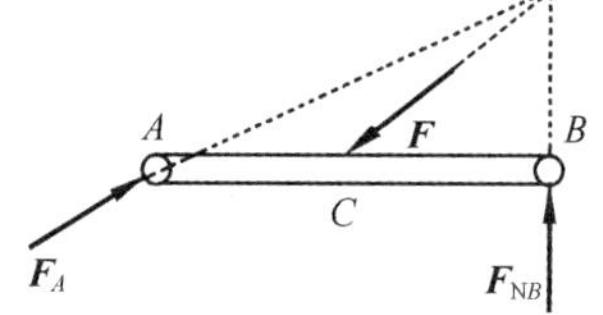

图 8-20 杆 *AB* 受力图

例 8-2 在图 8-21（a）所示的定滑轮结构中，轮心处受到光滑铰链约束，在绳子的一端施加力 $\boldsymbol{F}$，将重力为 $\boldsymbol{G}$ 的物体匀速吊起。设滑轮本身重力不计，滑轮与轴之间的摩擦忽略不计，试分别画出重物与滑轮的受力图。

解：① 取重物为研究对象，画分离体，在分离体上画出已知主动力 $\boldsymbol{G}$、绳子的约束反力 $\boldsymbol{F}_{\mathrm{T}}$，重物受力图如图 8-21（b）所示。

② 取滑轮为研究对象，画分离体，在分离体上画出已知的主动力 $\boldsymbol{F}$，绳子的拉力 $\boldsymbol{F}_{\mathrm{T}}'$ 及滑轮铰链中心的约束反力 $\boldsymbol{F}_x$、$\boldsymbol{F}_y$，滑轮受力图如图 8-21（c）所示。

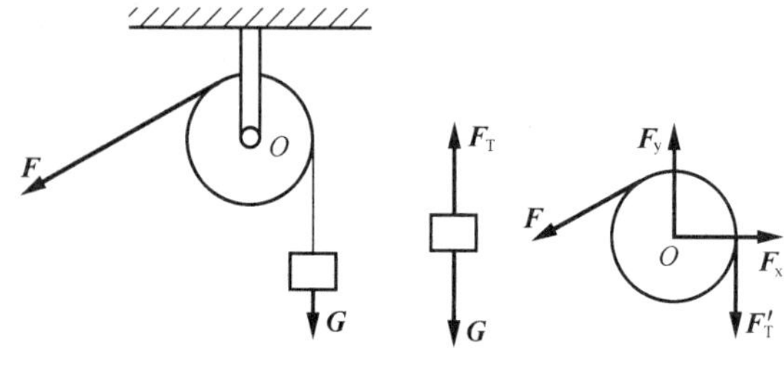

(a) 定滑轮 (b) 重物受力图 (c) 滑轮受力图

图 8-21 定滑轮结构

其中，F_T' 与 F_T 是作用力与反作用力的关系。

正确地画出物体的受力图，是分析、解决力学问题的基础。画受力图时，必须注意以下几点。

① 分析两物体间的相互作用时，应该注意运用作用力与反作用力定律来判断和检查。

② 善于运用二力构件来帮助进行受力分析，正确运用三力平衡汇交定理。

③ 分析约束反力时应严格区分约束类型，确定相应的约束反力。

④ 不要多画力，也不要少画力。凡是与周围物体接触的位置，一般情况下均存在约束反力。

⑤ 柔体约束的约束反力只能是拉力，不会是压力。

二、平面汇交力系

平面汇交力系可以由两个、三个或更多的汇交力组成。平面汇交力系可以合成为一个合力。平面汇交力系的合成和简化的方法有几何法和解析法两种。

1. 平面汇交力系合成的几何法（矢量法）

设一刚体受到不平行的四个力作用，可根据力的可传性原理，将其作用线移至汇交点 O，成为汇交力系。根据力的平行四边形法则得到的简化方法——力三角形法，先将 F_1 和 F_2 合成为 F_{R12}，再将 F_3 和 F_{R12} 合成为 F_{R123}，F_{R123} 和 F_4 合成为合力 F_R，合力的作用线必过汇交点 O，如图 8-22 所示。

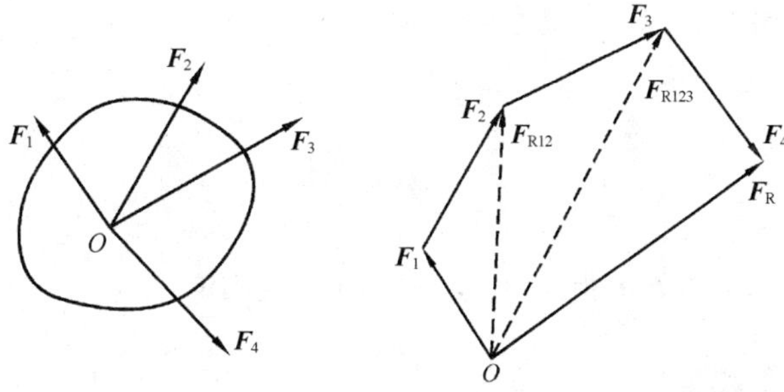

图 8-22　力多边形法

若同一刚体上受到不平行的多个汇交力作用，连续应用力三角形法，可求得整个力系的合力 F_R。由图 8-22 所示可看出，中间合力 F_{R12}，F_{R123}，……可省略不画，只要将力系中各力 F_1，F_2，……，F_n 依次首尾相接，形成一条折线，则由第一个力的始端指向最后一个力的末端的力矢 F_R，即为整个力系的合力。把各力矢首尾相接，形成一条有向折线段（称为力链），加上一个封闭边，就得到一个多边形，称为“力多边形”。上述合成的方法，称为“力多边形法”，合成结果用矢量式表示为

$$F_R = F_1 + F_2 + \cdots + F_n = \sum F_i$$

由以上分析可知，在一般情况下，平面汇交力系合成的结果是一个合力，合力的作用线通过力系的汇交点，合力的大小和方向由力多边形的封闭边表示。应用“力多边形法”求合力的方法，称为平面汇交力系合成的几何法。

2. 平面汇交力系合成的解析法（投影法）

解析法通过矢量在坐标轴上的投影，来求合力与分力之间的关系。根据力的平行四边形法则，两个汇交力合成的结果是唯一的，而力的分解可以有无数结果。在应用中，通常将力 F 分解为沿两个互相垂直的坐标轴的正交分力 F_x、F_y。

（1）力在坐标轴上的投影

设力 F 作用在刚体点 A 上，在力 F 的作用线所在平面内取一直角坐标系 xOy，力 F 与 x

轴所夹锐角为α，如图 8-23 所示。力 $\boldsymbol{F}$ 可以沿 x、y 轴分解成两个正交分力 $\boldsymbol{F}_x$、$\boldsymbol{F}_y$。若过力 $\boldsymbol{F}$ 的始点 A 和终点 B 分别向 x 轴引垂线，得到垂足 a、b，则线段 ab 称为力 $\boldsymbol{F}$ 在 x 轴上的投影，用 F_x 表示。同样，过 A、B 两点分别向 y 轴引垂线，得到垂足 a'、b'，线段 $a'b'$ 称为力 $\boldsymbol{F}$ 在 y 轴上的投影，用 F_y 表示。

力在坐标轴上的投影是代数量，有正负号的区别。其正负号规定如下：投影的指向（a 到 b 的方向）与坐标轴（x、y 轴）的正向一致时，力的投影取正值，反之取负值。

因此，利用力在直角坐标轴上的投影，可以表示力沿直角坐标轴分解成的分力大小和方向。则有

$$F_x = \pm F\cos\alpha$$
$$F_y = \pm F\sin\alpha$$

若已知力 $\boldsymbol{F}$ 在 x、y 轴上的投影 F_x、F_y，可反过来求出力 $\boldsymbol{F}$ 的大小及方向。

$$F = \sqrt{F_x^{\ 2} + F_y^{\ 2}}$$
$$\tan\alpha = \left|\frac{F_y}{F_x}\right|$$

力 $\boldsymbol{F}$ 的指向由 F_x、F_y 的正负号确定。

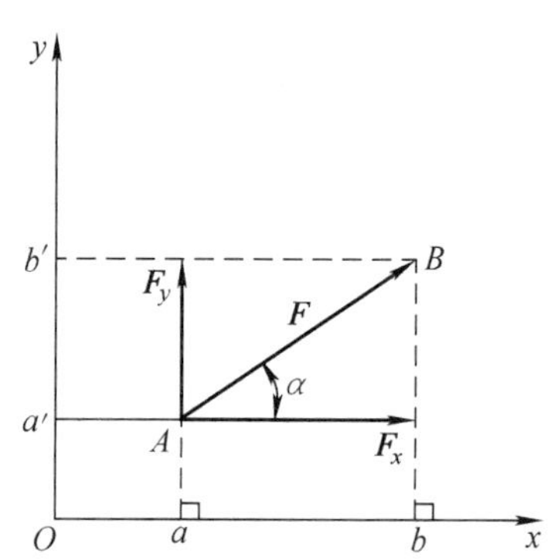

图 8-23　力在坐标轴上的投影

力在坐标轴上的投影与力的分力是不同的，力的投影是代数量，力的分力是矢量，二者不可混淆。

（2）合力投影定理

设有一平面汇交力系作用在刚体上，试用几何法求此力系合力，作出力的多边形。在力的作用线所在平面内，建立一直角坐标系 xOy，将合力 $\boldsymbol{F}_{\mathrm{R}}$ 及各分力 $\boldsymbol{F}_1$、$\boldsymbol{F}_2$、$\boldsymbol{F}_3$ 分别向 x 轴和 y 轴投影，如图 8-24 所示。

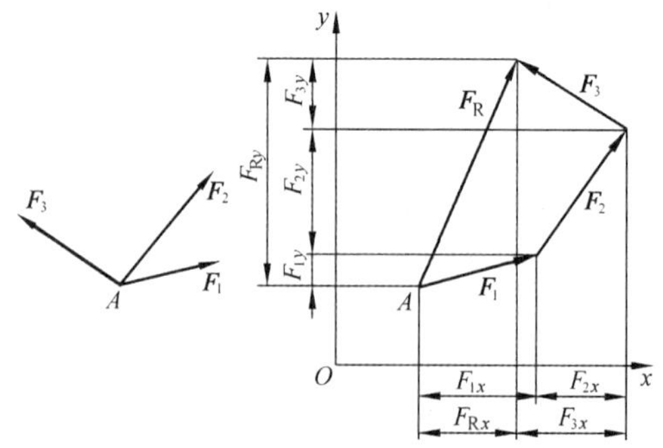

图 8-24　合力投影定理

从图 8-24 中可看出，各分力的投影和合力的投影之间有如下关系。

$$F_{Rx} = F_{1x} + F_{2x} + F_{3x}$$
$$F_{Ry} = F_{1y} + F_{2y} + F_{3y}$$

同理，对由 n 个力 $\boldsymbol{F}_1$，$\boldsymbol{F}_2$，……，$\boldsymbol{F}_n$ 组成的平面汇交力系，可得

$$F_{Rx} = F_{1x} + F_{2x} + \cdots + F_{nx} = \sum F_x$$
$$F_{Ry} = F_{1y} + F_{2y} + \cdots + F_{ny} = \sum F_y$$

由此得出合力投影定理：力系的合力在任一坐标轴上的投影等于各分力在同一轴上投影的代数和。进一步，可利用合力投影定理求得平面汇交力系合力的大小和方向为

$$F_R = \sqrt{F_{Rx}^2 + F_{Ry}^2} = \sqrt{\left(\sum F_x\right)^2 + \left(\sum F_y\right)^2}$$

$$\cos\alpha = \frac{\sum F_x}{F_R} = \frac{F_{Rx}}{F_R} \text{ 或 } \cos\beta = \frac{\sum F_y}{F_R} = \frac{F_{Ry}}{F_R}$$

式中，α 为合力与 x 轴夹角；β 为合力与 y 轴夹角。

（3）平面汇交力系平衡的解析条件

平面汇交力系平衡的必要和充分条件是力系的合力等于零，则有

$$F_R = \sqrt{\left(\sum F_x\right)^2 + \left(\sum F_y\right)^2} = 0$$

8-5 平面汇交力系的平衡案例

即

$$\sum F_x = 0$$
$$\sum F_y = 0$$

这就是平面汇交力系的平衡方程。因此，平面汇交力系的平衡条件是：力系中所有各力在 x 轴和 y 轴上投影的代数和都等于零。

提示

在求解平衡问题时，可先假设未知力的指向，若计算结果为正值，则表示所假设力的指向与实际相同；若为负值，则表示所假设力的指向与实际相反。

1. “力的分力”与“力在坐标轴上的投影”有什么不同？
2. 平面汇交力系合成的“几何法”与“解析法”分别应用于求解什么问题？

例 8-3　重力 $G = 2\text{kN}$ 的球置于光滑的斜面上，用绳拉住，已知 $\alpha = 30°$，$\beta = 15°$，如图 8-25（a）所示，求绳子的拉力和斜面对球的约束反力。

解：① 选取球为研究对象，画分离体。

② 对球进行受力分析，画出受力图，如图 8-25（b）所示。

③ 建立直角坐标系，列平衡方程，有

$$\sum F_x = 0$$
$$\sum F_y = 0$$

即

$$F_N \sin\beta - F_T \sin\alpha = 0$$
$$F_N \cos\beta + F_T \cos\alpha - G = 0$$

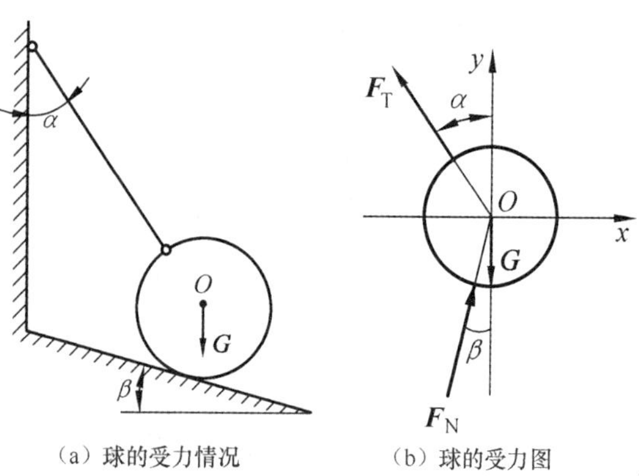

（a）球的受力情况　（b）球的受力图

图 8-25　球的受力

代入 α =30°，β =15°，并解联立方程，得

$$F_N = 1.414\text{kN}，F_T = 0.732\text{kN}$$

方向如图 8-25（b）所示。

三、力矩与平面力偶系

1. 力矩

力对刚体的作用效应，使刚体的运动状态发生改变（包括移动与转动），其中力对刚体的移动效应可用力矢来度量；而力对刚体的转动效应可用力对点之矩（简称力矩）来度量，即力矩是度量力对刚体的转动效应的物理量。

如图 8-26 所示，用扳手拧螺母时，扳手和螺母一起绕螺栓的中心线转动，当加在扳手上的力越大，或者力的作用线离螺栓中心越远时，螺母就越容易转动。此外，力的作用方向不同，会使螺母拧紧或松开，即力的作用效果不同。

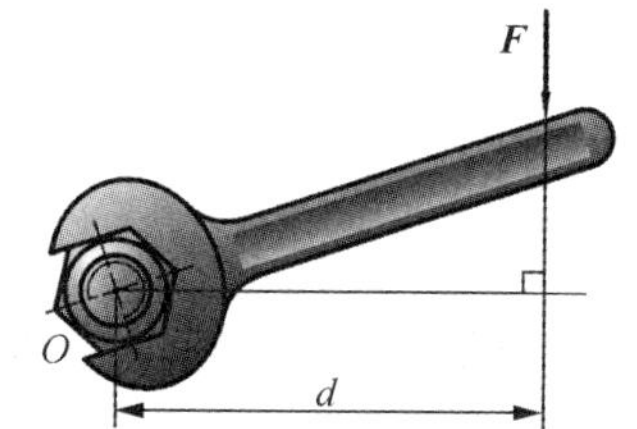

图 8-26　扳手拧螺母

因此，力 $\boldsymbol{F}$ 使物体转动的效应，不仅取决于力的大小，而且与力的作用线到转动中心点 O 的垂直距离 d 有关，用它们的乘积度量，称为力对点 O 的矩，简称力矩，记作

$$M_O(\boldsymbol{F}) = \pm Fd$$

在上式中，点 O 到力作用线的距离 d 称为力臂；点 O 称为力矩中心，它可以是固定支点，也可以是指定的某一点，简称矩心。

力矩正负号规定：力使物体绕矩心逆时针转动时，力矩取正号；反之取负号。力矩的单位为 N・m 或 kN・m。

由此可见，力 $\boldsymbol{F}$ 使物体绕点 O 转动的效果，可完全由下列两个要素决定。

① 力的大小与力臂的乘积。

② 力使物体绕点 O 转动的方向。

8-6 力矩和力偶

显然，力的大小等于零，或力的作用线通过力矩中心，即力臂等于零时，力矩为零。这时，力矩不能使物体绕点 O 转动。如果物体上有若干个力，那么当这些力对力矩中心的力矩代数和等于零时，原来静止的物体就不会绕力矩中心转动。

例 8-4　图 8-27 所示为直齿圆柱齿轮，齿轮轮齿受力 $F=1400\text{N}$，压力角 $\alpha=20^\circ$，齿轮节圆（啮合圆）半径 $r=60\text{mm}$，求力 $\boldsymbol{F}$ 对轴心之矩。

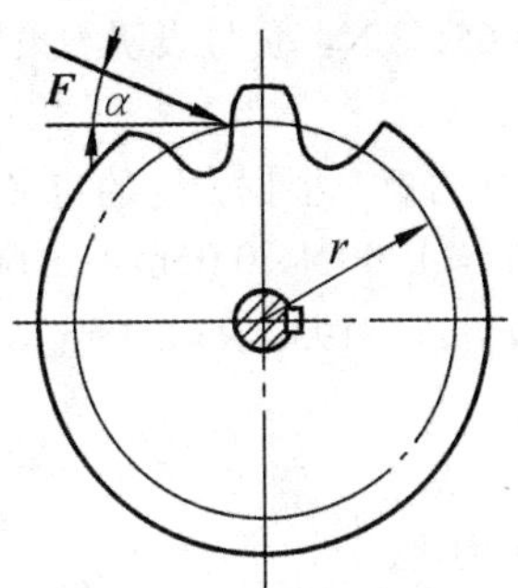

图 8-27　齿轮轮齿的受力

解：根据力矩的定义，有

$$M_O(\boldsymbol{F})=Fr\cos\alpha=1400\text{N}\times60\times10^{-3}\text{m}\times\cos20^\circ\approx78.93\text{N}\bullet\text{m}$$

例 8-5　图 8-28 所示为汽车制动踏板装置，已知 $a=380\text{mm}$，$b=50\text{mm}$，$\alpha=60^\circ$，工作阻力 $F=1700\text{N}$，求图示位置时驾驶员的蹬力 $\boldsymbol{F}_\text{P}$、支座 O 的约束反力，及阻力 $\boldsymbol{F}$ 和蹬力 $\boldsymbol{F}_\text{P}$ 对点 O 的矩。

解：① 取踏板装置整体为研究对象，支座对装置的约束力过点 O，取为矩心，可求出 $\boldsymbol{F}_\text{P}$。

$$\sum M_O(\boldsymbol{F})=0\quad 即\quad Fb\sin\alpha-F_\text{P}a=0$$

解得 $F_\text{P}=193.7\,\text{N}$，方向如图 8-28 所示。

② 以点 O 为原点，建立图 8-29 所示的直角坐标系，列平衡方程，求支座 O 的约束反力。

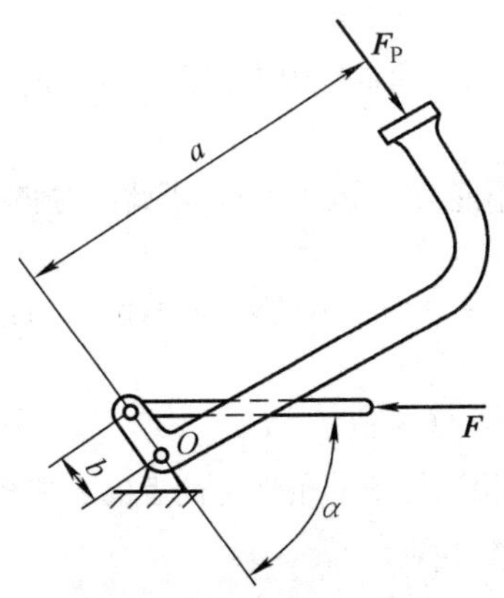

图 8-28　汽车制动踏板装置

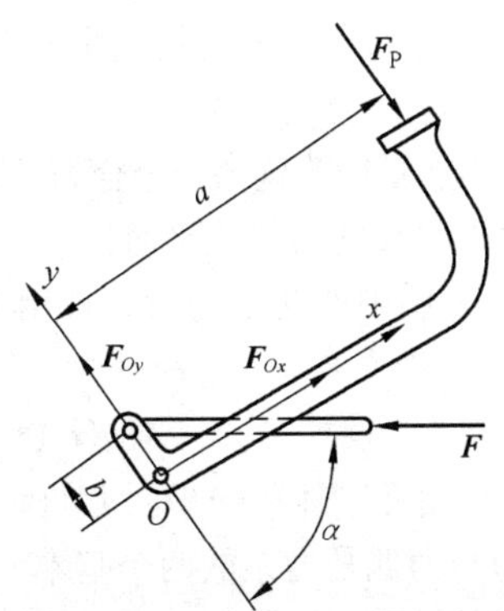

图 8-29　汽车制动踏板受力图

列平衡方程为

$$\sum F_x = 0 \quad \text{即} \quad F_{Ox} - F\sin\alpha = 0$$
$$\sum F_y = 0 \qquad\quad F_{Oy} + F\cos\alpha - F_P = 0$$

解得 $F_{Ox} \approx 1472.2\,\text{N}$，$F_{Oy} \approx -656.3\,\text{N}$。负号表明约束反力分力的实际方向与图 8-29 所示方向相反。

③ 求阻力 $\boldsymbol{F}$ 和蹬力 $\boldsymbol{F}_P$ 对点 O 的矩。根据力矩的定义，求解得

$$M_O(\boldsymbol{F}) = Fb\sin\alpha = 1700\text{N} \times 0.05\text{m} \times \sin 60° = 73.61\,\text{N}\cdot\text{m}$$
$$M_O(\boldsymbol{F}_P) = -F_P\,a = -193.7\text{N} \times 0.38\text{m} = -73.61\,\text{N}\cdot\text{m}$$

2. **力偶矩**

力偶是指作用于同一物体上，大小相等、方向相反、不共线的两个力。例如，日常生活中，两个手指拧水龙头、驾驶员开车时双手转动转向盘、电动机定子磁场对转子作用电磁力使之旋转和钳工用丝锥攻螺纹等，都是力偶的作用，如图 8-30 所示。

力偶用符号（$\boldsymbol{F}$，$\boldsymbol{F}'$）表示，$\boldsymbol{F}$ 和 $\boldsymbol{F}'$分别是力偶中的两个力，力偶的图示法如图 8-31 所示。

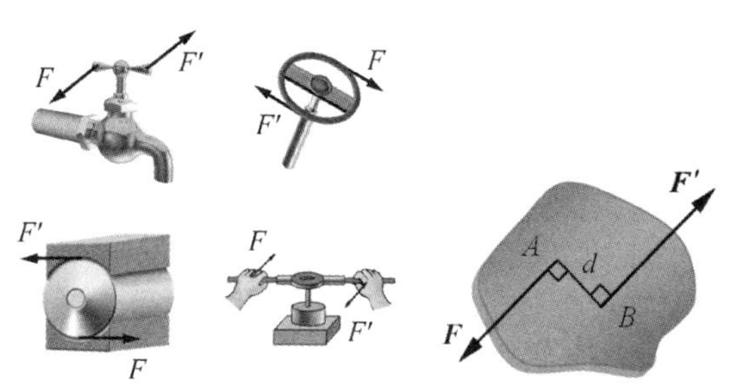

图 8-30　力偶实例　　图 8-31　力偶图示法

力偶对物体产生的是转动效应，而不能产生移动效应。力偶对物体的转动效应用力偶矩来度量。力偶矩指力偶中力的大小与力偶臂的乘积，记作

$$M_O(\boldsymbol{F}, \boldsymbol{F}') = \pm Fd = M$$

式中，力偶中两力作用线之间的垂直距离 d 称为力偶臂，两力所在平面称为力偶的作用面。

力偶矩正负号规定：力偶使物体做逆时针方向转动，力偶矩取正号；反之取负号。力偶矩单位与力矩的单位相同，为 N·m 或 kN·m。

力偶对物体的转动效应取决于力偶三要素：力偶矩的大小、力偶的转向、力偶的作用面。

3. **力偶的性质**

力偶中单个力有着一般力的性质，但力偶作为力的特殊组合，它对刚体的作用有着以下特殊的性质。

性质 1：力偶不能简化为一个合力，即力偶不能与一个力等效。因此，力偶不能与一个力平衡，力偶只能与反向力偶相平衡。

性质 2：力偶中的两个力对其作用面内任一点的矩，恒等于力偶矩，与矩心的位置无关，即

$$M_O(\boldsymbol{F}) + M_O(\boldsymbol{F}') = M = \pm Fd$$

性质 3：作用在刚体同一平面上的两个力偶相互等效的条件是两者的力偶矩相等。

结论：力与力偶是力系的两个基本元素。

根据力偶的性质，可以得出以下推论。

推论 1：保持力偶矩的大小及其转向不变，力偶可在其作用平面内任意移动或转动，转动效应与它在作用面内的位置无关。

推论 2：保持力偶矩的大小及其转向不变，可以任意改变力偶中力的大小和力偶臂的长短，而不会改变该力偶对物体的转动效应。

因此，当物体受力偶作用时，力偶可以用力和力偶臂表示，也可用带箭头的弧线表示出力偶的转向，并注明力偶矩值，如图 8-32 所示。

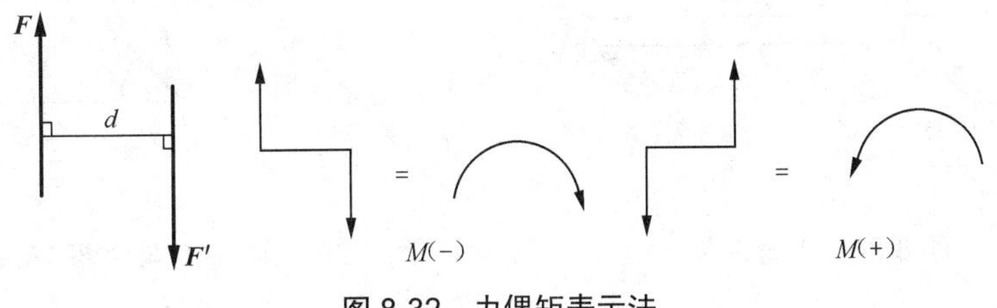

图 8-32　力偶矩表示法

4. 平面力偶系的合成与平衡条件

力偶不能简化为合力，力偶的作用效应取决于力偶矩的大小及其转向。因此，平面力偶系合成的结果是一个合力偶。

若同一平面内有 n 个力偶，则其合力偶矩应为

$$M = M_1 + M_2 + \cdots + M_n = \sum M_i$$

即平面力偶系可以合成为一个合力偶，合力偶矩等于力偶系中各分力偶矩的代数和。若力偶系平衡，则合力偶矩必等于零，即

$$M = \sum M_i = 0$$

这就是平面力偶系的平衡方程。显然，平面力偶系平衡的充分与必要条件是：力偶系中各分力偶矩的代数和等于零。

例 8-6　在气缸盖上钻孔，如图 8-33 所示。钻每个孔的切削力偶矩均相等，M_1、M_2、M_3、M_4 分别为 20N・m。若用多轴钻床同时钻孔，则工件需要多大的夹紧力偶矩？

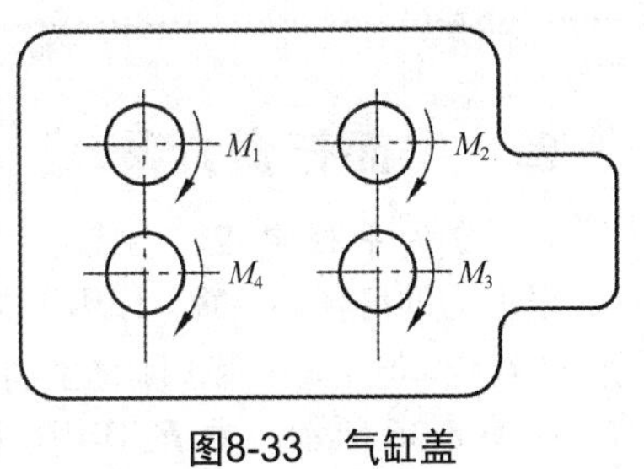

图8-33　气缸盖

解：作用于气缸盖上的四个力偶位于同一平面内，各力偶矩大小相等，转向相同，则作用在工件上的合力偶矩为

$$M = M_1 + M_2 + M_3 + M_4 = 4\times(-20\text{N}\cdot\text{m}) = -80\ \text{N}\cdot\text{m}$$

即合力偶矩大小为 80N・m，按顺时针方向转动。

因此，多轴钻床同时钻孔时，工件需要逆时针方向、大小为 80N・m 的夹紧力偶矩。

例 8-7　如图 8-34 所示的平面结构，横梁 AB 长为 l，受到一同平面内的力偶 M 作用。端 A 通过铰链由连杆 AD 支承，端 B 为固定铰链支座。不计梁和支杆自重，求端 A、B 的约束反力。

解：① 根据题意，选取横梁 AB 为研究对象，画出分离体，进行受力分析。

横梁 AB 受一平面力偶系作用。所受主动力为力偶 M，同时在 A、B 两端各受一力而平

衡。根据力偶平衡的性质可知，A、B 两端的力必互成力偶，才能与主动力偶平衡，即 $\boldsymbol{F}_A$ 与 $\boldsymbol{F}_B$ 必须等值、反向、作用线平行。由于连杆 AD 在重力不计时为二力杆，由此可知梁上点 A 受力必沿连杆 AD，据此可定出 $\boldsymbol{F}_A$、$\boldsymbol{F}_B$ 的指向。连杆 AD 与横梁 AB 受力图如图 8-35 所示。

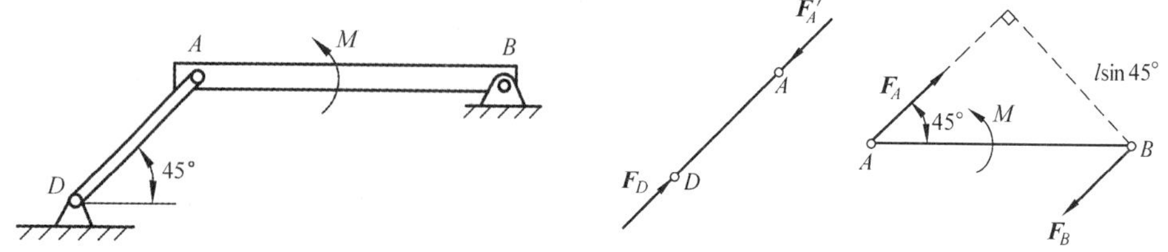

图 8-34　平面结构

图 8-35　连杆 AD 与横梁 AB 受力图

② 根据平面力偶系的平衡条件，列出平衡方程

$$\sum M = 0 \quad 即 \quad M - F_A l \sin 45^\circ = 0$$

解得

$$F_A = F_B = \frac{\sqrt{2}M}{l}$$

所以，横梁端 A、B 的约束反力大小均为 $\sqrt{2}M/l$，方向如图 8-35 所示。

港珠澳大桥被英国《卫报》誉为“新世界七大奇迹”之一，已经成为“中国智造”的新名片。港珠澳大桥在设计与建设过程中，始终贯穿着科技创新理念，力学原理的理论支撑、国内新材料、新构件的采用，满足了大桥建造的特别需求，也为我国交通建设行业的自主创新、技术进步起到了重大引领作用。

四、平面任意力系

1. 力的平移定理

根据力的可传性原理，作用于刚体上的力可以沿其作用线任意移动，而不改变力对刚体作用的外效应。但是，作用于刚体上的力平行于原作用线移动时，便会改变对刚体作用的外效应。

如图 8-36 所示，力 $\boldsymbol{F}_A$ 作用于刚体上的点 A，欲将其平移到刚体上任意一点 B，可根据加减平衡力系公理，在点 B 加上一对分别与 $\boldsymbol{F}_A$ 大小相等的平衡力 $\boldsymbol{F}'_B$ 和 $\boldsymbol{F}_B$，不会改变对刚体的效应。显然，力 $\boldsymbol{F}_A$ 与 $\boldsymbol{F}'_B$ 组成一力偶，称为附加力偶，其力偶臂为 d。

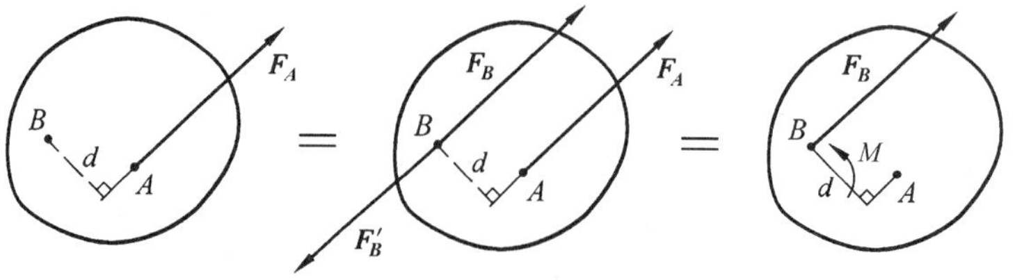

图 8-36　力的平移定理

由此可见，作用在刚体上的力，可以平移到刚体内任意一点，但必须同时附加一个力偶，

附加力偶的力偶矩等于原力对平移点的力矩，这就是力的平移定理。

2. 平面任意力系的简化

（1）简化方法

设在刚体上作用有一平面力系 $\boldsymbol{F}_1$，$\boldsymbol{F}_2$，……，$\boldsymbol{F}_n$，在力系的作用面内任取一点 O，点 O 称作简化中心，如图 8-37（a）所示。根据力的平移定理，将力系中的各力向点 O 平移，得到一平面汇交力系和一平面力偶系，如图 8-37（b）所示。

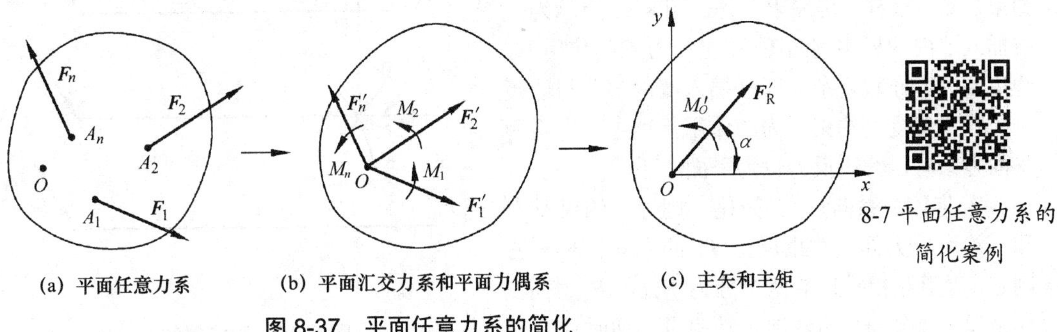

图 8-37　平面任意力系的简化

（2）主矢和主矩

根据平面汇交力系和平面力偶系的合成结论，先将这一平面汇交力系合成为一个合力 $\boldsymbol{F}'_{\mathrm{R}}$，如图 8-37（c）所示，作用于点 O，称为原力系对简化中心的主矢，等于原力系中各力的矢量和，即

$$\boldsymbol{F}'_{\mathrm{R}} = \boldsymbol{F}_1 + \boldsymbol{F}_2 + \cdots + \boldsymbol{F}_n = \sum \boldsymbol{F}_i$$

以点 O 为原点建立直角坐标系，主矢在 x 轴、y 轴上的投影分别为

$$\sum F_x = F_{1x} + F_{2x} + \cdots + F_{nx}$$
$$\sum F_y = F_{1y} + F_{2y} + \cdots + F_{ny}$$

则进一步求出主矢的大小和方向为

$$F'_{\mathrm{R}} = \sqrt{\left(\sum F_x\right)^2 + \left(\sum F_y\right)^2}$$

$$\tan\alpha = \left|\frac{\sum F_y}{\sum F_x}\right|$$

式中，α 为主矢 $\boldsymbol{F}'_{\mathrm{R}}$ 与 x 轴所夹的锐角。

再将平面力偶系合成一个合力偶，可称为原力系对简化中心的主矩，记为 M'_O，如图 8-37（c）所示，则有

$$M'_O = M_O(\boldsymbol{F}_1) + M_O(\boldsymbol{F}_2) + \cdots + M_O(\boldsymbol{F}_n) = \sum M_O(\boldsymbol{F}_i)$$

由此得出结论：平面任意力系向平面内任意一点简化，得到一个主矢和一个主矩，主矢的作用线通过简化中心。主矢等于原力系中各力的矢量和，主矩等于原力系中各力对简化中心的力矩的代数和。

显然，主矢的大小和方向与简化中心的选择无关，而主矩的大小和方向与简化中心位置的选择有关。因此，对于主矩必须标明简化中心，一般简化中心作为主矩符号的下标进行标注。

用平面力系向平面内任意一点简化，可分析固定端约束及其约束反力的特点。

（3）固定端约束

固定端约束就是物体受约束的一端既不能向任何方向移动，也不能转动，是工程中常见的约束，如电线杆、房屋阳台等。图 8-38 所示为一端插入墙内的杆实例简图，在主动力 $\boldsymbol{F}$ 的作用下，约束反力分布较复杂，即杆插入墙内部分与墙接触的各点都受到约束反力的作用。当主动力系为平面力系时，约束反力也为平面力系。

若将该力系向点 A 简化，则得一约束反力和一约束反力偶。约束反力 $\boldsymbol{F}_A$ 的方向暂时无法判定，可用互相垂直的两个分力 $\boldsymbol{F}_{Ax}$ 和 $\boldsymbol{F}_{Ay}$ 表示；约束反力偶矩 M_A 的转向，常假设为逆时针方向（正向）。

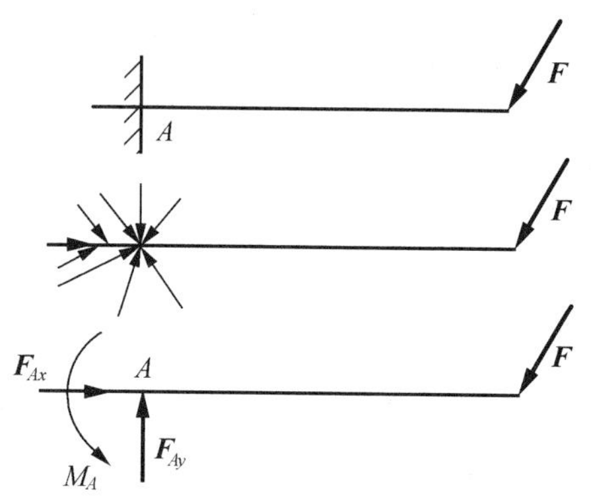

图 8-38　固定端约束

3. **平面任意力系的简化结果分析**

平面任意力系向作用面内一点简化后，可能出现以下四种情况。

① $F'_R=0$，$M'_O\neq 0$，无论向哪点简化，力系都只与一个力偶等效，力系简化结果为一个合力偶。合力偶矩为

$$M'_O=\sum M_O(\boldsymbol{F}_i)$$

因为力偶对平面内任意一点的矩都相同，所以，当力系合成为一个力偶时，主矩与简化中心的选择无关。

② $F'_R\neq 0$，$M'_O=0$，力系简化为一个合力，显然，$\boldsymbol{F}'_R$ 就是原力系的合力，而合力的作用线恰好通过简化中心 O。出现这种情况与简化中心的选择有关，换个简化中心，主矩不为零。

③ $F'_R\neq 0$，$M'_O\neq 0$，此时可进一步简化，方法如下。

利用力的平移定理，可以将主矢和主矩合成一个合力 $\boldsymbol{F}_R$，作用于点 O'。如图 8-39 所示，将矩为 M'_O 的力偶用两个力 $\boldsymbol{F}_R$ 和 $\boldsymbol{F}''_R$ 表示，并令 $\boldsymbol{F}'_R=\boldsymbol{F}_R=-\boldsymbol{F}''_R$。再去掉一对平衡力 $\boldsymbol{F}_R{}'$ 和 $\boldsymbol{F}''_R$，于是就将作用于点 O 的力 $\boldsymbol{F}'_R$ 和力偶（$\boldsymbol{F}_R$，$\boldsymbol{F}''_R$）合成一个作用在点 O'的力 $\boldsymbol{F}_R$。

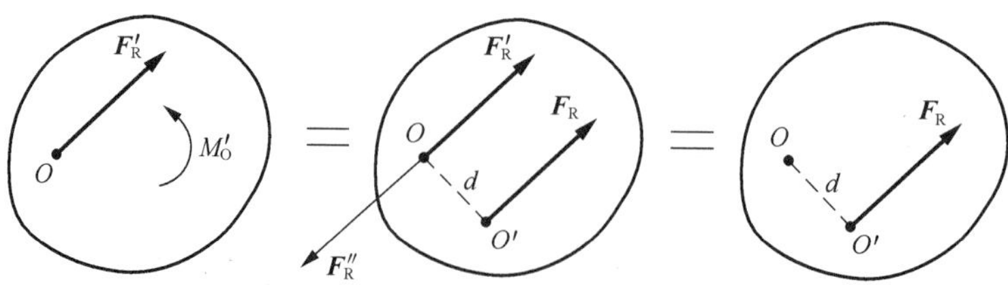

图 8-39　主矢和主矩进一步简化

$\boldsymbol{F}_R$ 就是原力系的合力，合力矢等于主矢，合力的作用线在点 O 的哪一侧，需根据主矢和主矩的方向确定。合力作用线到点 O 的距离为

$$d = \frac{|M'_O|}{F_R}$$

根据平面任意力系简化结果，可得出推论：平面任意力系的合力对其作用面内任一点之矩，等于力系中各分力对同一点之矩的代数和，即

$$M_O(\boldsymbol{F}_R) = \sum_{i=1}^{n} M_O(\boldsymbol{F}_i)$$

这就是合力矩定理。

④ $F'_R = 0$，$M'_O = 0$，原力系平衡。

4. 平面任意力系的平衡条件

当平面任意力系的主矢和对任意一点主矩都等于零时，则此平面任意力系必是平衡力系。反之，当平面任意力系是平衡力系时，必有向任意一点简化的主矢 $\boldsymbol{F}'_R$ 和主矩 M'_O 同时为零。

因此，平面任意力系平衡的充分和必要条件是：力系的主矢和力系对作用面内任一点的主矩同时等于零，即

$$F'_R = \sqrt{(\sum F_x)^2 + (\sum F_y)^2} = 0$$
$$M'_O = \sum M_O(\boldsymbol{F}_i) = 0$$

由此得到平面任意力系的平衡方程为

$$\sum F_x = 0$$
$$\sum F_y = 0$$
$$\sum M_O(\boldsymbol{F}) = 0$$

前两个是投影式方程，后一个是力矩式方程，这就是平面任意力系平衡方程的基本形式，可求解三个未知量。

平面任意力系平衡的解析条件是：力系中各力在两个任选的直角坐标轴上的投影的代数和都等于零，力系中各力对平面内任一点力矩的代数和也等于零。

对于一个平衡的平面任意力系，只能列出三个独立的平衡方程，最多可求解三个未知量。在实际应用时，常将矩心选在较多未知力的汇交点上，坐标轴尽可能取在与多数未知力平行或垂直的方向上。

平面任意力系的平衡方程还可以有以下两种形式。

（1）两矩式平衡方程

$$\sum F_x = 0$$
$$\sum M_A(\boldsymbol{F}) = 0$$
$$\sum M_B(\boldsymbol{F}) = 0$$

式中，x 轴不得垂直于 A、B 两点的连线。

（2）三矩式平衡方程

$$\sum M_A(\boldsymbol{F})=0$$
$$\sum M_B(\boldsymbol{F})=0$$
$$\sum M_C(\boldsymbol{F})=0$$

式中，A、B、C 三点不得共线。

例 8-8 汽车发动机中的活塞连杆机构如图 8-40（a）所示，在图示位置时处于平衡，各构件自重忽略不计。已知 $F=6\text{kN}$，求力偶矩 M 和支座 O 处的约束反力。

解：① 取活塞为研究对象，画其受力图如图 8-40（b）所示，活塞上各力组成平面汇交力系，根据平衡条件，列平衡方程求解。

$$\sum F_x=0 \quad \text{即} \quad F_{AB}\sin\alpha-F_{\text{N}B}=0$$
$$\sum F_y=0 \qquad\qquad F_{AB}\cos\alpha-F=0$$

解得 $$F_{\text{N}B}=2\text{kN}$$

② 取整体为研究对象，受力如图 8-40（c）所示，整体上各力组成平面任意力系，根据平衡条件，列平衡方程求解。

$$\sum F_x=0 \qquad F_{Ox}-F_{\text{N}B}=0$$
$$\sum F_y=0 \quad \text{即} \quad F_{Oy}-F=0$$
$$\sum M_O(\boldsymbol{F})=0 \qquad F_{\text{N}B}\times 400\times 10^{-3}\,\text{m}-M=0$$

解得 $$F_{Ox}=2\text{kN}，F_{Oy}=6\text{kN}，\ M=0.8\,\text{kN}\cdot\text{m}$$

力偶矩 M 和支座 O 处的约束反力方向如图 8-40（c）所示。

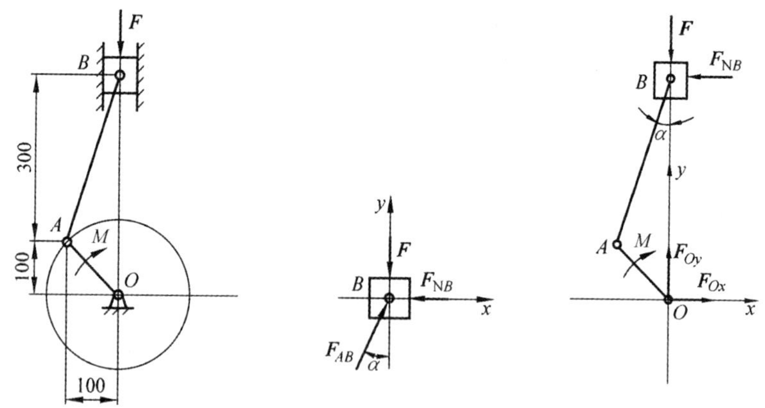

（a）活塞连杆机构结构简图　（b）活塞受力分析图　（c）整体受力分析图

图 8-40 活塞连杆机构

平面平行力系（见图 8-41）是平面任意力系的一种特殊情形。由于平面平行力系中各力均平行，所以建立直角坐标系时，可选择一坐标轴与各力平行，则另一坐标轴与各力垂直。

在图 8-41 中，令 y 轴平行于各力，则各力在 x 轴上的投影均等于零，即 $\sum F_x \equiv 0$。

于是，平面平行力系的独立平衡方程的数目只有两个，即

$$\sum F_y = 0$$
$$\sum M_O(\boldsymbol{F}) = 0$$

平面平行力系的平衡方程，也可以用两矩式方程的形式，即

$$\sum M_A(\boldsymbol{F}) = 0$$
$$\sum M_B(\boldsymbol{F}) = 0$$

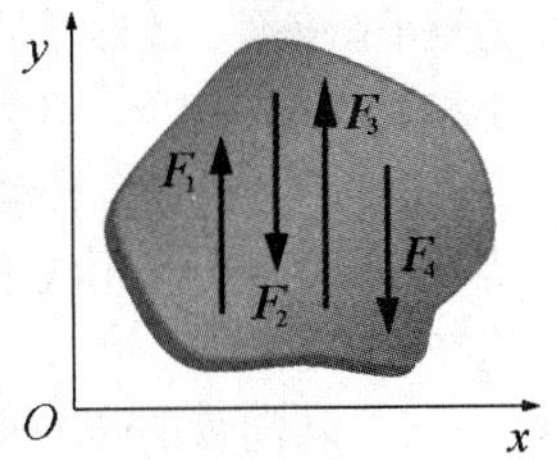

图 8-41　平面平行力系

式中，A、B 两点的连线不能与各力平行。

任务实施

一、汽车发动机活塞连杆组的受力分析

图 8-42（a）所示为汽车发动机活塞连杆组简图。各构件质量忽略不计，试画出图示位置连杆与活塞的受力图。

解：① 取连杆 BC 为研究对象，进行受力分析。由于杆的质量忽略不计，只在 B、C 两点受力而平衡，因此连杆 BC 属二力杆，连杆受力图如图 8-42（b）所示。

② 取活塞为研究对象，画出分离体，先画出已知的主动力 $\boldsymbol{F}$，铰链点 C 处的约束反力可通过连杆 BC 的受力来分析。活塞上点 C 的受力与连杆 BC 上力 $\boldsymbol{F}_C$ 等值、反向。另外，由于活塞在力 $\boldsymbol{F}_C'$ 作用下，有向右运动的趋势，因此受到气缸壁的光滑接触约束，约束反力方向垂直支承面指向活塞，活塞受力图如图 8-42（c）所示。

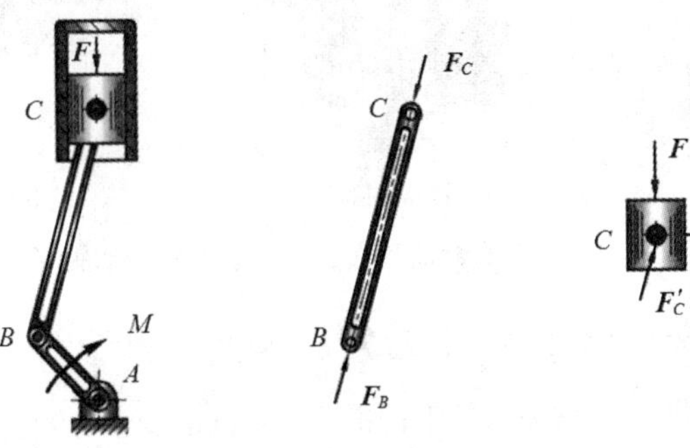

(a) 活塞连杆组简图　(b) 连杆受力图　(c) 活塞受力图

图 8-42　活塞连杆组

二、汽车转向盘的受力分析

图 8-43 所示为驾驶员双手操作汽车转向盘的示意图，试分析以下问题。

① 驾驶员双手如何用力才能保持转向盘静止不动？

② 驾驶员双手如何用力才能使转向盘转动？

③ 如果驾驶员双手施加的力增大一倍，双手之间的距离减少一半，转向盘的转动有无变化？

分析：

① 汽车转向盘是转动物体，转向盘保持静止不动，说明转向盘处于平衡状态，也就是转向盘上所有力矩的代数和等于零，即符合力矩平衡条件。故驾驶员双手施加的两个力作用在转向盘的力矩应大小相等，方向相反，且力臂大小相等，才能保持转向盘静止不动。

图 8-43　双手操作汽车转向盘示意图

② 欲使转向盘转动，双手施加在转向盘的两个作用力应大小相等，方向相反，作用线平行，且不在同一条直线上，相当于有力偶作用在转向盘上。

③ 转向盘的转动没有变化。因为作用在转向盘上的力偶矩的大小和转向没有改变，所以根据力偶性质的推论 2 可知，力偶对转向盘的转动效应没有改变。

任务二　汽车构件强度分析

任务引入

汽车离合器踏板、汽车连接螺栓和汽车传动轴（见图 8-44）在不同的外力作用下，将发生不同的变形。如果出现过大的塑性变形或断裂现象，将会影响其正常工作，导致失效。那么，为了保证这些构件安全可靠地工作，需要对它们进行怎样的分析？

(a) 汽车离合器踏板

(b) 汽车连接螺栓

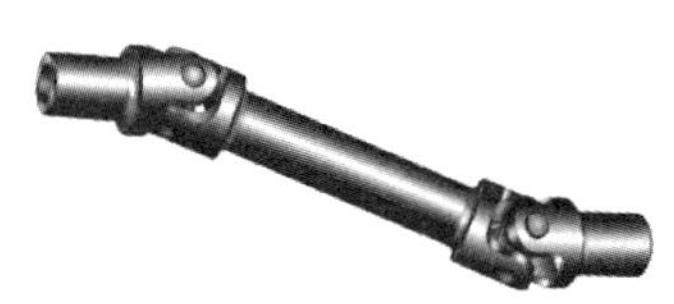

(c) 汽车传动轴

图 8-44　汽车离合器踏板、连接螺栓和传动轴

任务分析

汽车上的各个构件在不同的外力作用下，将发生不同的变形。为了保证这些构件安全可靠地工作，即不失效，必须分析构件发生的变形类型，并进行相应的内力、应力和强度计算。

学习目标

素质目标

1. 强化养成严谨细致工作作风的重要性。
2. 强化责任意识和安全意识。

知识目标

1. 复述汽车构件的变形种类与变形特点。
2. 阐明各种变形的强度校核公式。

能力目标

1. 能够正确绘制拉压杆的轴力图。
2. 能够正确对各种变形构件进行强度校核分析计算。

相关知识

在外力作用下，汽车机械中杆件主要有轴向拉伸与压缩、剪切与挤压、扭转和弯曲等四种变形，如图 8-45 所示。

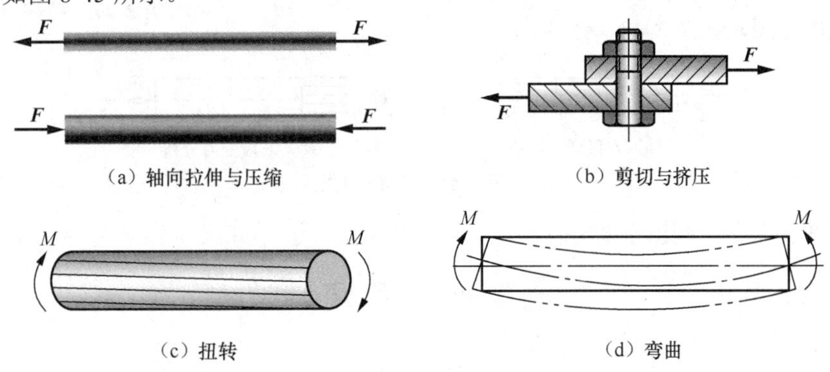

图 8-45　汽车机械杆件基本变形

一、拉压杆拉伸与压缩强度分析

1. 拉伸与压缩的概念

汽车上有很多承受拉伸或压缩的杆件，如发动机气缸体与气缸盖的连接螺栓、汽车发动机连杆（见图 8-46）。这些杆件的形状不同，连接和受载方式各异，但所受外力的合力与轴线重合，杆件发生拉伸或压缩变形，且都可以简化为计算简图。

8-8 拉伸与压缩变形

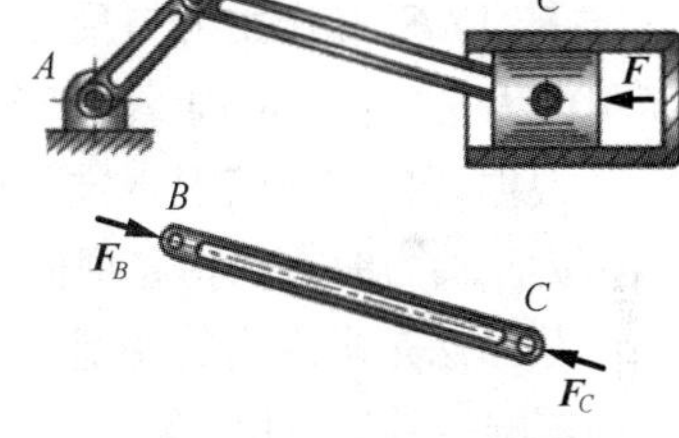

图 8-46　汽车发动机连杆

当杆件所受外力的作用线与杆件轴线重合时，杆件将沿轴线发生伸长或缩短变形，称为轴向拉伸或压缩。承受拉伸或压缩变形的杆件，称为拉杆或压杆，简称拉压杆。

轴向拉伸与压缩的受力特点：外力（或外力的合力）沿杆件的轴线作用，且作用线与轴线重合。

轴向拉伸与压缩的变形特点：杆件的纵向尺寸沿轴线伸长或缩短，轴线在变形前后始终保持为直线。

2. 拉压杆的内力

构件工作中受到其他物体对它的作用力称为外力，包括主动力和约束反力。外力引起的构件内部各质点之间相互作用力的改变量，称为“附加内力”，简称内力。

引起内力的外因是外力，内因是质点之间的距离有保持不变的趋向。质点之间的作用，属于分布力系，杆件内力指的是其合力。

内力随外力的增加而增大，当内力达到一定限度时，分子间再也不能维持互相的联系时，杆件就会被破坏。因此，内力与构件的强度密切相关。

（1）截面法

拉（压）杆的内力也称为轴力，用 $\boldsymbol{F}_{\mathrm{N}}$ 表示。通常采用截面法求构件的内力，即用假想的截面将杆件截为两部分，任取杆件的一部分为研究对象，利用静力平衡方程求内力。

图 8-47 所示的拉杆受两个力 $\boldsymbol{F}$ 的作用，现用截面法求其内力。用假想的截面 m-m 将杆件截为两段，取左段为研究对象，并单独画出。同时，用内力 $\boldsymbol{F}_{\mathrm{N}}$ 表示右段对左段的作用，如图 8-48（a）所示。

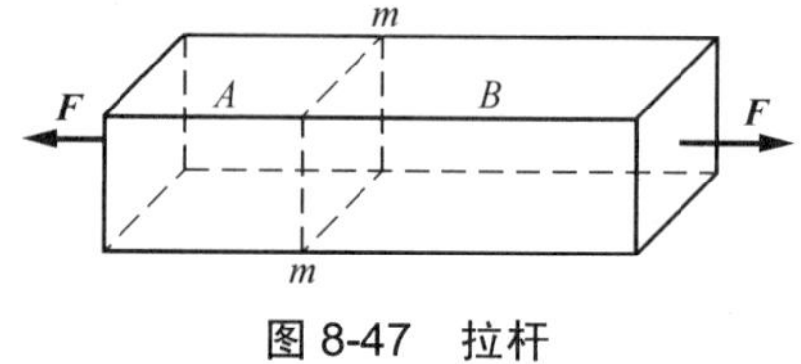

图 8-47　拉杆

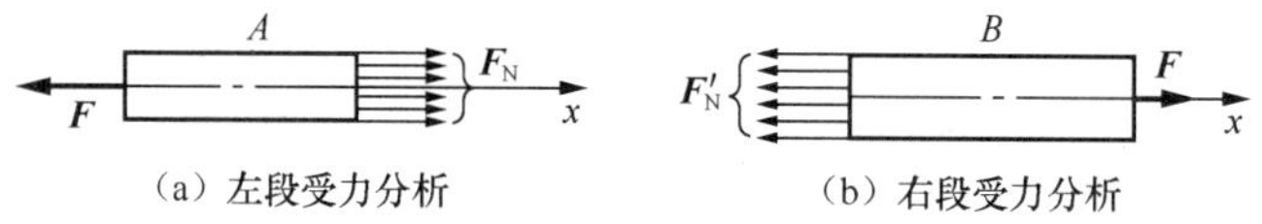

（a）左段受力分析　（b）右段受力分析

图 8-48　拉杆内力

根据平衡条件，列出平衡方程：

$$\sum F_x = 0 \qquad F_{\mathrm{N}} - F = 0$$

求得

$$F_{\mathrm{N}} = F$$

如果取右段为研究对象，如图 8-48（b）所示，所得结果相同，即

$$F_{\mathrm{N}}' = F$$

$\boldsymbol{F}_{\mathrm{N}}$ 与 $\boldsymbol{F}_{\mathrm{N}}'$ 是作用力与反作用力的关系，即对同一截面来说，选取不同部分为研究对象，所得内力必等值、反向。由于所有外力均沿轴线方向，因此横截面的内力也必然沿轴线方向。

根据杆件变形情况规定，杆件受拉伸长时轴力为正，轴力的方向离开截面；反之，其轴力为负，轴力的方向指向截面。

截面法是求内力的普遍方法，截面法步骤可以归纳为“截”“取”“代”“平”四个要点，详细求解步骤如下所述。

① 截。在所求内力的截面处，假想地用截面将杆件一分为二。

② 取。任取一部分作为研究对象。

③ 代。用作用在截面上相应的内力，代替去掉部分对留下部分的作用。

④ 平。根据研究对象的平衡条件，列平衡方程，确定内力的大小和方向。

提示

截面不能选在外力作用点处的截面上。

（2）轴力图

若沿杆件轴线作用的外力多于两个，则在杆件各部分横截面上的轴力不尽相同。这时，通常用轴力图表示各横截面轴力沿杆件轴线变化的情况。

轴力图的画法：用平行于杆件轴线的坐标表示杆件截面的位置，用垂直于杆件轴线的另一坐标表示轴力数值的大小，正轴力画在坐标轴正向，反之画在负向。

例 8-9　直杆受力如图 8-49（a）所示，作直杆的轴力图。

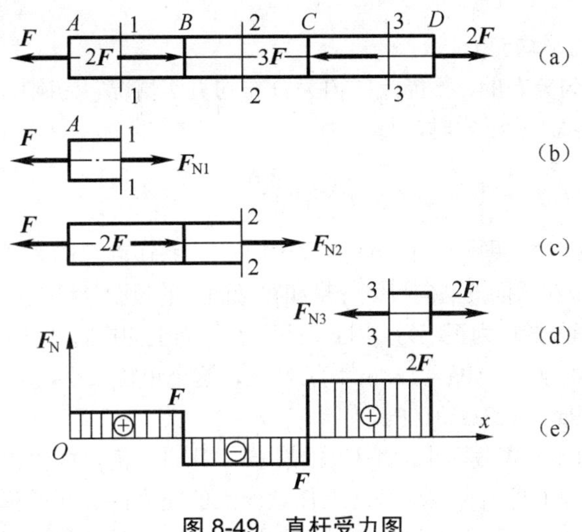

图 8-49　直杆受力图

解：直杆受到多个外力的作用，内力将随着横截面位置的不同而发生变化。需将直杆分为三段（分别为 AB、BC 和 CD 段）来计算内力，应用截面法求解。

① 沿 1-1 截面假想地把直杆截开为两部分，去掉右段，保留左段，并设截面上的轴力方向为正，即为拉力。保留部分的受力如图 8-49（b）所示。

根据平衡方程 $\sum F_x = 0$ 即 $F_{N1} - F = 0$，得

AB 段轴力　　$F_{N1} = F$

② 将杆件从 2-2 截面截开，去掉右段，保留左段，其受力如图 8-49（c）所示。

根据平衡方程 $\sum F_x = 0$ 即 $F_{N2} + 2F - F = 0$，得

BC 段轴力　　$F_{N2} = -F$

负号表示该横截面上的轴力的实际方向与所设方向相反，即为压力。

③ 将杆件从 3-3 截面截开，去掉左段，保留右段，其受力如图 8-49（d）所示。

根据平衡方程 $\sum F_x = 0$ 即 $F_{N3} - 2F = 0$，得

CD 段轴力　　$F_{N3} = 2F$

综合以上计算结果，按比例绘制轴力图，如图 8-49（e）所示。

3. 拉压杆的应力

用同一材料制成横截面积不同的两杆，在相同拉力的作用下（见图 8-50），随着拉力的增大，横截面小的细杆必然先被拉断。

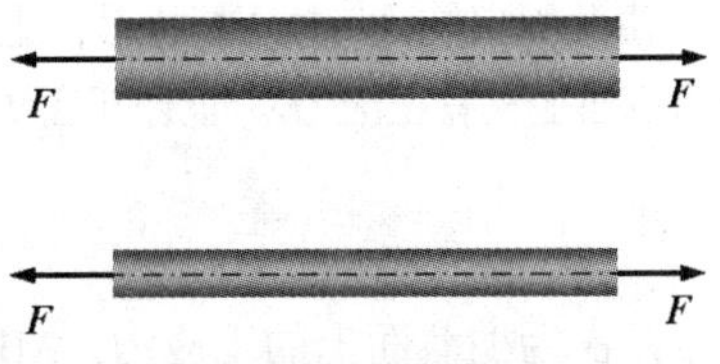

图 8-50　横截面积不同的受拉两杆

所以，杆的强度不仅与轴力的大小有关，而且与横截面的大小有关，即杆的强度取决于内力在横截面上分布的密集程度。内力在某点处分布的集度，即为该点处的应力。

如图 8-51（a）所示，在杆件横截面上任一点 C 周围，取一微面积 ΔA，ΔA 上内力的合力为 $\Delta \boldsymbol{F}$，则它们的比值为

$$p_{\mathrm{m}}=\frac{\Delta F}{\Delta A}$$

式中，p_{m} 称为ΔA 上的平均应力。

一般内力不是均匀分布的，不能反映内力分布的真实情况。为确切地反映点 C 处的内力集度，将ΔA 减小，当ΔA 趋于零时，得

$$p=\lim_{\Delta A\to 0}\frac{\Delta F}{\Delta A}$$

式中，p 称为点 C 的全应力[见图 8-51（b）]，表明了内力系在点 C 的集度。应力 $\boldsymbol{p}$ 是一个矢量，通常把全应力 $\boldsymbol{P}$ 分解成在微面的法向投影分量和在微面上的投影分量。投影分量是标量，不是矢量。在微面的法向投影分量称为正应力，用 σ 表示；在微面上的投影分量称为切应力，用 τ 表示。

应力的单位是 Pa（帕），$1\mathrm{Pa}=1\mathrm{N/m^2}$。工程上，这个单位太小，常用 MPa 和 GPa，其换算关系为 $1\mathrm{MPa}=10^6\mathrm{Pa}$，$1\mathrm{GPa}=10^9\mathrm{Pa}$。

由图 8-50 所示可知，横截面小的细杆先被拉断。因此，衡量杆件拉压强度的不是内力大小，而是应力大小。为了求出杆件横截面上任意一点的应力，必须了解内力在横截面上的分布规律。任意一点的应力，可以通过以下的拉伸试验观察、研究和推断。

取一等截面直杆，如图 8-52 所示，在杆件表面上作两条垂直于杆件轴线的直线 ab 和 cd，然后在杆两端施加力 $\boldsymbol{F}$ 使其发生拉伸变形，拉伸后发现 ab、cd 分别平移到了 $a'b'$和 $c'd'$，但仍保持为直线，且仍垂直于轴线。

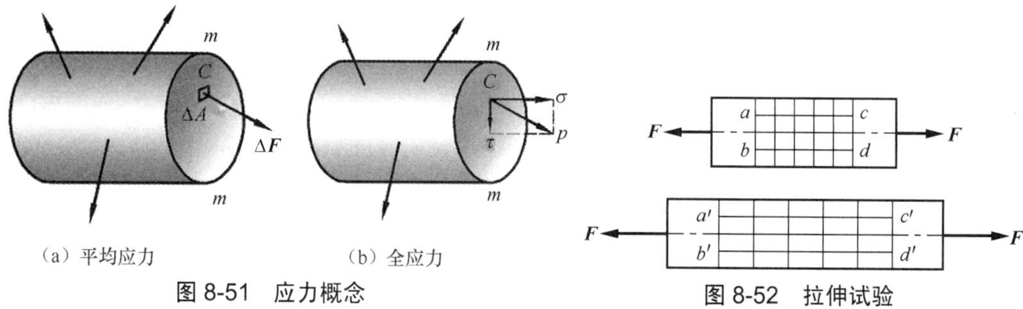

（a）平均应力　（b）全应力

图 8-51　应力概念

图 8-52　拉伸试验

根据以上现象，以及由表及里的分析，可假设变形前是平面的横截面，变形后仍为平面，变形时横截面只是沿轴线产生相对平移。这一假设称为平面截面假设。设想杆件由许多纵向纤维组成，那么这一假设意味着杆件所有纵向纤维的伸长量相等。由材料的均匀性假设（物体各处的力学性能都相同）可推断，各纵向纤维的受力也相等。也就是说，杆件横截面上内力的分布是均匀的。

由此得出结论：拉压杆横截面上各处应力大小相等，且方向与轴力方向一致，也就是说，拉压杆横截面上只有正应力，而无切应力。由于正压力在横截面上的分布是均匀的，因此其计算公式为

$$\sigma=\frac{F_{\mathrm{N}}}{S}$$

式中，σ 为横截面上的正应力，MPa；F_{N} 为横截面上的轴力，N；S 为横截面的面积，$\mathrm{mm^2}$。其正、负号与轴力相对应，即拉应力为正，压应力为负。

4. 拉压时的强度计算

（1）许用应力

杆件轴向拉压时截面的应力 σ，即为构件工作时的实际应力，称为工作应力。但这仍不

足以判断构件是否安全可靠，因为构件的强度与其材料的性能有关。

根据项目五任务一中低碳钢试样的拉伸应力-应变曲线可知，当材料的应力达到下屈服强度 R_{eL} 时，材料开始出现显著的塑性变形；当应力达到抗拉强度 R_m 时，会引起断裂。显然，这两种情况是不允许出现的。也就是说，构件工作时，其工作应力 σ 必须小于 R_{eL} 或 R_m，这两种应力统称为极限应力，用 σ^0 表示。对于塑性材料，一般 $R_{eL}<R_m$，因此 $\sigma^0=R_{eL}$；而对于脆性材料，无 R_{eL}，因此 $\sigma^0=R_m$。

在理想情况下，为了保证构件能安全可靠地工作，而又能充分利用材料的强度潜能，最好使设计构件的工作应力 σ 小于且接近极限应力 σ^0。但实际上很难做到这点，因为在设计构件时，作用在构件上的载荷难以估计，应力计算不完全准确，同时材料不像假设的那样完全均匀。另外，还要考虑构件磨损和各个构件重要程度的差异等因素。因此，必须使构件留有一定的安全储备，对材料的极限应力打一定的折扣，使构件工作应力的最大允许值等于材料极限应力的若干分之一，这个允许值称为材料的许用应力，用符号$[\sigma]$表示。即

$$[\sigma]=\frac{\sigma^0}{n}$$

式中，n 为大于 1 的系数，称为安全系数，用以表示构件安全储备的程度或强度的富裕程度，因此得到不同材料的许用应力为

塑性材料　$$[\sigma]=\frac{R_{eL}}{n_{eL}}$$

脆性材料　$$[\sigma]=\frac{R_m}{n_m}$$

一般来说，$n_m>n_{eL}$，因为断裂破坏比屈服破坏更危险。

安全系数取值范围分别为 $n_{eL}=1.2\sim2.2$，$n_m=2.0\sim3.5$。安全系数也反映了经济与安全之间的矛盾关系。取值过大，许用应力过低，造成材料浪费；取值过小，安全得不到保证。

（2）拉压杆的强度条件

当应力不超过材料的许用应力时，构件不发生破坏，构件不破坏的条件称为强度条件。

为保证拉压杆能安全工作，应将正应力 σ 限制在许可范围内。因此，轴向拉压杆的强度条件为

$$\sigma=\frac{F_N}{S}\leqslant[\sigma]$$

式中，F_N 为杆件危险截面上的轴力，N；S 为危险截面的面积，mm^2。

拉压杆的危险截面指产生最大工作应力的截面。在进行强度计算之前，需通过内力计算和画出轴力图，正确找出危险截面。如果危险截面强度足够，则其他截面也能安全工作。

利用拉压杆的强度条件，可以解决强度校核、截面尺寸设计和确定许可载荷三类问题。

例 8-10　图 8-53 所示为汽车与拖车挂钩钢拉杆，已知拉杆受力 $F=40kN$，若拉杆材料的许用应力$[\sigma]=100MPa$，横截面为矩形，且 $b=3a$，$a=20mm$，试校核钢拉杆的强度。

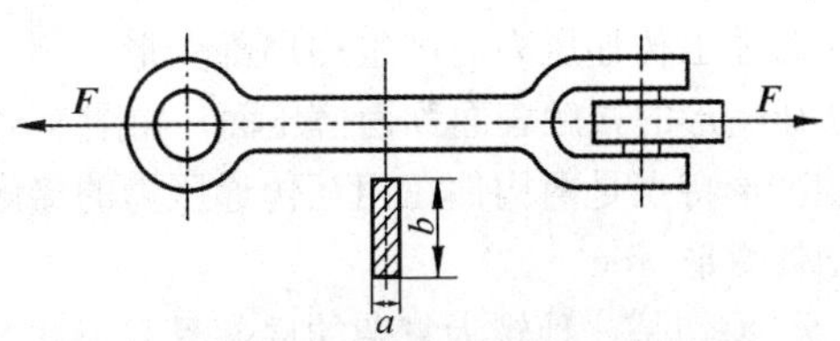

图 8-53　汽车与拖车挂钩钢拉杆

解：① 确定拉杆内力。由截面法可知，钢拉杆的内力 $F_N=F=40000N$。

② 确定拉杆横截面的面积。

钢拉杆为等截面直杆，杆各处横截面的面积相同。

即 $S = ab = 20\text{mm} \times 60\text{mm} = 1200\ \text{mm}^2$。

③ 计算拉杆的工作应力。

$$\sigma = \frac{F_N}{S} = \frac{40000\text{N}}{1200\text{mm}^2} = 33.33\text{MPa}$$

④ 校核拉杆强度。

因为 $\sigma = 33.33\text{MPa} < [\sigma] = 100\text{MPa}$，所以拉杆的强度足够。

二、剪切构件剪切与挤压强度分析

1. 剪切与挤压的概念

汽车上常会有螺栓、铆钉、销钉、键（见图 8-54）等构件遇到剪切问题。

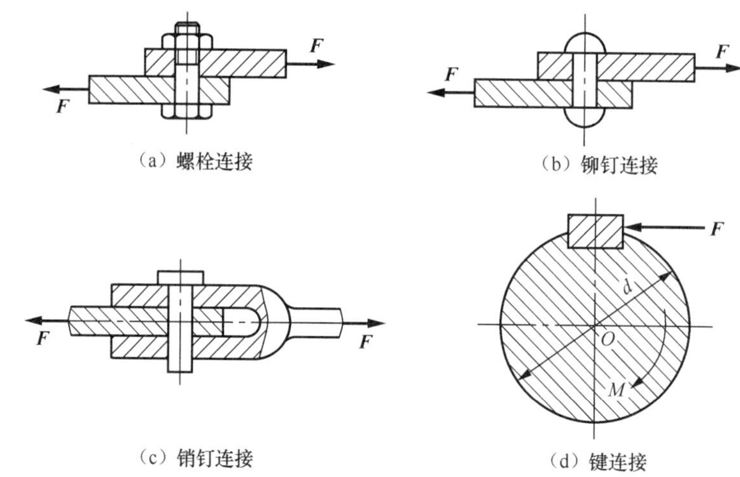

（a）螺栓连接　（b）铆钉连接

（c）销钉连接　（d）键连接

图 8-54　剪切与挤压构件

构件受到一对大小相等、方向相反、作用线相距较近的外力作用时，截面间会发生相对错动的变形，称为剪切，发生相对错动的截面称为剪切面。

8-9 剪切与挤压变形

剪切的受力特点：构件受一对大小相等、方向相反、作用线相距很近的平行力系作用。

剪切的变形特点：构件沿两组平行力系的交界面发生相对错动。

构件在受到剪切作用时，伴随着发生挤压作用，连接件与被连接件之间的接触面相互作用而压紧，这种在接触面上传递压力而产生的局部变形，称为挤压，发生挤压变形的接触表面称为挤压面，如图 8-55 所示。挤压的变形特点是两构件在相互传递压力的接触面上会产生塑性变形。

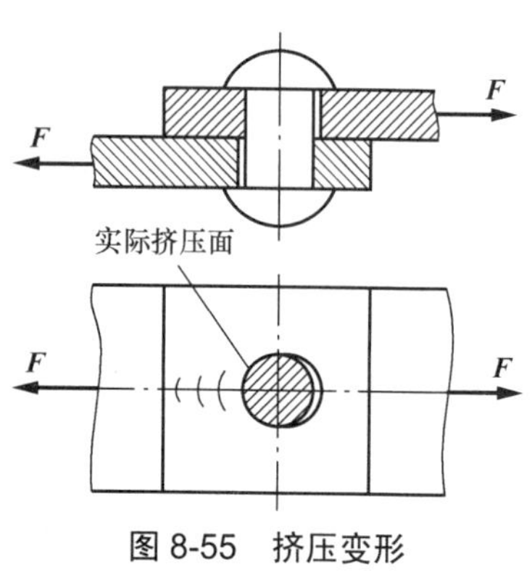

图 8-55　挤压变形

剪切是一种较为复杂的局部受载形式，有时还伴随着弯曲和拉伸等作用，因而对这类构件的工作应力进行理论精确分析是很困难的。工程中对这类构件的强度计算，一般采用在试验和经验基础上建立起来的比较简便的实用计算方法。

2．剪切的实用计算

（1）剪切的内力

当外力过大时，构件将沿剪切面被剪断而破坏。剪切面上的内力主要是切向内力，称为剪力，用 $\boldsymbol{F}_Q$ 表示。剪切面上的内力可用截面法求得。

如图 8-56 所示，当铆钉连接的两块钢板受到一对力 $\boldsymbol{F}$ 作用时，铆钉由于力的传递作用，在上下两部分受到一对分布力 $\boldsymbol{F}$ 作用，使其受剪。如果铆钉破坏，将沿剪切面 *m-m* 被剪断。

假想将铆钉沿剪切面 *m-m* 截开，取上部（或下部）为研究对象，由平衡条件可知，剪切面上存在着与外力大小相等、方向相反的剪力 $\boldsymbol{F}_Q$。剪力的方向与剪切面平行，由平衡条件可知 $F_Q = F$ 。

（2）剪切的应力

剪切面上剪力的分布集度称为切应力，用 τ 表示，单位与正应力相同。切应力 τ 在剪切面上的分布十分复杂，很难确定切应力的分布规律。工程上通常采用以试验和经验为基础的实用计算法，即假定切应力在剪切面上均匀分布，由此得计算公式

$$\tau = \frac{F_Q}{S}$$

式中，τ 为剪切面上的切应力，MPa；F_Q 为剪切面上的剪力，N；S 为剪切面的面积，mm^2。

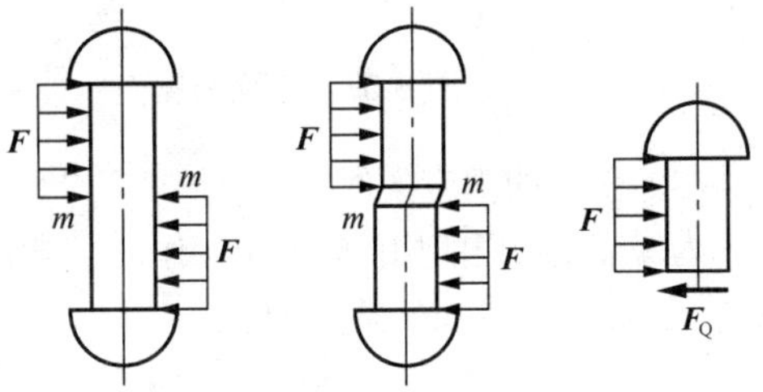

图 8-56　剪切内力的计算

（3）剪切的强度条件

为保证受剪切构件能安全工作，应将切应力 τ 限制在许可范围内。因此，剪切强度条件为

$$\tau = \frac{F_Q}{S} \leqslant [\tau]$$

式中，$[\tau]$为材料的许用切应力，可通过试验或按类似于许用正应力$[\sigma]$的方法得出，也可查阅相关工程手册。

利用剪切强度条件，同样可以解决强度校核、截面尺寸设计和确定许可载荷三类问题。

3．挤压的实用计算

（1）挤压的应力

当挤压面传递的压力过大时，在接触处的局部区域会发生显著的塑性变形或被压溃，造成构件的挤压破坏。作用于挤压面的压力称挤压力，在挤压面上，由挤压力引起的应力称为挤压应力。挤压面上的应力分布较复杂，工程上采用实用计算法，则有

$$\sigma_{jy} = \frac{F_{jy}}{S_{jy}}$$

式中，σ_{jy} 为挤压面上的挤压应力，MPa；F_{jy} 为挤压面上的挤压力，N；S_{jy} 为挤压面的面积，mm^2。

（2）有效挤压面积的确定

有效挤压面积指挤压面面积在垂直于总挤压力方向上的投影。

① 当挤压面为平面时，挤压面的计算面积等于实际接触挤压面面积，图 8-57 所示平面挤压面面积

$$S_{jy}=\frac{l\times h}{2}$$

② 当挤压面为半圆柱面时，通常将圆柱的直径平面作为有效挤压面，挤压面的计算面积等于半圆柱接触投影的面积，图 8-58 所示圆柱挤压面面积

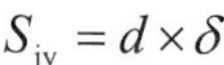

$$S_{jy}=d\times\delta$$

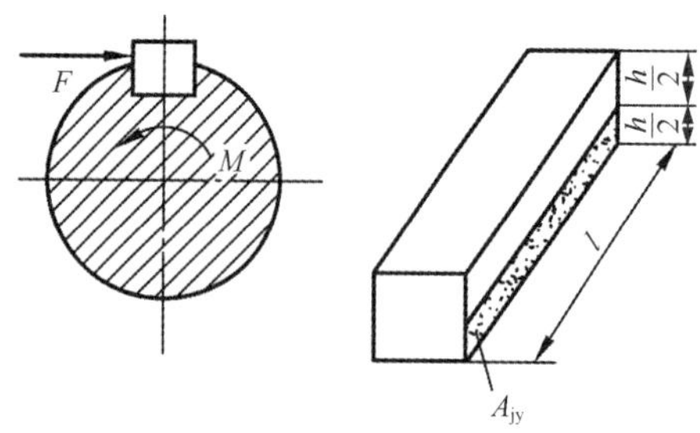

图 8-57　平面挤压面

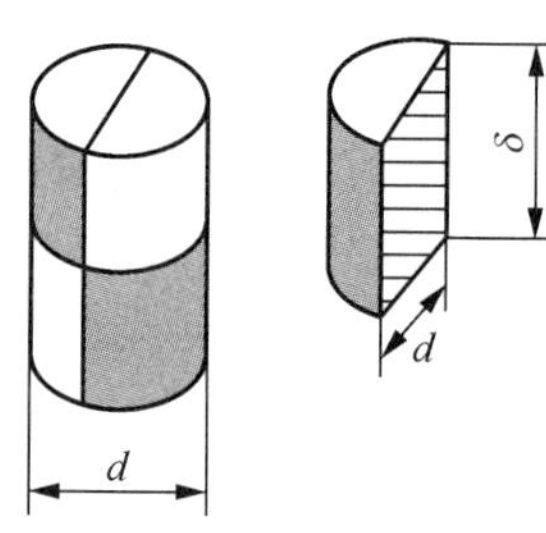

图 8-58　圆柱挤压面

（3）挤压的强度条件

为保证受挤压的构件能安全工作，不产生过大的塑性变形，应将挤压应力 σ_{jy} 限制在许可范围内。因此，挤压强度条件为

$$\sigma_{jy}=\frac{F_{jy}}{S_{jy}}\leqslant[\sigma_{jy}]$$

式中，$[\sigma_{jy}]$为材料的许用挤压应力，其值可由试验或查阅相关手册获得。

在连接结构中，连接件和被连接件都可能发生挤压破坏，当互相挤压的两构件材料不同时，应对其中许用挤压应力$[\sigma_{jy}]$较小者进行挤压强度计算。对于工程上的连接件，一般是先进行剪切强度计算，再进行挤压强度校核。

例8-11　汽车发动机正时齿轮与轴用平键连接，如图 8-59 所示。已知轴的直径 $d=70\text{mm}$，键的尺寸 $b\times h\times l=20\text{mm}\times 12\text{mm}\times 100\text{mm}$，传递的力偶矩 $M=2\text{kN}\cdot\text{m}$，键的许用切应力$[\tau]=60\text{MPa}$，作用挤压应力$[\sigma_{jy}]=100\text{MPa}$，试校核键的强度。

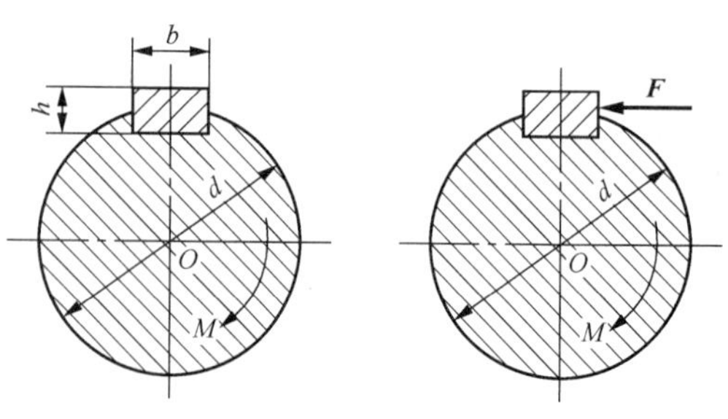

图 8-59　平键连接

解：① 校核键的挤压强度。

设平键的挤压力为 $\boldsymbol{F}_{jy}$，以键和轴为研究对象，由平衡方程

$$\sum M_O(\boldsymbol{F})=0 \quad \text{即} \quad F\times\frac{d}{2}-M=0$$

得
$$F_{\text{jy}}=F=\frac{2M}{d}\approx 57.1\text{kN}$$

挤压面上的挤压应力

$$\sigma_{\text{jy}}=\frac{F_{\text{jy}}}{S_{\text{jy}}}=\frac{2F_{\text{jy}}}{h\times l}=\frac{2\times 57.1\times 10^3}{12\times 100}\text{MPa}\approx 95.2\text{MPa}<[\sigma_{\text{jy}}]=100\text{MPa}$$

故平键符合挤压强度条件。

② 校核键的剪切强度。

用截面法将键沿剪切面假想地截开，取上半部分为研究对象，则剪切面上的剪力为

$$F_{\text{Q}}=F_{\text{jy}}=F=57.1\text{kN}$$

剪切面上的切应力

$$\tau=\frac{F_{\text{Q}}}{S}=\frac{F}{b\times l}=\frac{57.1\times 10^3}{20\times 100}\text{MPa}\approx 28.6\text{MPa}<[\tau]=60\text{MPa}$$

故平键也满足剪切强度条件。

结论：键连接强度足够，能够安全工作。

例 8-12　汽车与拖车挂钩用销钉连接，如图 8-60 所示。已知挂钩厚度 $\delta=8$mm，销钉材料的许用切应力 $[\tau]=60$MPa，许用挤压应力 $[\sigma_{\text{jy}}]=200$MPa，汽车牵引力 $F=15$kN，试选定销钉的直径（挂钩与销钉材料相同）。

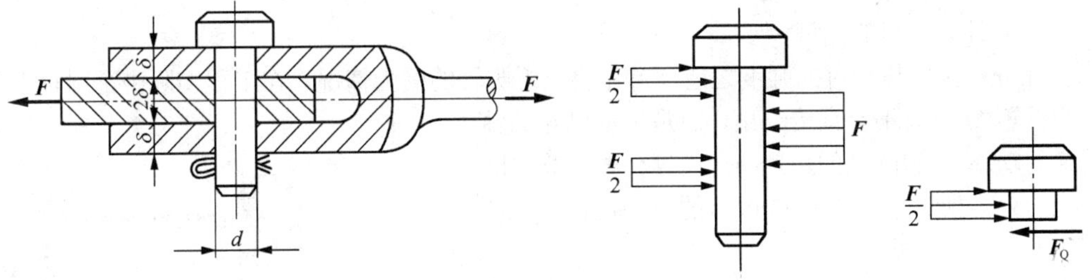

图 8-60　销钉连接

解：① 以销钉为研究对象，画出受力图。根据平衡条件，用截面法求剪力 F_{Q}。

$$F_{\text{Q}}=\frac{F}{2}$$

② 根据剪切强度条件，设计销钉直径。

$$\tau=\frac{F_{\text{Q}}}{S}=\frac{F_{\text{Q}}}{\pi d^2/4}\leqslant[\tau]$$

所以
$$d\geqslant\sqrt{\frac{2F}{\pi[\tau]}}=\sqrt{\frac{2\times 15\times 10^3}{\pi\times 60}}\text{mm}\approx 13\text{mm}$$

③ 根据挤压强度条件，校核挤压强度。

$$\sigma_{jy}=\frac{F_{jy}}{S_{jy}}=\frac{F/2}{d\times\delta}=\frac{15\times10^3}{2\times13\times8}\text{MPa}\approx72\text{MPa}<[\sigma_{jy}]=200\text{MPa}$$

因此，销钉直径取 d=13mm，可同时满足剪切、挤压强度要求。

三、圆轴扭转强度分析

1. 扭转的概念

汽车上有很多发生扭转的构件，如汽车转向盘轴、汽车传动轴。如图 8-61 所示，在操纵汽车方向时，双手在转向盘上施加一力偶作用，转向盘轴的下端就受到来自转向器的等值反向阻力偶作用，使转向盘轴受扭。

8-10 圆轴的扭转

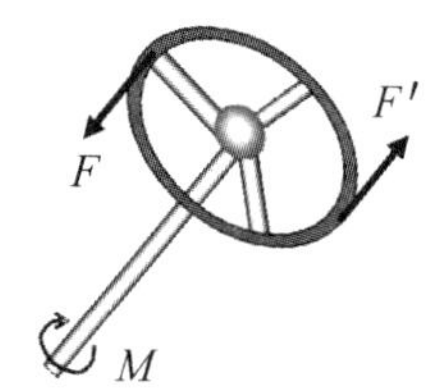

图 8-61　汽车转向盘轴受扭

杆件在垂直于杆轴线的若干平面内，受到一对转向不同的外力偶作用，直杆的各横截面绕轴线产生相对转动变形，称为扭转，扭转变形受力简图如图 8-62 所示。将受到扭转或以扭转变形为主的直杆统称为轴。工程上轴的横截面多采用圆形截面，即为圆轴。这里主要研究等直圆轴扭转问题。

扭转的受力特点：在杆件两端垂直于杆轴线的平面内，受一对大小相等、方向相反的外力偶（扭转力偶）作用。

扭转的变形特点：杆件各横截面都绕轴线做相对转动。

图 8-62　扭转变形

2. 圆轴扭转时的内力

（1）外力偶矩的计算

在分析圆轴扭转时的强度之前，首先要分析圆轴的受力情况。在工程实际中，圆轴上的外力偶矩 M 一般不会直接给出，而是根据已知圆轴传递的功率 P 和圆轴的转速 n，通过公式计算出圆轴上的外力偶矩。在图 8-63 所示的传动机构中，计算外力偶矩的公式为

$$M=9550\frac{P}{n}$$

式中，M 为作用在圆轴上的外力偶矩，N • m；P 为圆轴传递的功率，kW；n 为圆轴的转速，r/min。

从上式中可看出，圆轴所受的外力偶矩与传递的功率成正比，与圆轴的转速成反比。当圆轴所传递的功率相同时，高速圆轴所受外力偶矩较小，低速圆轴所受外力偶矩较大。因此，在同一传动系统中，低速圆轴的轴径要大于高速圆轴的轴径。

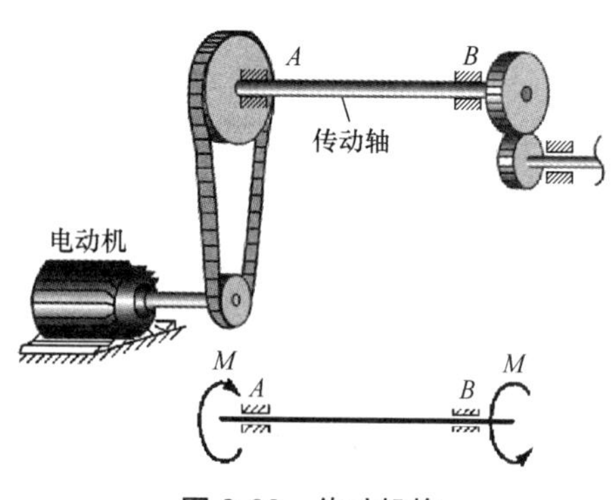

图 8-63　传动机构

需要说明的是，圆轴上输入力偶矩是主动力偶矩，其转向与圆轴的转向相同；圆轴上输出力偶矩是阻力偶矩，其转向与圆轴的转向相反。

（2）扭矩

当圆轴上的外力偶矩确定以后，即可用截面法研究横截面上的内力。对于承受扭转作用的圆轴，横截面上的内力是作用于截面上的内力偶矩，称之为扭矩或转矩，用 T 表示。

如图 8-64 所示，在圆轴的两端垂直于杆轴线的平面内，作用有一对反向力偶，杆件处于平衡状态。为了求出圆轴的内力，用一假想截面 m-m 将圆轴一分为二，取任意一段为研究对象。由平衡关系可知，横截面上的分布内力必构成一个内力偶，并以横截面为作用面。由平衡方程可得 $T=M$。

由左、右两段所求得扭矩的转向相反，这是因为它们是作用力与反作用力的关系。

为了使取不同研究对象时，所求得的同一截面上的扭矩不仅数值相等，而且符号也相同，可对扭矩符号作如下规定：采用右手螺旋法则，用四指表示扭矩的转向，大拇指的指向与截面的外法线方向相同时，该扭矩为正，反之为负，如图 8-65 所示。同一截面的扭矩符号是一致的，如图 8-64 中 T 与 T' 均为正。

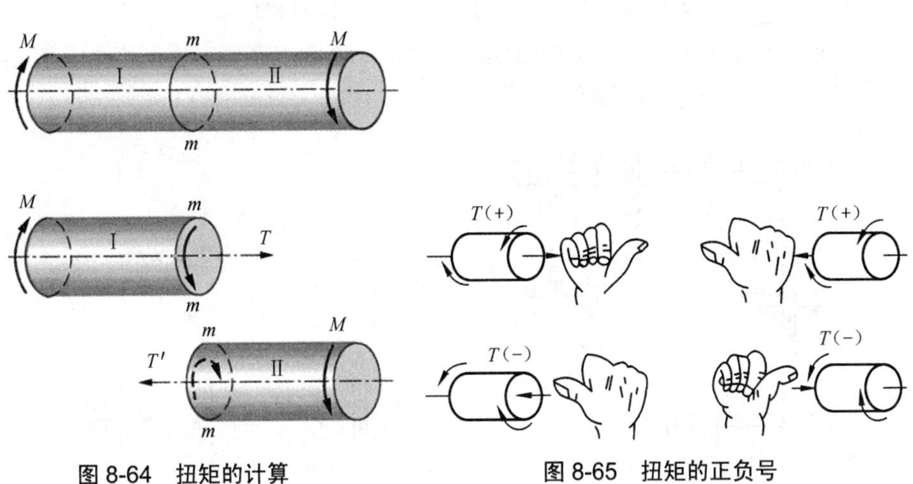

图 8-64　扭矩的计算　　　　图 8-65　扭矩的正负号

（3）扭矩图

当圆轴上有两个以上外力偶作用时，则圆轴上各段扭矩 T 的大小和方向有所不同。为了清楚地表示扭矩沿轴线的变化情况，通常以横坐标表示截面的位置，纵坐标表示扭矩的大小，给出各截面扭矩随其位置变化的图形，称为扭矩图。

扭矩图的画法：以横轴表示轴上截面的位置，纵轴表示扭矩大小，正扭矩画在纵轴正向，负扭矩画在纵轴负向。根据扭矩图，可清楚地看出轴上扭矩随截面的变化规律，便于分析轴上的危险截面，以便进行强度计算。

例 8-13　图 8-66 所示为一传动轴，转速 $n=200\text{r/min}$，轮 A 为主动轮，输入功率 $P_A=60\text{kW}$，轮 B、C、D 均为从动轮，输出功率 $P_B=20\text{kW}$，$P_C=15\text{kW}$，$P_D=25\text{kW}$。试画出该轴的扭矩图。若将轮 A 和轮 C 位置对调，试分析对轴的受力是否有利。

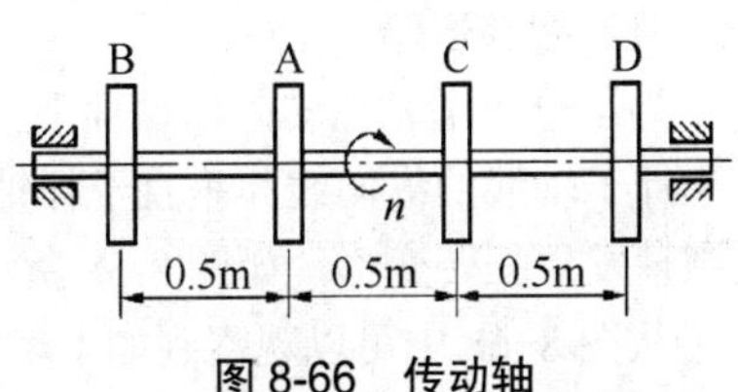

图 8-66　传动轴

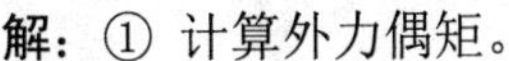

解：① 计算外力偶矩。

$M_A = 9550 \times P/n = 9550 \times \frac{60}{200}$ N·m= 2865N·m

同理可得　$M_B = 955$N·m，$M_C = 716.3$N·m，$M_D = 1193.8$N·m。

② 计算扭矩。将轴分为 3 段，逐段计算扭矩。

对 BA 段：$\sum M_O(\boldsymbol{F}) = 0$，$T_1 + M_B = 0$，可得 $T_1 = -955$N·m。

对 AC 段：$\sum M_O(\boldsymbol{F}) = 0$，$T_2 + M_B - M_A = 0$，可得 $T_2 = 1910$N·m。

对 CD 段：$\sum M_O(\boldsymbol{F}) = 0$，$T_3 - M_D = 0$，可得 $T_3 = 1193.8$N·m。

③ 画扭矩图。根据计算结果，按比例画出扭矩图，如图 8-67（a）所示。

④ 将轮 A 和轮 C 位置对调，计算扭矩。将轴分为 3 段，逐段计算扭矩。

对 BC 段：$\sum M_O(\boldsymbol{F}) = 0$，$T_1 + M_B = 0$，可得。$T_1 = -955$N·m。

对 CA 段：$\sum M_O(\boldsymbol{F}) = 0$，$T_2 + M_B + M_C = 0$，可得 $T_2 = -1671.3$N·m。

对 AD 段：$\sum M_O(\boldsymbol{F}) = 0$，$T_3 - M_D = 0$，可得 $T_3 = 1193.8$N·m。

⑤ 画轮 A 和轮 C 位置对调后的扭矩图，如图 8-67（b）所示，由图可知，最大绝对值扭矩较之原来有所降低，对轴的受力有利。

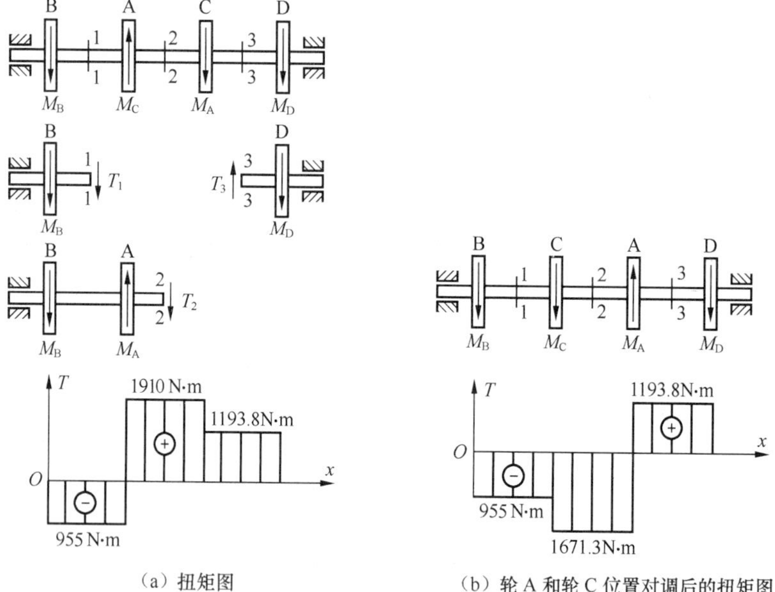

（a）扭矩图　　（b）轮 A 和轮 C 位置对调后的扭矩图

图 8-67　传动轴扭矩图

3. 圆轴扭转时的应力

（1）扭转试验

为了分析圆轴扭转时横截面上应力的分布情况，现取一等直圆轴，在圆轴表面上画出若干平行于轴线的纵向线和垂直于杆轴线的圆周线，然后在圆轴两端分别作用一外力偶矩 M，使圆轴发生扭转变形，如图 8-68 所示。

从图 8-68 中可以观察到如下现象。

① 各圆周线形状、大小以及相邻圆周线之间距离均未改变，只是绕轴线转过了一定的角度。

② 各纵向线都倾斜了同一角度 γ，使轴表面的小矩形变成了平行四边形。

因此，对圆轴扭转作出平面假设：圆轴扭转变形后，轴的横截面仍保持为平面，形状和大小均不变，半径也保持为直线。

以上假设称为平面截面假设。根据这一假设，可以得出：圆轴扭转时没有发生纵向变形，所以横截面上没有正应力。由于相邻截面相对地转过一个角度，即各横截面之间发生了绕轴线的相对错动，出现剪切变形，故横截面上有切应力存在，且与半径垂直。

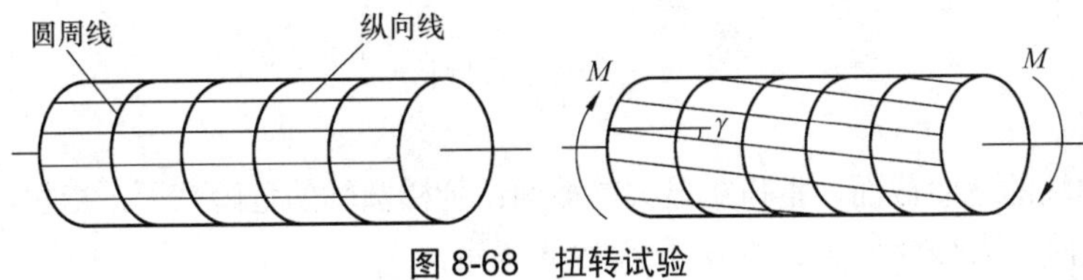

图 8-68　扭转试验

（2）切应力分布规律

经过推导，可得出切应力分布规律为：横截面上任一点的切应力大小与该点到圆心的距离成正比，并沿半径方向呈线性分布，圆心处切应力为零，轴圆周边缘的切应力最大，如图 8-69 所示。

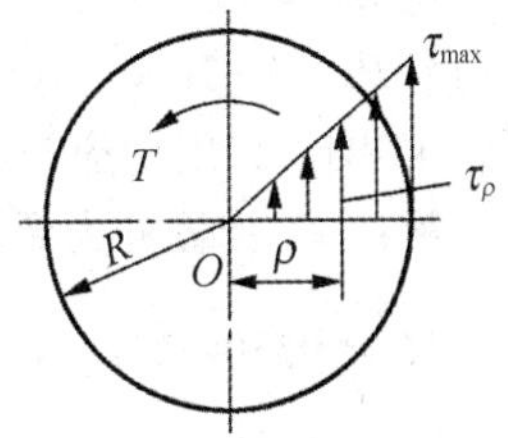

图 8-69　切应力分布规律

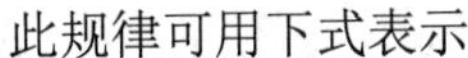

此规律可用下式表示

$$\frac{\tau_\rho}{\tau_{\max}}=\frac{\rho}{\rho_{\max}}=\frac{\rho}{R}$$

式中，ρ 为截面上任一点到圆心的距离；$\rho_{\max}$ 为截面最大半径，$\rho_{\max}=R$；τ_ρ 为距截面圆心距离为 ρ 处的切应力；$\tau_{\max}$ 为最大半径处的切应力。

因此，圆心处（$\rho=0$），$\tau=0$；圆轴表面处（$\rho=\rho_{\max}$），切应力最大，$\tau=\tau_{\max}$。

（3）最大切应力的计算

利用微积分关系，可推导出圆轴扭转时横截面上最大切应力计算公式为

$$\tau_{\max}=\frac{TR}{I_{\mathrm{p}}}$$

式中，T 为截面扭矩；R 为圆轴截面半径；I_{p} 为横截面对圆心的极惯性矩，是一个与截面形状和尺寸有关的几何量，它能反映截面的抗扭能力。令

$$W_{\mathrm{p}}=I_{\mathrm{p}}/R$$

则有

$$\tau_{\max}=\frac{T}{W_{\mathrm{p}}}$$

式中，W_{p} 为抗扭截面系数。

在工程上，圆轴的截面形状通常采用实心圆和空心圆两种，如图 8-70 所示。它们的 I_{p}、W_{p} 计算公式如下。

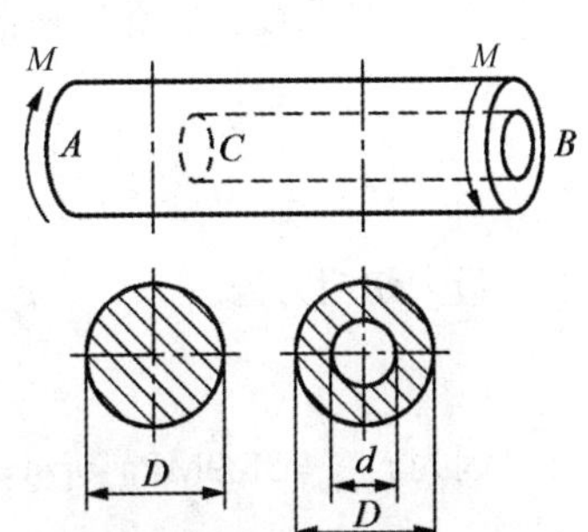

图 8-70　圆轴的截面形状

① 实心圆截面 $I_p = \dfrac{\pi D^4}{32}$ $W_p = \dfrac{\pi D^3}{16}$

② 空心圆截面 $I_p = \dfrac{\pi D^4}{32}(1-\alpha^4)$ $W_p = \dfrac{\pi D^3}{16}(1-\alpha^4)$

式中，d、D 分别为空心圆截面内、外径，D 也是实心圆截面的直径；$\alpha = d/D$。

4. **圆轴扭转时的强度计算**

为保证圆轴在扭转时能安全工作，必须使圆轴的危险截面上最大切应力 τ_{max} 不超过材料的许用切应力$[\tau]$。因此，圆轴扭转的强度条件为

$$\tau_{max} = \frac{T}{W_p} \leqslant [\tau]$$

等截面圆轴的危险截面，指扭矩最大的截面；阶梯圆轴的危险截面，指扭矩大而抗扭截面系数小的截面，需综合考虑 T 和 W_p 两个因素来定。

对于许用切应力$[\tau]$，可以通过材料试验结果和强度理论来确定。

应用扭转强度条件，同样可以解决强度校核、截面尺寸设计和确定许可载荷三类问题。

例 8-14 图 8-71 所示为一减速器传动轴，直径 $d = 45$mm，转速 $n = 300$r/min，主动轮输入功率 $P_A = 36.7$kW，从动轮 B、C、D 的输出功率分别为 $P_B = 14.7$kW，$P_C = P_D = 11$kW，轴的材料为 45 钢，许用切应力为$[\tau] = 40$MPa，试校核轴的强度。

解：① 计算外力偶矩。

$$M_A = 9550 \times P/n = 9550 \times \frac{36.7}{300}\text{N} \cdot \text{m} \approx 1168\text{N} \cdot \text{m}$$

同理可得 $M_B = 468$N · m，$M_C = M_D = 350$N · m。

② 计算扭矩。用截面法在 BA、AC、CD 段分别取截面 1-1、2-2 和 3-3，并根据平衡条件求出相应的扭矩及正负号如下。

$$T_1 = -M_B = -468\text{N} \cdot \text{m}$$

$$T_2 = M_A - M_B = 700\text{N} \cdot \text{m}$$

$$T_3 = M_D = 350\text{N} \cdot \text{m}$$

最大扭矩 $T_{max} = T_2 = 700$N · m

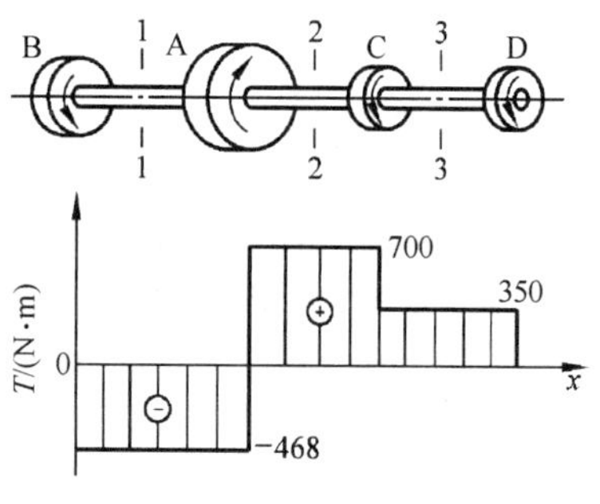

图 8-71 减速器传动轴

③ 画扭矩图。根据计算结果，按比例画出扭矩图，如图 8-71 所示。

④ 校核强度。计算抗扭截面系数为

$$W_p = \frac{\pi D^3}{16} = \frac{\pi \times 45^3}{16}\text{mm}^3 \approx 1.8 \times 10^4 \text{mm}^3$$

最大切应力为 $\tau_{max} = \dfrac{T}{W_p} = \dfrac{700 \times 10^3}{1.8 \times 10^4}\text{MPa} \approx 38.9\text{MPa}$

因为 $\tau_{max} = 38.9\text{MPa} < [\tau] = 40\text{MPa}$，所以轴的强度足够。

四、直梁弯曲强度分析

1. 平面弯曲的概念

汽车上有一些构件受载荷作用后发生弯曲变形，如汽车钢板弹簧、汽车横梁（见图 8-72）。这类构件受力的共同特点是各外力垂直于杆件轴线，变形时杆件的轴线由直线变成曲线，这种变形称为弯曲。以弯曲变形为主的杆件称为梁。

弯曲的受力特点：梁在轴线平面内受到力偶矩或垂直于轴线方向的外力作用。

弯曲的变形特点：梁在垂直于其轴线的载荷作用下，使原为直线的轴线变为曲线。

在工程上，大多数梁的横截面都有一个对称轴，通过梁的轴线和截面对称轴的平面叫作纵向对称面。当梁上的横向外力均作用在纵向对称面内时，梁的轴线则在纵向对称面内弯曲成一条平面曲线，这种弯曲变形称为平面弯曲，如图 8-73 所示。平面弯曲是弯曲变形中最基本的一种。这里主要研究平面弯曲时横截面上的内力和应力问题。

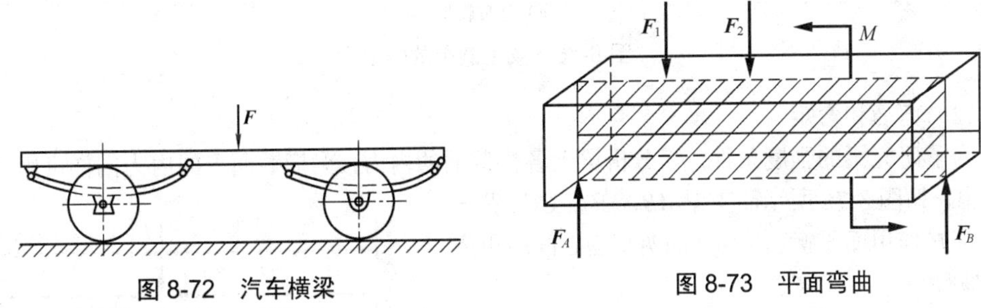

图 8-72　汽车横梁　　图 8-73　平面弯曲

2. 梁弯曲时的内力

（1）梁的类型

按梁的支座形式不同可将梁分为简支梁、外伸梁和悬臂梁三类，梁的类型如图 8-74 所示。

在进行分析计算时，为了方便起见，往往忽略梁的外形因素，只用梁的轴线和相应的约束符号表示，这些图形称为梁的计算简图，图 8-74 所示即为梁的计算简图。

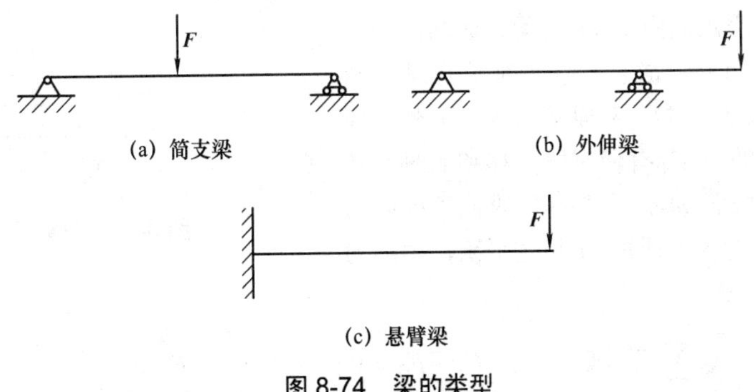

(a) 简支梁　(b) 外伸梁

(c) 悬臂梁

图 8-74　梁的类型

① 简支梁。一端为固定铰链支座，另一端为活动铰链支座的梁，称为简支梁。

② 外伸梁。外伸梁的支座与简支梁一样，但梁的一端或两端伸出支座以外，所以称为外伸梁。

③ 悬臂梁。一端固定、另一端自由的梁，称为悬臂梁。

作用于梁上的载荷，可以简化为集中力、集中力偶和分布载荷三种形式，如图 8-75 所示。

① 集中力。集中力指作用面积不大的横向力 $\boldsymbol{F}$。

② 集中力偶。集中力偶指作用面积不大的作用于梁轴平面内的外力偶 M。

③ 分布载荷。在梁的长度或全长上连续分布的横向力，如均匀分布，则称为均布载荷，通常用载荷集度 q 来表示，其单位为 N/m 或 kN/m。

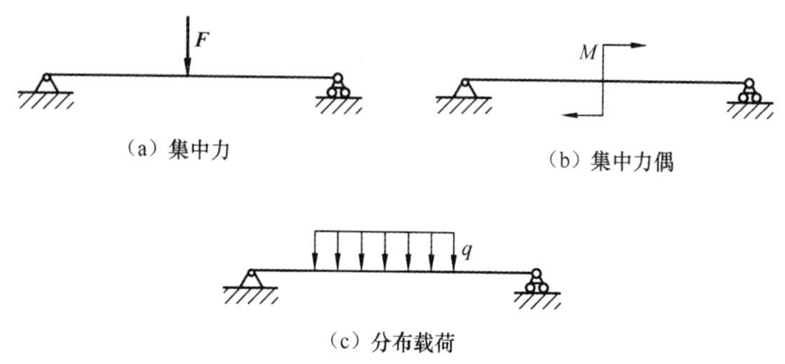

图 8-75　梁上载荷的类型

（2）剪力和弯矩

为了研究梁的强度条件，需分析梁上各横截面的内力，梁横截面上的内力同样可用截面法求出，如图 8-76 所示简支梁 AB，在点 C 处受一集中力 $\boldsymbol{F}$ 作用而平衡。梁 AB 的两支座之间的距离 l 称为跨度。

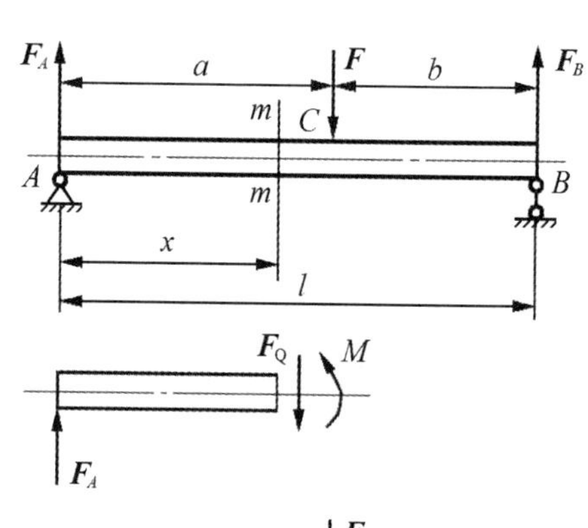

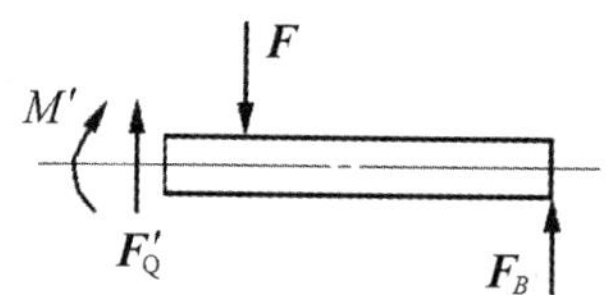

图 8-76　梁截面的内力

首先，根据静力平衡方程求出支座约束反力 $\boldsymbol{F}_A$、$\boldsymbol{F}_B$。

$$F_A = \frac{Fb}{l}$$

$$F_B = \frac{Fa}{l}$$

然后，用一假想截面 m-m 将梁分成两部分，由于整个梁是平衡的，故它的任一部分也是平衡的，现取左段为研究对象，左段上的内力与外力应保持平衡。由于外力 $\boldsymbol{F}_A$ 有使左段上移和顺时针转动的作用，因此截面 m-m 上必有垂直向下的内力 $\boldsymbol{F}_\mathrm{Q}$ 和逆时针转动的内力偶矩 M 与之平衡，由静力平衡方程，有

$$\sum F_y = 0 \qquad F_A - F_\mathrm{Q} = 0 \qquad F_\mathrm{Q} = F_A$$

$$\sum M_A(\boldsymbol{F}) = 0 \qquad M - F_A x = 0 \qquad M = F_A x = \frac{Fb}{l}x$$

式中，内力 $\boldsymbol{F}_\mathrm{Q}$ 称为剪力，其作用线平行于截面，并通过截面的形心 O；内力偶矩 M 称为弯矩，其作用在梁的纵向对称面内；x 为截面 m-m 到支座 A 之间的距离。

因此，梁发生弯曲变形时，横截面上的内力由剪力 F_Q 和弯矩 M 两部分组成。剪力 F_Q 的单位是 N，弯矩 M 的单位是 N·m。

如取右段为研究对象，求 m-m 截面上的剪力和弯矩，它们与取左段为研究对象时求得的剪力和弯矩分别大小相等、方向（转向）相反，这是因为截面两侧的力系成作用力与反作用力关系。

为使同一截面剪力和弯矩符号一致，规定梁横截面上的剪力使所取梁段顺时针方向错动时，剪力符号为正；反之为负，如图 8-77 所示。梁横截面上的弯矩使所取梁段发生上凹下凸变形时，弯矩符号为正；反之为负，如图 8-78 所示。

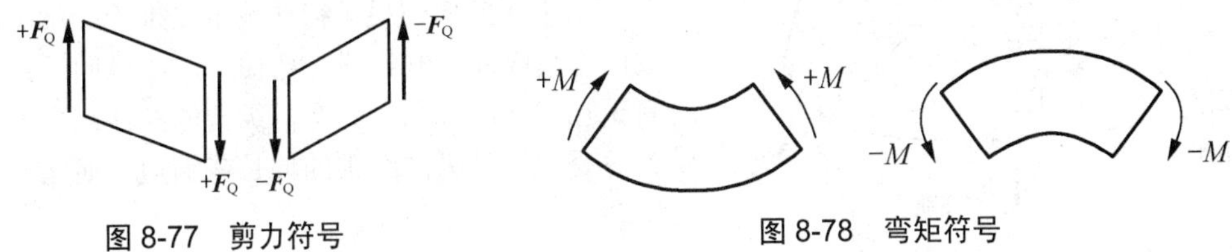

图 8-77　剪力符号　　图 8-78　弯矩符号

计算时，对于未知方向的内力可将其全部假设为正。若计算结果为正，说明假设正确，内力为正；反之，说明假设与实际相反，内力为负。

（3）剪力图和弯矩图

一般情况下，梁横截面上的剪力和弯矩随截面位置不同而变化。若以横坐标 x 表示截面在梁轴线上的位置，则各横截面上的剪力和弯矩都可表示为 x 的函数，即剪力方程和弯矩方程为

$$F_Q = F_Q(x) \qquad M = M(x)$$

根据剪力方程和弯矩方程，画剪力图和弯矩图。弯矩图的具体画法是以与梁轴线平行的 x 坐标表示横截面位置，纵坐标 y 按一定比例表示各横截面上相应弯矩的大小，正弯矩画在坐标轴的上方，负弯矩画在坐标轴的下方。

3. 纯弯曲时梁横截面上的应力

一般情况下，梁弯曲时的截面上既有剪力，又有弯矩，这种弯曲称为剪切弯曲。剪力是与横截面相切的内力系的合力，故在横截面上存在切应力；弯矩是与横截面垂直的内力系的合力，故在横截面上会存在正应力。梁弯曲变形时，若横截面上只有弯矩而无剪力，则这种弯曲称为纯弯曲。

8-11 梁的纯弯曲

在工程上，对于常见的梁，即梁的跨度 l 远大于横截面尺寸的梁，其强度取决于弯曲正应力，因此梁的纯弯曲变形特征，对一般情形也适用。

（1）弯曲试验

取一矩形截面梁，在其侧面画出若干互相平行的横向线和纵向线，然后在梁的对称面内施加一对等值、反向的力偶 M，使梁发生纯弯曲，如图 8-79 所示。

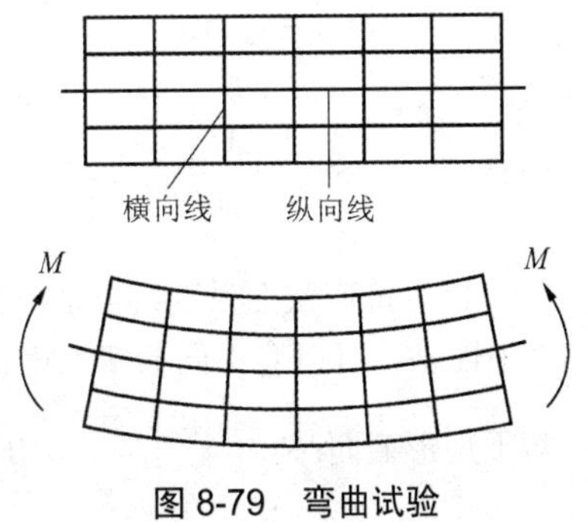

图 8-79　弯曲试验

从图 8-79 中可以观察到以下三点。

① 各横向线仍保持为直线，但相对转过了一定角度。

② 各纵向线均变成圆弧线，但仍垂直于横向线。

③ 内凹一侧纵向线缩短，外凸一侧纵向线伸长。

可以看到，梁弯曲后一些层发生伸长变形，另一些层则发生缩短变形，在伸长区与缩短区交界处的那一层，既不伸长，也不缩短，称为梁的中性层。中性层与横截面的交线称为中性轴，如图 8-80 所示。

根据以上现象，假设梁纯弯曲变形后各横截面仍保持为一平面，仍然垂直于梁的轴线，只是绕中性轴转过一个角度，这称为弯曲问题的平面截面假设。

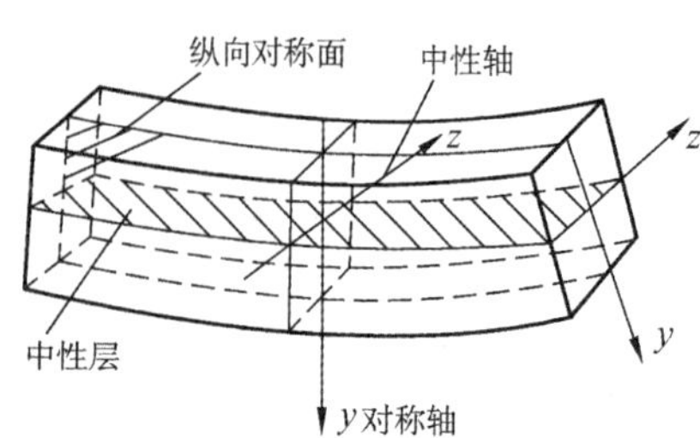

图 8-80　中性层与中性轴

由平面截面假设可得如下重要推论：梁可看成由无数纵向纤维组成。弯曲时，各纵向纤维之间无互相挤压作用，只有沿纵向的拉伸或压缩。梁的变形只是纵向纤维的伸长或缩短，而无相对错动。

因此，梁纯弯曲时，横截面上无切应力 τ，只有正应力 σ。

（2）正应力分布规律

经过推导，可得出纯弯曲梁的横截面上各点正应力的分布规律为：横截面上各点正应力的大小与该点到中性轴的距离成正比，梁截面上距中性轴相等的各点，正应力相等。在中性轴上，各点正应力为零；离中性轴越远的点，其正应力越大；在距中性轴最远的梁的上下边缘处，产生最大正应力。其中，外凸一侧产生拉应力，内凹一侧产生压应力，如图 8-81 所示。

（3）弯曲最大正应力的计算

利用微积分关系，可推导出梁纯弯曲时横截面上最大正应力计算公式为

$$\sigma_{\max} = \frac{M_{\max} y_{\max}}{I_z}$$

式中，$M_{\max}$ 为横截面的最大弯矩；$y_{\max}$ 为计算点到中性轴的最大距离；I_z 为截面对中性轴（z 轴）的惯性矩，与截面形状和尺寸有关。令

$$W_z = I_z / y_{\max}$$

则有

$$\sigma_{\max} = \frac{M_{\max}}{W_z}$$

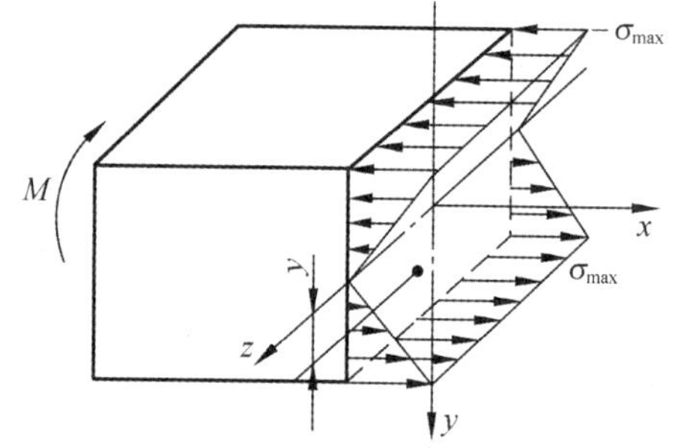

图 8-81　正应力分布规律

式中，W_z 称为抗弯截面系数，也是一个与截面形状、尺寸有关的几何量。同一截面，以不同的轴为中性轴，可以有不同的惯性矩和抗弯截面系数，梁的抗弯能力也不同。

对于矩形截面：　$W_z = \dfrac{bh^2}{6}$　　$W_y = \dfrac{hb^2}{6}$

对于实心圆截面：　$W_z = W_y = \dfrac{\pi d^3}{32}$

4. 梁弯曲时的强度计算

在研究梁的弯曲强度时，由于梁上的应力一般是随截面位置不同而变化的，因此应首先找出梁的危险截面（产生最大正应力所在的截面），以及求出最大正应力 σ_{max}。为了保证梁能安全工作，必须使危险截面上的最大正应力 σ_{max} 不超过材料的弯曲许用应力$[\sigma]$。因此，梁弯曲的强度条件为

$$\sigma_{max}=\frac{M_{max}}{W_z}\leqslant[\sigma]$$

式中，M_{max} 和 W_z 分别为危险截面的最大弯矩和抗弯截面系数；$[\sigma]$为梁材料的许用正应力。对于许用正应力$[\sigma]$，可查阅相关工程手册获得。

应用弯曲强度条件，同样可以解决强度校核、截面尺寸设计和确定许可载荷三类问题。

例 8-15 图 8-82（a）所示的汽车钢板弹簧由 10 块宽度 $b=75\text{mm}$、厚度 $\delta=10\text{mm}$ 的板条组成，$[\sigma]=400\text{MPa}$，试求载荷 $\boldsymbol{F}$ 的许用值$[F]$。

解：① 画钢板弹簧的受力简图，如图 8-82（b）所示。

② 画钢板弹簧的弯矩图，如图 8-82（c）所示。

求得最大弯矩为

$$M_{max}=M_C=\frac{F}{4}\times1000=250F$$

③ 确定许可载荷$[F]$。危险截面在中点 C，点 C 处截面如图 8-82（d）所示。

根据弯曲强度条件

$$\sigma_{max}=\frac{M_C}{W_z}=\frac{6\times250F}{10^2b\delta^2}\leqslant[\sigma]$$

$$F\leqslant\frac{10^2b\delta^2[\sigma]}{6\times250}=\frac{10^2\times75\times10^2\times400}{6\times250}\text{N}=200\times10^3\text{N}$$

所以，梁上许可载荷$[F]=200\text{kN}$。

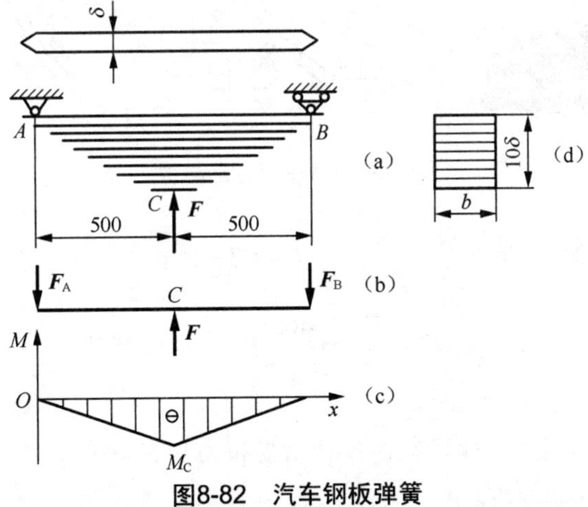

图8-82 汽车钢板弹簧

横梁弯曲时，梁的弯矩是随截面位置而变化的。若设计成等截面的梁，则除最大弯矩所在截面外，其他各截面上的正应力均未达到许用应力值，材料强度得不到充分发挥。

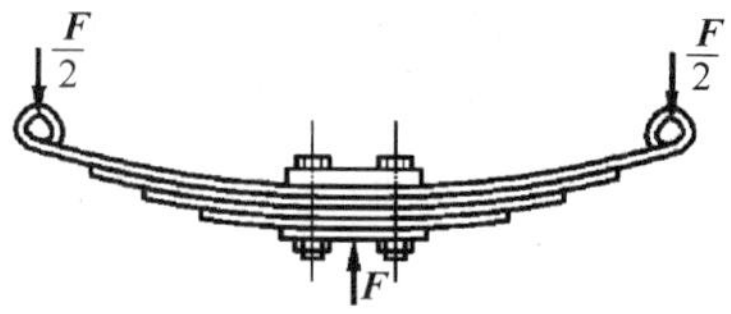

图8-83　汽车叠板弹簧

为了减少材料消耗，减轻重量，可把梁制成截面随截面位置变化的变截面梁。若截面变化比较平缓，前述弯曲应力计算公式仍可近似使用。当变截面梁各横截面上的最大弯曲正应力相同，并与许用应力相等时，称为等强度梁。设想把等强度梁分成若干狭条，然后叠置起来，并使其略微拱起，这就是汽车以及其他车辆上经常使用的叠板弹簧，如图 8-83 所示。

某公司 A 车间打磨区内，一名劳务外包工人在操作起重机时被掉落的起重机导绳器砸到头部后倒地，送医院抢救无效死亡。经初步调查，事发现场起重机导绳器的两个螺栓断裂，致使卡板与导绳器螺母脱离，原因是螺栓杆剪切面上产生的剪切应力使用时超过了螺栓杆的剪切强度，螺栓发生剪切破坏，从而导致导绳器掉落，砸到下方作业的工人。安全无小事，本质安全，源于细节，系于责任，重在落实。

任务实施

一、汽车离合器踏板拉杆受拉伸的强度分析

图 8-84 所示为汽车离合器踏板。已知踏板受到压力 $F_1 = 400\text{N}$，拉杆 AB 的直径 $d = 9\text{mm}$，杠杆臂长 $L = 330\text{mm}$，$l = 56\text{mm}$，拉杆材料的许用应力$[\sigma] = 50\text{MPa}$，试校核拉杆的强度。

解：① 以杠杆 AC 为研究对象，画出受力图如图 8-84 所示。根据平衡条件求拉力 F_2'。

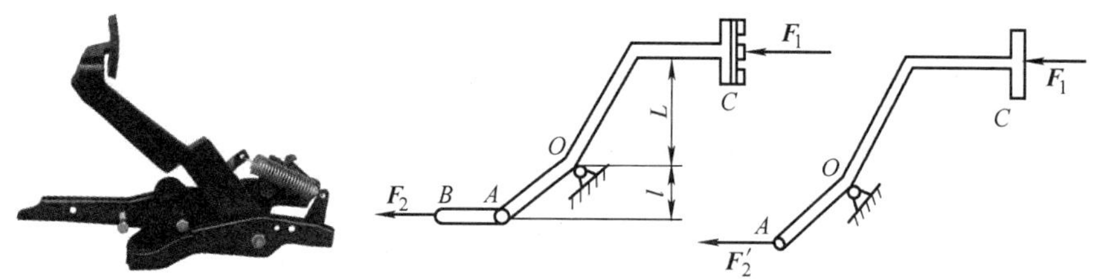

图 8-84　汽车离合器踏板

由　$\sum M_O(\boldsymbol{F}) = 0$　即　$F_1 L - F_2' l = 0$

得

$$F_2' = \frac{F_1 L}{l} = \frac{400 \times 330}{56}\text{N} \approx 2357\text{N}$$

② 校核拉杆强度。

根据作用力与反作用力定律可知，拉杆所受拉力为 $F_2 = F_2'$，而且其轴力 $F_\text{N} = F_2 \approx 2357\text{N}$，则其截面上的正应力为

$$\sigma = \frac{F_\text{N}}{S} \approx \frac{4 \times 2357}{9^2 \times \pi}\text{MPa} \approx 37\text{MPa}$$

因为$\sigma = 37\text{MPa} < [\sigma] = 50\text{MPa}$，所以拉杆的强度足够。

二、汽车连接螺栓受剪切的强度分析

图 8-85 所示为汽车连接螺栓。已知螺栓受力 $F = 20\text{kN}$，钢板厚度为 $t = 10\text{mm}$，螺栓许用切应力$[\tau] = 200\text{MPa}$，许用挤压应力$[\sigma_{jy}] = 200\text{MPa}$，螺栓的直径 $d = 16\text{ mm}$，试校核连接螺栓的强度。

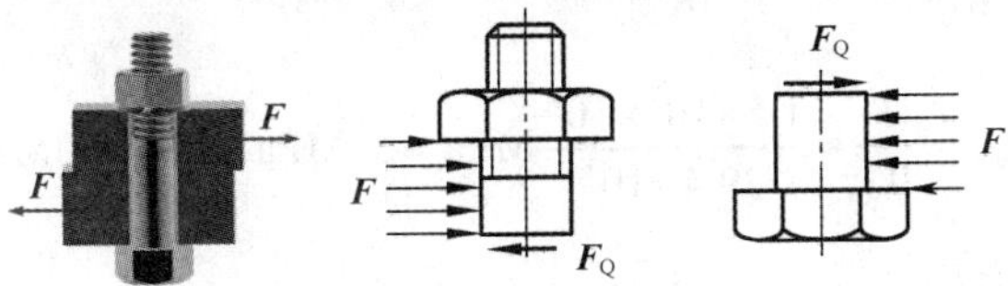

图 8-85　汽车连接螺栓

解：（1）校核连接螺栓的剪切强度

① 计算螺栓的剪力 $\boldsymbol{F}_Q$。

$$F_Q = F = 20\text{ kN}$$

② 校核螺栓剪切强度。

$$\tau = \frac{F_Q}{S} = \frac{4F_Q}{\pi d^2} = \frac{4\times 20\times 10^3}{3.14\times 16^2}\text{MPa} \approx 99.5\text{MPa} < [\tau] = 200\text{MPa}$$

所以，螺栓的剪切强度足够。

（2）校核连接螺栓的挤压强度

① 计算螺栓的挤压力 $\boldsymbol{F}_{jy}$。

$$F_{jy} = F = 20\text{ kN}$$

② 校核螺栓挤压强度。

$$\sigma_{jy} = \frac{F_{jy}}{S_{jy}} = \frac{F}{t\times d} = \frac{20\times 10^3}{10\times 16}\text{MPa} = 125\text{MPa} < [\sigma_{jy}] = 200\text{MPa}$$

所以，螺栓的挤压强度足够。

综上，螺栓能安全工作。

三、汽车传动轴受扭转的强度分析

图 8-86 所示的汽车传动轴(图中 AB 轴)由 45 钢无缝管制成，外径 $D = 90\text{mm}$，内径 $d = 85\text{mm}$。材料的许用切应力$[\tau] = 60\text{MPa}$，工作时最大扭矩 $T = 1.5\times 10^3\text{ N}\cdot\text{m}$。试校核轴的强度。若将传动轴 AB 改为实心轴，且强度相同，试确定轴的直径 D'，并比较空心轴和实心轴的重量。

图 8-86　汽车传动轴

解：① 校核轴的强度。

$$\alpha = \frac{d}{D} = \frac{85}{90} \approx 0.944$$

$$W_{\mathrm{p}} = \frac{\pi D^3}{16}(1-\alpha^4) \approx \frac{3.142}{16} \times 90^3 \times (1-0.944^4)\mathrm{mm}^3 \approx 29.4 \times 10^3\mathrm{mm}^3$$

$$\tau_{\max} = \frac{T}{W_{\mathrm{p}}} \approx \frac{1.5 \times 10^3 \times 10^3}{29.4 \times 10^3}\mathrm{MPa} \approx 51\mathrm{MPa} < [\tau] = 60\mathrm{MPa}$$

所以，轴的强度足够。

② AB 轴改为实心轴后，确定轴径 D'。

因要求实心轴与空心轴强度相同，故有

$$\tau'_{\max} = \frac{T}{W'_{\mathrm{p}}} \approx 51\mathrm{MPa} \qquad W'_{\mathrm{p}} = \frac{\pi D'^3}{16} \approx \frac{T}{51\mathrm{MPa}} \approx \frac{1.5 \times 10^3}{51 \times 10^6}\mathrm{m}^3$$

$$D' \approx \sqrt[3]{\frac{16 \times 1.5 \times 10^3}{\pi \times 51 \times 10^6}}\mathrm{m} \approx 0.053\mathrm{m} = 53\mathrm{mm}$$

在两轴材料相同、长度相等的情况下，其重量之比等于横截面积之比，于是有

$$\frac{Q_{\mathrm{S}}}{Q_{\mathrm{K}}} = \frac{S_{\mathrm{S}}}{S_{\mathrm{K}}} = \frac{\pi D'^2/4}{\pi(D^2-d^2)/4} \approx \frac{53^2}{90^2-85^2} \approx 3.2$$

也就是说，改为实心轴后，其重量是空心轴的 3.2 倍。可见，在其他条件相同的情况下，采用空心轴，可节省大量材料，减轻重量，提高承载能力。